EVA WÜRTTEMBERGER

Das Sonnenwirtle – Friedrich Schwahn und seine Braut

ATEMLOS AUTHENTISCH Vaihingen an der Enz 1760 – Der Verbrecher Friedrich Schwahn findet sein schmähliches Ende unterm Henkersbeil. Mit ihm angeklagt: seine langjährige Geliebte, Christina Müllerin. Die schöne, junge Frau geriet wegen ihrer Beziehung zum Sonnenwirtle bereits mehrfach ins Visier der Justizbehörden. Ihr Leben nimmt eine noch dramatischere Wendung, als der Verbrecher schließlich gefasst wird.

Basierend auf den umfangreichen Verhörprotokollen der über ein halbes Jahr andauernden Untersuchung zeichnet die Autorin Eva Württemberger ein authentisches Bild der Geschehnisse. Seit dem 18. Jahrhundert wird die Geschichte um das Sonnenwirtle und seine unglückliche Liebschaft in Erzählungen und literarischen Bearbeitungen weitergegeben. Der vorliegende Roman bietet erstmals eine genaue psychologische, auf exakten Fakten basierende und dabei überaus spannende Umsetzung der wahren Begebenheiten aus der Sicht des eigentlichen Opfers: der bedauernswerten und aus ärmlichen Verhältnissen stammenden Bauerntochter Christina Müllerin.

© Sabine Seiter

Eva Württemberger, Jahrgang 64, ist verheiratet, lebt in Süddeutschland und ist seit 14 Jahren als freiberufliche Musikerin, Komponistin und Autorin (unter dem Pseudonym Eva-Ruth Landys) tätig. Musik war und ist für die Gitarristin und Sängerin ein wichtiger Lebensmittelpunkt. Während ihres Studiums in Esslingen stieg sie in die Jazzszene ein und arbeitete mit namhaften Musikern. Seit 2010 arbeitet sie als Komponistin für den Schulmusikverlag Fidula und als Musicalautorin. Die Tätigkeit als Bühnenautorin führte sie zum Roman. Seit 2012 entstanden bislang vier historische Romane. Erstmals widmet sich die Autorin nun der deutschen Geschichte. Seit 2013 engagiert sie sich auch im Autorenverband HOMER – historische Literatur e. V.

EVA WÜRTTEMBERGER

Das Sonnenwirtle – Friedrich Schwahn und seine Braut

Historische Romanbiografie

GMEINER SPANNUNG

Dieses Buch wurde vermittelt durch
die Autoren- und Projektagentur Gerd F. Rumler (München)

Besuchen Sie uns im Internet:
www.gmeiner-verlag.de

Im Ehnried 5, 88605 Meßkirch
Telefon 07575/2095-0
info@gmeiner-verlag.de

1. Auflage 2016

Lektorat: Claudia Senghaas, Kirchardt
Herstellung: Mirjam Hecht
Umschlaggestaltung: U.O.R.G. Lutz Eberle, Stuttgart
unter Verwendung des Bildes: © https://commons.wikimedia.org/wiki/
File:Antonio_de_Pereda_-_El_sueño_del_caballero_-_Google_
Art_Project.jpg
Druck: CPI books GmbH, Leck
Printed in Germany
ISBN 978-3-8392-1920-1

VORWORT

Der Fall des berühmt-berüchtigten Räubers und Ausbrecherkönigs Sonnenwirtle steht wie ein Fanal in der württembergischen Rechtsgeschichte. Kein anderer Verbrecher Süddeutschlands hat die Gemüter nicht nur seiner Zeitgenossen, sondern auch die nachfolgender Generationen so sehr bewegt. Sein Name ist längst sprichwörtlich.

Schillers berühmtes Essay »Verbrecher aus verlorener Ehre« und in Teilen selbst sein später so erfolgreiches Drama »Die Räuber« basieren auf dem Leben des Friedrich Schwahn, wie das Sonnenwirtle mit bürgerlichem Namen hieß. Damit wurde im 19. Jahrhundert der Grundstein für die äußerst populäre Figur des galant-edlen Räuberhauptmanns gelegt, wie er uns seither in zahlreichen Romanen und Filmen begegnet. Nicht zuletzt Schwahns schmähliches Ende rief viele scharfe Kontroversen hervor. War er ein zu Unrecht Verfolgter, ein geschmähtes Opfer gesellschaftlicher Ablehnung und obrigkeitlicher Willkür, wie Schiller und auch Hermann Kurtz in seinem epochalen Roman »Der Sonnenwirt« (veröffentlicht zu Tübingen, 1847) behaupten, oder vielleicht doch eine Art schwäbischer Robin Hood?

Wer war dieser Mann wirklich? Niemand kann das wohl besser beurteilen als die junge Frau, die er zu seiner Liebsten erkor. Christina Müllerin, ein einfaches Mädchen aus dem Volke, wurde so unfreiwillig zur wichtigsten Zeitzeugin. Ich verfolgte also ihre Spuren in der Geschichte. Zahlreiche Gerichtsprotokolle, wissenschaftliche Abhandlungen und auch bisher unbekannte Fakten und Archivfunde wurden für diesen Roman zusammen mit Archivaren und Museumsleitern gesichtet und auch – soweit möglich – vor Ort überprüft. Was sich fand, wirft in der Tat ein anderes Licht auf das dramatische Geschehen …

PROLOG

Alarmiert hielt Christina in ihrer Arbeit inne. Deutlich war der Gleichschritt auf den Pflastersteinen zu hören. Oh, sie kannte ihn, den Klang marschierender Stiefel, und sie hatte ihn weiß Gott fürchten gelernt. Ihre Angst verstärkte sich, als das rhythmische Trap-Trap immer näher kam. Wollten sie etwa hierher?

Das Kind zu ihren Füßen, ein Knabe mit wolligem, rötlichem Haar und den noch vollen Wangen der frühen Kindheit, schien ihre Anspannung zu spüren. Fragend schaute er zu ihr hoch, dann legte er die glatte Stirn in Falten und begann zu greinen.

»Nicht weinen, Peterle!« Sie nahm ihn hoch. Das Kind war an sie gewöhnt und beruhigte sich rasch. Glucksend griff er in ihr goldblondes Haar. Selbst er konnte sich der verführerischen Kraft dieser leuchtenden Flut nicht entziehen, wie so viele Männer. Christinas Herz pochte laut, dehnte sich mit jedem Schlag schmerzhafter in ihrem Brustkorb. Ein seltsam flatterndes Gefühl breitete sich in ihrem Magen aus. Was, was nur konnten die Soldaten des Herzogs hier wollen?

Ihr Brotherr, der angesehene Bäckermeister Peter Schönleber, schien das ebenso wissen zu wollen. Vernehmlich dröhnte sein brummiger Bass vom Hof durch die geschlossenen Fenster herein. Was er fragte, konnte sie nicht genau verstehen. Doch war seine Verärgerung deutlich zu spüren. Wie konnte man es wagen, wie konnten die Männer des württembergischen Herzogs es wagen, einen solchen Aufstand auf seinem Hof zu veranstalten? Das verscheuchte die Kundschaft. Und war er, Peter Schönleber, nicht ein Mitglied des Rates auf

Lebenszeit und damit ein einflussreicher Mann in der Stadt? Man hatte sich schließlich nichts zuschulden kommen lassen, und neuerliche Willkür des Herzogs Karl Eugen – wohlweislich fehlte der Zusatz *edel* in den nun sehr lauten und recht zornigen Worten des Alten – sah man auch in Waiblingen nicht gern. Der Herrscher Württembergs war in der Tat nicht allzu beliebt, besonders bei den wohlhabenden Zunftmeistern, die sich von seinem ausschweifenden Lebensstil und dem damit zusammenhängenden unablässigen Geldbedarf um ihr wohlverdientes Eigen gebracht sahen.

Der schneidende, doch noch recht junge Tenor des anführenden Offiziers wischte die Einwände rüde beiseite. Man sei hier auf allerdurchlauchtigsten Befehl und verbitte sich jede Einmischung seitens Unbeteiligter. »Christina Müllerin … unverzüglich festzunehmen …« Die Worte drangen wie Gewehrkugeln durch die milchigen Butzenglasscheiben der Wohnküche und verwandelten Christinas Furcht in nackte Panik.

Ihr Blick jagte zur Tür. Nein, da kam sie nicht hinaus. Sie würde den Soldaten direkt in die Arme laufen. Sollte sie versuchen, aus einem der Fenster zu springen? Auch das war keine Option! Nie und nimmer würde sie den Sprung aus dem ersten Obergeschoss auf das harte Pflaster des Hofes unbeschadet überstehen. Im Erdgeschoss lagen die Backstube, die Stallungen und der Laden des Bäckermeisters. Schon hörte sie die Tritte der Männer auf den Stufen der außen liegenden Steintreppe, die zum Obergeschoss des Hauses führte. Da wurde die Tür aufgerissen.

»Christina!«

Es war Veith. Lieber, lieber Veith. Hager, hochgewachsen, Mehlstaub in den ungeordneten dunklen Haaren. In seinen aufgerissenen Augen sah sie deutlich die Verwirrung, ja Verzweiflung, die sich gewiss genauso in den ihren spiegelte.

»Was können sie denn noch wollen? Du hast doch schon … ich meine …« Seine Stimme kippte. Ein Schluchzen entrang sich ihm.

»Ich weiß es nicht, Veith!«

»Ich lass das nicht zu!«

»Veith, ich bitte dich, tu nichts …«

Da wurde er von hinten beiseitegedrängt.

»Christina Müllerin?« Der Tonfall des Offiziers war übermäßig barsch. Vermutlich wollte er damit seine Jugend wettmachen. Der Mann zählte kaum 20 Jahre, während die ihn begleitenden einfachen Soldaten beide im mittleren Alter waren. Alle drei drängten sich nun in die Wohnküche des Hauses. Das Kind auf Christinas Armen schlang beim Anblick der Soldaten in Uniform ängstlich die runden Ärmchen um ihren Hals und verbarg das Gesicht in der weichen Kuhle nahe ihres Schlüsselbeins. Sie spürte, wie der kleine Körper bebte.

»Deins?«, fragte der Offizier.

»Nein«, Christina schüttelte den Kopf. »Ich bin nur die Kindsmagd. Seine Mutter starb bald nach der Geburt.«

»Dann muss sich jetzt eben jemand anders darum kümmern.«

Veith drängte sich nach vorne und nahm ihr den Kleinen ab. »Es ist mein Sohn. Ich bin der Schwiegersohn von Bäckermeister Schönleber und ich will wissen …«

Kühl richtete der Offizier seinen Blick auf ihn. »Was will er*? Er hat hier gar nichts zu wollen!«

Ein Augenblick des stummen Kräftemessens zwischen den beiden Männern, doch Veith war nicht willens nachzugeben. Das musste der andere schließlich einsehen.

»Ich will wissen, was man ihr vorwirft. Sie hat sich nichts

* Diese im 18. Jahrhundert übliche Anredeform für das ›gemeine Volk‹ in der 3. Pers. Sing. soll im Roman mit kleinem Anfangsbuchstaben geschrieben werden.

mehr zuschulden kommen lassen, seit sie aus dem Zuchthaus entlassen wurde. Das kann ich bezeugen.«

Der Offizier zuckte betont gleichgültig mit den Schultern. Doch offenbar spürte er endlich, dass seine Arroganz fehl am Platze war und die Dinge nicht eben vereinfachte. »Ich weiß es nicht. Der Befehl lautet, dass man alle, die mit dem Schwahnen Friedrich zu tun haben oder hatten, nach Vaihingen an der Enz bringen soll, und zwar unverzüglich.«

»Aber …?«

»Habt Ihr es denn nicht gehört?«

»*Was* gehört?« Deutlich war nun ein Beben in Veiths Stimme zu vernehmen. Christina wusste kaum zu sagen, ob es Wut oder Angst war. Vermutlich etwas von beidem.

Ein zufriedenes Lächeln stahl sich auf die Lippen des Herzöglichen. »Nun, man hat ihn endlich geschnappt. Gefangen wie einen gewöhnlichen Spitzbuben.«

»Das Sonnenwirtle … gefangen?«

»Das wurde ja auch allmählich Zeit. Hat uns alle lange genug zum Narren gehalten, der Teufelsbraten! Und nun wird ihm und seinem ganzen Gesindel in Vaihingen der Prozess gemacht.«

Das ließ Veith auffahren. »Sie hat nichts mehr mit ihm zu schaffen, wollte es auch nie!«, schrie er. »Warum begreift ihr und euer verfluchter Herzog das nicht?« Seine Haut unter der hellen Mehlschicht färbte sich rot im Zorn. Der Junge begann nun ebenfalls aus Leibeskräften zu schreien.

»Du wagst es …?« Der Offizier gab seinen beiden Untergebenen einen Wink. Diese nahmen sofort ihre Waffen mit den aufgepflanzten Bajonetten hoch und legten an auf Veith, der immer noch das schreiende Kind an sich gepresst hielt.

»Ich werde mitgehen!« Rasch schob sich Christina dazwischen. Es durfte ihnen nichts geschehen! Nicht noch mehr Leben, die Frieders wegen zerstört wurden. Ihres war es bereits. Wie hatte sie nur glauben können, der Albtraum sei vorbei? Es würde nie vorbei sein! Nie!

Tränen liefen ihr über die Wangen. Doch dann machte sie tapfer einen Schritt auf den Offizier zu und hielt ihm ihre nach oben gedrehten, zu Fäusten geballten Hände entgegen, die Handgelenke dicht aneinandergepresst. Vermutlich würde man sie in Ketten legen, bevor man sie abführte und durch die Gassen der Stadt Waiblingen zerrte, unter den neugierigen Blicken und dem Getuschel der Leute. Ihr grauste es bei dem Gedanken. Doch sie hatte keine Wahl. Sie hatte nie eine Wahl gehabt.

TEIL I

Ein grüner Berg, ein dunkles Tal,
und das ist weynen und klagen.
Und warum hab' ich auch so sehr,
mich an ihm festgehangen?
(Volksweise)

Ebersbach, 1749, Ende November …

KAPITEL 1

MARGARETHE SCHOB UNNÖTIGERWEISE die Schüsseln mit dem in Honig und Essig eingelegten Wintergemüse auf dem Brett ein weiteres Mal in eine andere Position. Als ob sie damit mehr Kunden anlocken könnte.

»Nun lass doch«, ermahnte Christina ihre jüngere Schwester ärgerlich, »du machst mir noch die Webtücher schmutzig. Dann verkaufen wir erst recht nichts.« Hastig zog sie den Stapel mit den sorgfältig geplätteten, groben Leinenstoffen beiseite. Ein paar schön geratene Stücke waren darunter, bei denen sie zusammen mit Anna und Margarethe in mühevoller Arbeit an langen Abenden zu Hause einzelne Webfäden herausgelöst und somit ein reizvolles Lochmuster hatte entstehen lassen. Das würde sich gewiss als Betttuch oder Aussteuerstück eignen. Wenn es doch nur jemand kaufen würde.

Doch die Bürger und Fuhrleute warfen, wenn überhaupt, nur achtlose Blicke auf ihre Waren. Ohnehin war wenig los an diesem Markttag. Aber auch wenn mehr Kaufwillige unterwegs gewesen wären, man misstraute ihnen. Die Bürger Ebersbachs jedenfalls zogen es vor, bei ihren Verwandten und Bekannten zu kaufen und nicht bei ihnen, die sie erst im Frühjahr hergezogen waren.

Dabei hatte sich der Vater einiges davon versprochen, die Brücken in Plüderhausen hinter sich abzubrechen und einen neuen Anfang im Oberamt Göppingen zu wagen. Woher allerdings die fast 1.000 Gulden kamen, die der nicht eben kleine Hof am Ortsrand Ebersbachs gekostet hatte, hatte Christina nicht zu fragen gewagt. Vermutlich hätte sie auch keine Antwort erhalten. Der Vater sprach nicht viel, und wenn, dann waren seine Worte barsch und ungnädig – und das ganz besonders ihr gegenüber. Christina wusste, dass er sie insgeheim für ein Kuckucksei hielt, das sein Weib ihm frech ins Nest gelegt hatte. Und wer konnte es ihm verdenken? Tatsächlich wirkte sie aus der Art geschlagen. Sie war ganz anders als ihre Schwestern und Brüder, die alle eher dunkel und von kräftigem Wuchs waren. Ihre Glieder jedoch waren schlank, zierlich, und ihr Haar seidig und lang und von einer Farbe wie reife Kornähren unter der Mittagssonne. Niemand in ihrer ganzen Familie hatte Haar von dieser Farbe. Nicht einer.

Margarethe murrte. »Ich mach das, wie ich es für richtig halte. Du hast mir gar nichts zu sagen!«

»Ich will nur nicht, dass du die Möglichkeit vergibst, doch noch etwas einzunehmen. Du weißt, wir brauchen das Geld.«

»Ja, ja, *ja*, wir brauchen das Geld und alles andere auch.«

»Sei nicht dumm, die Steuern müssen gezahlt werden, und wenn wir wieder nicht zahlen können …«

»Hör schon auf! Das ewige Lamento, ich kann es nicht mehr hören.« Ärgerlich wandte sich Margarethe ab, begann aber gleich darauf zu kichern. »Er guckt schon wieder.«

»Wer?«, fragte Christina unwillig. Ihre Schwester war nahezu besessen von dem Wunsch, das Interesse der Männer auf sich zu ziehen. Das geschah leider allzu selten. Die Mutter hatte ihre letzte Tochter schwer geboren. Das Kind, so hieß es, hatte einige Zeit im Mutterleib festgesteckt, und es war schon befürchtet worden, dass weder Mutter noch Kind die Geburt überleben würden. Dann aber war es dank der Kunstfertigkeit der Dorfhebamme nach etlichen Stunden doch noch gelungen. Das Neugeborene war jedoch nicht unbeschadet davongekommen. Eine leichte Lähmung des rechten Arms und vor allem der rechten Gesichtshälfte war die Folge gewesen und hatte den Mund Margarethes von früher Kindheit an schief und ihr Augenlid schlaff werden lassen. Kein schöner Anblick jedenfalls.

»Der da drüben. Da, bei den Metzgern.« Margarethe kicherte erneut albern. Die Bauersfrau am Nachbarstand, die Eier und einige selbst geschlachtete Hühner feilbot, schüttelte missbilligend den Kopf.

Verstohlen folgte Christinas Blick dem ihrer Schwester. Tatsächlich, drüben auf der anderen Seite des Marktes, wo die Metzger ihre Stände aufgeschlagen hatten, stand ein junger Mann und sah zu ihnen hinüber. Aber es war nicht Margarethe, der seine Aufmerksamkeit galt. Christina schoss das Blut in die Wangen und sie senkte rasch den Blick. Fahrig ordnete sie die Leinentücher vor ihr auf der groben Holzlade*, obwohl es nichts zu ordnen gab.

Margarethe verhaspelte sich fast vor Aufregung: »Sieh! Sieh doch, jetzt kommt er tatsächlich her. Er sieht gut aus, oder?« Rasch fuhr sie sich noch einmal mit der gesunden Hand durch das braune, etwas strohige Haar. Christina wagte es nicht, den Blick zu heben. Da stand der junge Mann auch schon vor ihr.

»Seid Ihr von hier? Ich bin mir nicht sicher, ob ich Euch schon einmal hier gesehen habe.« Seine Stimme war kräftig, geradezu energisch, dazu beachtlich männlich für seine Jugend.

»Sicher sind wir von hier, was denn sonst? Du bist wohl ein wenig dumm«, antwortete Margarethe in etwas zu keckem Ton. Christina hätte ihr gerne einen zurechtweisenden Stoß in die Seite versetzt. Leider wusste ihre Schwester, wie so oft, nicht, was sich gehörte. Deutlich war sich Christina der Blicke der Ebersbacher Bauersleute und Krämer um sie her

---

* Breites Holzbrett, das als Verkaufsstand diente. Daher auch der Einkaufs*laden*.

bewusst, als ob diese geradezu auf die Reaktion, die zwangsläufig erfolgen würde, lauerten.

Statt einer Antwort griff der junge Mann nun nach den Stoffen, die in einem säuberlichen Stapel vor ihr lagen. Rasch durchsuchte er das Leinen und zog schließlich ein Tuchstück mit einem besonders gelungenen Lochmuster heraus. Anna hatte es gemacht. Sie war sehr geschickt in diesen Dingen. »Das da, was kostet das?«

»Kannst du dir das überhaupt leisten? Und was willst du auch damit? Du schmierst es doch nur mit Blut voll«, meinte Margarethe frech.

»Dich habe ich nicht gefragt«, knurrte der junge Mann böse. Margarethe verstummte augenblicklich.

»Einen Gulden und acht Kreuzer«, sagte Christina rasch und sah auf. Das war gewiss nicht wenig, aber sie mussten noch die Standgebühr und die übliche Sozialabgabe an den zuständigen Obmann des Marktes leisten. »Es stecken viele Stunden Arbeit darin«, setzte sie fast entschuldigend hinzu. Die Leute um sie her starrten immer noch. Sie wagte es, ihren ersten Kunden an diesem Markttag genauer in Augenschein zu nehmen.

Er sah wirklich nicht übel aus, auch wenn eine gewisse Rauheit von ihm ausging. Breitschultrig und sehr kräftig war er, wie viele Metzger, wenn auch nicht sehr groß, eigentlich kaum größer als sie selbst. Dennoch traute sie ihm ohne Weiteres zu, ein halbes Schwein ganz allein zu schultern. Ebenso breit und etwas derb war seine Stirn. Ein dichter, störrischer Schopf braunen Haares krönte den runden Schädel. Eigentlich hatte sie, dem rauen Ton nach zu urteilen, den er eben an den Tag gelegt hatte, eine gewisse Dumpfheit in seinen Zügen erwartet, doch seine Augen sprachen eine ganz andere Sprache. Der Blick aus diesen nussbraunen Augen zeugte von einer überaus wachen Intelligenz und von großem Interesse. Einem außerordentlichen Interesse – und zwar an ihr. Verwirrt senkte sie die Lider. Ihre Hände zitterten ein wenig. Sie wusste selbst nicht, warum.

»Ich geb dir einen Gulden und eine Wurst, in Ordnung?«

»Ich … äh …«

»Das geht in Ordnung«, sagte Margarethe, die soeben ihre Sprache wiedergefunden zu haben schien. »Aber wir suchen sie uns selbst heraus, drüben bei deinem Stand. Abgemacht?«

»*Sie* sucht sie aus, nicht du.«

Margarethe, nun sichtlich beleidigt, öffnete den Mund, um zu widersprechen, doch Christina kam ihr zuvor. »Lass nur, Margarethe. Bleib du hier beim Stand. Ich gehe schnell mit hinüber. Eine geräucherte, was meinst du?«

»Hm.« Margarethe war immer noch verärgert. Wut schlich sich in ihre Augen, und Neid. Neid darüber, dass es wieder einmal die hübsche Christina war, die das Interesse des männlichen Geschlechts, und ganz besonders dieses Vertreters desselben, auf sich zog. »Mach doch, was du willst. Ist mir egal.«

Christina seufzte, beeilte sich dann aber, hinter ihrem Stand hervorzukommen und ihrem einzigen Kunden zu den Fleischerständen gegenüber zu folgen.

»Du hättest besser auf die acht Kreuzer bestanden.« Noch einmal sog die Mutter den verführerischen Räucherduft der Stangenwurst ein. Christina wusste, dass sie nur aus Prinzip ihren Unmut äußerte. Die Wurst war definitiv mehr wert als acht Kreuzer und jetzt im Winter überdies eine sehr willkommene Abwechslung in ihrer sonst eintönigen Küche.

»Den Gulden hat er mir auch gegeben, und dann hat er seinen Knecht angewiesen, noch etwas von unseren Rüben zu kaufen. So haben wir wenigstens ein bisschen verkaufen können. Heute lief es nicht gut … bei allen nicht«, setzte Christina nach und hielt ihrer Mutter den Verdienst des heutigen Tages, fast eineinhalb Gulden, hin, bevor diese ihr weitere Vorhaltungen machen konnte.

Margarethe saß auf der Bank am Ofen, die Knie dicht unter das Kinn gezogen, und wärmte sich die durchgefrorenen Glieder. »Die Bergerin sagt, das sei der Sohn vom Sonnenwirt gewesen. Frieder sei sein Name und kein Mädchen wär gut beraten, sich mit dem einzulassen. Aber Christina ist ja gleich mit ihm mitgegangen. Das hätte ich nicht gemacht. Ich hab gleich gemerkt, was das für einer ist.«

Christina bedachte ihre Schwester mit einem langen Blick. »So, hast du das. Ich sage dir etwas, Schwesterherz, ich habe mich nicht mit ihm *eingelassen*. Ich habe ihm lediglich ein Stück Leinen für gutes Geld verkauft. Und jetzt will ich nichts mehr davon hören.«

Doch die Mutter war mit einem Mal sehr aufmerksam geworden. »Der Sohn des Sonnenwirts, sagst du? Das ist ja sehr interessant. Hat er sonst noch etwas gesagt?«

Christina biss sich auf die Lippen. Tatsächlich war es ihr unangenehm, ihrer Mutter darüber zu berichten, dass dieser Friedrich Schwahn sie gar nicht mehr hatte gehen lassen wollen. Wo sie denn wohne, hatte er gefragt, wer ihre Eltern seien und ob sie schon eine Liebschaft habe. Ja, eigentlich hatte sie sich ein wenig bedrängt gefühlt, aber irgendwie auch geschmeichelt. Noch nie hatte einer der Ebersbacher Jungmänner so demonstrativ Interesse an ihr bekundet, obwohl sie oft genug guckten und manchmal auch feixten und schrill pfiffen. Dass es sich bei ihrem neuen Verehrer um den Sohn des reichsten Schildwirtes* im Ort handelte, machte die Sache nicht nur für ihre Mutter spannend.

* Wirtschaft mit der Berechtigung, auch Übernachtungsgäste zu beherbergen. Nur diese Wirtschaften durften per Gesetz im Württembergischen ein Schild (z.B. eine Krone, einen Adler, ein Ross usw.) vor die Tür hängen.

»Aber die Bergerin sagt, das sei ein rechter Tunichtgut und hätte seinem Vater schon viel Kummer bereitet.« Margarethe schien plötzlich sehr erpicht darauf, die negativen Seiten des Wirtssohnes herauszustellen. »Wisst ihr, wo der das letzte halbe Jahr war? Im Zuchthaus zu Ludwigsburg!« Der Triumph in ihrer Stimme war unüberhörbar. »Es heißt, er hätte sich betrunken und einen seiner Zechkumpane verprügelt.«

»Und wenn schon!«, ertönte da eine männliche Stimme. Hans-Jerg, der ältere Bruder, hatte soeben die Wohnküche betreten. »Den er da verprügelt hat, der hat es gewiss verdient.« Das Gesicht gerötet von der winterlichen Kälte, warf er die schaffellverbrämte Joppe ab und ging hinüber zur Feuerstelle, um die dort köchelnde Suppe zu inspizieren. Unzufrieden verzog er das Gesicht. »Wieder nur Graupen mit Wurzeln«, murrte er. »Nicht mal für ein paar Knöpfle* langt es mehr. Ein Schweinefraß ist das.« Dann erspähte er die Wurst in der Hand der Mutter. »Vom Sonnenwirt etwa? Haben wir einen Festtag, oder was geht hier vor sich?«

»Ein Tauschgeschäft, weiter nichts«, erläuterte Christina willig. »Sag, was weißt du von der Sache?«

Hans-Jerg ließ sich ebenfalls auf der Bank am Ofen nieder und streckte die Beine stöhnend von sich. »Ach, das schwätzen sie eben unter den Männern im Ort. Das war der Kreuzwirt, der Lorenz Schenck. Der soll irgendwann behauptet haben, der Frieder habe ihm Ranktrauben vom Haus gestohlen, und da hat Frieder ihm das Maul gestopft, aber so richtig. Musste nachher sogar einige Tage das Bett hüten, so hat der Frieder ihm Bescheid gestoßen. Geschieht dem Schenck auch recht. Eine alte Schwatzbase ist das. Der macht des Teufels Großmutter noch Konkurrenz mit seinem losen Maul.«

---

* Rundgeschabte Mehl-Eierspeise, den »Spätzle« ähnlich. Bis weit ins 19. Jahrhundert hinein die Hauptsättigungsbeilage der bäuerlichen Küche im Süddeutschen.

»Und dafür haben sie ihm gleich ein halbes Jahr Zuchthaus aufgegeben?«, fragte Christina ungläubig. »Die Betrunkenen prügeln sich doch immerzu wegen irgendetwas, und sei es wegen der Fliege an der Wand. Hier genauso wie andernorts. Das ist doch nichts, was man so aufbauschen müsste.«

»Jaaa ...«, Hans-Jerg brummte gedehnt, »war wohl nicht das erste Mal. Davor hat er auch schon einige Händel mit seinem Vater gehabt. Das ist aber ein ganz sturer Hund, zumindest sagen das die anderen. Irgendwas haben sie auch von einer Geldkassette erzählt, die er bei seinem alten Herrn einmal hat mitgehen lassen, aber das muss anscheinend schon Jahre her sein. Schnee von gestern jedenfalls. So übel ist der Frieder gar nicht.«

»Du kennst ihn also?«, fragte die Mutter und stellte ihrem Ältesten rasch eine Schüssel Suppe hin. Er, als zweiter Mann im Haus, bekam selbstverständlich zuerst zu essen, vor den Mädchen. Die Wurst hängte sie jedoch in den Rauch, solche Schätze galt es, wohl zu verwahren.

Hans-Jerg zuckte mit den Schultern und widmete sich sichtlich enttäuscht seiner Graupensuppe. »Ein wenig. Hab kürzlich mit ihm beim Ochsenwirt eine Runde Karten gespielt mit ein paar anderen zusammen. Er ist noch nicht lange wieder zurück aus dem Zuchthaus. Reden wollt er auch nicht drüber, was ja zu verstehen ist. Scheint aber ein Bursche auf dem *Quivive** zu sein. Hättest sehen sollen, wie der uns ausgezogen hat beim Geigeln**. Bis aufs Hemd! Dem macht so schnell keiner was vor.«

---

* Entlehnt aus der franz. Militärsprache. »Qui vive?« war ursprünglich der Ruf der Wachsoldaten ab dem 16. Jahrhundert. In etwa vergleichbar dem deutschen »Wer da?« Der Begriff wurde ins Süddeutsche übernommen und bedeutete hier so viel wie: *auf der Hut sein, gut informiert sein, seinen Vorteil achten.*

** Beliebtes württembergisches Kartenspiel mit einem besonderen, nur in Württemberg geläufigen Kartenblatt, bestehend aus Schelle, Eichel, Herz und Blatt. Am ehesten mit dem Kartenspiel »66« vergleichbar, jedoch mit doppeltem Kartendeck.

»Wem macht keiner was vor?« Die knurrige Stimme des Vaters, der soeben, dicht gefolgt von den zwei letzten Familienmitgliedern, den Raum betrat, ließ sie aufschrecken. Der Vater war ein reizbarer Mann, aufbrausend und oft wenig einsichtig. Darin war er seinem Ältesten, der als Stammhalter den Namen des Vaters trug, nicht unähnlich. Matthäus, der jüngere Bruder, den alle Matthis nannten, war da ganz anders. Aber der zählte nicht viel, ebenso wenig wie die Mädchen. Eigentlich war er nichts als ein besserer Knecht, und so oblag ihm auch die Aufgabe des täglichen Stallausmistens. Eine Arbeit, die er soeben brav erledigt hatte. Beißend scharf hing der Geruch des Viehdungs in seinen Kleidern. Hans-Jerg gab seinem Bruder mit einem knappen Ruck des Kinns zu verstehen, dass er sich gefälligst an die gegenüberliegende Seite des Tisches zu verziehen hatte, so wie er stank. Matthis wehrte sich nicht, sondern nahm still, fast demütig seinen Platz ein. Er war von der Natur nicht eben mit besonderer Geistesschärfe ausgestattet worden. Ja, oft genug schimpfte ihn die Mutter einen tumben, unbrauchbaren Klotz, weil er nicht schnell genug verstand, was man ihm auftrug. Hatte er aber verstanden, dann verrichtete er seine Aufgabe mit großer Ernsthaftigkeit. Christina mochte ihn fast am liebsten von der ganzen Familie. Aber auch zu Anna, ihrer älteren Schwester, hatte sie Vertrauen. Weit mehr als die Mutter war diese der ruhende Pol des Müller'schen Clans. Doch nicht mehr lange. Anna hatte sich kürzlich verlobt und würde bald von zu Hause weggehen. Vermutlich mit nicht allzu großem Bedauern.

»Ich habe etwas gefragt und erwarte eine Antwort.« Der Tonfall des Vaters hatte schon jetzt diese besondere Bedrohlichkeit, die die ganze Familie zur Genüge kannte und auch fürchtete.

»Es geht um den Sohn des Sonnenwirts, den Friedrich Schwahn«, sagte Christina schnell. Sonst schien keiner in der

Familie den Mut aufzubringen, dem Befehl des Vaters Folge zu leisten. Im Falle ihrer Mutter war es vermutlich auch die schlichte Weigerung. Die Ehe der Eltern war beileibe kein Hort der Christlichkeit und Liebe, wie es der Pfarrer in der Kirche so oft predigte. Die Mutter ließ keine Gelegenheit aus, dem Vater vorzuwerfen, es nicht weiter gebracht zu haben. Und wenn sie es nicht sagte, so sprachen ihre Blicke und ihr unfreundliches und übellauniges Wesen lauter als ihr übliches Gezänk. Dabei war sie selbst aus bescheidenen Verhältnissen. Irgendwann vor vielen Jahren hatte sich der Vater auf ihr Drängen hin sogar zu einer Dummheit hinreißen lassen, die ihm zwei Jahre Festungshaft auf dem Hohen Neuffen eingebracht hatte, aber keine Verbesserung seiner Lage. Ganz im Gegenteil. Auch das war ein Thema, an das man besser nicht rührte, wenn man sich nicht eine Maulschelle oder Schlimmeres einzufangen gedachte. Der Umzug nach Ebersbach sollte ein letzter Versuch eines Befreiungsschlags aus der drohenden Armut sein, doch es sah nicht gut aus.

»Er hat uns heute etwas abgekauft und eine Stangenwurst dazugegeben, weil Christina ihm die ganze Zeit schöne Augen gemacht hat«, krähte Margarethe, vorlaut wie immer. »Die Leute haben sich recht das Maul über sie gewetzt.«

Wütend starrte Christina sie an. Konnte sie nicht einfach still sein? Doch Margarethe hatte die schroffe Zurückweisung des Sonnenwirtssohns auf dem Markt noch immer nicht verdaut und versuchte offenbar, sich zu rächen.

Wie ihre Schwester es erhofft hatte, reagierte der Vater schroff. »Du Unglücksmensch! Willst du, dass im Dorf noch mehr über uns getratscht wird als ohnehin schon? Es kommt noch so weit, dass man dich eine Hure nennt, so wie du dich aufführst, du …«

Wütend funkelte die Mutter den Vater an. »Du trägst gewiss nichts dazu bei, dass man besser über uns denkt. Unfähig, den Hof aus dem Gröbsten herauszubringen, das bist du, jawohl! Ein Bauer willst du sein? Dass ich nicht lache! Ich weiß ja nicht einmal, was ich morgen noch auf den Tisch bringen soll.«

»Was? Was redest du da?« Der Vater erhob sich halb vom Stuhl, auf den er sich gerade erst niedergelassen hatte. Seine Gesichtszüge wurden bleich und verzerrten sich vor Wut. Dann fegte er mit einer einzigen heftigen Bewegung die Suppenschüssel vom Tisch, die ihm die Mutter hingestellt hatte.

Das kam einer Kriegserklärung gleich. Die Mutter ließ sich nicht zweimal bitten. Sie nannte weiß Gott eine gut gewetzte Zunge ihr Eigen. »Ich wag es wohl, es kann nicht schaden, wenn Christina dem Wirtssohn ein wenig schöntut. Lass sie doch! Dann kommt wenigstens *einmal* etwas Ordentliches zum Essen auf den Tisch. Du bekommst das ja nicht zustande. Wir werden alle miteinander noch verhungern.«

»Wag es ja nicht, mir Vorhaltungen zu machen. Ich arbeite, dass mir die Knochen brechen.« Seine Stimme wurde gehässig. »Doch das ist der feinen Herrin ja nicht genug. Stattdessen erziehst du sie jetzt zu einer Hure, gerade so, wie ihre eigene Mutter eine ist. Willst du, dass wir noch mehr zum Gespött werden? Dann nur so weiter!«

»Komm, Matthis!«, flüsterte Christina und nahm den jüngeren Bruder, der die Augen ängstlich zusammengekniffen hatte, bei der Hand. Sie wusste aus langer Erfahrung, wann es Zeit war, den Schauplatz der elterlichen Auseinandersetzungen zu verlassen. Leider bedeutete das auch, dass das Abendessen, so kärglich es war, für heute ausfiel. Ein Jammer, aber nicht zu ändern. Alles besser, als zwischen die Fronten zu geraten.

»Hat er dir wirklich eine ganze Wurst geschenkt?«, fragte Matthis, als er hinter ihr die Stiege zu den Schlafkammern hinaufstieg. Verlangend leckte er sich die Lippen. »Das ist aber nett von ihm. Vielleicht bekomme ich ja auch etwas davon. Morgen, was meinst du?«

»Bestimmt, morgen.« Christina lächelte gequält und schirmte die Kerze in ihrer Hand gegen den kühlen Luftzug ab, der jetzt die schmale Stiege hinunterstrich. Das Licht flackerte, brannte aber weiter. Die Chancen für ihren kleinen Bruder, auch ein Stückchen des Leckerbissens zu ergattern, standen leider ausgesprochen schlecht. Das würden wahrscheinlich die Mutter und Hans-Jerg unter sich ausmachen und vielleicht der Vater, sollten sich die beiden heute Abend nicht noch die Augen auskratzen.

»Geh jetzt schlafen, Matthis. Morgen ist auch noch ein Tag.«

»Ich habe aber Hunger«, maulte dieser.

»Ich auch! Aber weißt du was, ich werde später noch einmal in die Küche hinuntergehen, und wenn noch etwas von der Suppe da ist, dann bringe ich dir etwas. Gut so?«

»Ja!« Matthis nickte eifrig. »Aber nicht vergessen, Christina.«

Dann verschwand er in der zugigen Kammer, die ihm als Schlafstatt diente. Auch Christina machte sich, sorgsam auf die flackernde Kerze achtend, auf in ihr Zimmer. Immerhin hatte der Umzug dazu geführt, dass sie jetzt eine Kammer für sich hatte und nicht mehr mit Margarethe zusammen in einem Bett schlafen musste, auch wenn das bedeutete, mit einem ungeheizten Raum vorlieb nehmen zu müssen. Eine Welle des Zorns wallte in ihr auf. Das war wirklich gehässig von ihrer jüngeren Schwester gewesen. Dabei konnte sie doch am allerwenigsten dafür, dass dieser Friedrich Schwahn ein Auge auf sie geworfen hatte. Sie hatte ihn gewiss nicht dazu ermutigt. Ärgerlich stieß sie mit dem Fuß die Tür zu ihrer Kammer auf, als ein feines Klirren die Fensterscheibe erzittern ließ. Christina schrak zusammen, dann lauschte sie. Stille …

Doch, da war es wieder.

Jemand warf kleine Steine an ihr Fenster. Schnell steckte sie die Kerze in den irdenen Halter auf ihrem Nachttischchen, dann ging sie hinüber zum Fenster und öffnete es. Die Kälte der Winternacht raubte ihr fast den Atem.

»Christina?«

Es war der Sonnenwirtssohn, der da unten im gefrierenden Matsch des Hinterhofs stand und nun sehnsüchtig zu ihr hinaufblickte.

»Frieder, du?« Die Überraschung machte sie für einen Augenblick sprachlos. Der Kerl war ja reichlich dreist. Einfach so hier aufzutauchen! Dabei hatten sie doch heute erstmals ein Wort miteinander gewechselt. »Was machst du hier? Und überhaupt, woher wusstest du, dass das mein Fenster ist?«

Er grinste. Das Mondlicht beleuchtete sein Gesicht und hob die breite Stirn und die kühne Nase hervor. »Das war nicht schwer zu erraten. Die unverheirateten Weiber einer Familie schlafen meistens auf der Rückseite eines Bauernhauses, direkt unter dem Dach. Ich habe einfach gewartet, ob ich Licht sehe, und dann habe ich mein Glück versucht. Wenn es deine schiefmäulige Schwester gewesen wäre, hätte ich ihr eben einen Stein an den Kopf geworfen und mich dann davongemacht.« Er lachte leise. »Aber ich habe richtig geraten, wie du siehst.«

»Was willst du denn?« Christina wusste wirklich nicht, ob sie empört oder erfreut sein sollte.

»Du scheinst schlechter im Raten zu sein als ich. Kannst du dir nicht denken, was ich will?«

Gegen ihren Willen schoss Christina jäh die Röte ins Gesicht. Die Worte des Vaters klangen ihr noch in den Ohren. »So weit kommt es noch. Was denkst du von mir? Mach, dass du wegkommst!«

»Sei doch nicht gleich so garstig. Genauso könnte ich fragen, was du von mir denkst. Glaubst du etwa, ich will gleich bei dir liegen?« Er feixte kurz, wurde dann aber wieder ernst.

Christina schämte sich. »Nein … nein, ich …«, stotterte sie verlegen. Tatsächlich hatte sie genau das angenommen. Was war ihr nur in den Sinn gekommen?

»Da siehst du's.« Der Sonnenwirtssohn klang ganz vernünftig. »Ich wollte dich nur fragen, ob du noch eine Weile herauskommst. Ich würde gerne ein wenig mit dir reden. Bitte sag ja.«

»Ich weiß nicht.«

»Nur reden, weiter nichts. Was ist schon dabei?«

Sie schluckte. »Nun gut. Wart, ich komme hinunter. Bleib einstweilen dort.«

Als sie leise die schmale Stiege hinunterschlich, hörte sie, wie die Eltern in der Küche noch immer erbittert stritten. Üble Reden flogen im hitzigen Wortgefecht hin und her. Sie zögerte. Was, wenn gerade jetzt jemand in den Gang trat und sie auf der Treppe entdeckte? Nun, dann würde sie eben einfach behaupten, sie habe sehen wollen, ob noch etwas von der Abendsuppe da sei. Wer konnte es ihr verdenken?

Rasch huschte sie an der Tür zur Wohnküche vorbei hinüber zum Hintereingang des Hauses, trat auf den Hof hinaus und schloss die Tür schnell hinter sich.

»Da bist du.«

Er stand direkt neben ihr, als wäre er aus der Dunkelheit gewachsen. Unwillkürlich zuckte Christina zusammen.

»Ich hatte doch gesagt, du sollst dort unter meiner Kammer warten.«

»Ich konnte nicht. Ich hatte solche Sehnsucht.« Sie spürte, wie sich seine Hand warm und fest um die ihre schloss. »Komm!«

»Wohin?«

»Ich möchte dir etwas zeigen.«

»Etwas zeigen? Was denn?«

Seine Augen blitzten übermütig. »Das verrate ich nicht.«

Sie ließ sich von ihm mitziehen, obwohl sie nicht wusste, ob sie das Richtige tat. Sie kannte diesen Kerl doch gar nicht und darüber hinaus … Immerhin war er schon mehrfach mit der Obrigkeit aneinandergeraten, hatte sogar schon im Zuchthaus gesessen. »So wie dein eigener Vater«, flüsterte eine Stimme missbilligend in ihrem Kopf. Wahrhaftig, es war dieser Tage wirklich keine Kunst, sich die unerfreuliche Aufmerksamkeit der Gerichtsbehörden zuzuziehen. Dazu brauchte es nur eines ein wenig zu freimütigen Geistes oder vielleicht allzu leerer Taschen. Wie konnte sie es sich also anmaßen, diesen Wirtssohn zu verurteilen, ohne seine Sicht der Dinge zu kennen?

Der Wald, der die Höhen bedeckte, stand schwarz in der sternenklaren Nacht, als sie den Hügel hinter dem Dorf hinaufgingen. Frieder plauderte unentwegt, machte ihr unverhohlen Komplimente. Christina wurde es ein wenig unheimlich. Vielleicht hätte sie sich doch nicht auf dieses Abenteuer einlassen sollen? Was führte der Sonnenwirtssohn im Schilde, und was wollte er mit ihr ausgerechnet im Wald?

»Wie weit ist es noch?«, fragte sie schließlich, bemüht, ihre Ängstlichkeit zu verbergen.

»Oh, nicht mehr weit.«

»Ich weiß nicht, Frieder. Ich sollte zurückgehen. Meine Eltern werden sich fragen, wo ich bin.«

Er bedachte sie mit einem spöttischen Blick. »Das werden sie gewiss nicht tun. Die streiten sich so lange, bis einem von ihnen der Atem ausgeht. Und das wird nicht deine Frau Mutter sein, wie ich ihr Gezeter einschätze. War ja bis draußen zu hören. Die hat einige Erfahrung darin, stimmt's?«

Christina entzog ihm gekränkt ihre Hand. Er hatte zweifellos recht, aber was gingen ihn die Auseinandersetzungen ihrer Eltern an? »Das hast du nicht zu beurteilen.«

Er lachte. »Nein, das habe ich nicht. Aber es wundert mich, dass du deine Leute so in Schutz nimmst. Im Dorf wird nicht allzu gut über euch gesprochen.«

Christina schwieg verstimmt.

»Nun sei nicht böse. Das Geschwätz der Leute kümmert mich nicht.«

»Das glaube ich allerdings gern!«, entgegnete Christina mit einem Hauch von Spott.

Die Anspielung entging ihm keineswegs. Für einen Augenblick zog er ärgerlich die Augenbrauen zusammen, doch dann lächelte er wieder. »Mich kümmert eigentlich nur die Tochter, weißt du. Du bist anders. Das habe ich gleich gemerkt.«

»Ach ja?«

»Und sehr hübsch dazu. Weißt du auch, dass du mir sehr gut gefällst, Christina Müllerin?« Er nahm sie jetzt an beiden Händen und sah ihr direkt in die Augen. Sein Gesicht näherte sich dem ihren. Sie roch seinen Atem, roch den Weingeist darin. Hatte er sich Mut angetrunken? Sie drehte den Kopf weg. »Was wolltest du mir denn so dringend zeigen? Entweder du sagst es jetzt oder ich kehre auf der Stelle um, damit du es weißt.«

Enttäuscht ließ er sie los. »Ich habe dir ein Geschenk gekauft beim Krämer auf dem Markt, aber wenn du es nicht haben willst ...«

»Ein Geschenk für mich?« Christina staunte. Tatsächlich konnte sie sich kaum erinnern, wann sie zum letzten Mal ein Geschenk erhalten hatte. Die Patin in Plüderhausen hatte ihr zum Namenstag manchmal eine Kleinigkeit zukommen lassen, ein Büchlein mit Gebeten etwa, ein Säckchen mit Dörrobst und Nüssen oder auch einmal eine gemalte Karte mit einer schön gekleideten Frau darauf, die mit einem bunt bebänderten Stab in der Hand wolkenweiße Schafe hütete – als ob je ein Mensch Schafe in solchem Festgewand hüten würde! Doch die Patin war lange tot.

»Ich habe es dort im Holz in einem Eulenloch versteckt.« Er wies mit ausgestreckter Hand in Richtung Wald.

Sie traute ihm nicht, aber die Neugier siegte. »Also gut, aber dann gehe ich nach Hause.«

Er wirkte zufrieden. »Abgemacht. Nur noch bis zum Waldrand, dann bringe ich dich nach Hause.«

Es war tatsächlich nicht mehr weit bis zu dem angekündigten Versteck, und was er mit sicherem Griff aus dem verlassenen Eulenloch herausholte, ließ ihre Augen groß werden. Es war ein wunderbar gesticktes Haarband. Goldfäden und auch ein paar Glasperlen glänzten im Mondlicht auf dunklem Samt. Das Haarband einer wohlhabenden Frau, wenn nicht sogar einer Prinzessin. Im Leben hatte sie noch nicht so etwas gesehen, geschweige denn besessen. Ehrfürchtig glitten ihre Finger über die feine Arbeit. »Es ist wunderschön!«

»So schön wie du.« Seine Augen leuchteten. Wieder war er ihr sehr nahe. Sie verwehrte es ihm nicht.

Seine Hand griff in ihr Haar und zog sie an sich. Dann, ehe sie sich versah, presste er seinen Mund auf den ihren und küsste sie.

KAPITEL 2

Die Mutter lächelte unterwürfig. »Vergelt's Gott, kann ich nur sagen. So schöne Würste und sogar ein Stück Speck! Das kommt uns gelegen. Saatgut konnten wir wegen des späten Umzugs kaum mehr in die Erde bringen, und nun ist auch noch das Vieh krank geworden.«

Frieder grinste breit und legte seine Hand um Christinas Hüfte, die neben ihm auf der Bank saß. »Ist schon recht. Ich will ja nicht, dass die Familie meiner Braut darben muss.«

Der Vater, der auch dabeisaß, ließ ein unwilliges Brummen hören. Frieder warf ihm einen herausfordernden Blick zu. »Passt dir das etwa nicht, Hans-Jerg Müller?«

»Selbstverständlich passt es ihm.« Die Stimme der Mutter bekam einen drohenden Unterton, während sie ihren Mann scharf ansah. »Was kann er auch dagegen einzuwenden haben, dass der Sohn des reichsten Wirtes in Ebersbach um seine Tochter freit?«

Christina wusste es besser. Der Vater hatte es sie bereits deutlich spüren lassen, was er davon hielt. Als er das Band, das Frieder ihr in jener Novembernacht geschenkt hatte, in ihrem Haar erblickte, hatte er es ihr grob vom Kopf gerissen und sie angeschrien, was ihr nur in den Kopf käme, sich solche Geschenke machen zu lassen und damit auch noch herumzustolzieren. Wer ihr das gegeben habe, hatte er wissen wollen, und nachdem sie aus Angst nicht gleich geantwortet hatte, seiner Frage mit einigen Backenstreichen schmerzhaft Nachdruck verliehen. Doch wenn Christina geglaubt hatte, die von ihr daraufhin unter Tränen gegebene Auskunft würde den Vater besänftigen, nämlich, dass es sich um Friedrich

Schwahn handle und dass dieser es wirklich ehrlich mit ihr meine, hatte sie sich geirrt. Der Vater war regelrecht außer sich geraten, hatte noch lauter geschrien und sie an den Haaren gezogen. Wäre die Mutter nicht dazwischengegangen, er hätte sie grün und blau geschlagen. Das Haarband hatte er behalten – zur Strafe, wie er sagte – und sie hatte es seitdem nicht mehr gesehen. Vermutlich hatte er es verkauft. Ein Umstand, den sie mehr bedauerte als die blauen Flecken, die sie davongetragen hatte. Aber sie war ja auch selbst schuld. Warum hatte sie das Haarband unbedingt zum Kirchgang anziehen wollen? Närrin, die sie war.

Die vielen Wortgefechte und Streitigkeiten der Eltern, die diesem Zwischenfall gefolgt waren, hatten sie im Nachhinein darüber belehrt, warum der Vater so sehr gegen ihren eifrigen Freier eingenommen war: Um den Hof stand es schlecht. Sehr schlecht. Ja, es stand sogar zu befürchten, dass er nicht zu halten war. Als wäre der Bauer Hans-Jerg Müller vom Pech verfolgt, war vorige Woche auch noch eine Kuh an einer Art Viehräude zugrunde gegangen, und zwei weitere schienen sich angesteckt zu haben. Auf der Haut der beiden betroffenen Rinder zeigten sich dieselben schwärzlichen Flecken und Geschwüre wie bei der Verendeten, und vielleicht würden auch sie verrecken. Das war, schlicht gesagt, eine Katastrophe! Wenn das Vieh starb, war das der Anfang vom Ende. So war die Wut des Vaters sogar ein wenig nachzuvollziehen, wenn auch schwer erträglich. Es sei an der Zeit, hatte er angesichts des sich schon blähenden Tierkadavers getobt und dabei Matthis und vor allem Christina sehr böse angeschaut, dass seine faule und nichtsnutzige Brut auch einmal etwas zum Unterhalt der Familie beitrüge und sich nicht nur vollfräße wie die Maden im Speck. Deshalb habe er für sie beide eine Arbeit im Dorf besorgt und er erwarte, dass sie ihren Lohn zur Gänze zu Hause ablieferten. Flausen wie eine bevorstehende Hochzeit oder eitlen Tand könne sie, Christina, sich gleich aus dem Kopf schlagen. Er habe beileibe kein Geld übrig, um noch eine weitere Hochzeit auszurichten, geschweige denn eine Mitgift zu stellen. Sein Ton war an dieser Stelle noch galliger geworden, als er ohnehin schon war. Und für sie gleich zweimal nicht! So hatte er gesagt und dabei wütend gegen den Kadaver getreten, als ob das arme Tier etwas dafür konnte. Schon dass Anna meine, heiraten zu müssen, sei weit über dem, was er sich leisten könne, hatte er weitergeschrien, aber nun einmal nicht mehr zu ändern. Doch für so ein wertloses Unglücksmensch – ein weiterer böser Blick in Christinas Richtung – würde er einen Teufel tun. So weit komme es noch! Und ob sich die Mutter wirklich einbilde, einer wie der Sonnenwirt würde seinen einzigen Sohn ein solch putzsüchtiges, faules *Mensch* heiraten lassen?

Christina seufzte und versuchte, sich ein wenig aus Frieders Umarmung zu lösen. Es gelang ihr nicht, seine Hand lag fest und unverrückbar auf ihrer linken Hüfte. Vermutlich hatte der Vater sogar recht, obwohl ihr der Gedanke widerstrebte. Der Sonnenwirt, das wusste jeder im Ort, war ein stolzer, unnachgiebiger Mann und das Verhältnis von Vater und Sohn alles andere als harmonisch. Das war schon daran zu erkennen, wie hasserfüllt Frieder über seinen Vater und vor allem über seine Stiefmutter sprach, die ebenfalls ein Ausbund an Gehässigkeit und Missgunst sein musste, seinen Worten nach zu urteilen. Christina wusste nicht zu sagen, ob dies der Wahrheit entsprach. Sie kannte die Frau nur vom sonntäglichen Kirchgang, und dort saß sie immer weit vorne bei denen vom Kirchberg. Überwiegend waren das die bessergestellten Bürger Ebersbachs. Die Sonnenwirtin stammte zwar aus Kirchheim, war aber bei den Reichen und Wichtigen des Dorfes wohlgelitten. Das war wohl ihrer nicht zu leugnenden engen Freundschaft mit der Frau des Amtmanns Liomin geschuldet. Zusammen mit der Frau des Pfarrers bildeten die drei einen wahren Hexenzirkel, wie Frieder spöttisch behauptete, der weder an seiner Stiefmutter Maria noch an den beiden anderen ein gutes Haar ließ. Christina hatte sich seine Anklagen geduldig angehört, sich jedoch einer Meinung dazu enthalten. Besonders boshaft erschien ihr Frieders Stiefmutter nämlich nicht, aber wer wusste schon, was innerhalb der privaten Räume des Wirtshauses vor sich ging?

»Hörst du mir überhaupt zu?« Frieder knuffte sie zärtlich in die Seite. »Ich möchte, dass du heute nach der Silvestermette zu uns in die ›Sonne‹ kommst.«

»Ins Wirtshaus …?«

»Nein, du Dummerle, zu meinem Vater und seiner Frau.«

Christina spürte, wie sich die feinen Härchen an ihren Unterarmen aufstellten. Eine seltsame Erregung ergriff sie.

»Und was soll ich da?«

»Das kannst du dir wohl denken, oder?«

Und ob sie sich das denken konnte. Seit Wochen sprach er von nichts anderem. Um der Wahrheit die Ehre zu geben, er schien geradezu besessen von dem Gedanken an eine Heirat. Sie mochte Frieder zwar gut leiden, aber manchmal war er ihr wirklich ein wenig zu drängend in seiner Werbung. Wozu die Eile? Sie waren doch beide noch längst nicht volljährig.

»Frieder, meinst du nicht, wir sollten noch warten? Es ein wenig langsamer angehen lassen? Wir kennen uns doch kaum mehr als einen Monat. Und dein Vater wird es nicht erlauben, fürchte ich …« Sie verhaspelte sich, biss sich auf die Unterlippe. Unruhig huschten ihre Augen zum Vater. Doch der zeigte keine Regung, saß nur da und starrte zu Boden, die Kiefer so fest aufeinandergepresst, dass sich die Wangenmuskulatur deutlich abzeichnete.

Frieder rückte nun doch unmerklich ein Stück von ihr ab. Seine Hand löste sich von ihrer Hüfte und seine Augen blitzten verärgert. Das kräftige Nussbraun wich einem noch dunkleren Ton. Seltsam, wie seine Empfindungen sich in der Farbe seiner Augen spiegelten. Sie hatte inzwischen gelernt, darin zu lesen wie in einem Buch – ohne Zweifel standen die Zeichen auf Sturm.

»Man sollte fast meinen, du willst nicht.«

»Aber lieber Frieder, natürlich will sie!« Jetzt war es Christina, die von der Mutter mit strafenden Blicken bedacht wurde. »Wir könnten uns keine größere Freude vorstellen, nicht wahr, Hans-Jerg?«

Ein unangenehmes Schweigen lastete für einen Moment im Raum. Dann erhob sich der Vater jäh. »Der Sonnenwirt wird seine Einwilligung nicht geben, lasst euch das gesagt sein. Das Ganze ist eine Narretei von dir, Friedrich Schwahn, weiter nichts.« Er zuckte mit den Schultern, als ginge ihn das alles nichts an. »Aber wenn du sie unbedingt haben willst, dann sieh auch zu, dass du die Hochzeit und alles Weitere selbst besorgst. Ich jedenfalls will und werde nichts damit zu tun haben.« Er wandte sich ab und ging zur Tür.

Frieder sprang auf. Christina sah von hinten, wie sich seine kräftigen Schultern spannten, fast wie ein Raubtier vor dem Sprung. Plötzlich erfasste sie eine unbestimmte Furcht.

»Was soll das heißen?« Frieder machte einige weitere Schritte auf den Vater zu. Der zögerte, die Hand auf dem Türknauf. Dann drehte er sich langsam um. Spürte auch er die Bedrohung, die plötzlich von dem Freier seiner Tochter ausging?

»Was das heißen soll? Das heißt, dass ich nicht bereit bin, für diesen Irrsinn auch nur einen Kreuzer zu bezahlen. Nicht mehr und nicht weniger. Ich kann es mir einfach nicht leisten, verstehst du?«

»Geld … immer nur Geld!« Frieder spuckte dem Vater die Worte buchstäblich ins Gesicht. Er war ihm nun ganz nahe.

»Wisst ihr alten Männer nichts Besseres als Geld? Zählt denn die Liebe nicht?«

Er erntete nur ein spöttisches Lachen. »Nun, Friedrich Schwahn, dann lass dir gesagt sein, dass die Liebe noch nie auch nur einen Hasenfurz wert war und es auch nie sein wird. Liebe hat noch keinen Menschen satt gemacht. Aber das ist eine Lektion, die werdet ihr schon noch von allein lernen. Dazu braucht ihr mich nicht. Und jetzt lass mich in Ruhe.«

»Einen Teufel werde ich …«

»Ich sagte, lass mich in Ruhe!« Der Vater richtete sich zu seiner vollen Größe auf. Auch er war nie ein Schwächling gewesen, und seine Fäuste wussten immer noch zuzuschlagen. »Dies ist immer noch mein Haus, und ich will darin meinen Frieden haben. Du gehst jetzt besser.« Er öffnete auffordernd die Tür. »Sollte es dir wider Erwarten gelingen, Friedrich Schwahn, die Einwilligung deines Vaters zu bekommen, dann tu, was immer du meinst, tun zu müssen. Aber bis dahin hältst du dich von hier fern. Ich will nicht mehr, dass du herkommst. Keine Geschenke und keine Treffen mit unserer Christina mehr, verstanden? Du lässt ab jetzt deine Finger von ihr!«

»Hans-Jerg!« Das Entsetzen der Mutter war echt.

Eine rüde Handbewegung des Vaters schnitt ihr das Wort ab. Dann öffnete er die Tür noch einen Spalt weiter, und zu Christinas ehrlichem Erstaunen gehorchte Frieder. Ohne ein weiteres Wort verließ er das Haus. Sie hörte, wie die Eingangstür unsanft hinter ihm ins Schloss fiel.

Kurz darauf war auch der Vater aus dem Raum gegangen. Vermutlich, um nach den Kühen zu sehen. Er verbrachte inzwischen jede freie Minute im Stall. Der arme Matthis litt sehr unter seinen fürchterlichen Launen.

»Christina …«, die Mutter hatte sie beim Arm gepackt. Die Nägel ihrer abgearbeiteten Finger bohrten sich schmerzhaft in die Innenseite von Christinas Unterarm.

»Lass mich los!«

»Nein, du hörst mir jetzt zu, du dummes Ding, verstanden? Ich will, dass du heute Abend zur ›Sonne‹ gehst, wie es der Frieder gesagt hat.«

»Aber der Vater …«

»Dein Vater hat den Verstand verloren, damit du es weißt. So ein Narr! Aber das ist ja nichts Neues.« Sie lachte bitter. »Was glaubt er denn? Dass er den Hof noch davonbringt?« Der eiserne Griff ihrer Finger wurde noch eine Spur stärker. Christina begann leise zu wimmern. »Wir haben Schulden bis unter den Hausgiebel und können sie nicht bezahlen. Die Frist läuft bald aus, dann ist es vorbei. Und selbst wenn wir noch einmal über die Runden kommen sollten, von was sollen wir dann neues Saatgut kaufen?« Plötzlich ließ sie Christina los und sank kraftlos auf einen der Stühle am Tisch. »Die einzige Hoffnung, die ich habe, ist, dass uns der alte Sonnenwirt einen Kredit gibt, wenn ihr erst verheiratet seid. Oder vielleicht gibt er uns auch so etwas. Er wird ja kaum wollen, dass die Familie der Braut seines Sohnes von Haus und Hof vertrieben wird. Wie steht er sonst da?« Sie schwieg einen Augenblick nachdenklich, dann schüttelte sie den Kopf, wie um ihren Worten Nachdruck zu verleihen. »Nein, das wird er nicht wollen, das kann ich mir nicht denken.« Wieder packte sie Christinas Arm. »Du musst dich halt ein wenig anstrengen, Kind, dass der alte Sturkopf dich lieb gewinnt. Dann wird er die Hochzeit schon zulassen, und wir sind unsere Sorgen los.«

Christina spürte, wie sich das Gefühl der Bedrohung, das sie bei der Auseinandersetzung der Männer ergriffen hatte, noch verstärkte. Warum fragte eigentlich niemand, was *sie* wollte? Frieder in seiner besitzergreifenden Art genauso wenig wie der Vater. Und jetzt verlangte auch noch die Mutter von ihr, dass sie den drohenden Ruin aufhielt. Als ob das in ihrer Macht stünde! Zum Lachen war das. »Aber wenn der Vater eine von den Kühen verkaufen würde …«, wagte sie einzuwenden.

»Ach, sei still!«, fuhr ihr die Mutter über den Mund. »Eine von den Kühen verkaufen, Unsinn! Für die kranken bekommt er keinen guten Preis mehr, und die eine gesunde brauchen wir noch. Außerdem würde uns das auch nicht weiterhelfen.« Die Augen der Mutter funkelten böse, während sie weiter auf sie einredete. Christina kannte den Blick. Man nahm sich dann besser in Acht. »Keine Widerrede, Christina! Du tust, was ich dir sage. Und jetzt geh und wasch dich. Lege dein bestes Kleid an für den Kirchgang, und dann gehst du anschließend zur ›Sonne‹ wie besprochen. Und ich rate dir, dir rechte Mühe zu geben. Du weißt, was davon abhängt.«

Christina erhob sich. Was hatte sie für eine Wahl? Frieder würde bestimmt auch keine Ruhe geben, wenn sie nicht erschien. Irgendetwas sagte ihr, dass es besser war, ihn nicht zu enttäuschen. »Gut, aber du musst es dem Vater beibringen. Ich will nicht, dass er mich wieder schlägt.«

»Jaja …« Die Mutter hatte sich schon wieder abgewandt. Eine weitere Tracht Prügel für ihre Tochter war etwas, das sie zuallerletzt kümmerte.

Sie sah ihn schon von Weitem neben dem Kirchenportal warten. Hatte er nicht gesagt, er müsse seinem Vater in der Metzgerei helfen? Warum war er nicht dort? Bestimmt würde er wieder Ärger bekommen, wie so oft. Margarethe ließ ein unwilliges Schnauben hören. »Ich sag's dem Vater, wenn du mit ihm sprichst!«

»Ach, sei doch still!«

»Ha, wirst schon sehen.«

Wütend funkelte Christina ihre Schwester an. »Dann sag's ihm doch, dumme Gans.«

Da hatte Frieder sie entdeckt. Seine muskulöse Gestalt löste sich von der Mauer und kam auf sie zu. Der Schnee knirschte unter seinen Stiefeln. Christina zog ihr Schultertuch enger um sich. Vielleicht würde es heute noch Schnee geben, aber eigentlich war es zu kalt dafür.

Da war er herangekommen, das Gesicht rot vor Kälte. Hatte er dort gewartet, seit er von ihnen fortgegangen war?

»Pack dich!«, knurrte er Margarethe an. Die beiden verband seit dem Markttag eine innige Feindschaft. Christina wurde das Gefühl nicht los, dass Frieder die Schwester nur wegen ihrer Hässlichkeit so schlecht behandelte. Kein schöner Zug von ihm, aber er war immerhin nicht der Einzige, der sich so verhielt. Margarethe hob stolz das Kinn, doch Christina wusste wohl, wie sehr sie Frieders offenkundige Verachtung wurmte. Dann marschierte sie in kerzengerader Haltung davon. Zweifellos würde sie dem Vater zu Hause mit Wonne Bericht erstatten, und was Christina dann erwartete, konnte sie sich an den Fingern einer Hand abzählen. Sie erschauerte.

»Ich muss mit dir reden, Christina.« Frieder zog sie ohne Umschweife an sich. In seinen Augen sah sie ein verdächtiges Blinken. Weinte er etwa?

»Hör zu, Frieder …«

»Nein, du hörst mir zu! Ich will, dass du die Meine wirst, und zwar so schnell wie möglich. Komme, was da wolle.«

Sie versuchte, sich von ihm frei zu machen, doch sein Griff war unerbittlich.

»Ich sage doch gar nicht, dass ich nicht will.«

»So?« Für einen Moment wirkte er verdutzt. »Dann ist es ja gut.«

»Ich meinte doch nur, dass wir nichts überstürzen sollten. Der Vater hat schon recht, es …«

Der Zorn sprang jäh zurück in seine Züge. Er stieß sie von sich.

»Ach, so schnell gibst du auf?«, schrie er. »Bin ich dir etwa nicht gut genug? Hast dir womöglich schon einen anderen ausgeguckt, was? Das sollst du nur wagen!« Drohend kam er auf sie zu.

»Nein, Frieder, so nimm doch Vernunft an.«

»Ich will aber nicht vernünftig sein!« Wirklich liefen ihm nun Tränen über die Wangen, dann packte er sie grob an der Hand. »Ich habe genug davon! Auf der Stelle kommst du mit mir.«

»Frieder, du tust mir weh. Lass mich! Du bist doch nicht mehr bei Sinnen.«

Der Schlag überraschte sie völlig. Für einen Moment sah sie nur noch helle Blitze auf schwarzem Grund, als starre sie schwindelnd in einen Abgrund. Sie spürte, wie sie schwankte.

»Christina …« Seine Stimme. Nur noch ein heiseres Keuchen, nah an ihrem rechten Ohr. Ihr Herz begann zu jagen, Angst drückte ihr die Kehle zu. Er packte sie erneut, drängte ihr einen Kuss auf. Dann noch einen. Sie rang nach Luft.

»Es tut mir leid!« Jetzt umfassten seine kräftigen Hände ihr Gesicht, pressten sich gegen ihre Schläfen. Er war so viel stärker als sie. »Oh Gott, ich … ich wollte das nicht. Es kommt nicht wieder vor. Ich schwöre es.« Er wirkte sehr erregt.

Was sollte sie tun, wie sich am besten verhalten?

»Ja, Frieder. Es war ja nichts.«

»Nein, es war nichts, nicht wahr? Du bist doch meine Christina. Ich würde dir nie etwas zuleide tun, nicht dir!«

»Gewiss. Das weiß ich doch.«

Sie spürte, wie der Druck seiner Hände etwas nachließ. Und dann, ganz plötzlich, ließ er ab von ihr. Sie sah, wie er sich wie in innerer Qual zusammenkrümmte. Dass er so viel für sie empfand! Ein wenig schmeichelte es ihr.

Sanft legte sie ihm die Hand auf den Rücken. Schluchzend rang er nach Luft. Dann schien er sich zu beruhigen. »Wenn es dir so viel bedeutet, Frieder, dann will ich mit dir kommen.«

»Jetzt gleich?«

»Ja, jetzt gleich.«

»Gut! Dann komm!« Fest nahm er sie an der Hand und zog sie mit sich.

Von ferne hörte sie schon das Lachen und Lärmen der Fuhrleute und Dörfler im Wirtshaus. Die »Sonne« war das größte und schönste Wirtshaus im Ort, direkt an der großen Landstraße gelegen, die von Göppingen kommend zunächst schnurgerade durch Ebersbach führte und dann nach Westen abbog, um zunächst der Fils, dann dem Neckar Richtung Stuttgart zu folgen. Viele Fuhrwerke kamen hier entlang, und viele der Kaufleute, Händler und Wagenknechte legten gerne eine Pause in der »Sonne« ein, die für ihre Küche und die gute Metzgerei bekannt war. Auch heute an Silvester herrschte reger Betrieb, vielleicht noch mehr als sonst.

Frieder hatte den ganzen Weg kein Wort mehr gesprochen, sie nur mit stierem Blick hinter sich hergezerrt. Christina fragte sich wirklich, was in ihm vorging. Er konnte doch nicht annehmen, dass er, wenn er so vor den Sonnenwirt trat, mit seinem Anliegen Erfolg haben würde. Überhaupt war sie davon überzeugt, dass ihr Vater die Lage weitaus realistischer einschätzte als die Mutter. Doch sie wagte es nicht, noch einen Versuch zu machen, Frieder von seinem Entschluss abzubringen. Wer weiß, wie er darauf reagieren würde. Besser, sie reizte ihn nicht noch mehr.

Mit einem festen Tritt gegen das Türblech stieß Frieder die Tür zum Wirtshaus auf. Eine breite Holztreppe führte, an den unten gelegenen Schlachträumen und den Stallungen vorbei, nach oben zum Schankraum und den Gastzimmern.

Kerzenlicht, Alkoholdunst und Krautgeruch sowie heiseres Gelächter, Gesang und die lautstark geführten Gespräche der Gäste wiesen ihnen den Weg.

Als sie den großen Schankraum betraten – eigentlich konnte man es fast einen Saal nennen, so weiträumig war er –, wurde es in ihrer Nähe still. Einige der Männer warfen neugierige Blicke auf sie und Frieder, der mit finsterer Miene dem Ausschank zustrebte. Christina fühlte sich sehr unbehaglich, doch Frieder zerrte sie ohne Gnade hinter sich her. Nur die Sonnenwirtin, Frieders ungeliebte Stiefmutter, stand hinter dem breiten, etwa hüfthohen Schanktisch, der den Raum dominierte. Dahinter war ein ebenso breiter Spiegel, eingefasst in eine fein geschnitzte hölzerne Regalkonstruktion, angebracht, auf der zahllose Gläser und anderes Geschirr standen. Ohne Zweifel herrschte in der »Sonne« kein Mangel an finanziellen Mitteln. Das Wirtshaus war mit seiner blendenden Lage und seinem noch besseren Ruf eine wahre Goldgrube.

»Wo warst du?«, zischte die Frau böse. »Der Vater ist wütend bis dorthinaus. Wegen dir muss er nun selbst unten im Schlachtraum stehen. Dabei haben wir das Haus voller Leute!«

»Was geht's dich an?«, fauchte Frieder zurück.

Das Gesicht der Frau verschloss sich. Sie schwieg. Christina wusste nicht zu sagen, ob Ärger oder Furcht ihr die Lippen versiegelte. Dabei war ihr Vorwurf doch allemal berechtigt. Sie wagte einen verstohlenen Blick in die Runde. Noch mehr der Gäste sahen nun interessiert herüber. Einige feixten und stießen ihre Sitznachbarn mit den Ellbogen an, als ob sie ein Schauspiel erwartete.

»Frieder!« Der schwere Tritt des Sonnenwirts dröhnte die Treppe herauf. »Wo kommst du jetzt her, du Tagedieb? Ich werde dich lehren, einfach fortzubleiben! Die ganze Arbeit bleibt an mir und der Mutter hängen, und du hast nichts Besseres zu tun, als dich den ganzen Tag herumzutreiben.«

Vereinzelt war nun Gelächter zu hören.

»Ich hatte meine Gründe.«

»So, Gründe hatte der Herr! Das will ich einmal sehen, was das für Gründe sind, die dich von der Arbeit fernhalten. Du hast's gerade nötig.«

Frieder ließ Christinas Hand los und baute sich dicht vor seinem Vater auf. Die Ähnlichkeit der beiden war nicht zu übersehen. Beide hatten die gleiche kräftige Statur, die gleiche breite Stirn und die ein wenig zu grob geschnittenen Züge, das gleiche dichte Haar, der eine schon grau, der andere braun. Nur das Feuer in Frieders Augen leuchtete heller als bei seinem Vater.

Der Vater hob die Hand und deutete mit dem Zeigefinger auf Christina. »War *sie* etwa der Grund? Habe ich dir nicht gesagt, dass ich es nicht dulde, dass du dich mit diesem Pack abgibst?«

Christina schoss das Blut in die Wangen. Oh, am liebsten wäre sie im Boden versunken. Die Blicke der Männer in der Wirtsstube stachen ihr wie Dolche in die Seite.

»Sie ist kein *Pack*!« Frieders Stimme bebte gefährlich. »Ich werde sie heiraten, die Christina, damit du es nur weißt.«

»Im Leben nicht!«

»Herrgott, Vater, warum denn nicht?«

»Weil ich nicht zulasse, dass mein einziger Sohn sich und mich noch mehr zum Gespött macht als ohnehin schon. Du hast uns schon genug Kummer gemacht. Es reicht! Ich will nichts mehr davon hören. Das ist mein letztes Wort. Und du …«, der zornige Blick des Alten wandte sich nun ihr zu, »… du siehst zu, dass du fortkommst. So weit kommt es noch, dass du weiter mit meinem Sohn herumpoussierst. Treib es, mit wem du willst, du Mensch, aber unter meinem Dach hast du nichts zu suchen, ein für alle Mal! Das könnte dir so passen.«

Oh, wie sie sich schämte! Was hatte sie nur geritten, sich von Frieder überreden zu lassen, in die »Sonne« mitzukommen? Irrsinn war das, blanker Irrsinn! Vater hatte recht. Der Sonnenwirt verachtete sie und ihre ganze Familie. Nie würde er in eine Heirat einwilligen. Christina raffte die Schürze ihres Kleides hoch und verbarg das Gesicht darin. Das alles war ein Albtraum. Sie wollte nichts sehen, nichts hören. Nicht das hämische Gekicher der Männer, Frieders zornige Schreie, das Kreischen der Sonnenwirtin, die sich jetzt einmischte und vergeblich versuchte, Vater und Sohn zu trennen, die sich an die Gurgel gingen. Sie wollte nur noch fort.

Ihre Füße fanden wie von allein den Weg zur Treppe, jagten die Stufen hinunter. Die Tür! Rasch aufgestoßen. Nur hinaus, hinaus!

Die Kälte der Nacht biss in ihre Haut. Sie keuchte, ihr wurde schlecht und sie begann zu würgen. Oh, in ihrem ganzen Leben hatte sie nicht solche Scham empfunden.

»Christina?« Jemand rief leise ihren Namen.

Sie fuhr herum. »Ich bin schon fort.«

»Nein, warte, Mädchen.«

Sie kannte den Mann. Es war der Herr Sartorius, der Barbier, Chirurg und gleichzeitige Apotheker des Ortes. War er nicht auch mit der Familie des Sonnenwirts verwandt? Ein Schwager von Friedrichs verstorbener Mutter, oder nicht? Frieder hielt offenbar große Stücke auf ihn.

»Das war nicht schön für dich eben, nicht wahr?«

»Nein.« Wieder stiegen ihr Tränen auf. »Ich wollte es doch nicht. Aber Frieder war nicht davon abzubringen. Er … er hat immerzu damit angefangen, dass er mich heiraten will. Und die Mutter, die will es auch, drängt mich geradezu. Aber …« Ihr Schluchzen verhinderte weitere Erklärungen.

»Na, na, Christina, Mädchen …« Der Mann trat zu ihr und legte ihr tröstend den Arm um die Schulter, doch das ließ ihre Tränen nur noch mehr fließen. Oben aus dem Wirtshaus drangen immer noch aufgeregte Stimmen.

»Komm, lass uns ein Stück gehen. Dann wird es besser.« Sartorius führte sie weg von der »Sonne«, hinein in die leeren Gassen Ebersbachs. Wie dankbar war sie, dass niemand sonst ihre Tränen und ihre vor Scham brennenden Wangen sehen konnte.

»Weißt du, der alte Schwahn und sein Sohn, das sind Dickköpfe, aus dem gleichen Holz geschnitzt. Sie machen es sich und anderen nicht leicht mit ihrem aufbrausenden Wesen. Aber im Grunde sind sie nicht schlecht. Man muss sie nur zu nehmen wissen.«

Christina wischte sich mit dem Schürzenzipfel über die Augen. »Ich weiß nicht, manchmal macht er mir Angst, der Frieder.«

»Angst macht er dir?«

»Ja … ach, ich weiß es nicht zu sagen. Er ist manchmal so unberechenbar, fast wie ein wildes Tier. Aber dann ist er wieder sanft und lieb.« Unsicher sah sie zu dem Mann auf. Der runzelte die Stirn, fasste sie plötzlich beim Kinn und drehte ihr Gesicht ins schwache Licht des Mondes. Das halbe Rund stand leuchtend über der Gasse. Seine forschenden Finger berührten die Schwellung, die sich in der Nähe ihres rechten Jochbeines bis hin zum Haaransatz gebildet hatte. Dort brannte es, als wenn die Haut aufgeplatzt wäre. Christina zuckte zusammen. Das schmerzte mehr, als sie gedacht hatte. Hatte Frieder vorhin so stark zugeschlagen? Das war ihr gar nicht bewusst gewesen.

»War er das?«

Sie nickte und entwand sich dem kundigen Griff des Dorfarztes. »Ich bin selbst schuld, ich hätte ihm nicht widersprechen sollen. Er war sehr aufgebracht. Ich glaube, er wusste nicht, was er tat.«

»Hm …«

»Er will mich eben unbedingt zur Frau nehmen. Und als ich ihm sagte, dass wir besser nichts überstürzen sollten, da ist es mit ihm durchgegangen. Aber es hat ihm gleich furchtbar leidgetan. Er hat sogar geweint deshalb.« Christina räusperte sich unbehaglich. War das wirklich der Grund für seine Tränen gewesen? Wohl eher nicht. »Ich will es ihm nicht nachtragen, und er hat versprochen, es nicht wieder zu tun.«

»So, hat er das?« Sartorius klang nun weniger freundlich als zuvor. In Christina kroch erneut das Gefühl von Furcht herauf. Vielleicht hätte sie es besser nicht erzählen sollen? Das ging doch auch niemanden etwas an.

»Nun, du musst selbst wissen, was du tust, Mädchen. Aber wenn ich dir etwas raten darf: Überleg es dir noch einmal mit dem Frieder. Ich will nicht allzu schlecht über ihn reden, schließlich ist er der Sohn meiner verstorbenen Verwandten und ein blitzgescheiter Kerl obendrein. Eigentlich einer der hellsten Köpfe im Dorf. Schon oft sprach ich mit seinem Vater, er solle den Jungen etwas Gescheites lernen lassen und nicht nur Metzger, dann käme er vielleicht auch nicht auf so dumme Gedanken. Doch der lässt nicht mit sich reden. Stur wie ein alter Bock ist er, der Sonnenwirt. Aber das darf nicht darüber hinwegtäuschen, dass da auch etwas Wildes, Ungezähmtes im Frieder steckt. Etwas, das er selbst kaum beherrschen kann und mit dem er sich und anderen Kummer bereitet. Großen Kummer. Ich glaube fast, dass er mit seinen doch oft recht üblen Streichen und Schandtaten seine Mutter in ein frühes Grab brachte. Was hat sie sich die Augen ausgeweint wegen des Jungen und musste ihn doch oft genug gegen die Wut des Vaters in Schutz nehmen. Ach, es war ein Kreuz mit dem Frieder und ist es noch. Und nun bist du an der Reihe. Willst du das wirklich, Christina Müllerin? Überlege es dir gut.«

»Ich … ich sollte jetzt besser nach Hause gehen.«

»Ja, das solltest du wohl.« Die Augen des Herrn Sartorius sahen sie ernst an, aber nicht böse.

Zögernd machte Christina einige Schritte, den Weg hinunter in den Schatten der Häuser. Die Worte des Dorfarztes rangen in ihr, überschlugen sich geradezu. *Etwas Wildes, etwas Ungezähmtes*, das stecke im Frieder, und er sei außerstande, es zu beherrschen. Das hatte er gesagt, und sie wusste, dass er die Wahrheit sprach. Sie wandte sich um. Sartorius stand immer noch dort im Licht des Mondes. Unbewegt, wie eine Mahnung.

»Ich will es mir überlegen, ich verspreche es.« Ihr Atem ging rasch.

»Du tust gut daran.«

»Ja … und danke!«

»Gott mit dir, Christina Müllerin.«

»Und mit Ihnen auch, Herr Sartorius. Einen guten Jahreswechsel wünsche ich Ihnen.«

Als sie das Haus betrat, war alles still.

Gut!

Vielleicht würde sie dem Strafgericht des Vaters entgehen, und morgen sah alles schon anders aus. Leise schlich sie die Treppe hinauf in ihre Kammer. Ob sie die Kerze wieder entzünden sollte? Bestimmt bestand nicht die Gefahr, dass die Eltern aufmerksam würden. Im Bemühen, kein unnötiges Geräusch zu verursachen, ging sie um das Bett herum, um die Kerze auf dem Nachttisch zu entzünden. Dann legte sie ihre Kleider ab bis auf das Unterhemd und ordnete diese sorgsam über die untere Bettwand. Ihr Gesicht schmerzte noch immer höllisch. Sie scheute sich fast nachzuschauen, was Frieders Unbeherrschtheit angerichtet hatte. Welch seltsamen Anblick Frieder und sie den Gästen im Wirtshaus geboten haben mussten. Er, wütend, geradezu roh in seinem Zorn. Sie, ihm widerstrebend folgend. Im schwachen Schein der Kerze zog sie einen trüb gewordenen Handspiegel aus der Nachttischschublade, den Anna ihr generös vor einigen Monaten vermacht hatte, und erschrak zutiefst. Die Haut über dem rechten Jochbein war tatsächlich aufgeplatzt. Blut war über die Wange gesickert und angetrocknet. Um die Platzwunde herum hatte sich inzwischen eine kräftige Schwellung gebildet, die die rechte Augenpartie verquellen ließ und sich bereits ins Bläulich-Violette verfärbte. Sie stöhnte auf. So konnte sie sich in den nächsten Tagen kaum irgendwo blicken lassen, vor allem morgen im Neujahrsgottesdienst nicht.

Ein jäher Gedanke durchzuckte sie. Auf keinen Fall würde sie sich weiter mit dem Wirtssohn aus der »Sonne« abgeben. Keine Sekunde mehr! Da konnte die Mutter sagen, was sie wollte. Die Sache zwischen Frieder und ihr stand eben unter keinem guten Stern, und wenn sie ehrlich war, hatte sie das vom ersten Tag an auch gespürt.

Entschlossen legte sie den Spiegel zurück in die Schublade, kroch in ihr Bett und zog das mit groben Gänsefedern gefüllte Leinen bis unters Kinn. Sie fröstelte in den klammen Laken. Es dauerte immer so furchtbar lange, bis sich das kalte Bettzeug endlich anwärmte. Normalerweise richtete sie sich in der kalten Jahreszeit für die Nacht eine Bettpfanne in der Küche. Aber sie wagte es nicht, noch einmal nach unten zu gehen. Für heute reichte es ihr, was Schläge und Geschrei anbetraf. Morgen, ja morgen, da würde sie es dem Vater und der Mutter sagen, dass sie es sich anders überlegt hatte, und keiner würde sie davon abbringen können. Auch Frieders Wut nicht. Ihm würde sie es auch sagen müssen. Christina drehte sich vorsichtig auf die linke Seite. Die Schwellung in ihrem Gesicht pochte unangenehm. Vielleicht war es doch vernünftiger, den Herrn Sartorius bei dieser Unterredung um Beistand zu bitten.

Es war nach Mitternacht, als sie durch ein unsanftes Rütteln an ihrer Schulter geweckt wurde. Mühsam öffnete sie die Augen. Zumindest das linke. Das rechte war inzwischen zugeschwollen.

»Was …?«

Es war Matthis, eine Stalllaterne in der Hand und den üblichen Gestank um sich verbreitend. Seltsam, warum trug er noch seine Stallkleider? Es war doch mitten in der Nacht?

»Musst mitkommen, Christina, schnell!«

Er wirkte sehr aufgeregt. Seine dunklen Augen, die im flackernden Licht der Laterne wie runde Kohlenstückchen aussahen, waren weit aufgerissen.

»Was ist denn?«

Matthis' Lippen mahlten, suchten wie so oft nach Worten, die nicht kommen wollten. »Der Frieder … der Frieder ist unten mit einem Schießgewehr. Komm schnell!«

Mit einem Satz war sie aus dem Bett.

»Ist der denn verrückt geworden?« Sie spürte, wie sie zu zittern begann. Die bittere Kälte in der Dachkammer, die wie mit eisigen Dornen in ihre Glieder stach, war beileibe nicht der einzige Grund dafür.

Da, ein Schuss! Der jähe Knall zerriss die Nacht. Dann noch einer.

»Die Eltern, Hans-Jerg, Margarethe …!« Ja, selbst Margarethe. Panik ergriff sie.

Matthis begann zu wimmern.

Einen Augenblick lang erwog sie, sich mit Matthis irgendwo auf dem Dachboden des Hauses zu verstecken. Doch dann obsiegte ihr Verantwortungsgefühl. Jetzt waren auch aus dem Dorf einige Schüsse zu hören. Das scharfe, sirrende Geräusch jagte durch die Dunkelheit, hallte schwach von den Mauern des Hofes wider. Es war also nicht nur Frieder, der in dieser Neujahrsnacht mit einer Waffe unterwegs war. Was, in drei Teufels Namen, war da los? Christina schluckte, dann nahm sie Matthis bei der Hand. »Komm!«

Widerstrebend folgte der jüngere Bruder. Doch letztlich wäre er ihr überallhin gefolgt, und wenn sie ihn durch die Hölle geführt hätte. Er vertraute ihr rückhaltlos, schon immer.

»Mut, Matthis!«

Eigentlich sagte sie es mehr zu sich selbst.

Jetzt hörte sie das Geräusch von Pferdehufen auf dem Hof. Waren es ein oder zwei Tiere? Dann Frieders zornige Stimme, darauf die des Vaters. Laut, vernehmlich und sehr ärgerlich. »Pack dich fort, Schwahn! Ich habe dir gesagt, du sollst dich hier nicht mehr blicken lassen, und dabei bleibt es.«

In ihre Angst mischte sich Erleichterung. Also war doch niemand erschossen worden, sonst würde der Vater nicht so sprechen.

Entschlossen legte sie die Hand auf den Knauf der Eingangstür.

»Nicht!« Matthis weinte fast.

»Du darfst gerne hierbleiben, Matthis. Hab keine Angst. Ich sag dem Frieder jetzt, er soll fortgehen. Dann ist alles wieder gut.« Sie schenkte dem Bruder ein tröstendes Lächeln. Hoffentlich würde Frieder sich auch daran halten. Sie trat auf den Hof hinaus.

Tatsächlich, es waren zwei Pferde. Das eine, auf dem Frieder saß, meinte sie zu kennen. Ein großer, struppiger Schwarzer mit kräftigen Beinen und einer unregelmäßigen Blesse auf der Stirn, die sich bis hinunter zu den Nüstern zog. Unzweifelhaft eines der fünf Rösser des Sonnenwirts. Das andere Pferd war ihr fremd, genauso wie der junge Bursche, der sichtlich angetrunken darauf saß. Aber das wollte nichts heißen. Sie kannte nicht alle jungen Leute von Ebersbach. Der Kleidung nach zu urteilen, war das ohnehin einer aus besserem Hause, vermutlich einer vom Kirchberg. Frieder hielt noch die Pistole in der Hand, mit der er eben geschossen hatte. Der andere, der den Schuss davor abgegeben haben musste, hatte seine Waffe wie ein Räuber verwegen in den Gürtel gesteckt, der sein dick gefüttertes Wams zusammenhielt. Zum Glück hatte er niemanden verletzt, so betrunken, wie er war. Auch Frieder hatte sichtlich zu viel intus, war aber noch Herr seiner Sinne. Das war gut. Oder vielleicht auch nicht?

Fest sah sie ihm ins Gesicht. »Was willst du hier, bewaffnet und mitten in der Nacht, Friedrich?«

»Ah, du nennst mich Friedrich? Ist es schon so weit zwischen uns?« Die Trunkenheit rang mit der kaum bezähmten Wut in seinen Worten.

»Du hast gehört, was dein Vater gesagt hat.«

»Mein Vater?« Unversehens schlug seine Stimme um in lautes Gebrüll. »Es interessiert mich einen Dreck, was mein Vater sagt!«

»Aber mich interessiert es. Er leidet es nicht, dass wir heiraten. So ist es und nicht anders. Was also können wir tun? Nichts!« Sie machte einen Schritt auf Frieder und sein schwarzes Ross zu. Jetzt war der Zeitpunkt, es zu beenden. Jetzt in dieser Sekunde. Sie durfte nicht zurückweichen. »Und deshalb, Friedrich Schwahn, ziehe ich mein Versprechen zurück. Hast du verstanden? Es ist vorbei. Ich will dich nicht. Geh! Such dir eine andere Braut, geh!«

Er starrte sie an. Reglos. Nur die Pistole – Matthis' Auskunft war ungenau gewesen, vermutlich kannte er das Wort für diese Handwaffe gar nicht – schwankte unsicher hin und her, den Lauf auf sie und den Vater gerichtet. Doch die Waffe war leer geschossen. Musste erst wieder geladen werden, oder nicht? Es waren doch *zwei* Schüsse gewesen, die sie gehört hatte? Unruhig fixierte sie die trichterförmig aufgebogene Mündung. Plötzlich ließ Frieder die Pistole sinken.

»Wie du willst«, zischte er. »Dann gehe ich also!«

Der Vater trat neben sie, fast als wolle er sie beschützen. Ein ungewohntes Gefühl. »Ja, geh und lass dich nie wieder hier blicken, du Lump!«

Das hätte er nicht sagen sollen. Prompt trieb Frieder wutentbrannt den schwarzen Gaul an, direkt auf sie und den Vater zu. Das Tier tänzelte nervös, spürte die Wut seines Reiters. Schützend riss Christina die Arme vor ihr Gesicht, schloss die Augen. Sie fühlte, wie der Vater sich vor sie schob, die Muskeln spannte, bereit, die Zügel zu ergreifen und den Schwarzen fortzuzerren. Weg von ihr.

Und dann war es plötzlich vorbei. Frieder wendete sein Pferd und preschte davon. Sein Kumpan folgte ihm johlend, zu betrunken, um zu verstehen, was eben passiert war.

Erleichtert ließ sie die Arme sinken, da traf sie ein harter Backenstreich. Nun brannte auch die linke Wange.

»Hatte ich dir nicht gesagt, du sollst dich von diesem Spitzbuben fernhalten?« Der Vater war kreuzwütend. »Und kaum verlässt du das Haus, treibst du dich wieder mit ihm herum. Rennst sogar ins Wirtshaus und machst mich und uns alle zum Gespött. Dass du dich nicht schämst!«

Margarethe! Sie musste ihnen noch heimlich gefolgt sein. Woher sollte der Vater sonst von dem Vorfall in der »Sonne« wissen? Tränen schossen ihr in die Augen. »Aber ich kann nichts dafür. Der Frieder hat mich dazu gezwungen, mich sogar geschlagen. Sieh doch! Ich musste mit ihm mitgehen.« Die Wange mit der Platzwunde musste den Vater doch von ihrer Unschuld überzeugen.

Die Antwort war lediglich eine weitere Ohrfeige. Sie würde morgen vermutlich beide Augen nicht mehr öffnen können. Es war so ungerecht. Hass flammte in ihr auf. »Wieso glaubt jeder, er muss mich schlagen? Jeder zerrt an mir herum, will etwas anderes von mir. Der Frieder, dass ich ihn heirate, die Mutter, dass ich dem alten Sonnenwirt eine Summe Geld herauslocke, und du, dass ich mich von denen in der ›Sonne‹ fernhalten soll. Ja, wie denn nun? Ich kann es ja doch keinem recht machen.« Die Gestalt des Vaters, der Hof, die weiße Schneedecke auf den Feldern dahinter, alles verschwamm. Sie war blind vor Tränen. Oben wurde ein Fenster geräuschvoll zugeschlagen. Die Mutter. Sie musste alles von oben mit angehört haben. Dann eben das auch noch.

Es war ohnehin nicht zu ändern.

»Du weißt es noch nicht. Heute Abend ist die zweite Kuh verreckt und die andere macht es auch nicht mehr lange. Wir werden den Hof nicht halten können, Christina.« Die Stimme des Vaters schwankte.

Sie schluchzte noch einmal und zuckte dann mit den Achseln. »Aber es wird schon weitergehen irgendwie. Es muss ja.«

Schweigen drängte sich zwischen sie und den Vater, nur gestört durch ihr mühsam unterdrücktes Weinen. Dann sagte der Vater: »Ja, es muss. Übermorgen wirst du deine Stelle als Magd auf dem Hof von Michael Dannemann antreten. Ich habe es gestern mit seinem Weib abgemacht. Du weißt, der Hof am Ortsausgang Richtung Krapfenreut. Wie du sicher auch gehört hast, ist der Michael krank, seit er bei der Treibjagd verletzt wurde, und sein Weib braucht Hilfe. Ihr alter Knecht schafft es nicht allein.«

»Es ist gut, Vater.«

»Ja …« Er schwieg für einen weiteren unbehaglichen Augenblick. Wollte er sich gar entschuldigen? Doch das war ebenso unwahrscheinlich, wie dass der Mond, dessen fahle

Halbsichel noch immer gleichmütig über den nächtlichen Feldern stand, auf die Erde herunterstieg.

»Geh jetzt schlafen«, sagte der Vater leise.

Christina atmete tief ein und wischte sich vorsichtig die Tränen aus ihrem geschundenen Gesicht. Eine Entschuldigung wäre wohl auch zu viel verlangt gewesen.

KAPITEL 3

Christina rieb sich die eiskalten Hände. Katharina, die Bäuerin, hatte ihr aufgetragen, die faulig gewordenen Rüben auszusortieren. Die matschigen hellroten Knollen rochen brackig und unangenehm, als sie sie mit beiden Händen aus der Erdmiete grub. Tapfer griff sie erneut nach der nächsten schweren Frucht, um sie in einem Bottich mit klarem Wasser zu reinigen und nach schadhaften Stellen zu untersuchen. Wenigstens würde man aus den nicht ganz so schlechten noch einen süßen Sirup herstellen können. Etliche aber würde sie wegwerfen müssen. Die fraßen nicht einmal mehr die Schweine im Koben hinter dem Haus. Martin, der Knecht, hatte die Miete nicht richtig ausgehoben, und so waren die Rüben beim Lagern zu warm geworden und begannen zu faulen. Höchste Zeit also. Dass die Herbsternte dieses wichtigen Beitrags zur Ernährung von Mensch und Vieh so weit wie möglich gerettet wurde, war schließlich eine Frage der Notwendigkeit. Auch Katharina Dannemann und den Ihren ging es alles andere als gut. Um ihren Mann Michael stand es ernst. Eine verirrte Kugel hatte bei der Treibjagd seinen linken Unterschenkel zerfetzt. Die Männer aus Krapfenreut, von wo auch Michael stammte, waren seit Jahrhunderten zu dieser Fron verpflichtet, und keiner der hochwohlgeborenen Jagdherren dachte auch nur im Traum daran, auf die manchmal schlimmen Folgen für die Zwangsknechte einen Gedanken zu verschwenden. Dabei war die mutwillige Zerstörung von Äckern und Nutzwäldern noch das geringste Übel. Michaels Wunde war schlecht verheilt und hatte sich überdies entzündet. Es bestand kaum mehr Aussicht auf Heilung.

Die Sorge darüber war Katharina in die Stirn gegraben, was die Bäuerin älter erscheinen ließ, als sie war. Was sollte aus ihr werden, wenn der Bauer starb, und was aus ihrem Kind? Den Hof würde sie kaum halten können, außer es fand sich einer, der Interesse an einer über 30 Jahre alten Witwe mit einem kaum fünfjährigen Knaben hatte, der als einziges und jüngstes von den drei Kindern des Paares überlebt hatte. Nun, wenigstens war das im Bereich des Möglichen. Auch wenn Katharina, die ihren Michael aus Liebe geheiratet hatte, sich noch gegen den Gedanken sträubte. Über kurz oder lang würde es wahrscheinlich so kommen, und dann war keine Notwendigkeit für eine Magd mehr auf dem Hof. Bis dahin aber versuchte Christina, ihre Arbeit so gut wie möglich zu erledigen. Katharina, die Bäuerin, war eine freundliche, gutherzige Frau und begegnete ihr nicht mit derselben Ablehnung wie die meisten anderen Bewohner Ebersbachs. Einer Ablehnung, die sich seit dem Vorfall in der »Sonne« am Silvesterabend noch verstärkt hatte. Die Kunde von der Auseinandersetzung zwischen dem alten Sonnenwirt und seinem Sohn hatte sich natürlich wie ein Lauffeuer in der Gemeinde verbreitet, was noch dadurch verschlimmert wurde, dass es offensichtlich Frieder gewesen war, der einige andere schon reichlich bezechten jungen Kerle dazu angestiftet hatte, in der Nacht auf der Hauptstraße gehörigen Radau zu machen. Dass dabei überdies Schusswaffen im Spiel gewesen waren, hatte die Bevölkerung von Ebersbach schwer erzürnt. Solche Unbeherrschtheiten wurden in der dörflichen Gemeinschaft nicht geduldet. Schon gar nicht, wenn der Sohn des Sonnenwirts – wie so oft – der Verursacher des Aufruhrs war. Der Alte hatte auch nicht das geringste Interesse daran, seinen Sohn vor der prompten Anzeige des Ortsvogts in Schutz zu nehmen, und so hatte die ganze Sache noch ein übles Nachspiel für Frieder gehabt. Eine Nacht im Ortsgefängnis und drei Gulden und 30 Kreuzer Strafe hatte es ihm eingebracht. Natürlich. Ohne eine Bestrafung konnte das nicht abgehen. Aber wenigstens war ihm ein längerer Aufenthalt im Arrest des Rathauses erspart geblieben. Vermutlich deshalb, weil ihn die baufälligen Mauern im hinteren Bereich des Gebäudes ohnehin nicht lange halten würden und das auch niemals vermocht hatten. Auch der Amtmann wusste das aus leidvoller Erfahrung und hatte stattdessen die Geldstrafe verhängt, die Frieder umso härter traf, als ihn sein Vater, was seinen Lohn betraf, äußerst knapp hielt. Die anderen Übeltäter – teilweise aus vornehmen Familien Ebersbachs stammend – waren dagegen mit einer Verwarnung davongekommen.

Alles das hatte Christina von Hans-Jerg erfahren. Ihr Bruder trieb sich, trotz – oder vielleicht gerade wegen – der prekären Lage daheim mit den anderen jungen Männern des Ortes in den Wirtschaften Ebersbachs herum, spielte und trank und lieh sich von anderen Geld, das er nie zurückzahlen würde. Es war abzusehen, dass das nicht gut enden konnte. Währenddessen versank der Vater immer mehr in brütendes Schweigen – und wenn, dann sprach er nur dem Alkohol zu. Die Mutter dagegen überhäufte Christina mit Vorwürfen, sobald sie ihrer ansichtig wurde. Als ob Christina persönlich für das Missgeschick der Familie, die drückenden Schulden und den Tod des Viehs verantwortlich war.

Ach, am liebsten wäre sie gar nicht mehr nach Hause gegangen! Aber sie musste, auch wenn sie jeden Morgen noch vor dem ersten Hahnenschrei aufstand, sich ankleidete und sich zusammen mit Matthis auf den Weg machte, um erst weit nach Einbruch der Dunkelheit, müde und zerschlagen, wieder nach Hause zurückzukehren, wo ein weiterer Berg Arbeit auf die beiden wartete.

Wenigstens war Matthis auf diese Weise ein wenig von der häuslichen Misere erlöst, bei der er regelmäßig den Sündenbock für die Launen aller übrigen Familienmitglieder abgab. Er schätzte sich sogar glücklich, seit er eine Stelle als Stallknecht bei einem der betuchteren Bauern Ebersbachs angetreten hatte. Doch Christina bezweifelte, dass sein Glück allzu lange währte. Der Großbauer war als geizig bis hin zur Raffgier verschrien und zahlte seine Leute oft schlecht oder gar nicht.

Christina seufzte und tauchte die nächste Rübe in den bereitstehenden Wasserbottich. Die Kälte kroch ihr einmal mehr in die Kleider, und sie schüttelte sich. Leider war ihre Aufgabe nicht kräftezehrend genug, um ihre Glieder durch die Hitze der Anstrengung zu wärmen. Fröstelnd wagte sie einen Blick zum Himmel, der sich mehr und mehr mit grünlich-grauen Wolken überzog. Zweifellos würde es sehr bald Schnee geben. Ob sie die restlichen Rüben besser in die Scheune transportieren und dort weiterarbeiten sollte? Doch dann war sie Martin im Weg, der dort schimpfend und brummend das einzige Lastfuhrwerk reparierte. Es wollte ihm nicht recht gelingen. Dafür fehlte einfach ein weiterer männlicher Helfer. Katharina und auch Christina hatten schon ihre Hilfe angeboten, doch das hatte er brüsk abgelehnt. Das sei kein Frauengeschäft, hatte er sie wissen lassen. Katharina hatte nichts dazu gesagt. Martin hatte schon auf dem Hof gedient, als sie noch in den Windeln gelegen hatte. Daher besaß er ein gewisses Anrecht auf seine schroffe Art. Im Grunde hatte er ein gutes Herz.

Plötzlich öffnete sich die Tür des Hauses und Katharina trat heraus, ihren kleinen Sohn an der Hand haltend. Sie hatte sich ein warmes, gefilztes Tuch um die Schultern gebunden und ihrem Jungen ein Jäckchen und eine gestrickte Mütze angezogen. Mit zielstrebigem Schritt kam sie auf Christina zu.

»Ich gehe jetzt! Du kommst zurecht?«

Fragend hob Christina die Brauen. Sie hatte nicht gewusst, dass die Bäuerin heute ausgehen wollte.

Katharina lächelte freundlich. »Wir sind wieder da, bevor es dunkel wird. Seit unser Hannes geboren wurde, machen wir jedes Jahr am Tag nach Epiphanie einen Ausflug zur Großmutter in Krapfenreut.« Ihr Blick verdüsterte sich. »Nur dieses Jahr müssen wir erstmals allein gehen. Was wird nur Michaels Mutter sagen?«

»Noch keine Besserung des Fiebers?«, fragte Christina teilnahmsvoll, auch wenn sie die Antwort wusste.

Katharinas Wangenmuskeln spannten sich. Stumm schüttelte sie den Kopf. »Der Herr Sartorius meint, er will es morgen noch einmal mit einem Aderlass probieren. Vielleicht wird das ja helfen.«

»Oh, bestimmt!« Christina versuchte, ihrer Stimme einen aufmunternden Klang zu geben. Die Bäuerin tat ihr wirklich leid, auch wenn die Situation für sie Lohn und Brot bedeutete. »Der Bader wird schon wissen, was zu tun ist.«

»Wir wollen es hoffen! Ach, all die Arzneien und die Besuche von ihm … das kostet Unsummen. Unsere Ersparnisse reichen nicht mehr weit und dann, ja dann …« Katharina richtete rasch ihren Blick hinauf zu den schneebedeckten Hügeln, die hinter dem Dannemann'schen Hof das Tal der Fils begrenzten. Christina sah, dass nun doch Tränen in ihren Augen blinkten. Die Augen der Bäuerin hatten fast die gleiche Farbe wie der winterliche Himmel über ihnen. Ein helles Graugrün. Katharina war zwar nicht von augenfälliger, aber doch von einnehmender, stiller Schönheit. »Dann kann uns nur noch ein Wunder helfen«, vollendete sie beklommen.

»So weit wird es nicht kommen. Bestimmt geht es dem Bauern bald wieder besser«, tröstete sie Christina.

Die Aufmerksamkeit der Bäuerin kehrte zu ihr zurück.

Sie nahm den Knaben fester an der Hand. »Danke, Christina, das ist lieb von dir. Ich hoffe es auch sehr. Aber nun müssen wir uns sputen. Wir sind ohnehin schon spät dran.« Sie wies zum Haus. »Wenn du mit den Rüben fertig bist, kümmere dich um Michael, bis ich zurückkehre. Gib ihm zu trinken und wechsle regelmäßig die kühlen Wickel. Das hält das Fieber wenigstens etwas im Zaum. Und dann sollte man noch die Kleider von Martin ausbessern. Er hat sich bitter beklagt, er habe kaum mehr etwas auf dem Leibe. Da müsse er sich ja sogar als Knecht schämen.«

Christina gönnte sich ein kleines Lachen. So war der alte Knecht eben. Störrisch und ewig missgelaunt, und dennoch liebte er Katharina und den Kleinen über alles. Dass es dem Ehemann seiner kleinen *Katze* – wie er sie manchmal Christina gegenüber zärtlich nannte – so schlecht ging, zerriss dem Alten fast das Herz, und er fluchte täglich ausgiebig über den Leichtsinn der adeligen Herren und ihre nichtsnutzigen Treibjagden, die dem einfachen Volk die Zeit, oft genug die Ernte und in Michaels Fall nun auch noch womöglich das Leben kosteten. Ja, es sei ein rechtes Kreuz in diesem Land, pflegte er seine lautstarken Anklagen gegen die althergebrachte Ordnung Württembergs und das darin verbriefte Herrenrecht zu beschließen, um sich dann für Stunden weiter in unverständlichem Gemurmel zu ergehen.

»Es ist gut, Bäuerin. Geh du nur. Ich werde mich gut um den Kranken kümmern und auch noch eine Suppe aufsetzen, damit du und der Kleine etwas habt, wenn ihr zurückkommt. Vielleicht nimmt der Bauer ja auch etwas davon.«

»Ja, tu das.« Katharina schenkte ihr einen warmen Blick. »Ich bin recht froh, dass ich dich habe, Christina. Bist mir wirklich eine große Hilfe. Es tut mir leid, dass ich dir nur so wenig zahlen kann. Sogar das Magdkleid bin ich dir schuldig geblieben.«

»Es reicht schon, Bäuerin. Ich bin auch froh, dass ich es so gut bei euch getroffen habe.«

»Ja, wenn ich auch nicht sagen kann, wie lange du bei uns bleiben kannst. So oder so …«

Die Bäuerin beendete ihren Gedankengang nicht. Niemand sprach im Hause Dannemann darüber, was geschehen würde, wenn das Schlimmste eintraf. Es zu benennen, hieß das Unglück beschreien. Schweigend wandte sie sich ab und ging mit dem Jungen davon.

Christina arbeitete noch einige Zeit weiter, doch dann fielen die ersten zarten Flocken vom Himmel. Stöhnend erhob sie sich aus der kauernden Haltung, die sie die letzten zwei Stunden eingenommen hatte.

Ob sie die Handkarre aus dem Schuppen holen sollte, um nun doch die verbleibenden Rüben hinüberzutransportieren?

Unentschlossen sah sie zu dem dicht ans Haupthaus gebauten Gebäude mit dem weit geöffneten Tor hinüber, aus dem deutlich das scharfe Pochen eines Schmiedehammers zu hören war. Martin hatte nun wohl doch einen Weg gefunden, das Fuhrwerk zu reparieren.

Nein, besser, sie sah erst nach dem Kranken.

Christina wischte sich die Hände an ihrer Schürze ab und machte sich auf den Weg zum Haus hinüber, als sie plötzlich aus den Augenwinkeln jemand heranhuschen sah. Offenbar hatte die Gestalt sich hinter den Haselnusssträuchern, die das Anwesen zum Teil begrenzten, versteckt gehalten und versuchte nun, ihr den Weg zum Haus abzuschneiden. Ihr Herz machte einen erschreckten Hüpfer. Ein Dieb? Vielleicht war es einer jener abgerissenen Gesellen, die, ohne jede Versorgung aus dem Heer des Herzogs entlassen, vor nichts mehr zurückschreckten, um etwas zu essen oder ein paar Kreuzer zu stehlen. Zu Hunderten zogen diese Bedauernswerten und ähnliches Gesindel, das aus anderen Gründen keinen anderen Ausweg mehr sah, durchs Land und stahlen, was nicht niet- und nagelfest war. Doch dann erkannte sie den Besucher. Ihr Herz begann noch mehr zu pochen. Es war Frieder.

Was wollte er nur hier? Abrupt blieb sie stehen. Hatte sie ihm nicht deutlich gesagt, er solle sie in Ruhe lassen? Und warum schlich er so heimlich daher wie einer, der Böses im Schilde führte? Ungewollt durchrann sie ein Schauer der Furcht. Zu gut war ihr noch die Silvesternacht in Erinnerung.

Sollte sie nach Martin rufen? Doch der würde sie vermutlich nicht hören, halb taub, wie er war, und dann noch gegen den Lärm des Schmiedehammers. Christina nahm allen Mut zusammen. Sie durfte Frieder gegenüber keine Schwäche zeigen. Einfach nicht nachgeben. Dann würde er schon wieder gehen. Bestimmt! »Was willst du?«, fragte sie barsch.

»Mit dir reden.«

Er sah nicht gut aus. Nein, gewiss nicht! Er wirkte fahrig und übernächtigt. Seine Bartstoppeln bildeten einen dunklen Schimmer auf der Haut, als hätte er sich in den letzten Tagen nur herumgetrieben, ohne Schlaf. Vielleicht stimmte das ja auch.

»Ich wüsste nicht, was wir zu reden haben. Ich habe dir gesagt, dass es nichts werden kann mit uns, und dabei bleibt es.«

Er ging nicht darauf ein. »Mein Vater schickt mich fort.«

Das überraschte sie nun doch. »Fort? Wohin?«

»Nach Frankfurt, zu seinem Bruder. Ich soll dort als Metzger arbeiten.«

Eigentlich war das gar keine schlechte Nachricht, zumindest für sie. Doch sie konnte sich gut vorstellen, wie Frieder sich dabei fühlte. Schließlich war er der einzige Sohn des Sonnenwirts, und der zog es offensichtlich vor, seinen alleinigen Erben lieber in die Fremde zu schicken, als ihn in den Betrieb einzuführen. Das war mehr als grobe Zurückweisung, das war eine unerträgliche Schmach. Für Frieder eine tiefe Demütigung, ohne Frage. Was hatte den Alten so plötzlich zu diesem ungewöhnlich harten Schritt veranlasst?

Offenbar las Frieder die unausgesprochene Frage in ihren Augen.

»Es ist wegen der Sache in der Neujahrsnacht. Der Amtmann, dieser Dummkopf, hat gemeint, er müsse ein großes Gewese daraus machen. Hat sogar meinen Alten einbestellt und ihm dringend nahegelegt, dass man eine Lösung finden müsse.« Frieder schnaubte in bösem Spott. »Was immer das heißen soll.«

»Nun, das hast du dir selbst zuzuschreiben.«

»Das hast *du* mir nicht zu sagen!«

»Ich sage, was ich will! Und jetzt lass mich in Ruhe. Ich habe zu tun.« Christina machte einen Schritt aufs Haus zu. Da legte ihr Frieder die Hand auf die Schulter.

»Das meinst du ja nicht ernst, Christina, oder? Du liebst mich doch, das weiß ich.« Die Verzweiflung in seiner Stimme war nicht zu überhören. Plötzlich tat er ihr leid. Hatte ihn nicht sein Vater, ja eigentlich ganz Ebersbach, so gut wie verstoßen? Und nun wandte auch sie sich gegen ihn. Es war ja auch nicht so, dass sie ihn nicht mochte, seinen Witz, seine Kraft, seinen scharfen Verstand. Er war so viel klüger und willensstärker als sie. Aber dennoch …

Unwillig machte sie sich los.

»Ich sagte, lass mich.«

Noch einige wenige Meter bis zum Haus. Hatte er es jetzt endlich verstanden, gab er auf? Sie wagte nicht zurückzuschauen. Ihre Hand berührte den schmiedeeisernen Riegel der aus schweren Dielen gezimmerten Eingangstür und zog ihn zur Seite.

»Nein!« Sein Schrei, wie der gellende Schrei eines tödlich Getroffenen.

Dann, ganz plötzlich, war er dicht hinter ihr, presste sich an sie. Seine Arme schlangen sich fest um ihren Leib. Christina verlor das Gleichgewicht. Die schon geöffnete Tür schwang auf, und gemeinsam fielen sie in den Hausflur. Frieder kam auf ihr zu liegen. Sie spürte das Gewicht seines Köpers.

Der Bauer, der auf der Bank in der Küche in seinem Fieber lag, stöhnte laut. Hatte er sie gehört?

Sie begann sich zu wehren. Verzweifelt stemmte sie sich hoch, versuchte fortzukriechen. Doch Frieder griff erneut nach ihr.

»Christina!«

Sie zerrte, erreichte die halb offen stehende Küchentür. Dort, auf der Bank in der Nische beim Ofen, lag der Bauer in unruhigem Fieberschlaf. Seine Glieder zuckten wild.

»Christina, ich liebe dich doch!«

Es gelang ihr, sich Frieders Griff zu entwinden, doch er setzte ihr nach. Gemeinsam rangen sie miteinander auf der Schwelle zur Küche. Seine Hände suchten sich den Weg unter ihre Kleider. Sie kannten den Weg gut. Es war ja nicht so, dass Frieder und sie in den vergangenen Wochen nicht schon ein wenig von der verbotenen Frucht gekostet hätten. Wenn auch nur heimlich, hinter den hoch aufgetürmten Strohhaufen einer Feldscheune, wo sie sich häufig getroffen hatten. Frieder war von Anfang an ein feuriger Liebhaber gewesen. Das hatte ihr schon auch gefallen. Doch nie hatte er es zu weit getrieben oder war es gar zum Äußersten gekommen.

Aber jetzt war alles anders. Sie wollte nicht, dass er das tat.

»Lass mich!«

Ihr Protest verhallte ungehört.

Schon nestelte er an seinen Hosen. Entsetzen packte sie.

Sie wehrte sich, kniff die Augen zusammen. Sie wollte nicht sehen, was dort plötzlich an männlichem Fleisch hervorragte.

Vergeblich. Mit gierigen Küssen bedeckte er ihren Mund, ihren Hals, ihre Brust. Alles in ihr verkrampfte sich. »Nein … nein!«

Er hörte es nicht. Während er sie zu Boden zerrte und sich nahm, was er wollte, drehte sie ihren Kopf zur Seite. Sie wollte nicht sehen, wie sich sein Gesicht über ihr vor Anstrengung rötete, wollte nicht hören, wie er zu keuchen begann, wollte den scharfen Schmerz nicht spüren, der sich jäh in ihr Innerstes bohrte – und doch konnte sie nichts dagegen tun.

Endlich war er fertig und rollte erschöpft zur Seite.

Christina presste ihre wunden Schenkel zusammen und zerrte hastig ihre Röcke nach unten. Scham brannte auf ihren Wangen, doch es war zu spät. Frieder hatte ihr ihre Jungfräulichkeit genommen und sie hatte es nicht verhindern können. Welche Schande war über sie gekommen! Und auch noch, während der Bauer gerade daneben lag. Auch wenn er vermutlich zu krank war, um etwas davon mitzubekommen. Sie verbarg ihr Gesicht in den Händen, schluckte schwer. Doch das Schluchzen, das ihr die Kehle hinaufdrängte, ließ sich nicht länger unterdrücken.

»Christina?« Sie spürte, wie Frieder sich erneut eng an sie schmiegte und den Arm um sie legte. »Warum weinst du?«

Das wagte er noch zu fragen? Sie war zu erschüttert, um zu antworten.

»Wir gehören doch zusammen, Christina, für immer! Du bist die, die ich liebe, und daran wird niemand etwas ändern.« Er küsste ihr Haar.

Wilde Verzweiflung tobte in ihr. »Was hast du getan, Frieder? Wie konntest du? Die Schande …«

Sie spürte, wie sich sein Körper neben ihr spannte. Mit einem Ruck kam er hoch, auf die Knie. »Schande? Ausgerechnet du sprichst von Schande?« Er wurde ganz blass vor Zorn. »Wir werden heiraten, bald schon!«

»Du bist doch nicht mehr ganz bei Sinnen!«

»Sei still!«

»Nein!« Sie rückte von ihm weg, umschlang ihre Knie mit den Händen. »Du gehst nach Frankfurt, weil dein Vater es so bestimmt hat. Heiraten? Träumst du, Frieder? Das wird nie etwas mit uns werden. Mein Vater hat recht, du bist ein Narr, ein Narr mit närrischen Ideen! Und sieh dir an, wie weit du uns damit gebracht hast, was du angerichtet hast … Oh Gott, ich wollte, ich wäre tot!« Es war ihr alles gleichgültig. »Geh doch endlich, Frieder, lass mich in Ruhe!«

Da! Plötzlich hatte er etwas Langes, kalt Blinkendes in der Hand. Ein Messer? Ein sehr scharfes Messer – so eines, wie es die Schlachter benutzten. Er hatte es aus seiner Jacke gezogen. Also hatte er es schon mitgebracht. Sie erstarrte. Seine Hand mit dem Messer zitterte. »Du bist meine Braut, hörst du?«

Sie starrte ihn an. »Du *bist* verrückt, Friedrich Schwahn.«

»Ha!« Die scharfe Schneide des Messers kam ihrem Gesicht gefährlich nahe. »Ich weiß genau, was ich will. Ich will dich! Und ich werde mein Ziel erreichen, so oder so.«

»Du wirst jetzt auf der Stelle dieses Haus verlassen, Friedrich. Wir haben uns nichts mehr zu sagen.«

Seine Züge verzerrten sich.

»Ich bring dich um. Ich stech dich ab wie eine Sau, wenn du es wagst, mich noch einmal zurückzuweisen.« Etwas Seltsames, Fremdes trat in seine Augen. Er bebte jetzt am ganzen Körper. »Wage es ja nicht … Ich schwöre, ich bring dich um. Erst dich und dann mich. Dann werden alle sehen, was sie davon haben. Wenn du mir nicht gehören kannst, soll dich auch kein anderer besitzen.«

War er deshalb gekommen? Hatte er tatsächlich den wahnsinnigen Plan gefasst, sie und sich zu töten? Warum hatte er sonst das Messer mitgebracht?

Sie musste ihm nachgeben, wollte sie noch mit heiler Haut aus der Situation herauskommen. Es ging um ihr Leben.

»Ja, Frieder, ich habe es nicht so gemeint.«

»Nein, nicht wahr …?« Ein irres Lächeln trat auf seine Lippen. »Es ist doch wieder alles gut zwischen uns.«

»Ja, alles ist gut.« Langsam hob sie ihre Hand. Dann umfasste sie sein Handgelenk – sehr vorsichtig – und schob die Klinge zur Seite. Weg von sich. Er leistete ihr keinen Widerstand. Sie brachte ein Lächeln zustande. »Natürlich werde ich die Deine bleiben. Wir werden heiraten, so wie du es wünschst. Versprochen!« Schließlich ließ er das Messer sinken. Gott sei Dank! Sein Körper, eben noch zitternd vor Anspannung, erschlaffte sichtlich.

»Ja!«

»Du brauchst dir keine Sorgen mehr zu machen.«

»Ja … ich muss mir keine Sorgen mehr machen.« Er erhob sich taumelnd, als wäre er betrunken. Doch das war er nicht.

»Du musst jetzt gehen, Frieder. Martin kann jeden Augenblick hereinkommen und auch die Bäuerin wird bald zurückkehren.« Sie stand auf und bewegte sich unmerklich aus seiner Reichweite. Ihr Herz raste.

Er reagierte kaum, starrte nur auf seine Füße, dann auf das Messer in seiner Hand. Plötzlich schob er es zurück in die Innentasche seine Jacke und richtete seinen Blick auf sie. Der irre Ausdruck in seinen Augen war wie fortgewischt. »Ich werde dir schreiben, Christina. Jeden Tag, das verspreche ich.«

»Gut!«

»Wir werden heiraten.«

»Ja!«

»Mir wird schon etwas einfallen.«

»Gewiss!«

Er räusperte sich. »Dann Gott befohlen, Christina. Vergiss mich nicht.«

»Nein.« *Gott befohlen!* Aus seinem Mund klang es wie Hohn, doch er meinte es offensichtlich ernst. Wenn er doch nur endlich ginge. Sie zwang sich erneut zu einem Lächeln.

»Ja, dann …« Für einen Augenblick wippte er noch unentschlossen auf den Hacken seiner wadenhohen Lederstiefel, dann war er fort. Sie hörte, wie die schwere Tür des Bauernhauses hinter ihm ins Schloss fiel.

Ihre Knie gaben nach.

Auf was hatte sie sich da nur eingelassen?

Frankfurt, Ende Januar, 1750

Er kann nicht schlafen. Hin und her wälzt er sich auf seinem Bett. Der andere Metzgerknecht schnarcht laut, schmatzt in biederer Selbstgewissheit. Zum Speien ist das!

Wie soll es weitergehen? Der Oheim kann ihn nicht brauchen, hat er gesagt. Er habe dem anderen aus Boll leider nun schon eine feste Zusage gegeben, die er nicht rückgängig machen könne. Er starrt hinüber zu dem anderen, der jetzt sein Schnarchkonzert unterbricht und sich grunzend zur Seite dreht. Nun herrscht Ruhe. Nur die gleichmäßigen Atemzüge dringen leise herüber.

Es ist alles falsch. Er sollte gar nicht hier sein.

Und der Oheim?

Er ahnt, dass es nicht nur die allgemein schlechte Arbeitssituation in Frankfurt ist, die den Bruder seines Vaters zögern hat lassen, ihn fest einzustellen. Alle hassen ihn, haben gar ein wenig Angst vor ihm. Er sieht es in ihren Augen. Er hört es, wenn das heimliche Getuschel abrupt abbricht, sobald er den Raum betritt. Herr im Himmel, was hat er ihnen denn getan?

Der Oheim will ihn loswerden, besser heute als morgen, das ist wahr. Aber dem Vater wieder unter die Augen treten? Den reuigen Sünder spielen?

Wenn doch nur die Mutter noch lebte. Sie würde es verstehen, den Vater zu besänftigen. Wie oft hat sie sich dazwischengeworfen, wenn der Vater den Gürtelriemen zückte. Später hat er den Tanz des Riemens allzu oft ertragen müssen. Oh, wie er den Alten dafür hasste und sein neues Weib, das immer zufrieden danebenstand. Die Mutter hätte das nie zugelassen. Sie hat ihn immer geliebt und, wenn's sein musste, für ihn gelogen. Dabei war sie eine fromme Frau gewesen.

Er fühlt den feinen Stich in der Herzgegend. Der Schmerz, alt und wohlbekannt, fing an, als sie die Mutter in die kalte Erde legten. Seitdem spürt er ihn immer, wenn er an sie denkt. Aber das zählt jetzt nicht.

Was kann er tun?

Er dreht sein Gesicht zur weiß getünchten Wand, die schwach im Mondlicht schimmert. Hier ist seines Bleibens jedenfalls nicht mehr. Noch ein paar Tage, hat der Oheim gesagt, dann muss er sich woanders eine Arbeit suchen oder eben wieder nach Hause gehen.

Aber anderswo eine lumpige Knechtsstelle annehmen? So weit kommt es noch! Schließlich hat sein Vater Geld und Gut mehr als genug. Was stellt der Alte sich auch so an, wegen ein paar Raufereien und der Sache in der Neujahrsnacht? In Wirklichkeit ist das nur wegen Christina. Der Alte leidet es einfach nicht, dass er glücklich ist, gönnt ihm die Liebe nicht. Das ist es.

Er ballt die Faust.

Der Alte wird schon noch nachgeben, das wäre ja gelacht. Er muss es nur schlau einfädeln.

Christina! Eine seltsame Unruhe huscht ihm durch die Brust, beißt sich in seiner Kehle fest, nagt. Sie wird ihm doch treu bleiben? Sie muss es, sonst wird er …

Er starrt in die Dunkelheit.

Nein, das alles ist nur geschehen, weil es sein Vater und Hans-Jerg, dieser Drecksack, hintertrieben haben. Christina hätte ihn aus eigenem Antrieb nie zurückgewiesen. Das ist sicher. Gewiss, vielleicht war er etwas zu grob mit ihr. Aber das muss man doch verstehen. Sie muss es verstehen! Hatte er eine andere Wahl?

Dennoch … vielleicht sollte er ihr sicherheitshalber noch einmal schreiben – einen weiteren Brief, damit sie ihn nicht vergisst. Unten in der Stube des Onkels liegen Schreibpapier und Tinte.

Er könnte es nicht ertragen, wenn sie sich einen anderen … Er wagt es nicht, den Gedanken zu Ende zu denken.

Plötzlich weiß er, was er zu tun hat.

Leise steht er auf.

KAPITEL 4

Der Vetter aus Neckartenzlingen wiegte bedächtig den wolligen Schädel. Dunkles lockiges Haar hatte er, wie die Mutter auch. »Dann wird es wohl sein müssen, Hans-Jerg«, sagte er, »wir können dir auch nichts leihen. Haben selbst Pech gehabt in letzter Zeit. Was hast du dir auch dabei gedacht, den Hof hier zu kaufen? Wolltest wohl unbedingt den großen Herrn spielen? Jetzt musst du halt in den sauren Apfel beißen.«

Der Vater sackte noch ein wenig mehr zusammen. Überhaupt wirkte er kränklich. Besorgt betrachtete Christina die Eiterpusteln und schwärzlichen Verfärbungen, die sich nun auch an seinem Hals zeigten. Zunächst waren diese nur an Händen und Armen zu sehen gewesen, aber jetzt waren sie auch auf Rumpf und Hals übergesprungen. Ob er sich gar beim Vieh angesteckt hatte? Die Krankheit sah jedenfalls aus wie die Gerberseuche.

»Ich habe es dir ja gesagt«, keifte die Mutter. »Wir hätten eben in Plüderhausen bleiben sollen. Aber nein! Der Herr wollte ja unbedingt ein Großbauer sein.«

»Schweig, du Hexe!« Noch war der Vater nicht zu krank, um seinem Weib ordentlich auszuschenken.

»Dann verkaufe, solange du noch kannst. Der Bieter wird nicht ewig warten.« Der Vetter meinte es nur gut. »Sicher, 800 Gulden ist beileibe nicht das, was der Hof wert ist, aber willst du lieber im Schuldturm versauern?«

»Nein, aber ich habe vor nicht einmal einem Jahr 1.000 gezahlt und jetzt soll ich mich mit 200 weniger zufriedengeben?«

»Es wird dir kaum etwas anderes übrig bleiben.«

Christina erhob sich. Zu oft hatte sie in der letzten Zeit dem Streit und dem Lamentieren über die drückenden Geldsorgen zugehört. Sie war es wirklich leid. Ohne auf die wütenden Blicke der Mutter zu achten, verließ sie die Wohnküche, den wärmsten Ort im Haus, wo alle, wenn der Abend nahte, beieinandersaßen. Nur einer fehlte: der junge Begleiter des Vetters, den dieser ihnen als Veith vorgestellt hatte. Wo er wohl hingegangen war? Vermutlich vertrat er sich ein wenig die Beine. Kein Wunder bei der angespannten Stimmung im Haus. Keiner, der seine fünf Sinne beieinander hatte, würde länger als unbedingt nötig im Hause Müller bleiben wollen. Sollte sie vielleicht auch noch etwas hinausgehen oder sich gleich in ihre Kammer zurückziehen? Müde genug war sie, auch wenn sie heute nur am Vormittag auf dem Dannemann'schen Hof gewesen war. Überhaupt fühlte sie sich seit einigen Tagen ständig müde, sie wusste selbst nicht, warum. Aber das war nicht weiter schlimm. Katharina holte sie mittlerweile nur dann, wenn es gar nicht anders ging. Das Geld war auch bei Dannemanns knapp geworden, obwohl es dem Bauern etwas besser ging. Das Fieber hatte nachgelassen. Dennoch war nicht gewiss, ob er davonkommen würde. Das Bein hatte begonnen zu faulen. Sartorius würde es abnehmen müssen, und ob der Patient das überleben würde, wusste nur Gott. Jedenfalls überstand kaum einer so etwas. Die meisten starben am Schock oder am Blutverlust. Katharina weinte sich deshalb die Augen aus dem Kopf, aber es war nicht mehr aufzuhalten. So oder so: Christina würde sich wohl bald eine andere Stelle suchen müssen.

Sie beschloss, doch noch einen Schritt vor die Tür zu machen. Alleinsein war ein kostbares Gut in der Winterzeit, und außerdem war ihr ein wenig schwindlig.

Am Morgen hatte es erneut geschneit. Jetzt, in der Abendsonne, lag der Schnee wie ein blutrotes Leintuch über Wiesen und Felder ausgebreitet. Schön war das. Christina atmete tief ein und machte sich auf den Weg. Ihre gegen die Kälte mit Stroh ausgelegten Holzpantinen sanken tief ein, während sie über den Hof hinweg in Richtung der Stallungen stapfte. Dort führte ein schmaler Pfad über die Felder den Hügeln zu. Mit Frieder war sie dort gegangen … in jener ersten Nacht.

Da, eine hochgewachsene Gestalt löste sich aus dem Schatten der Stallmauer. Von der Sonne geblendet, konnte Christina nicht sofort erkennen, um wen es sich handelte. Sie zögerte. Ihr Herz schlug ängstlich bis zum Hals. War *er* es? Doch nein, Frieder war in Frankfurt, weit weg. Außerdem war er nicht so groß gewachsen. Es bestand keine Gefahr. Warum nur wurde es ihr ständig so bang – und das aus den nichtigsten Gründen? Christina schüttelte sich unwillig, wehrte sich gegen die Antwort. Sie wollte nicht daran denken, was geschehen war. Einfach vergessen, das war das Beste. Genauso, wie sie die Briefe, die Frieder ihr ständig schickte, nicht las.

»Keine Sorge, ich bin's nur.« Der junge Mitreisende des Vetters kam auf sie zu. Hatte er etwa ihre Ängstlichkeit bemerkt? Betreten blickte Christina zur Seite. Ein paar Schritte seiner langen Beine, und er war bei ihr. Er lächelte schüchtern. »Ich wollte dich nicht erschrecken, Jungfer Müllerin.« Er hatte ein nettes Lächeln, das musste Christina zugeben. Obendrein war er sehr höflich. Sie konnte sich nicht erinnern, dass sie je jemand mit *Jungfer Müllerin* angesprochen hätte. Es klang ganz fremd in ihren Ohren.

Der Vetter der Mutter und sein junger Begleiter waren auf der Durchreise und hatten bei ihnen Quartier genommen. Jetzt im Winter war das Vorankommen auf den Straßen nicht leicht, und jeder Reisende war froh um eine warme Unterkunft. Morgen wollten sie weiter nach Waiblingen, hatte der Vetter erklärt, als sie um die Mittagszeit überraschend angekommen waren. Er, um dort eine kleine Erbsache seines Weibes zu regeln, sein Begleiter, Veith, um wieder zu seinem Lehrherrn, dem Bäckermeister Schönleber, zu kommen. Veith war im letzten Lehrjahr und würde bald den Gesellenbrief erhalten. Über Weihnachten und Neujahr hatte der junge Mann seine Familie in Neckartenzlingen besucht, doch nun war es höchste Zeit, wieder zurückzukehren, so hatte es der Gast beim Mittagstisch – der leider sehr karg ausgefallen war – erzählt. Christina hatte sich schon da des Eindrucks nicht erwehren können, dass Veith nur so ungezwungen berichtete, um die unerträglich angespannte Atmosphäre im Müller'schen Haushalt zumindest ein wenig zu erleichtern. Überdies war er recht hübsch. Groß, vielleicht ein wenig zu hager, doch mit einem ansprechenden, offenen Gesicht. Seine tiefblauen Augen leuchteten hell, wenn er lächelte – und das tat er oft und gern –, was einen reizvollen Kontrast zu seinem dunklen, ein wenig wirren Haarschopf bildete. Margarethe hatte fast vergessen, das Essen in sich hineinzuschlingen, so hatte sie ihn angestarrt.

»Ich wollte nur noch einmal nach den Pferden sehen, bevor ich mich schlafen lege. Morgen wollen wir in aller Herrgottsfrühe weiter.«

»Ja, das sagtet ihr.«

»Ach, dann hast du doch zugehört? Ich war mir nicht sicher. Du wirktest ein wenig … wie soll ich sagen … *bedrückt.*«

»Nein, ich …« Christina schwieg. Er hatte ja recht. Bedrückung war in der Tat nur ein schwaches Wort für das, was sie empfand.

Veith schien zu merken, dass sie nicht in der Stimmung war zu reden. Taktvoll wechselte er das Thema: »Ich schätze, mein Lehrherr wird nicht erfreut sein, wenn ich noch länger fortbleibe. Hat mich schon ungern ziehen lassen.«

»Ja.« Christina räusperte sich, schämte sich plötzlich ihrer Einsilbigkeit. »Ich muss sagen, ein wenig beneide ich dich«, setzte sie tapfer hinzu, nur um überhaupt etwas zu sagen. Auch wenn eine Lehre kein Zuckerschlecken war, hatte Veith es in Waiblingen gut getroffen. Was würde sie darum geben, von daheim wegzukommen! Von all dem Streit, den drückenden Sorgen und von dem, was niemand wissen durfte, was ihr Tag für Tag den Atem abdrückte. *Nicht daran denken!*

Veith bedachte sie mit einem forschenden Blick. »Wolltest du noch ein wenig spazieren gehen?«

»Wie?« Christina schrak auf.

Er schob die Hände in die Hosentaschen und sah auf seine Füße. Große Füße, die in neuen, festen Stiefeln steckten. Das Bäckerhandwerk hatte goldenen Boden.

»Wenn du noch etwas spazieren gehen möchtest, kann ich dich doch begleiten. Darf ich?«

Christina war zu überrascht, um es ihm abzuschlagen. »Ja, warum nicht?« Sie zog ihr Tuch aus gewalkter Schafwolle etwas enger um sich. »Ich wollte ohnehin nur ein paar Schritte ums Haus machen.«

»Gut. Dort entlang?« Er wies auf den verschneiten Pfad, der hinter dem Stall entlangführte. Er hatte schöne, schlanke Hände, eigentlich mehr die Hände eines Schreibers oder Pfaffen als die eines Bäckers.

»Ja.« Christina nickte.

Gemeinsam setzten sie ihren Weg fort. Er ging ein Stück hinter ihr, bis der Pfad breiter wurde. Dann wechselte er an ihre rechte Seite.

»Dein Vater scheint ernste Geldsorgen zu haben«, begann er wieder das Gespräch.

»Ja. Er hat sich mit dem Hof übernommen. Wir werden verkaufen müssen, ob er will oder nicht. Zum Glück hat sich ein Käufer gefunden …«

»… mit dem er nicht zufrieden ist«, setzte Veith fort.

Christina zuckte mit den Achseln. »Mein Vater ist ein stolzer Mann. Es kommt ihn sauer an, aber wir haben keine Wahl.«

»Es sind schwere Zeiten.«

Christina betrachtete ihren Begleiter indigniert. »Was weißt du von schweren Zeiten? Du kannst doch froh sein. Brot brauchen nun mal immer alle. Und die Bäcker, die es backen dürfen, stopfen sich die Taschen mit dem Geld der Leute voll. Du hast also keinen Grund, dich zu beklagen.«

»Ich wollte dich nicht kränken.« Er wirkte tatsächlich beschämt. »Die Bäckerlehre war nicht meine Wahl. Mein Vater wollte es. Der Mann seiner Schwester ist mit Bäcker Schönleber verwandt. Und der hat keine Söhne, denen er das Geschäft vermachen könnte.«

Christina verzog unwillig den Mund. »Nun, dann hast du es doch doppelt gut getroffen.«

Für einen Moment schwiegen sie beide.

Dann fragte Veith: »Und wo werdet ihr wohnen, wenn der Hof verkauft wird?«

Christina zeigte nach Osten über den Ort hinweg. »Da gibt es ein Tagelöhnerhäuschen mit einem Stall, drüben über der Fils. Das steht schon seit vorigem Jahr leer. Sonst wüsste ich nicht …«

»Dann bleibt ihr also hier in Ebersbach?«

»Wie es aussieht.«

»Oh, gut.«

Christina sah ihren Begleiter misstrauisch an. Warum wirkte er so erfreut darüber? »Ach, und wieso?«

»Weil ich dann weiß, wo du wohnen wirst«, platzte es aus ihm heraus. Seine Wangen röteten sich.

»Und was sollte dich das angehen?«

»Ich … nun, ich …« Veiths Hand öffnete und schloss sich, als versuche sie, die passenden Worte irgendwo zu greifen.

»Ich finde dich sehr hübsch. Ich habe noch nie so ein hübsches Mädchen wie dich gesehen. Ich würde dich gerne besuchen …«

Nun schoss auch Christina die Röte ins Gesicht. »Nein, das wirst du nicht. Lass mich in Ruhe, ja?« Brüsk wandte sie sich ab.

Mit dieser abweisenden Reaktion hatte er offenbar nicht gerechnet. Wie auch? Christina wusste selbst, dass es unangemessen war, wie sie sich benahm. Er meinte es doch nicht böse. Aber sie konnte nicht anders. Die Beklemmung in ihr verstärkte sich, schnürte ihr die Kehle zu. Vergeblich bemühte sie sich, wieder ruhiger zu werden.

Veith legte ihr bittend die Hand auf den Arm und versuchte, ihr ins Gesicht zu sehen. »Verzeihung, ich wollte wirklich nicht unverschämt sein«, stammelte er. Christina schüttelte nur stumm den Kopf. Das war zu viel für sie. Sie konnte es einfach nicht ertragen.

Ohne ein weiteres Wort der Erklärung drängte sie sich an ihm vorbei und rannte, so schnell sie konnte, zum Haus zurück.

»Margarethe, du gemeines Biest! Gib das sofort wieder her!«

»Ich denke gar nicht daran!« Die Schwester hüpfte, den Brief triumphierend über dem Kopf schwenkend, auf Christinas Bett herum. Kindisch wie immer.

»Da steht: Von beliebiger Hand zu öffnen. Also!« Margarethe runzelte die Stirn. Das Lesen fiel ihr nicht leicht. »An die Jungfer Christina Müllerin in Ebersbach.« Sie prustete. »Ach, eine Jungfer bist du also. Als ob du nicht schon mit dem Frieder herumpoussiert hättest.«

Christina wurde blass. »Was weißt du davon?«

»Genug! Ich habe euch nämlich gesehen, damit du es weißt. Im Heuschober vom Matthäus Brecht draußen bei der Filswiese. Ich hab genau gesehen, was ihr getrieben habt, was der Frieder mit dir gemacht hat.«

Christina pochten die Schläfen. Margarethe, diese dumme Gans! »Du bist ja bloß neidisch. Hättest wohl selbst gern gehabt, dass der Frieder das mit dir gemacht hätte.«

»Pah!«

»Ach, lüg doch nicht! Und jetzt gib den Brief her.«

Das Schreiben war heute angekommen. Genau wie die anderen Briefe Frieders, hatte sie ihn unter der Strohmatratze in ihrem Bett verborgen. Ungelesen. Jetzt verfluchte sie sich dafür.

»Jesum zum Gruße, herzgeliebter Schatz«, Margarethe dehnte die Worte genüsslich. *»Ich muss dir mit betrübtem Herzen schreiben, und diese Zeilen werden dich, wie ich in meinem Herzen glaube, betrübt antreffen. Glaub du, dass mein Herz nicht wanken wird und dir jederzeit getreu bleiben wird, solange mir Gott eine Ader … eine Ader in …«* Sie geriet ins Stocken. Christina packte die Gelegenheit beim Schopf und entriss ihr den Brief. »Das geht dich nichts an, verstanden!«

Margarethe verschränkte beleidigt die Arme vor der Brust. Mit dem albernen Herumhüpfen hatte sie aufgehört. »Den Vater wird's nicht freuen, wenn er hört, dass schon wieder ein Brief vom Frieder gekommen ist. Übrigens hat er heute auch einen bekommen.«

»Einen Brief vom Frieder?« Christina blieb der Mund offen stehen.

Margarethe verdrehte die Augen. »Ja, von wem denn sonst? Die Mutter hat's ihm vorgelesen, und anschließend haben sie wieder gestritten wie die Besenbinder.«

»Was … was stand drin?«

»Dass der Frieder nicht von dir lässt und dass ihr verlobt wärt. Er hat dem Vater geschrieben, dass er dich nach wie vor heiraten wolle und es gar keinen Sinn habe, sich dagegenzustellen. Der Vater hat den Brief zerreißen wollen, aber die Mutter hat ihn an sich genommen. Sie sagt, den wolle sie dem alten Sonnenwirt zu gegebener Zeit schon unter die Nase reiben.«

»Oh Jesus!«

Margarethe ließ sich aufs Bett fallen und streckte die Glieder. »Ich weiß gar nicht, was du hast. Sei doch zufrieden. Alles besser, als bald in diesem baufälligen Loch am Waldrand hausen zu müssen. Der Sonnenwirt wird schon noch nachgeben und dann kannst wenigstens du dir ein feines Leben machen. Die stinken doch vor Geld.« Unüberhörbar schwang Neid in ihren Worten.

»Was weißt du schon?«

»Ich weiß eine ganze Menge!«, meinte Margarethe bissig. Die schlaffe Gesichtshälfte ließ ihr Gesicht dabei noch mehr zur Grimasse werden.

»Jetzt mach, dass du aus meiner Kammer kommst!« Christina konnte Margarethes Geschwätz plötzlich nicht mehr ertragen. Zu sehr machte ihr Frieders Ankündigung Angst. Sie kannte ihn gut genug. Er würde nicht lockerlassen, er würde gewiss alles Menschenmögliche unternehmen, um sein Ziel noch zu erreichen. Christina zerrte die Schwester, die sich nach Kräften wehrte, aus dem Bett, schob sie aus dem Zimmer und warf die Tür hinter ihr ins Schloss. Dann legte sie rasch den Riegel vor und setzte sich als zusätzlichen Schutz gegen Margarethes Toben mit dem Rücken gegen das Türblatt auf den Boden. Da mochte Margarethe noch so erbost dagegenhämmern. Dann nahm sie den Brief Frieders heraus, den sie schnell in ihrer Schürzentasche hatte verschwinden lassen, nachdem sie ihn Margarethe so erfolgreich entwunden hatte.

Frieders Handschrift war stark und schwungvoll, doch was er schrieb, behagte ihr ganz und gar nicht.

Wenn du anderer Burschen entsagst, schrieb er, *und ich erfahre, dass du dich daran hältst, wie es sich für ein braves Mensch gehört, so soll mir keine andere mehr an die Seite kommen. Ich wollte dir gerne etwas schicken, doch dann fürchtete ich wieder, du würdest dich beim Ebersbacher Markt betrinken und einen anderen bei dir schlafen lassen.*

Christina ließ den Brief sinken. Als ob sie jemals so etwas getan hätte oder je tun würde! Sie war doch keine Hure! Plötzlich war ihr, als spüre sie Frieders Hände auf ihrer Haut zwischen ihren Schenkeln. Sie wurde rot, ihr Herz schlug wild. Ach, hätte sie sich doch mehr zurückgehalten. Sie war so dumm gewesen. Aber Frieder war so … so … Sie hatte es ihm einfach nicht abschlagen können. Und dann seine Eifersucht. Eifersüchtig, das war er von Anfang an gewesen. Es war fast wie eine Besessenheit.

Der Rest seines Schreibens wirkte ein wenig wirr, so als sei er nicht ganz bei Sinnen gewesen. Anscheinend hatte er den Brief mitten in der Nacht verfasst, in einem Anfall von Trübsinn. Die Gedanken waren ihm wohl davongesprungen wie Zicklein in die Dornen. Zum Schluss forderte er recht barsch eine Nachricht von ihr und ließ dann herzlichst ihre Familie grüßen. Dabei hatte er der drei Sätze zuvor die ganze Schuld an ihrer Misere vorgeworfen. Als ob er nicht richtig im Kopfe wäre!

Christina kaute an ihrer Unterlippe. Zum Glück hatte wenigstens Margarethe die Belagerung inzwischen aufgegeben. Sollte sie ihm wirklich schreiben? Wie würde er es aufnehmen, wenn sie seinem Befehl nicht Folge leistete? Er schien ehrlich verstimmt darüber, dass sie nichts von sich hören ließ. Sie schüttelte den Kopf. Hatte er denn ganz vergessen, was er getan hatte?

Nein, sie würde ihm gewiss nicht schreiben. Er war weit fort, in Frankfurt, und was immer er sich dort in seinem wirren Kopf ausdachte, das musste sie nicht kümmern.

Christina rappelte sich auf, faltete den Brief zusammen und verstaute ihn wieder unter der Matratze bei den anderen. Morgen würde sie die Briefe ins Feuer werfen, wo sie auch hingehörten.

Dann ging sie zu Bett.

Margarethe rang heftig um Atem, als sie auf dem Hof der Dannemanns anlangte. Sie musste sehr schnell gelaufen sein. Christina legte das Messer zur Seite, mit dem sie die Weidenruten für die zu flechtenden Körbe entrindet hatte.

»Was ist?«

»Du sollst aufs Oberamt kommen.«

Beklommen erhob sich Christina von ihrem Hocker, den sie sich zwischen die Haufen der Weiden in den Schuppen gestellt hatte.

»Aufs Oberamt? Aber warum denn nur?«

Margarethe warf ihr einen gehässigen Blick zu. »Man hat mit dir zu reden. Sofort! Der alte Sonnenwirt ist auch schon da.«

»Frieders Vater?« Nun wurde ihr wirklich bang. »Aber ich habe doch gar nichts getan.«

Was hatte Frieder nun wieder angerichtet? Nicht nur, dass er alle möglichen Leute mit seinen furchtbaren Briefen bedachte – selbst auf den Dannemann'schen Hof hatte er zwei Mal geschrieben, Katharina hatte ihr die Briefe kopfschüttelnd gezeigt – und darin von ihrer angeblichen Verlobung faselte, nun hatte er wohl noch den Amtmann und die ersten Bürger des Ortes gegen sie aufgehetzt.

Mit zitternden Händen band sie die verschmutzte Schürze ab und hängte sie an einen Nagel an der Schuppenwand. Das hatte ihr gerade noch gefehlt.

»Ich muss der Bäuerin Bescheid sagen.«

Margarethe lächelte böse. »Das würde ich dir nicht raten. Der Amtsschreiber hat gesagt, du sollst dich umgehend einfinden, sonst würde man dich holen kommen. Deiner Bäuerin kann ich auch sagen, wo du hingegangen bist.«

Einen Augenblick zögerte Christina, doch dann zuckte sie ergeben mit den Schultern. »Sie ist bei ihrem Mann im Haus. Sag ihr, ich bin bald wieder da.«

Margarethe stemmte die Hände in die Hüften. »So? Nun, das werden wir sehen.« Sie gönnte sich ein weiteres Grinsen und trollte sich dann in Richtung des Bauernhauses.

Christina blickte ihr nicht nach. Zu sehr nahm sie die Sorge gefangen, was um alles in der Welt man auf dem Oberamt von ihr wollte. Was, wenn der alte Sonnenwirt sie bezichtigte, sich gegen seinen ausdrücklichen Willen mit seinem Sohn verlobt zu haben? Wie sollte sie das Gegenteil beweisen, nach all dem Unsinn, den Frieder in seinen Briefen behauptet hatte? Nun, es blieb ihr nichts anderes übrig, als sich den Herren zu stellen.

Als sie die Amtsstube des Oberamtmanns, die im oberen Stockwerk des Rathauses lag, betrat, wendeten sich ihr fünf gespannte Augenpaare zu. Nicht nur Frieders Vater, der alte Sonnenwirt, war zugegen – rotgesichtig wie meist, die kräftigen Hände, die wohl ebenso zuzuschlagen wussten wie die Frieders, in den aufgenähten Taschen seines Wamses verborgen –, am Tisch neben dem Oberamtmann Liomin saß auch Pfarrer Kölle und maß sie mit abschätzigem Blick.

Was hatte der hier zu suchen?

Zwei Schreiber, die sie nicht dem Namen nach kannte, standen schon an ihren Kathedern bereit und spitzten mit konzentrierter Miene ihre Federn, vor sich einen Packen unbeschriebenen Papiers. Wollte man sie hier einem offiziellen Verhör unterziehen? Christina schluckte unsicher. Mehr denn je war sie sich der Schwachheit ihres Geschlechts und ihrer Jugend bewusst.

»Da ist sie ja endlich, die Müllerin«, begrüßte Liomin sie, ohne sie direkt anzusehen. »Setze sie sich da drüben hin.«

Einer der Schreiber wies Christina mit einem Rucken seines Kinns auf eine schmucklose Holzbank im hinteren Bereich der Amtsstube. Der alte Schwahn atmete heftig, offenbar war er sehr erregt.

Liomin richtete sich auf seinem geschnitzten Amtsstuhl auf, stützte die Ellenbogen auf seinen Schreibtisch, so gut es sein prächtiger Bauch zuließ, und blickte sie streng an. »Sie weiß, warum sie hier ist?«

Christina nickte zögernd, dann aber schüttelte sie heftig den Kopf. Sie ahnte es zwar, aber es war wohl besser, wenn die Herren von sich aus ausführten, um was es im Einzelnen ging.

»So weiß sie nicht, dass der Friedrich Schwahn Frankfurt verlassen hat und wieder herzukommen gedenkt?«

Christina erstarrte. Friedrich kam zurück? Alles, nur das nicht!

»Wann?«, fragte sie erschrocken.

Der alte Schwahn fuhr ärgerlich auf, doch eine Handbewegung des Amtmanns hielt ihn zurück.

»Es heißt, er sei schon in Plochingen. Von dort hat er sich schriftlich an einen Verwandten der Familie, den Chirurgen Sartorius, gewandt und darum gebeten, dass dieser mit seinem Vater sprechen und ein gutes Wort für ihn einlegen möge.«

»Der Kerl kommt mir jedenfalls nicht mehr ins Haus, das schwöre ich«, knurrte der Sonnenwirt böse.

Christina war sich nicht im Klaren darüber, ob er mit dieser Drohung Sartorius oder Friedrich meinte. Doch Liomin ließ ihr keine Zeit für weitere Überlegungen.

»Kann sie sich denken, warum der Schwahnen Friedrich seine Stelle in Frankfurt verlassen hat?«

Oh, sie ahnte, um was es ging. Doch das ließ sie sich nicht anhängen. War es nicht Friedrichs Vater gewesen, der seinen Sohn hart und unbarmherzig fortgeschickt hatte? War sie daran schuld, dass Frieder unbeirrt Anspruch auf sie erhob? Doch würden die Männer ihr, einem unmündigen jungen Frauenzimmer, glauben? Christina zog es vor zu schweigen. Was immer sie sagte, es würde ihr ja doch zum Nachteil ausgelegt werden.

»Sie will nicht antworten?«

Christina presste die Lippen aufeinander.

Liomin wandte sich an seine Gehilfen. »Sie verweigert die Auskunft, schreibt das nieder.«

Die tintengetränkten Gänsekiele kratzten eifrig über das Papier. Da brach es aus Christina heraus: »Was habe ich damit zu schaffen? Habe ich ihn nach Frankfurt geschickt? Gewiss nicht! Habe ich ihn geheißen zurückzukehren? Bei meiner Seele, das habe ich nicht. Mir wäre es bei Gott lieber, er bliebe, wo er ist.«

Das ohnehin rote Gesicht des alten Schwahn rötete sich noch mehr. »Sie lügt!« Er machte einige Schritte auf sie zu und baute sich drohend vor ihr auf. »Das Mensch will sich doch nur ins gemachte Nest setzen. Das könnte ihr so passen!« Wieder fiel Christina auf, wie ähnlich Frieder seinem Vater war. Rasch zum Zorn und ohne Maß in seiner Wut.

»Ich lüge nicht!«

»Ha!«

Liomin zog ein Schreiben zwischen den Schriftstücken, die vor ihm auf dem Tisch lagen, heraus. Dann winkte er einen der Schreiber heran. »Sie vermag zu lesen?«

Christina nickte. Ihr Unbehagen, ohnehin schon erheblich, steigerte sich ins Enorme. Hatte womöglich Margarethe Frieders Briefe an den Oberamtmann weitergegeben? Zuzutrauen wäre es ihr. Warum nur hatte sie es versäumt, diese vermaledeiten Briefe am Morgen zu verbrennen, wie sie es eigentlich vorgehabt hatte? Doch sie war zu spät aufgestanden und hatte es eilig gehabt, zu Katharina hinüberzukommen, der sie am heutigen Morgen Hilfe zugesagt hatte, und so hatte sie es schlicht vergessen. Jedenfalls war das unzweifelhaft Frieders Handschrift. Sie hätte sie unter Tausenden erkannt.

Doch als der Schreiber ihr, wie angewiesen, den Brief vor die Augen hielt – offensichtlich war es ihr nicht erlaubt, das Schriftstück anzufassen –, erkannte sie, dass es sich um den Brief an den Vater handeln musste, der gestern angekommen war. Natürlich! Die Mutter hatte nichts Besseres zu tun gehabt, als ihren vermeintlichen Trumpf auszuspielen, nicht einen Gedanken daran verschwendend, in welch unangenehme Lage sie ihre Tochter damit brachte.

»Lies!« Der Befehl Liomins duldete keinen Widerspruch.

Und Christina las, wie ihr befohlen worden war. Frieders ganzen unerträglichen Sermon seiner übergroßen Liebe zu ihr und seinen unverbrüchlichen Entschluss, sie zur Frau zu nehmen, seien sie doch schon fest verlobt. Keiner dürfe es wagen, sich dagegenzustellen. Ja, der Teufel selbst solle ihm die Adern aus dem Leibe reißen, sollte er sie nicht bekommen. Dass er immer so große Reden führen musste!

Darauf folgten weitere wüste Drohungen gegen den Vater und ebenso unglaubwürdige Schmeicheleien in ungeordneter Folge.

Liomin unterbrach sie rüde. »So ist sie mit dem Schwahnen Friedrich also verlobt?«

Christinas Hände verkrampften sich. Was sollte sie nur sagen? Vielleicht glaubte Frieder ja, dass sie das Versprechen tatsächlich band, das sie ihm auf dem Dannemann'schen Hof angesichts der scharf geschliffenen Klinge notgedrungen gegeben hatte.

»Nein, ich …«

»Was? Sie leugnet es noch? Sie leugnet, dem Schwahn gegen den erklärten Willen seines Vaters die Ehe versprochen zu haben? Sie ist verpflichtet, hier die Wahrheit zu sagen! Ist sie sich darüber im Klaren?«

Pfarrer Kölle mischte sich ein. »Kind Gottes, ich rate dir, bei der Wahrheit zu bleiben. Sie kommt ja doch ans Licht.«

Gepeinigt sprang Christina von ihrer Bank auf. Augenblicklich packte der Schreiber, der immer noch neben ihr stand, sie am Arm und hielt sie fest.

»Aber der Frieder hat mich dazu gezwungen!«, schrie Christina und zerrte wild an ihrem Arm, um sich dem Zugriff des Schreibers zu entwinden. Es gelang ihr nicht. Der alte Sonnenwirt ließ ein spöttisches Lachen hören. Natürlich, er glaubte ihr nicht. Wie auch? Er hatte sich seine Meinung über sie doch schon längst gebildet. Christina traten die Tränen in die Augen. »Er … er ist zu mir gekommen an dem Tag, bevor er nach Frankfurt ging, und …« Sie stockte. Wie konnte sie berichten, was geschehen war? Wie konnte sie davon erzählen, dass Frieder ihr in seiner Gier die Unschuld geraubt hatte? Die Scham brannte so heiß auf ihren Wangen, als wäre es gerade eben passiert.

Der Amtmann betrachtete sie kühl. »So fahre sie fort. Wir sind ganz Ohr.«

Christina schluckte. Sie begann zu zittern. »Ich … nun …«

»Ja?«

»Er hatte ein Messer dabei, so eines zum Schlachten.«

Der Amtmann hob spöttisch eine Braue. »So? Ein Messer also. Und was hat er damit gemacht, mit dem Messer?«

»Gedroht hat er mir. Er hat gesagt, er bringt mich um, wenn ich nicht die Seine bleibe. Erst würde er mich und dann sich selbst abstechen.«

»Ach, wirklich, hat er das? Nun, das wird ihr ja wohl auch ein klein wenig gefallen haben, so viel männliche Leidenschaft. Das mögen die Frauenzimmer doch.« Liomin grinste anzüglich. Auch von den Schreibern war ein unterdrücktes Kichern zu hören.

Verzweiflung machte sich in Christina breit. Heftig schüttelte sie den Kopf. Wie konnten diese Männer glauben, dass sie, dass überhaupt irgendeine Frau auf Erden gerne zur Liebe gezwungen werden wollte? Ihr wurde übel.

Liomin betrachtete sie mit ausdruckslosem Blick.

Christina hob flehend die Hände. »Ich habe mir keinen anderen Rat gewusst, als ihm zu versprechen, was er wollte. Vielleicht glaubt er deshalb, wir seien verlobt. Es ist gewiss nicht mein Wunsch. Beim heiligen Gott, ich hatte Furcht, er sticht mich tot, Ihr Herren. Ich … ich kann doch nichts dafür.« Sie brach noch heftiger in Tränen aus.

Ein Wink des Amtmanns, und das eifrige Kritzeln auf dem Pergament war wieder zu hören. Dann kehrte Stille ein in der Amtsstube. Christina versuchte mühsam, ihr Schluchzen zu unterdrücken.

»Also, Christina Müllerin«, der Amtmann zeigte mit keiner noch so leichten Hebung seiner Stimme, ob ihn ihre Aussage auch nur ein wenig berührt hatte oder ob er ihren Worten gar Glauben schenkte, »es sei dir mitgeteilt, dass der hier anwesende Hans Georg Schwahn, gemeinhin als Sonnenwirt bekannt, ausdrücklich verlangt, dass du dich von seinem Sohn fernhältst, wie dieser sich von dir. Solltet ihr dem zuwider handeln und weiterhin euer liederliches Verhältnis fortsetzen, werdet ihr die Härte des Gesetzes zu spüren bekommen. Hast du das verstanden?«

»Ja!« Christinas Stimme war nur ein Wispern.

Liomin nickte befriedigt.

»Aber«, wagte sie aufzubegehren, »wenn der Frieder nun einfach nicht hören will, wenn er wieder zu mir kommt und mir nachstellt?«

»Er wird nicht kommen. Der Schwahnen Friedrich wird, sollte er es je wagen, einen Fuß in den Ort zu setzen, sofort verhaftet. Es sollte dir also leicht möglich sein, dich an das Gebot zu halten, Müllerin.«

Die Gänsefedern flogen nur so über das Papier.

Christina nickte ergeben. »Ich verspreche es.«

Liomin erhob sich. »Gut denn, Müllerin. Du tust gut daran, wenn du dich daran hältst.« Er wies mit seinem goldberingten Zeigefinger auf einen der Schreiber. »Du wirst das Protokoll dieser Vernehmung unterschreiben. Und sei dir dessen bewusst, dass jedes deiner Worte damit entsprechendes Gewicht hat. Weh dir, wenn du gelogen hast.«

Was blieb ihr übrig? Sie setzte ihren Namen unter das Vernehmungsprotokoll.

»Darf ich nun gehen?«

»Ja.«

Christina fiel ein Stein vom Herzen. So schnell sie konnte verließ sie die Stube und eilte die Stufen des Gebäudes hinab. Wenigstens konnte sie sicher sein, dass Frieder sie von nun an in Ruhe lassen würde.

Ebersbach, den 18. April, Anno 1750

KAPITEL 5

DER VATER SCHLUG UM SICH. Seine Glieder verkrampften sich. Dann erschlaffte er plötzlich wieder. Die Luft in der Schlafkammer war stickig und heiß, trotz der noch kühlen Witterung des Frühlings. Man solle tüchtig Feuer machen, um die Hitze im Körper auszutreiben, das hatte die alte Sofie empfohlen und noch einige Kräuter mitgegeben. Die Tagelöhner, verarmten Bauern und Schuldner des Ortes wandten sich oft an Sofie, wenn sie Krankheiten plagten. Den Herrn Sartorius konnte man sich nur in wirklich dringenden Fällen leisten, und oft nicht einmal dann.

»Jedenfalls nicht, wenn es sich nicht mehr lohnt«, hatte die Mutter mit einem mitleidlosen Blick auf ihren Mann beschieden, der seit Tagen im schweren Fieber lag. Sicher, sie hätten mit Mühe vielleicht noch etwas Geld für eine ordentliche Behandlung zusammenkratzen können. Irgendwie. Aber die Mutter hatte beschlossen, es nicht zu tun.

Wahrscheinlich hatte sie recht. Es war, wie Christina vermutet hatte: Der Vater hatte sich die Gerberkrankheit zugezogen, die manchmal auch Bauern und Viehhirten befiel. Und wenn erst einmal das Fieber kam, war es vorbei, das wusste jeder. Da half auch die beste Medizin nichts mehr. Die Haut des Vaters war übersät mit eitrigen Furunkeln, andere Stellen waren schwärzlich verfärbt und sahen krank und abgestorben aus. Zum Schluss war er immer schwächer geworden und dann war das Fieber gekommen.

»Wir könnten frisches Wasser gebrauchen«, sagte Christina, nur um überhaupt etwas zu sagen. Gevatter Tod stand schon im Zimmer. Die Mutter zuckte mit den Schultern und verließ dann wortlos die enge Schlafkammer. Sie würde es nicht holen, da war sich Christina sicher. Als wäre das Verhältnis der Eltern zueinander nicht schon schlecht genug gewesen, hatten sie seit dem Umzug von dem stolzen Hof in diese jämmerliche Kate am Waldrand nur noch erbittert gestritten und sich gegenseitig die Verantwortung für das familiäre und finanzielle Scheitern zugeschoben. Letztlich hatte die Mutter die Oberhand behalten. Der Vater war irgendwann zu krank gewesen, um noch viel dagegenhalten zu können. Vermutlich hatte das sein Leiden noch beschleunigt.

Christina seufzte und erhob sich von ihrem Platz am Lager des Sterbenden. Dann würde sie eben selbst Wasser holen gehen. Das halb verfallene, leer stehende Häuschen, das die Eltern nach dem Verkauf des Hofs für eine sehr geringe Summe erworben hatten, hatte keinen eigenen Brunnen. Das Wasser musste Krug für Krug aus der Fils geschöpft werden, oder aber sie traten den weiteren Weg über die Brücke zum Ortsbrunnen an. Das Wasser dort war immerhin rein und von guter Qualität. Außerdem sehnte sie sich selbst nach Licht und Luft.

Als sie vor die Tür der Kammer in die Wohnstube trat – diese glich mehr einer Abstellkammer als einem Wohnraum, so viele ihrer Sachen hatten sie in den einzig annehmbaren Raum des Häuschens hineinstopfen müssen –, entdeckte sie zu ihrer Überraschung Matthis, der dort zwischen dem ganzen Gerümpel kauerte.

»Was ist denn, Matthis? Warum bist du nicht bei deinem Brotherrn?«

»War nicht so viel zu tun.« Matthis hatte Mühe, ihr in die Augen zu sehen. Er war ein kläglicher Lügner.

Sie setzte sich zu ihm auf einen Stuhl mit einer gebrochenen Lehne. Den hatten sie behalten dürfen. Der Käufer des Hofs hatte nur die besten Möbel und Stücke des Hausrats für sich beansprucht. Der Rest war auch kaum zu mehr als zum Verbrennen geeignet gewesen. »Du machst dir Sorgen um den Vater, nicht wahr?«

Matthis zog die Schultern zusammen. Sein dichter brauner Schopf wirkte wie das struppige Fell eines Bären.

»Es tut mir leid, Matthis, der Vater wird wohl sterben. Es geht ihm sehr schlecht.«

»Ist arg krank, nicht?« Seine Augenlider flatterten.

»Ja, sehr!«

Der Bruder schluchzte auf, kurz und trocken. Es klang fast wie das Japsen eines waidwunden Tieres. Dann legte er den Kopf in ihren Schoß. Wie sie es früher immer getan hatte, begann sie, sein Haar zu kraulen. Das liebte er und es beruhigte ihn. Der Vater hatte seinem jüngeren und leider schwachköpfigen Sohn nie viel Zuneigung entgegenbringen können, dennoch hing dieser an ihm. Die Zeit, als der Vater in der Festung Neuffen gefangen lag, hatte Matthis fast das Herz gebrochen. Damals war er immer wieder unerlaubt fortgelaufen, um nach dem Vater zu suchen.

Jetzt würde alle Suche nicht mehr helfen.

Der braune Schopf presste sich gegen ihren sanft gerundeten Leib.

»Bald …«, sagte Matthis.

Christina unterbrach ihr Kraulen. »Was?«

Matthis drehte sein Gesicht, sodass er zu ihr hochschauen konnte. Ein listiges Lächeln umspielte seine Lippen. »Bald kommt das Kindchen, und dann müssen wir nicht mehr traurig sein, gell?«

Christina schoss das Blut in die Wangen. »Ich finde, du solltest jetzt wieder an deine Arbeit zurückgehen, Matthis. Hier kannst du doch nichts bewerkstelligen. Wenn etwas mit dem Vater ist, werde ich Margarethe nach dir schicken. Versprochen.«

Sie schob ihn von sich. Ein wenig enttäuscht kam er auf die Beine. Einen Augenblick wirkte es, als wolle er widersprechen, doch dann gehorchte er, so wie er immer gehorchte. Im nächsten Moment war er aus der Tür. Seine tapsigen Schritte waren draußen im Matsch des Hofs zu hören.

Christina griff nach dem Wasserkrug.

Leider, es war die Wahrheit. Sie war schwanger. Schwanger von Frieder. Seine Gier war nicht ohne Folgen geblieben. Sie hatte es nicht glauben wollen, als sie es bemerkte. Doch nachdem ihre monatlichen Blutungen, die sonst zuverlässig wie das Uhrwerk am Kirchturm kamen, einen Tag um den anderen ausblieben, dämmerte ihr, was es mit ihrer Müdigkeit, dem Schwindel und den unerklärlichen Anfällen von Übelkeit, die bald danach einsetzten, auf sich hatte. Zumindest *das* hatte die Mutter ihren drei Töchtern mitgegeben, dass sie ihnen ohne Umschweife erklärt hatte, was es mit dem Zusammensein von Mann und Frau auf sich habe und dass sie sich bloß keine Flausen darüber machen sollten. Das alles sei nichts als eine lästige Pflicht und elende Plage für ein Weib, und die verfluchten Mannsbilder verdienten es, dafür in der Hölle zu schmoren.

Christina neigte inzwischen fast dazu, ihr recht zu geben.

Eine kurze Zeit hatte sie sogar erwogen, das Kind in sich zu töten. Da gab es Kräuter und andere mehr oder weniger geheime Mittelchen, die so geheim gar nicht waren. Gewiss, das war eine schwere Sünde. Aber was, um alles in der Welt, sollte als ledige Mutter aus ihr werden?

Doch dann hatte sie es doch nicht tun können. Was konnte auch das arme Kindlein, das in ihr heranwuchs, dafür, wie sehr sich seine Mutter und vor allem sein Vater schuldig gemacht hatten?

Christina überquerte die Brücke der Fils und machte sich auf den Weg zum Brunnen, der auf dem gepflasterten Platz am Hauptweg lag. Nicht nur die Bewohner Ebersbachs, sondern auch mancher durstige Kutschknecht oder Viehtreiber stillte dort seinen Bedarf an sauberem Wasser.

Frieder hatte ebenfalls auf sie eingeredet. Es sei doch ein Glück, hatte er gesagt. Denn wenn erst das Kind da sei, würde es ihm schon gelingen, seinem Vater die Zustimmung für die Hochzeit abzuringen. Das wäre so sicher wie das Amen in der Kirche. Sie werde schon sehen.

Ja, Frieder! Längst lebte er wieder bei seinen Eltern in der »Sonne«. Bald nachdem man sie auf dem Rathaus zum Verhör zitiert hatte, war er wieder in Ebersbach aufgetaucht und war, wie es der Oberamtmann Liomin angekündigt hatte, sofort verhaftet und in die Arrestzelle im Rathaus gesteckt worden. Es hatte nicht viel genützt.

Wenige Stunden später war Frieder ihnen wieder ausgebüxt. Diese ortseigene Sünder- und Diebeszelle, das hatte er ihr schon vor längerer Zeit einmal erklärt und sich dabei ausgeschüttet vor Lachen, war ein Witz mit ihren brüchigen Wänden und den Gitterstäben, die sich mit einigem Geschick leicht aus der Verankerung hebeln ließen. Ein ausgemachter Idiot, wer es nicht schaffe, da wieder herauszukommen.

Was war das für ein Aufruhr gewesen!

Der alte Sonnenwirt hatte auf der Straße herumgeschrien, seinem missratenen Sohn die Pest an den Hals wünschend. Schließlich war eine offizielle Klage nach Göppingen zum Vogt geschickt worden, weil man, so hieß es darin, in Ebersbach des jungen Schwahn nicht mehr Herr würde. Der Sonnenwirt selbst hatte bittere Klage gegen den eigenen Sohn geführt und verlangt, man solle ihn einsperren für all das Ungemach, das er seinen Eltern schon bereitet habe. Und nun sei der Nichtsnutz auch noch unerlaubt aus der schon fest vereinbarten Arbeitsstelle entwichen. Einen solchen Spitzbuben könne nur noch die volle Härte der obrigkeitlichen Hand zur Raison bringen.

Allerdings hatte sich der Vogt Körner zu Göppingen von der ganzen Aufregung nicht beeindrucken lassen. In aller Ruhe hatte er sich sowohl die Seite der aufgebrachten Kläger – auch Liomin und der Pfarrer waren dabei gewesen – und dann die Frieders, der ohne Murren mit nach Göppingen gekommen war, angehört. Darauf hatte er entschieden, dass es sich ja wohl um eine Familienzwistigkeit handle. Diese solle doch bitte gütlich und in den eigenen vier Wänden ausgetragen werden und nicht unnütz die württembergischen Gerichte, und insbesondere das seine, beschäftigen.

Es war dem Vater nichts übrig geblieben, als den Sohn unverrichteter Dinge wieder mitzunehmen und ihm sein Haus zu öffnen. Dafür hatte der Frieder aber noch im Beisein des Vogtes Wohlverhalten und Sittlichkeit geloben müssen, was auch mit einschloss, dass er von ihr, Christina, lasse, wie es der Alte so unerbittlich verlangte.

Das Versprechen hielt genau eine Woche, dann war Frieder wieder bei ihnen aufgetaucht – und die Mutter hatte ihm bereitwillig die Tür geöffnet.

Christina hielt inne und stellte den schweren gefüllten Krug auf dem Geländer der aus Holz gezimmerten Brücke ab. Ein leichtes Ziehen machte sich in ihrem Unterleib bemerkbar. Sie strich sich mit der Hand ein paar Mal über den Bauch. Schließlich verschwand der Schmerz wieder. Sie hatte schon gelernt, dass es die wachsende Frucht in ihrem Leibe nicht mochte, wenn sie zu schwer trug, aber das war im Alltag nicht leicht zu bewerkstelligen. Unter ihr floss rasch das Wasser der Fils dahin. An den Ufern zeigte sich das erste Grün des aufblühenden Frühlings, durchsetzt mit einigen weißen Schneeglöckchentupfen.

Sie hatte den Frühling immer gemocht, doch jetzt wollte keine Freude in ihr aufkommen. Zu sehr drückte sie der

Gedanke an die Zukunft. *Was, was nur sollte aus ihnen werden?* Jetzt, wo auch noch der Vater starb. Ach, es war zum Verzweifeln!

Und da nützte es auch nichts, dass Frieder ihr wieder und wieder ein wenig großspurig, wie es seine Art war, versicherte, er werde für sie und das Kind und überhaupt für ihre Leute sorgen. Immerhin, er war zahmer geworden. Kein einziges Mal hatte er sie noch geschlagen und war auch recht zärtlich, wenn er bei ihr lag. *Das* forderte er allerdings auch oft genug ein – und die Mutter sah darüber hinweg. Vielleicht nahm sie es auch als Versicherung, dass es schließlich doch noch zu der von ihr so sehnlich erwünschten Verbindung zwischen dem reichen Wirtssohn und ihrer Tochter kam. Schwanger war sie, Christina, ja nun ohnehin schon. Schlimmer konnte der Schaden nicht mehr werden. Und wer konnte schon wissen, vielleicht war es ja auch gar kein Schaden?

Über das, was auf dem Hof der Dannemanns zwischen ihnen geschehen war, hatten sie jedenfalls nicht mehr gesprochen. Nicht ein einziges Mal. Vielleicht war es klüger, Frieder auch nicht daran zu erinnern. Die Worte des Herrn Sartorius klangen ihr noch in den Ohren: »Wenn man ihn denn recht zu nehmen weiß …« Das hatte er gesagt. Vielleicht war das ja alles doch nur ihre eigene Schuld gewesen? Vielleicht würde es ja besser mit ihm werden, wenn er erst seinen Willen hatte und sie zur Frau nehmen konnte. Ja, vielleicht …

Christina stemmte den Krug wieder hoch auf die Schulter und machte sich auf den Weg zurück. Sie durfte den Kranken nicht so lange allein lassen.

Als sie die Stube betrat, kam ihr schon Hans-Jerg entgegen. Seit zwei Tagen hatte er sich nicht blicken lassen. Vermutlich hatte er sich wieder irgendwo herumgetrieben. Sein Atem stank nach Schnaps.

»Wo warst du? Dem Alten geht es verflucht schlecht.«

»Wasser holen, das siehst du doch.«

»Hättest doch auch Margarethe schicken können.«

Christina drängte sich an ihrem Bruder vorbei in die Kammer. Ja, das konnte er: ihr Vorwürfe machen. Aber sonst war er schon seit Wochen zu nichts mehr zu gebrauchen. Das Wenige, das sie noch hatten, verspielte und vertrank er. Oft genug mit Frieder, der ihn zuweilen freihielt. Die beiden verstanden sich bestens.

Mit einem Blick sah sie, dass Hans-Jerg die Wahrheit sprach. Ein seltsamer dunkler Schatten war auf das Gesicht des Vaters getreten, fast wie ein Dreieck, von der Nase hinunter zu den Mundwinkeln. Sein Atem ging stoßweise, aber sehr flach. Rasch füllte sie die Schale beim Bett mit frischem kaltem Wasser, tauchte die warm gewordenen feuchten Lumpen, die dem Kranken längst von Stirn und Brust geglitten waren, ein und legte sie erneut auf dessen heiße Glieder.

»Was denkst du? Wie lange wird es noch gehen?« Hans-Jerg war hinter ihr in die enge Kammer getreten.

»Ich weiß nicht!« Christina biss sich auf die Lippen. Am liebsten hätte sie ihren Bruder angeschrien. Ja, Hans-Jerg machte es sich leicht, genauso wie die Mutter und Margarethe, die vorgab, etwas im Haus zu arbeiten, was sie nicht tat. Niemand wollte sich mit dem Kranken befassen, und so blieb es an ihr hängen. Aber sie konnten den Vater doch nicht einfach so jämmerlich sterben lassen. Das durfte man doch nicht.

»Der Frieder will heute Abend noch vorbeischauen.«

Christina warf Hans-Jerg einen kurzen, wütenden Blick zu. »Als ob sein Vater ihn ließe! Er hat gesagt, sie hätten großen Schlachttag. Da ist weiß Gott genug zu tun.«

Hans-Jerg zuckte mit den Schultern. »Er hat es mir jedenfalls aufgegeben.«

»Ich habe aber keine Zeit für ihn«, ungehalten zeigte sie auf den stöhnenden Kranken, »hast du ihm das nicht verständlich machen können? Denkt ihr Kerle denn überhaupt je etwas?«

»Ach lass mich doch in Ruhe!«

So unversehens, wie er hereingekommen war, war der Bruder auch schon wieder aus der Kammer hinaus. Sie hörte, wie er die Treppe zur Küche, die gegenüber dem Stall lag, hinunterpolterte. Gleich würde er sich lauthals darüber beklagen, dass nichts zu essen im Haus war.

Christina strich ihre fleckige Schürze glatt. Sie konnte es nicht ändern, genauso wenig wie alles andere. Dann wandte sie sich wieder dem Kranken zu.

Der Vater starb kurz nach dem Marienläuten, das die Ebersbacher zum Abendgebet rief. Es war kein leichtes Sterben, aber schließlich hatte er es hinter sich gebracht.

Nach einigem Suchen fand Christina noch ein brauchbares sauberes Laken unter den verbliebenen Habseligkeiten in der Stube und breitete es über den Leichnam. Margarethe hatte sie nach Matthis ausgeschickt, wie sie es versprochen hatte. Sie würden sicher bald zurückkommen.

Ach, wie gerne hätte sie dem Bruder das erspart, aber es half nichts. Wie konnte man sich auch gegen das Schicksal stemmen? Und das Schicksal meinte es nun einmal mit den meisten Menschen nicht allzu gut.

Einer musste noch dem Pfaffen Bescheid sagen. Sie hoffte, dass Hans-Jerg das übernehmen würde. Seit dem Verhör auf dem Rathaus versuchte sie, Pfarrer Kölle, so gut es eben ging, aus dem Weg zu gehen. Nicht einmal den Gottesdienst besuchte sie noch regelmäßig. Das Getuschel und die Blicke der Kirchenbesucher waren einfach unerträglich, und wenn diese nun noch ihre Schande bemerkten … Früher oder später würde es ohnehin allen offenbar werden. Christina überlief ein Schauer. Sie stand von ihrem Platz am Totenbett auf und schloss das Fenster wieder, das sie unmittelbar nach dem letzten Atemzug des Vaters geöffnet hatte. Das Totenlicht, ein schlichter Kerzenstummel, flackerte leicht im Wind. Vielleicht hatte die unsterbliche Seele des Vaters so einen Zugang zum Himmel finden können. Sie hoffte es, wenn der Vater auch zu seinen Lebzeiten nicht allzu viel dazu getan hatte, sich dort einen Platz zu verdienen. Aber hieß es nicht, der Vater im Himmel sei ein gnädiger Gott?

Christina faltete die Hände und begann pflichtbewusst, noch einmal den üblichen Sterbepsalm zu beten, als sie plötzlich durch zwei Männerstimmen unterbrochen wurde, die lauthals ein unanständiges Lied grölten. Christina kannte es in- und auswendig.

Es ging ein Mönch ins Oberland,
mit einer Nonn' ward er bekannt.
Der Mönch, der stieg den Baum hinauf
Die Nonne sah von unten auf.
Ach, Herr, was ist das lange Ding,
das unter eurer Kutten hing?
Ach, Nonn' es ist mein Messerlein,
die Scheide habe ich daheim …

So ging es fort und fort. Es war widerlich.

Frieder und Hans-Jerg. Natürlich! Wie so oft, hatten sie getrunken.

Ein Hund bellte, tief und grollend. Frieders großer schwarzer Metzgerhund, den er über alles liebte und überallhin mitnahm.

In Christina stieg Ärger auf. Konnte Hans-Jerg nicht einmal angesichts des Todes des Vaters an sich halten? Aber dann fiel ihr ein, dass der Bruder ja noch nichts von dem Sterbefall wusste. Er hatte, als er nichts zu essen vorfand, schon am frühen Mittag schimpfend das Haus verlassen. Nur Gott wusste, wo er sich die ganze Zeit herumgetrieben hatte.

Die beiden polterten lautstark die Treppe hoch und in die Stube.

»Christina, mein Lieb. Wo bist du denn?« Es war Frieder, der da in den höchsten Tönen flötete und nach ihr rief. Hans-Jerg kicherte trunken.

Darauf hätte sie nun wirklich verzichten können. Wütend öffnete sie den Schlag der Kammer. »Dass ihr euch nicht schämt!«

»Aber warum denn, mein Herz?« Mit ausgebreiteten Armen kam Frieder auf sie zu und versuchte, ihr einen Kuss aufzudrängen. Er war längst nicht so betrunken wie der Bruder oder aber man merkte es nicht so sehr. »Ich darf doch wohl zu meinem Schatz kommen, nach dem ich mich den ganzen Tag verzehre?«

Christina entwand sich seiner Umarmung. »Der Vater ist gerade gestorben.«

Hans-Jerg verging schlagartig das anzügliche Grinsen, mit dem er Frieders Annäherungsversuche begleitet hatte. »Oh!«, stieß er hervor und wankte mit schwerem Schritt in Richtung Kammer. Frieder hieb ihm mit seiner Rechten kräftig zwischen die Schulterblätter. »Nimm's nicht so schwer, Jerg. Er war doch ohnehin schon fast hinüber. Jetzt liegt dir wenigstens keiner mehr ständig in den Ohren und schreibt dir vor, was du tun und lassen sollst.« Sein Gesicht verzerrte sich. »Ich wollt bei Gott, es wär mein Alter, der da in der Kammer liegt.«

»Frieder!« Christina starrte ihn an. Wie konnte er so reden? Bei all den Differenzen, die er mit seinem Vater auszutragen hatte – und nicht immer war Frieder der Urheber des Ungemachs –, aber so etwas durfte man nicht sagen! Das war, als ob einem der Satan selbst das Herz verfinsterte. »Du versündigst dich«, flüsterte sie. »Bedenk doch, und das am Bett eines Toten.«

Frieder zuckte mit den Schultern. »Sowohl Gott als auch der Höllenfürst werden ein Einsehen mit mir haben. Was ich mit dem Alten auszustehen habe …« Seine Hände ballten sich zu Fäusten. »Ich schwöre dir, eines Tages zahl ich's ihm heim. Alles, was er mir und was er uns antut, auf Heller und Pfennig!«

Christina wandte sich ab. Sie mochte es nicht, wenn Frieder so redete. Das jagte ihr Angst ein.

»Ich muss zum Pfarrer. Einer muss die Leich anzeigen, und die Mutter ist nirgends zu finden. Wer weiß, wo sie hingegangen ist«, stellte sie klar. Hans-Jerg war leider viel zu betrunken für diesen notwendigen Gang.

Frieder nahm ihre Hand. »Aber dann kommst du wieder.« Sein Blick, eben noch voller Hass, wurde weich. »Du bist das Einzige, was mir meine Tage daheim erhellt, Christina, das weißt du doch, nicht wahr? Nur deinetwegen halte ich's hier noch aus.«

»Ja!« Christina entzog ihm ihre Hand wieder. Es war ja lieb von ihm, dass er so an ihr hing. Aber warum empfand sie dann immer so eine Unruhe, wenn er auf diese Weise mit ihr sprach? Als drohe ihr eine unbestimmte Gefahr. Sie wischte den Gedanken beiseite. Frieder hatte sich doch einigermaßen gefügt in der letzten Zeit. Und die Sauferei – da war er beileibe nicht der Einzige. Bestimmt war es ihm ernst damit, sich zu bessern, und dann würde auch sein Vater zufrieden sein.

Sie ging hinüber zur Tür, griff nach ihrem Schultertuch am Haken und legte es sich um.

»Christina?«

»Ja?«

»Ich werde für dich und das Kind sorgen, wie ich es versprochen habe. Jetzt, wo dein Vater tot ist, ganz bestimmt, und für deine Leute auch.«

»Ich weiß.« Oh ja, wieder und wieder hatte ihr Frieder das mit großen Worten geschworen, und genauso oft rückte sein Schwur in noch weitere Ferne. Mit jeder Auseinandersetzung, die er mit seinem Vater, dem Sonnenwirt, austrug.

Frieder schien die leichte Ablehnung in ihrer Haltung wahrzunehmen. Er war beileibe nicht dumm, so betrunken er auch sein mochte. Sein Gesicht wurde wieder hart. »Du wirst schon sehen. Ich habe es versprochen und ich werde es halten.«

Christina zog es vor, nicht mehr darauf zu antworten. Ohnehin hatte sie jetzt Wichtigeres zu tun.

Das Pfarrhaus stand, nicht weit vom Rathaus entfernt, auf der gegenüberliegenden Seite der großen Hauptstraße. Es war ein schmuckes Gebäude mit einem kleinen Garten davor, das der Geschäftigkeit der Straße seine Giebelseite zuwandte. Ein früherer Pfarrherr hatte darauf bestanden, hier in der Nähe von Rathaus und Markt ein neues Pfarrhaus zu bauen, da sich das Leben im Ort zunehmend beim neuen Markt abspielte und nicht oben auf dem Kirchberg, wo es still und beschaulich zuging. Ein Pfarrer hatte schließlich bei seinen Schäfchen zu sein und seine Hütepflichten wahrzunehmen.

Bei Pfarrer Kölle war es vor allem sein Weib, das es mit diesen Aufsichtspflichten sehr genau nahm. Christina war überzeugt, dass der Pfarrer seiner Frau genau berichtet hatte, was bei der Vernehmung in Liomins Amtsstube gesprochen worden war. Unmittelbar danach hatte das neugierige Getuschel in der Kirche und im Ort, sobald man Christinas ansichtig wurde, deutlich zugenommen.

Es war leider auch das Weib des Pfarrers, das ihr öffnete.

»Grüß Gott, Pfarrerin, es tut mir leid, dass ich jetzt am Abend noch stören muss, aber …«

»Der Pfarrer sitzt über seiner Predigt für den Sonntag und möchte nicht unterbrochen werden, schon gar nicht von einer wie dir. Du solltest morgen wiederkommen. Da hat er vielleicht Zeit, dich anzuhören.« Die Antwort der Pfarrerin war ausgesprochen spitz. Christina hielt verdutzt inne. Immerhin war sie noch ein Mitglied der Gemeinde, das mit einem wichtigen Anliegen kam und vielleicht auch ein wenig des Trostes bedurfte, und keine dahergelaufene Bettlerin!

»Nun, für eine Leiche wird er sich wohl Zeit nehmen müssen«, entgegnete sie mit Nachdruck.

Das Gesicht der Pfarrersfrau zeigte kaum Mitgefühl, aber immerhin erinnerte sie sich ihrer Pflichten. »Ein Sterbefall, sagst du? Wer ist es?« Sie öffnete die Tür einen Spalt mehr.

»Mein Vater. Er ist vor gut zwei Stunden gestorben.«

»Nun gut.« Die Pfarrerin öffnete die Tür ganz. »Ich geleite dich in seine Studierstube, dann kannst du es ihm selbst sagen.«

Eigentlich hätte sie sich bedanken sollen, aber das kam Christina nicht über die Lippen. Zu sehr verletzte sie das abfällige Benehmen der Frau.

Pfarrer Kölle wirkte auch nicht erfreut, als sie von seinem Weib ungnädig ins Zimmer geschoben wurde. Dennoch war es wohl eher die unwillkommene Belästigung als die Tatsache, dass sie, Christina Müllerin, es war, die es wagte, zu so später Stunde noch den häuslichen Frieden zu stören. Zumindest hoffte sie das.

»Ah, die junge Müllerin. Was führt sie zu mir?«

Der Pfarrer hatte sein Augenglas, mit dem er einen schweren Folianten studiert hatte, auf dem Schreibpult niedergelegt und wartete auf ihre Antwort.

»Der Vater. Er ist gestorben, an einem Fieber. Ich glaube, es war die Gerberkrankheit.«

»So … ja … dein Vater. Hat sich ja selten im Gottesdienst sehen lassen. Nun, möge Gott seiner Seele gnädig sein und sich mit seinem immerwährenden Erbarmen …« Der Rest verlor sich in unverständlichem Gemurmel. Mehr war dem Pfarrer wohl nicht der Mühe wert. Das Buch auf dem Schreibpult schien seine Aufmerksamkeit mehr anzuziehen. Doch plötzlich richtete Kölle wieder unvermittelt seinen Blick aus blassgrauen Augen auf sie. »Auch sie kommt nicht mehr zur Kirche. Kann es sein, dass es der überaus schlechte Einfluss ist, dem sie sich wider besseres Wissen und ihr ausdrückliches Beteuern aussetzt, der sie davon abhält?«

Was meinte er? Er konnte doch nicht jetzt über die Sache mit Frieder sprechen wollen?

Doch genau das war der Fall. »Es ist gut, dass du heute zu mir kommst, dann kann ich es dir gleich jetzt mitteilen.«

Christina spürte, wie wieder eine starke Unruhe in ihr aufstieg. Was nur hatte man jetzt wieder gegen sie vorzubringen?

»Der alte Schwahn hat gestern beim Kirchenkonvent schwere Klage gegen dich und seinen Sohn geführt, weißt du das?«

»Nein!« Sie wich unmerklich einen Schritt zurück. Aber es lag ja auf der Hand. Der Alte konnte und würde es nicht weiter dulden, dass sein Sohn sich über seinen Willen hinwegsetzte und viel Zeit mit ihr verbrachte. Und Frieder machte wohl auch keinen Hehl daraus.

»Er führte an, dass ihr oft genug in deinem Lotterbett beieinanderliegt und du seinen Sohn darüber hinaus zur Herumtreiberei anstachelst. Dabei hat man dir ausdrücklich gesagt, was man von dir erwartet.«

Christina schoss das Blut in die Wangen. Sie hoffte, dass der

Pfarrer es bei dem unsicheren Licht der Kerzen nicht bemerken würde. Dennoch wagte sie den Widerspruch: »Und Ihr Herren hattet hoch und heilig versprochen, dass der Frieder mich in Ruhe lassen würde. Dass ich nicht lache! Nichts habt Ihr zuwege gebracht. Keine Woche später ist er wieder vor meiner Tür gestanden.«

»Und warum hast du ihn nicht abgewiesen?«

Christina schwieg. Jähe Wut raubte ihr die Worte. Doch dann brach es aus ihr heraus. »Als ob ich ihn hätte abweisen können! Denkt Ihr denn, Pfarrer Kölle, dass ich dem Sonnenwirtle mehr entgegensetzen könnte, als es der Amtmann und seine Männer vermögen oder gar sein eigener Vater? Was erwartet Ihr von mir?« Sie stieß ein bitteres Lachen aus. Der Laut erschreckte sie fast selbst. »Und was das angebliche Anstacheln betrifft: Nichts dergleichen habe ich getan! Ihr wisst sehr wohl, dass man den Frieder weiß Gott nicht dazu anstacheln muss. Das kann er schon von ganz allein.«

»Das ändert nichts an der Tatsache, dass du wie eine Dirne das Lager mit ihm teilst. Du bist eine Sünderin, Christina Müllerin, und glaube nicht, dass man Nachsicht mit dir walten lässt. Ihr, du und dein Frieder, ihr habt euch jedenfalls in drei Tagen nach dem Gottesdienst und der Räteversammlung vor dem Kirchenkonvent einzufinden, wo man über eure Vergehen richten wird.«

Ihr Zorn wandelte sich in Verstocktheit. Gleichgültig, was sie noch vorbrachte, man würde es ihr ja doch zum Vorwurf machen.

»Ich werde nicht kommen.«

»Doch, das wirst du.«

»Nein!«

»Wenn du willst, dass dein Vater anständig und wie ein Christenmensch, der er kaum war, beerdigt wird, dann hast du dich auch den Regeln unserer gottgefälligen Gemeinde zu fügen. Und stehst du nicht vor mir und bittest mich darum? Also wirst du kommen!«

Was konnte sie dagegen vorbringen? Sollte sie daran schuld sein, wenn man den Vater wie einen dahergelaufenen Bettler oder anderes Gesindel, das in der Gemarkung Ebersbach sein armseliges Leben aushauchte, hinter dem Kirchanger verscharrte? Diese Verantwortung konnte sie nicht auf sich laden. Kölle hatte recht. Sie würde kommen. Aber ob Frieder dazu bereit wäre?

Oh, wie Frieder tobte, als sie ihm kurze Zeit später berichtete, was sich auf dem Pfarramt zugetragen hatte. Matthis zog zu Tode erschrocken den Kopf ein und heulte so sehr, dass ihm der Rotz aus beiden Nasenlöchern lief, was den Tobenden nur noch zu lauterem Geschrei anstachelte.

»Nicht! Du erschreckst ihn doch.« Christina legte dem Bruder tröstend den Arm um die Schulter. Der schniefte laut, wischte sich die Nase mit dem vor Dreck starrenden Ärmel ab und kauerte sich bebend an ihre Seite. Er fürchtete Frieder und seine Launen spätestens seit der Sache in der Silvesternacht zutiefst – und wer konnte es ihm verdenken?

Aufgebracht stiefelte dieser in der Stube auf und ab, Margarethe verfolgte ihn mit weit aufgerissenen Augen. Nur Hans-Jerg schnarchte laut. Der Rausch hatte ihn, trotz seiner ehrlichen Betroffenheit über den Tod des Vaters, in einen bewusstlosen Schlaf sinken lassen. Die Mutter, inzwischen heimgekehrt, hatte sich nach einem Blick auf den Leichnam ohne ein weiteres Wort in die Küche verzogen. Was blieb auch zu sagen? Die Dinge waren schlimm genug.

»Nun gut. Dann werden wir eben hingehen.« Frieder ließ sich auf einen der altersschwachen Holzstühle fallen. Der knirschte bedenklich. »Ich werde denen schon heimleuchten, diesen selbstgerechten Heuchlern! Dabei ist einer so schlimm wie der andere. Der Liomin, der Schuft, ist alle Tage betrunken, genauso wie der Pfaffe, und mein Alter hurt heimlich mit der Schnarrenbergerin und glaubt, ich wüsst es nicht. Aber sich dann groß über andere erheben! Ha, Lumpen sind es, alle miteinander!« Seine Kiefer mahlten. »Überhaupt, an allem ist bloß mein Vater schuld. Der Teufel soll ihn holen! Du müsstest dich nicht von ihnen Hure nennen lassen, wenn er uns heiraten ließe.«

Christina schoss das Blut in den Kopf. Hitzig sagte sie: »Du bist doch selbst schuld. Versuch doch wenigstens *einmal*, dich mit deinem Vater gut zu stellen. Dann wird er schon einlenken. Aber du legst es ja geradezu darauf an, dich mit ihm zu überwerfen!«

Wütend sprang Frieder auf, seine Züge verzerrten sich. Heftiger als zuvor entlud sich sein Zorn. »Du brauchst mir erst recht nicht zu sagen, was ich zu tun habe!« Seine Stimme überschlug sich. Drohend kam er auf sie zu. Der schwarze Hund kläffte wie toll.

Matthis riss die Arme hoch und sprang auf, ob in Angst oder um sie zu verteidigen, Christina wusste es später nicht zu sagen.

Im nächsten Augenblick hatte Frieder ihn anstatt ihrer gepackt und schüttelte ihn. Als wäre er ein Sack Kartoffeln, warf er ihn zu Boden und begann, auf ihn einzuschlagen und ihn zu treten, besinnungslos in seiner Wut. Die schweren Stiefel und die harten Fäuste bearbeiteten den Körper und das Gesicht des Hilflosen. Frieders Hund bellte, knurrte und geiferte und zeigte sein furchterregendes Gebiss, gar zu gern hätte er zugebissen. Matthis winselte vor Schmerz.

»Frieder, hör auf, du schlägst ihn ja tot!« Christina zog den Rasenden von ihrem Bruder weg. »Was hat er dir denn getan? So hör doch auf!«

Zu Christinas Erstaunen ließ Frieder tatsächlich von seinem Opfer ab. Sowie er zurücktrat, sprang auch der Hund an seine Seite. Jammernd kroch Matthis davon, außer Reichweite der Fäuste seines Peinigers. Er war es weiß Gott gewohnt, dass man ihn verprügelte. Ob mit oder ohne Grund, spielte keine Rolle, er verstand es meist ohnehin nicht.

Da trat die Mutter in die Stube. Ihr Gesicht wirkte rot und verquollen. Hatte sie etwa geweint? Christina konnte es nicht glauben. Aber vielleicht weinte sie auch nur um ihrer verzweifelten Lage willen. Gewiss hatte sie den Lärm von oben vernommen. Ein Blick und der Mutter war klar, was geschehen war. »Du gehst jetzt besser, Sonnenwirtle«, sagte sie, »ich bitte dich, den Frieden dieses Sterbehauses zu respektieren. Komm wieder, wenn du nüchtern bist und dich beruhigt hast, ja?«

Frieder brummte Unverständliches, aber dann nahm er tatsächlich seine Jacke und trollte sich. Sein Hund folgte ihm auf dem Fuß.

Christina atmete auf.

Die Mutter warf ihr einen bedauernden Blick zu. »Er ist alles, was wir haben. Also musst du ihn so nehmen, wie er ist, hast du gehört?«

Christina schwieg. Dann nickte sie. Die Mutter hatte nur zu recht.

KAPITEL 6

»Was geht's Euch an, Lumpenpack?«

»Mäßige er sich!«

»Den Teufel werd ich.« Frieder lachte frech aus vollem Hals, als wäre das alles ein Spaß. Doch das war es bei Gott nicht.

Zagend blickte Christina in die Runde. Harte Augen in harten Gesichtern. Sie hatten es schließlich aus ihr herausgepresst. Nun wussten sie es. Alle, wie sie da saßen, der Pfarrer, der Gemeindevorsteher, die Ratsmitglieder, von denen die meisten vom Kirchberg kamen oder zu den ersten Bürgern Ebersbachs gehörten. Wohlgefüllte Taschen und wohlgefüllte Bäuche.

Sie wussten nun, dass sie ein Kind erwartete vom Frieder. Mit unverhohlener Neugier starrten sie auf ihren Leib. Dabei war noch kaum etwas zu sehen von der Schwangerschaft. Nackt und bloß fühlte sie sich unter ihren Blicken.

Frieder hielt immer noch dagegen, als ob es etwas nützte, ließ sich nichts gefallen.

»Was gibt Euch das Recht, über uns zu richten?«

»Wir haben alles Recht, denn du und deine Dirne da, ihr verstoßt gegen Gottes Gebot und gegen die guten Sitten.« Es war der Oberste Kirchengemeinderat, der so sprach. Einer von Adel, von denen, die in Ebersbach das Sagen hatten. Der Pfarrer neigte in devoter Zustimmung das Haupt. Das schien Frieder noch mehr in Rage zu bringen.

»Ich habe ihr längst die Ehe versprochen. *Beim Abendmahl soll der Teufel mir das Herz herausreißen, wenn ich mein Wort breche.*« Wenn er den Pfarrer damit zu reizen hoffte, gelang es ihm nicht. Doch der alte Sonnenwirt am anderen Ende des Kirchensaals lief ein weiteres Mal rot an. »Dazu hatte mein missratener Sohn kein Recht, ich habe es wieder und wieder verboten.«

Frieder schnitt eine Grimasse der Verachtung. »Ach, halt doch du dein Maul! Was schert es mich, was du willst. Ich werde tun, was ich für richtig halte. Wirst schon sehen.«

Der Oberste Rat erhob sich. Mit einer Handbewegung gebot er den Streithähnen zu schweigen.

»Die Strafe für das Vergehen ist klar. Wir haben es im Vorfeld geprüft. 40 Gulden müsst ihr zahlen.«

Frieder wandte das Gesicht ab, die Lippen spöttisch gekräuselt. Er sah es nicht ein. Schon zuvor hatte er getönt, er erkenne den Ratsspruch keinesfalls an. Doch Christina erschrak bis ins Mark. 40 Gulden! Das war ein kleines Vermögen. Nicht einmal Frieder hatte so viel Geld zur Hand. Sein Vater hielt ihn äußerst knapp, zahlte ihm kaum etwas für seine Arbeit in der Metzgerei. Vermutlich, um ihn zu strafen. Und sie selbst, sie hatte doch keinen Heller. Was sollte sie jetzt tun?

»Frieder …?« Ein Schluchzen sprang ihr über die Lippen, hing im hohen Raum. Doch die Herren kümmerte es nicht. Miteinander scherzend und murmelnd, erhoben sie sich von ihren Stühlen. Man hatte offenbar genug von dem unerquicklichen Vorgang. Frieder warf noch einen zornigen Blick in die Runde, und dann, mit einem Mal, stürmte er aus dem Saal.

Der Pfarrer klappte die Bücher, die vor ihm lagen, zu und gab dem Kirchenschreiber mit einem beiläufigen Wink zu verstehen, dass er sich mit der Niederschrift des Protokolls eilen solle. Dann sah er sie an. »Nun, was steht sie hier noch? Sie kann sich entfernen.«

»Aber …«

»Was aber? Ich meine, es ist alles, was nötig ist, gesagt.«

»Aber … das ist so viel Geld. Wie, um des barmherzigen Gottes willen, sollen wir …?«

Das schien den Pfarrherrn nicht zu interessieren. Sein Blick wurde ein wenig glasig, dann wandte er sich achselzuckend dem Obersten Rat zu, der sich mit einer Frage an ihn wandte. Es war nicht zu übersehen, am harschen Urteil des Rates war nicht mehr zu rütteln.

Der Sonnenwirt trat zu ihr. »Das hast du nun davon, Müllerin. Mit Packzeug wie euch sind wir Ebersbacher noch alle Tage fertig geworden.«

Christina starrte ihn an. Dann sagte sie eindringlich: »Ihr wisst nicht, was Ihr tut, Sonnenwirt. Kennt Ihr Euren eigenen Sohn denn so schlecht? Glaubt mir, diesen Tag werdet Ihr noch bereuen.«

Der Alte straffte die breiten Schultern. »Will sie mir etwa drohen?«

Sie lächelte traurig. »Euch drohen, Sonnenwirt? Wie könnte ich? Doch lasst es Euch gesagt sein: Frieder wird das nimmermehr auf sich sitzen lassen. Das weiß ich, so wahr ich hier stehe.«

Die Kiefer des Alten mahlten, kauten die übrigen zornigen Worte, die hinter seinen Zähnen lauerten. Doch dann, ganz plötzlich, wandte er sich ab und ging mit raschen Schritten davon.

Er hat ja keine Ahnung, was ihm blüht, dachte Christina.

Das Feuer im offenen Kamin der Küche brannte hell. Trockenes Reisig knisterte und knirschte und wand sich in der Glut. Wenigstens Holz hatten sie. Das Aufklauben von Ästen im Wald war jedem erlaubt, und die letzten Frühjahrsstürme des Wechselmonats hatten genug von den Bäumen geworfen.

Frieder stützte die Ellenbogen auf den grob gezimmerten Holztisch, um den sich die Familie versammelt hatte. Vor einer guten Stunde war er aus der Dunkelheit aufgetaucht und hatte die Küche der Müller'schen Kate mit grimmig entschlossener Miene betreten. »Also, ich habe es mir überlegt: Der Hans-Jerg und ich, wir werden wildern gehen. Ich kenne genug Leute, die uns das Fleisch abnehmen. Das gibt gutes Geld. Eine Flinte habe ich, und Kugeln und Schießpulver lagern wir bei euch im Stall.«

»Aber die Strafe, die darauf steht!«, die Mutter wiegte zweifelnd den Kopf. »Da haben sie schon so manchen geschnappt, und der Herzog lässt nicht mit sich spaßen.«

Wieder zeigte sich das spöttische Lächeln auf Frieders Gesicht, das er schon beim Kirchenkonvent heute zur Schau getragen hatte. Christina sah es mit Unbehagen. Frieder schien es geradezu darauf anzulegen, die Obrigkeit bis aufs Blut zu reizen. Andererseits hatte er durchaus recht. Das Wasser stand ihnen bis zum Hals, und dann die hohe Strafe ... Sie mussten einfach an Geld kommen. Wildern war immerhin eine lohnende Angelegenheit. Wer es wagte, sich der Gefahr drohender Verhaftung und schwerer Strafe auszusetzen, lebte nicht schlecht davon.

»Da braucht Ihr Euch nicht zu ängstigen, Müllerin. Wenn es nicht so viele Wilderer gäbe, müssten der Geldsack zu Ludwigsburg und sein verlogenes Beamtenpack auch nicht so dagegen wüten. Sicher, es ist gefährlich, aber wir sind ja auch nicht auf den Kopf gefallen. Außerdem weiß ich, dass etliche hier im Ort nur zu gern Erjagtes kaufen, und keiner von denen würde uns verraten. Ganz im Gegenteil, die Leute freuen sich doch, wenn sie denen da droben einmal auf diese Weise ein Schnippchen schlagen können.«

»Wer denn?«, fragte Hans-Jerg neugierig. Er war an Frieders Vorschlag durchaus interessiert.

Frieder grinste verschwörerisch. »Der Rössleswirt setzt seinen Gästen ganz gerne Wild vor, gemischt mit Pferdefleisch, dass man es nicht so merkt. Außerdem hat er selbst noch eine Rechnung mit denen zu Ludwigsburg offen, brauchst ihn nur einmal zu fragen. Dann der Müller drüben im Tal, das ist ein rechter Fresssack, der sich einen guten Hirschbraten ungern entgehen lässt. Dann wären da noch der Gruber Wilhelm und …«

Christina unterbrach ihn. »Aber wenn du mit dem Wild bei deinem Vater auftauchst, ist die Hölle los. Der wird bestimmt nicht zögern, dich erneut anzuzeigen.«

»Hältst du mich wirklich für so dumm?« Frieder verzog unwillig das Gesicht. »Ich schleppe doch die Beute nicht mitten nach Ebersbach hinein, wenn ich's nicht muss. Nein, das machen wir hier bei euch. Euer Haus grenzt direkt an den Wald, da können wir ungesehen hereinkommen. Der Nachbar drüben schwätzt nichts, ich kenne ihn. Und die alte Sofie auf der Lichtung wird froh sein, wenn wir ihr hin und wieder einen Hasenkopf geben für die Suppe.«

»Willst du die Beute hier auch gleich zerlegen?«, wollte Hans-Jerg wissen. Dass gewildert wurde, war also keine Frage mehr.

Frieder nickte knapp. »Gewiss, das wird das Beste sein. Ich bringe ein paar Messer, Fleischerhaken und Schaber von daheim mit. Sorgt ihr nur dafür, dass wir eine Hackbank, genügend Schüsseln und Töpfe und ein Versteck für die Gerätschaften im Stall haben. Altes Stroh liegt da ja noch genug, mit dem wir den Schlachtplatz tarnen können, und Vieh habt ihr ohnehin keines mehr bis auf die Ziege. Da ist Platz genug. Die Felle und Knochen soll Matthis dann bei Nacht im Wald vergraben.«

Der zog ängstlich den Kopf ein. Inzwischen fürchtete er Frieder mehr als den Teufel. Noch immer waren die Male, die Frieders Fäuste auf seinem Gesicht hinterlassen hatten, deutlich zu sehen und er humpelte auch ein wenig.

»Aber warum denn die Felle? Die könnten wir doch so gut brauchen. Wir könnten sie verkaufen«, schlug die Mutter vor.

Frieder verdrehte die Augen. »Ja, und es gleich dem verfluchten Liomin anzeigen. Seid Ihr nicht gescheit, Müllerin?«

Diese neigte unterwürfig das Haupt. Schon jetzt war klar, wer im Hause Müller die Befehlsgewalt übernommen hatte. Hans-Jerg war es gewiss nicht.

»Ich bin trotzdem dagegen«, sagte Christina fest. »Du solltest dich mit deinem Vater aussöhnen, Frieder, dann nimmt er die Anzeige zurück, und der Kirchengemeinderat erlässt uns die Strafe vielleicht wieder. Was uns betrifft: Wir sind jung und können arbeiten, es wird sich schon etwas finden, womit wir unser Brot verdienen können. Auch ohne gegen die Gesetze zu verstoßen.«

Ein Augenblick der Stille trat ein. Vier Augenpaare starrten sie an, um sich dann wieder fragend dem Wortführer dieser verschwörerischen Runde zuzuwenden. Frieder rieb sich das Kinn, auf dem sich der Schimmer rötlicher Stoppeln zeigte. Seine Brust hob und senkte sich ein wenig heftiger als zuvor, aber dann wandte er sich ruhig und ohne im Geringsten auf ihre mahnenden Worte einzugehen an Hans-Jerg: »Wie sieht es aus, Freund? Es ist Vollmond, da haben wir gute Sicht. Wollen wir gleich heute Nacht einen ersten Gang wagen?«

Der nickte. »Wann?«

»Einen Schlag nach Mitternacht. Mein Alter macht für gewöhnlich um elf die Wirtschaft zu und geht schlafen, wie auch die alte Hexe, die sich meine Stiefmutter schimpft. Die meisten der Nachtgäste sind dann auch schon lange zu Bett. Da kann ich mich ungesehen auf den Weg machen.«

»Habt ihr nicht gehört, was ich sage?« Christina spürte, wie Zorn in ihr aufwallte. Gleichzeitig vernahm sie wieder das wohlbekannte leichte Ziehen in ihrem Unterleib. Unruhig rutschte sie auf der Bank hin und her. »Es ist doch schon alles schlimm genug, müssen wir jetzt auch noch zu Dieben und Gesetzesbrechern werden?«

Da plötzlich packte Frieder sie hart am Arm. Matthis, der neben ihr saß und vergeblich versuchte, so unauffällig wie möglich zu sein, wimmerte erschrocken auf. »Ich habe dich nicht um deine Meinung gefragt, Weib«, zischte der Sohn des Sonnenwirts. Seine Stimme wurde lauter: »*Ich* entscheide, was zu tun ist. *Ich* bin der Mann. Lass dir das ein für alle Mal gesagt sein. Bis wir verheiratet sind, wirst du hoffentlich gelernt haben, dich zu fügen.« Das Braun seiner Augen loderte dunkel, sein Mund zuckte unkontrolliert. Christina hätte gerne aufgelacht. Heiraten? War er noch bei Sinnen? Nichts war ferner als das. Aber sie wusste nur zu genau, wie sie die Zeichen in seiner Miene zu deuten hatte. Ein Wort noch, und sie lief Gefahr, dass er zuschlug. Eingeschüchtert senkte sie den Blick. Sie schämte sich dafür, aber sie hatte einfach Angst vor seinen Fäusten. Und die würden sie zu spüren bekommen, sie und das Kind in ihrem Leibe. Der Druck seiner Finger um ihren Arm verstärkte sich schmerzhaft. »Der Hans-Jerg und ich gehen heute Nacht auf die Jagd und riskieren Kopf und Kragen, damit ihr, damit *du* etwas zu beißen hast, verstanden? Du könntest ruhig ein wenig dankbarer sein. Schließlich sorge ich für euch, so wie ich es versprochen habe.«

Christina nickte vorsichtig.

»Ob du verstanden hast, will ich wissen!«

»Ja, doch …« Ihre Stimme wollte ihr nicht recht gehorchen. Aus den Augenwinkeln sah sie ein höhnisches Lächeln in Margarethes Gesicht aufblitzen. Oh ja, das gefiel ihrer Schwester wohl, dass Frieder so gar nicht der strahlende Ritter war, der er sein wollte.

Frieder ließ immer noch nicht los. »Ich höre?«

»Ja, gewiss! Du hast sicher recht. Es wird das Beste sein für uns alle. Und ich bin dir dankbar, ganz bestimmt.«

»Du tust gut daran.«

Endlich ließ er sie los. Christina rieb sich stumm den Arm. Auf der weißen Haut an der Innenseite prangten tiefrot die Abdrücke seiner Finger. Matthis hatte sich unter dem Tisch verkrochen.

Frieder stand auf. »Also dann, Hans-Jerg, heute zum halben Glockenschlag nach Mitternacht. Wir treffen uns an der Linde am Kreuzweg, du weißt schon.« Er streckte die Rechte aus.

»Ich werde da sein!« Hans-Jerg stand ebenfalls auf und schlug in die Hand Frieders ein. Nichts würde sie mehr von ihrem Plan abbringen.

Kaum war Frieder gegangen, tauchte Matthis wieder unter dem Tisch auf. »Der ist nicht gut, der Frieder«, verkündete er mit bebender Stimme und angstvoll geweiteten Augen. »Ganz böse ist der!«

»Ach, halt doch dein Maul, Depp!«, wies Hans-Jerg seinen Bruder zurecht. »Der weiß schon, was er tut. Denkst du, ich hab Lust, mir den Rücken für irgendeinen vollgefressenen Bauern im Dorf krumm zu machen. So weit kommt's noch.«

»Aber siehst du denn nicht, was geschieht?« Christina war dem Weinen nah. »Matthis sagt doch die Wahrheit. Seit Frieder bei uns aufgetaucht ist, wird es alle Tage schlimmer. Ich …«, sie brach in Tränen aus, »ich weiß nicht mehr, was ich tun soll. Das viele Geld, das sie fordern … Und dann trage ich sein Kind im Leib, von dem ich nicht weiß, was daraus werden soll. Und das ganze Dorf spottet über mich, ich kann mich nicht mehr unter die Leute trauen – jetzt, wo es alle wissen.«

»Hättest halt nicht mit ihm rummachen sollen. Was machst du auch für ihn die Beine breit?«, warf Margarethe in galligem

Ton ein und betrachtete ihre weinende Schwester mit einer Mischung aus Verachtung und Neugier. »Du bist selbst schuld an deinem Unglück und reißt uns schließlich alle mit hinein. Ich hätte mich nie mit dem eingelassen. Pah, im Leben nicht!«

Christina starrte sie hasserfüllt an. »Was weißt denn du schon, du Schlange? Er hat mich dazu gezwungen.«

»Gezwungen? Ha, ein guter Witz. Ganz gewiss hat er dich zwingen müssen«, spöttelte Margarethe kichernd. Sie wollte sich geradezu ausschütten vor Lachen, doch die Mutter horchte auf. »Warum hast du das nicht gesagt?«

»Hätte es dich denn gekümmert?«, schluchzte Christina zornig. »*Du* hast mir doch aufgetragen, mich mit ihm abzugeben. Erinnerst du dich nicht?«

»Ach, hör schon auf zu plärren«, murrte Hans-Jerg. Angesichts der weiblichen Auseinandersetzung war er aufgestanden und inspizierte nun ohne Erfolg den Wasserkrug, der neben der Hintertür stand. Leider war es ohnehin kein Schnaps, den er weit lieber trank, und natürlich war der Krug leer. »Hol Wasser!«, schnauzte er Margarethe an und hielt ihr auffordernd den Krug hin.

Die stand maulend auf. »Jetzt noch? Es ist doch schon stockfinstere Nacht.«

»Na und? Wenn du deine Arbeit nicht tagsüber getan bekommst, dann musst du es eben nachts tun.«

»Das sagt ja gerade der Rechte!«, gab Margarethe angriffslustig zurück. Doch dann nahm sie schnell den Krug aus der Hand ihres streng dreinschauenden Bruders und trollte sich.

Hans-Jerg kam zurück an den Tisch. »Du solltest nicht so einen Unsinn erzählen, Christina.«

»Unsinn? Unsinn, sagst du? Ich erzähle keinen Unsinn! Bei meiner Seele: Ich habe es nicht gewollt, dass er mir ein Kind macht.« Wieder schossen ihr die Tränen aus den

Augen. Ach, warum hatte sie überhaupt damit angefangen? Es glaubte ihr ja doch keiner. Sie erntete nur Häme und Spott, bestenfalls Unverständnis.

»Wie dem auch sei«, befand die Mutter, »es nutzt nichts, über verschüttete Milch zu klagen. Wo kein Zeuge ist, da ist auch kein Kläger.«

Christina wischte sich die Augen. »Ja leider! Einen Zeugen gab es, aber der ist inzwischen tot. Die Sache ist auf dem Hof der Dannemanns passiert, wo der Bauer nebenan im Fieber lag. Vermutlich hat er es sowieso nicht mitbekommen. Er war damals dem Tod schon näher als dem Leben.«

Hans-Jerg zog unwillig die Augenbrauen zusammen. »Dann musst du damit auch nicht mehr hausieren gehen. Der Frieder ist nämlich so schlecht nicht, wie du immer tust. Das Meiste hat sein Alter zu verantworten. Der tut immer dagegen. Frieder ist nach meinem Dafürhalten ein gewitzter Bursche, und so ganz unschuldig, wie du behauptest, wirst du an der Sache auch nicht gewesen sein. Jedenfalls will ich nichts mehr davon hören.«

Die Mutter nickte. »Hans-Jerg hat recht. Besser, du vergisst das Ganze.«

»Wirst schon sehen, für uns brechen bald bessere Zeiten an«, bekräftigte Hans-Jerg, »und jetzt lege ich mich noch eine Weile schlafen. Wir haben schließlich heute Nacht noch einiges vor.«

»Jetzt nimm schon die Schüssel, du Dummkopf!«, schimpfte Frieder, »Herrgott im Himmel, der Kerl ist zu dumm zum Scheißen.«

Mit bebenden Händen zerrte Matthis die Schüssel mit dem frischen Blut unter der geöffneten Kehle der Wildsau hervor und schob eine andere kleinere Schüssel unter den Strom aus Blut, der dort hervorquoll. Mehr hatten sie nicht, aber das würde bei der geringen Größe des Tieres auch reichen. Die größeren Schüsseln und auch einen Kochkessel hatte Frieder schon für das Brät und das Abkochen der Därme bestimmt. Für einen Schinken, so meinte er, würde es auch reichen, sofern er genug Salz besorgen könne. Aber Bauer Dauner hätte noch etwas draußen in der Lecke fürs Vieh liegen, das solle Hans-Jerg bei Tag organisieren.

»Rühren, Idiot! Sonst klumpt es.«

Matthis zuckte ängstlich, rührte aber gehorsam das Blut, wie Frieder es verlangte.

Die Nacht schwand schon zum Morgen, aber die Familie war immer noch auf den Beinen. Die heimliche Jagd war überraschend erfolgreich gewesen. Ein kleines Wildschwein, ein Auerhuhn und zwei Hasen hatten die beiden Jäger erlegt und, fluchend ob der Anstrengung, nach Hause geschafft.

Das Auerhuhn, dem der Hals umgedreht und das bereits in einen alten Kartoffelsack gesteckt worden war, ließ sich gut verkaufen, und die Hasen würden sie für sich selbst behalten. Aber aus dem Wildschwein, so hatte Frieder es bestimmt, wurde Wurst hergestellt. Und das musste gleich geschehen, bevor das Blut stockte. Sonst war das Fleisch nicht mehr zu gebrauchen.

Frieder arbeitete sehr rasch und mit den geübten Händen des erfahrenen Metzgers, wenn auch mit ungenügendem Werkzeug. Die Messer aus seines Vaters Metzelküche hatte er selbstredend noch nicht mitbringen können. Die ganze Familie ging ihm dabei zur Hand. Es war harte Arbeit, und sie mussten fertig sein, bevor für die Ebersbacher der Morgen anbrach. Die Zeit drängte. Zu leicht konnte ein neugieriger ungebetener Besucher Zeuge ihres verbotenen Tuns werden. War das Schwein erst verarbeitet, war die Gefahr weitgehend gebannt. Wer würde schon sagen können, von welchem Schwein die Würste im Rauch stammten? Zur Not würden sie behaupten, es sei ein Geschenk, so war es abgemacht.

Christina stemmte die Hand in den schmerzenden Rücken, gähnte herzhaft und streckte sich. Plötzlich fuhr ihr wieder ein scharfer Schmerz in den Unterleib. Mit einem unterdrückten Schrei, die Hände auf den Leib gepresst, kauerte sie sich auf den gestampften Lehmboden des Stalles.

Frieder sah auf. »Was ist?« Er klang besorgt.

»Nichts!« Christina rappelte sich mit zitternden Knien auf.

»Was redest du? Ich sehe doch, dass dich etwas plagt.«

»Das Kind. Es ist wohl nicht gut, wenn ich zu schwer arbeite.«

Margarethe schnaubte böse, fing sich dafür aber einen wütenden Blick Frieders ein. Mit dem blutigen Messer in der Hand ging er zu Christina hinüber und fasste sie zärtlich um die Mitte. »Dann leg dich nur ein wenig hin, mein Herz. Ich denke, wir kommen auch ohne dich zurecht.«

Hatte er denn ganz vergessen, wie grob er am Abend zuvor gewesen war? Christina konnte es kaum glauben. Doch in seinen Augen war nichts als Zuneigung zu lesen. Wie kann ein und derselbe Mensch so unterschiedliche Gesichter haben, fragte sie sich. Sie verstand es einfach nicht.

Unsicher befreite sie sich aus seiner Umarmung. »Ja, das werde ich wohl machen. Es war eine lange Nacht.«

»Es wird nicht die letzte sein«, meinte Frieder und grinste auf seine freche, ein wenig leichtsinnige Art. »Wenn es so weitergeht, wird es sich wenigstens lohnen. Nicht wahr, Jerg?«

Christinas Bruder lachte zufrieden. »Das hätte ich mir nicht zu träumen gewagt.«

Frieder machte sich wieder an die Arbeit. »Ich sagte ja, ich weiß, was ich tue.«

Margarethe wagte es, eine Frage zu stellen: »Aber wird dein Vater nicht misstrauisch werden, wenn du zu müde zum Arbeiten bist heute?«

Ein ungeduldiges Seufzen war zunächst alles, was sie erntete, doch dann bequemte sich Frieder doch zu einer Antwort. »Der Alte soll es nur wagen. Ich werde ihm schon heimleuchten. Von dem lass ich mir gar nichts mehr sagen, hat mir lang genug Vorschriften gemacht.«

Christina schwankte müde aus dem Stall. Alle Knochen taten ihr weh und etwas schwindelig war ihr auch.

»Christina?« Es war Matthis, der nach ihr rief. Gleich darauf war er zu ihr gelaufen.

»Was?«, fragte sie und merkte im gleichen Augenblick selbst, dass es ein wenig unwirsch klang. Sofort tat es ihr leid. Matthis hatte in den letzten Stunden wahrlich genug harte Worte von den anderen einstecken müssen.

»Ich will heute Nacht nicht in den Wald. Ich soll doch die Knochen und das andere Zeug vergraben. Aber mir ist so bange davor.« Matthis trat von einem Fuß auf den anderen. Trotz seiner kräftigen Gestalt wirkte er immer noch kindlich. Tatsächlich schien ihm die Pflicht, die die anderen ihm aufgetragen hatten, eine große Not zu sein.

»Ich weiß«, sie spähte zurück in den Stall, »das könnte den beiden so passen, dass sie dir die ganze Drecksarbeit aufbürden.«

»Kommst du mit?« Der Bruder sah sie mit flehenden Augen an.

»Ich? Nein, Matthis, das ist nichts für mich. Mir ist jetzt schon ganz schwach.« Christina lächelte mühsam. Herr Jesus, sie fühlte sich wirklich völlig zerschlagen. »Aber ich werde mit Hans-Jerg reden, ich verspreche es dir. Er soll dich zumindest begleiten, dann musst du dich nicht fürchten. Ist dir das recht, Matthis?«

Der Bruder nickte zögernd.

»Matthis, du fauler Hund!«, tönte es aus dem Stall. »Wirst du wohl gleich herkommen?«

»Geh nur!«, meinte Christina begütigend. »Sie werden sonst noch böse werden.«

»Ja!« Matthis verzog weinerlich das Gesicht, aber er ging. Es tat Christina in der Seele weh. Nicht nur für sie wurde das Leben zunehmend unerträglich.

Mit vorsichtigen Schritten ging sie zurück ins Haus und erklomm die schmale Stiege, die hinauf zu ihrer zugigen Abseite über dem ehemaligen Schweinestall führte, wo sie sich ihre Bettstatt bereitet hatte. Die Mutter hatte es so bestimmt. Jedenfalls alles besser, als mit Margarethe zusammen in der verrauchten Küche zu nächtigen – und das nicht nur deshalb, weil diese dann neugierige Zeugin geworden wäre, wenn Frieder sich zu ihr legte. Hans-Jerg hatte als Ältester selbstverständlich die einzig verbliebene Kammer im Haus für sich beansprucht. Keinem war es in den Sinn gekommen, das anzuzweifeln. Es war wie überall. Kein Grund, sich zu beklagen.

In der Remise war es kalt, aber das war sie gewohnt. Stöhnend lockerte sie ihr Mieder und legte sich ins Bett. Kurz darauf war sie eingeschlafen.

Sie erwachte, weil jemand sich unter ihr im ehemaligen Schweinestall unterhielt.

»Also du weißt Bescheid …« Es war Frieder. »Das Auerhuhn nehme ich mit und trage es gleich noch beim Dauner vorbei. Werde ihm auch noch etwas von seinem Salz abhandeln, das kannst du dann im Laufe des Tages bei ihm abholen.«

Eine kurze Pause, in der das Gegenüber – zweifellos handelte es sich um Hans-Jerg – wohl Zustimmung signalisierte. Dann sagte er: »Da ist noch etwas, Sonnenwirtle.«

»Was? Sprich! Ich muss mich eilen. Irgendetwas muss ich meinem Alten auch noch auftischen, wo ich heute Nacht war.«

Hans-Jerg kicherte anzüglich. »Sag ihm doch, du wärst bei deinem Liebchen im warmen Nest gelegen. Dann hat er etwas, worüber er sich ärgern kann. Was soll's? Dass ihr es treibt, weiß ja nun ohnehin der ganze Ort.«

»Also was ist noch?« Frieder unterbrach ihn ein wenig verärgert.

»Es ist wegen meinem Bruder.«

»Ach, der Trottel, was soll mit ihm sein?«

Hans-Jerg klang zögerlich. »Ich weiß nicht, ob es klug war, dass er eingeweiht wurde.«

»Du meinst, er könnte etwas verraten?«

»Hm, nicht mit Absicht, gewiss nicht. Aber vielleicht entfährt ihm ein unbedachtes Wort. Er ist wie ein Kind, oft genug weiß er nicht, was er redet.«

»Du hast recht, da besteht tatsächlich Gefahr. Wenn einer hier gezielt sucht, wird er auch etwas finden, was uns verrät. Das Blut im Stall ist kaum versickert, und die werden eins und eins zusammenzuzählen wissen.«

Hans-Jergs Stimme senkte sich zu einem Flüstern. »Also, man könnte natürlich versuchen, ihn einzuschüchtern, aber ich bin mir nicht sicher, ob das ausreicht. Er ist einfach ein Idiot. Bei solchen weiß man nie, was ihnen als Nächstes in den Sinn kommt.«

Christina spürte, wie sich die feinen Härchen in ihrem Nacken aufstellten. Was heckten die beiden da aus? Sie würden es doch wohl nicht wagen, Matthis etwas zuleide zu tun. Nicht dem bedauernswerten und völlig harmlosen Matthis, in dessen Seele kein Arg lauerte.

Schweigen trat ein. Sie konnte sich nur gar zu gut vorstellen, wie Frieder auf diese besondere Weise die Stirn in Falten legte. Oft genug hatte sie ihn dabei beobachtet, wenn er intensiv über irgendwelche Ideen und Pläne nachdachte. Pläne hatte der Sohn des Sonnenwirts wahrlich genug – und jetzt dachte er offenbar über einen besonders schlechten nach. Für einen Augenblick war sie versucht, den beiden durch die Decke des Stalles zuzurufen, dass sie alles hörte, und was, um Himmels willen, ihnen nur einfiele, doch dann lauschte sie gebannt.

»Lass das meine Sorge sein. Ich weiß etwas, wo er keinen Schaden mehr anrichten kann. Und ihr werdet auch froh sein. Ein Maul weniger, das zu stopfen ist.«

Christinas Hände krallten sich in den Überzug ihres Bettzeugs.

»In Ordnung. Also dann …«

Im nächsten Moment entfernte sich Frieders fester Schritt.

Dann war Hans-Jerg zu hören, wie er den Verschlag des Schweinestalls öffnete und das Haus betrat. Christina sprang auf und kletterte eilig die Holzstiege hinunter.

»Hans-Jerg!«

Unwillig drehte der Bruder sich um. Er wirkte übernächtigt. Dunkle Schatten lagen unter seinen Augen. »Was willst du?«

Sie machte noch zwei Schritte auf ihn zu. In dem engen Flur des Hauses konnte er nicht an ihr vorbei. »Sag, Hans-Jerg, bist du verrückt geworden? Was habt ihr beide mit Matthis vor? Ich kann es nicht glauben, dass du überhaupt in Erwägung ziehst … Bedenk doch, er ist dein Bruder!« Ihr Herz schlug ihr bis zum Hals.

Hans-Jerg begann zu grinsen, doch es lag kein bisschen Fröhlichkeit darin. »Ach das. Hast du etwa gelauscht?«

»Ich habe nicht gelauscht. Ich habe es, ohne es zu wollen, mit anhören müssen. Doch das tut nichts zur Sache. Ich frage dich noch einmal, Hans-Jerg, was habt ihr mit Matthis vor?«

Der Bruder wandte ein wenig betreten den Blick ab. »Nichts!«

»Nichts? Lüg mich nicht an. Ich habe es genau gehört.«

Das Gesicht des Bruders verfinsterte sich. Zornig gab er zurück: »Nun, was fragst du mich dann? Denkst du, ich lass es zu, dass er uns verrät? Ein Idiot wie der bringt uns eben alle in Gefahr, auch dich, Schwesterherz. Schließlich hast du heute Nacht genauso mitgeholfen. Es geht nicht anders, wir müssen uns darum kümmern. Und zwar so schnell wie möglich.«

»Aber ihr dürft ihm nichts tun! Um Gottes und Jesu willen, Hans-Jerg!«

»Was unterstellst du mir? Ich sag doch nur, dass er weg muss. Der Frieder wird sich schon drum kümmern, hast du doch selbst gehört. Der kennt ja genügend Bauers- und Fuhrleut im Land. Er wird ihm halt anderswo was besorgen.«

Mit einem Satz war Christina bei ihrem Bruder. Nackte Angst überflutete sie, ihre Finger krallten sich in sein blutverschmiertes Hemd. »Nein! Nein! Er wird ihm gewiss etwas zuleide tun. Ich weiß es.«

Erbost packte Hans-Jerg sie bei den Unterarmen und schob sie rüde von sich. »Was? Was redest du da? Du bist doch nicht ganz bei Trost. So ein Unsinn! Überhaupt, was erregst du dich so wegen dem Idioten? Weißt selbst, dass wir kaum mehr was zu beißen haben. Es kann nur gut für uns sein, wenn der nutzlose Fresser fort ist. Und jetzt kein Wort mehr.«

Weinend versuchte sie, ihn aufzuhalten. »Nein! Ich lasse es nicht zu.«

»Herrgott im Himmel! Was für ein Aufstand, und das wegen eines Trottels!« Wütend stieß Hans-Jerg sie zur Seite. Schmerzhaft prallte sie gegen die Wand des Hausflurs. »Ich warne dich«, zischte der Bruder nah an ihrem Ohr, »du sagst nichts! Sonst geht es dir schlecht.« Dann drängte er sich an ihr vorbei.

»Aber …!«

Ein wenig versöhnlicher wandte er sich ihr noch einmal zu: »Jetzt hör schon auf, Christina. Ich weiß ja, dass du dich für den Matthis verantwortlich fühlst, aber ich verspreche dir bei unseres Vaters Grab, dass ihm kein Leid geschieht. Frieder wird ihm nur woanders eine Stelle besorgen, sodass er uns nicht mehr gefährlich werden kann. Das ist alles. Das musst du doch einsehen. Die Mutter sagt es auch.«

»Aber er ist unser Bruder!« Ihre Worte waren kaum zu verstehen, so sehr weinte sie. Weit mehr als um den Vater.

»Er ist Bruder und Last zugleich. Es ist, wie es ist, Christina. Und jetzt lass mich in Ruhe. Ich muss schlafen.«

Hans-Jerg stiefelte mit großen Schritten davon. Für ihn war die Sache erledigt.

Christina stand immer noch im schäbigen Flur des Hauses. Allmählich versiegten die Tränen, aber der schwere Druck auf ihrer Brust blieb. Sie wusste, gegen Hans-Jerg, Frieder und die Mutter kam sie nicht an. Und war es nicht auch sinnvoller, wenn Matthis woanders unterkam? Alles besser, als wenn die drei ihn weiter plagten. Plötzlich wünschte sie, sie könnte mit ihm gehen.

Doch das stand außer Frage. Frieder würde sie nicht gehen lassen, niemals!

Die Nacht zum Ostermontag, 1751

KAPITEL 7

Rot. Rot auf der blanken Klinge. Ein Tropfen löst sich, fällt zu Boden, in die Lache dort. Wessen Blut ist das? Nicht seines. Einer schreit laut, schmerzerfüllt, ein anderer antwortet ihm. Er kennt die Männer nicht. Er fühlt sich schwindelig, es rauscht in seinen Ohren, sein Herz pocht wild. Dann ist er plötzlich wieder klarer.

Der Vater!

Auch Frieder öffnet den Mund zum Schrei. Einer hat etwas abgekriegt. Na und? Noch ist es nicht vorbei. Nein, gewiss nicht! Oh, wie er es ihm heimzahlen will, all die Anklagen, all die Schmähungen. Er hat es satt … satt bis zum Überdruss. Der Teufel soll den Vater holen und wenn es sein muss, ihn gleich mit. Ihm ist jetzt alles egal. Die Menschen um ihn her, das Entsetzen, die Schreie. Stühle fallen um, ein Glas und ein weiteres gehen zu Bruch. Die ganze Wirtschaft ist in Aufruhr.

Wieder geht er auf den Vater los. Der weicht zurück. Todesangst im Gesicht. Frieder sieht es und lacht, lacht wie toll. Haha! Ja, kriech du nur vor mir, du Schwein! Ich zeig's dir. Ein für alle Mal. Dein Schandmaul wird mich nicht mehr schmähen.

Die Faust umschließt das Jagdmesser, seine Muskeln spannen sich. Jetzt macht er dem allen ein Ende.

Da! Einer fällt ihm in den Arm. Hält ihn fest.

Lass mich!

Doch der lässt ihn nicht. Frieder schaut sich um. Dunkle Locken umrahmen das Gesicht dieses Kerls. Er ist lang, mit schlanken Gliedern, aber mindestens so stark wie er selbst.

Frieder kommt nicht gegen ihn an, wie sehr er es auch versucht. Gottverflucht, lass mich!

Beruhige dich, Mann, sagt der andere. Lass das Messer fallen, komm schon. Bedenke, du stürzt dich doch nur ins Unglück. Blaue Augen blicken unverwandt in die seinen, bezwingen ihn.

Und dann ist es plötzlich vorbei. Als hätte ihm einer kaltes Wasser übergegossen.

Das Messer fällt zu Boden. Angstvoll aufgerissene Münder, dröhnende Stille um ihn her. Er taumelt zurück.

Was?, schreit er. Was glotzt ihr denn wie die Schafe? Er hasst sie, alle, wie sie da stehen.

Dann dreht er sich um. Keiner wagt es, sich ihm in den Weg zu stellen. Hosenschisser!

Er rennt hinaus in die Nacht.

Klein Anna schrie aus Leibeskräften. Ihr rundes Gesichtchen rötete sich, sie ballte die Fäuste und strampelte wild mit den Füßchen. Irgendetwas gefiel ihr nicht, wie so oft. Müde nahm Christina ihre Tochter hoch und strich ihr über das Haar. Blondes Haar, wie gesponnenes Gold. Aber damit war die Ähnlichkeit zwischen Mutter und Kind auch schon erschöpft. Sonst war Anna ganz Frieders Ebenbild: die Halbjährige verfügte über einen kurzen, kräftigen Leib, eine breite, durchsetzungsfähige Stirn und einen überaus festen Willen. Christina seufzte, entblößte ihre Brust und legte das Kind an. Anna begann, gierig zu saugen, obwohl sie erst vor Kurzem etwas bekommen hatte. Die kleinen Händchen krallten sich in den Busen ihrer Mutter. Lebenswillen hatte Frieders Tochter jedenfalls. Den würde sie auch brauchen als Frucht einer sündhaften Liebschaft. »Hurenkind«, so tuschelten die Leute längst in Ebersbach.

Margarethe regte sich murmelnd im Schlaf. Wie immer lag sie, fest eingewickelt in ihre Decke, auf der Küchenbank. Nicht im Traum wäre es ihr eingefallen, den Platz für ihre Schwester zu räumen, damit diese bei ihrem Kind nächtigen konnte. So hatte Christina sich ihr Lager schließlich auf einem Strohsack in der Nähe der hölzernen Wiege, die Frieder irgendwoher besorgt hatte, gemacht. Klein Anna war in einer stürmischen Herbstnacht im vorigen Jahr mit Sophies kundiger Hilfe zur Welt gekommen. Bald darauf war es so furchtbar kalt geworden, dass Christina die Sorge gepackt hatte, das Kind könne bei ihr in der Remise unter dem Dach erfrieren. So war denn entschieden worden, dass sie und ihre Tochter in die Küche umzogen, sehr zu Margarethes Missfallen. Doch deren Protest war ungehört verhallt.

Christina horchte auf. Jemand machte sich an der Hintertür des Hauses zu schaffen. Anna begann zu greinen, weil sie durch die ruckhafte Bewegung der Brust der Mutter verlustig gegangen war. Suchend bewegten sich ihre milchfeuchten Lippen. Christina runzelte die Stirn. Es war mitten in der Nacht. Wieder einmal Frieder oder Hans-Jerg, die sturzbetrunken vom Zechen kamen? Das einzig Gute an den immer häufigeren Saufgelagen der beiden war, dass sie Matthis nicht mehr plagen konnten. Tatsächlich hatte ihn Frieder auf einem Hof bei Plochingen untergebracht, und wenn er dort auch die niedrigsten Dienste zu verrichten hatte und kaum einen Lohn bekam, schien er glücklicher, als er es zuletzt in Ebersbach gewesen war. An Neujahr war er einmal kurz bei ihnen gewesen. Ein Zimmermann, gebürtig aus Krapfenreut, der ebenfalls einen Besuch bei den Seinen machen wollte, hatte ihn mitgenommen. Allein hätte Matthis den Weg nach Hause, nach Ebersbach, ja nimmermehr gefunden. Wahrscheinlich war das auch Frieders Kalkül gewesen.

Doch es war Hans-Jerg, der jetzt hastig die Küche betrat.

»Christina …!«

»Was?«, fragte sie gereizt, während sie Klein Anna erneut anlegte. Wenigstens gelang es ihr, und die Kleine gab Ruhe. »Der Frieder!« Hans-Jergs Augen waren schreckgeweitet.

»Was ist denn nun schon wieder?« Oh, sie hatte es so satt. Ständig gab es neuen Ärger mit ihrem selbst ernannten, ach so großmütigen Versorger. Zu gern hätte sie auf seine zweifelhafte Hilfe, das Geld, das er mit dem Wildern und dem Verkauf der Beute verdiente und von dem er ihr hin und wieder wenig genug abgab, verzichtet. Sie nahm es nur um Annas willen. Das meiste vertrank und verspielte er ohnehin.

»Er hatte einen heftigen Streit mit seinem Vater. Da war regelrecht der Teufel los, heißt es. Das hat mir einer erzählt, der gerade aus der ›Sonne‹ kam.«

»Na und? Das ist ja nichts Neues, nicht wahr? Es braucht nicht viel, dass die beiden sich an die Gurgel gehen.«

»Ja, aber er soll ein Messer gegen ihn gezogen haben.«

»Ein Messer?«

»Ja, verdammt!«

»Nun, irgendwann musste es ja dazu kommen. Außerdem ist Frieder sehr schnell mit so etwas bei der Hand, das weißt du so gut wie ich. Also … was ist genau passiert?« Seltsam, wie wenig sie das in Wahrheit interessierte. Wie der Raureif, der des Nachts noch immer die Wiesen und Felder bedeckte, hatte sich eine fremde Taubheit in den letzten Wochen und Monaten über ihre Seele gelegt, die ihr Sinne und Willen stumpf werden ließ. Wenn Anna nicht gewesen wäre, sie hätte wohl an gar nichts mehr Anteil genommen.

»Ich kann nur berichten, was der Geselle auf der Straße mir gesagt hat, du weißt ja, dass mich der Sonnenwirt nicht mehr bei sich in der Wirtschaft haben will. Der fängt schon an zu toben, sobald ich nur einen Fuß auf seinen Hof setze.«

»Ja, und deshalb verbringst du deine Tage und vor allem auch deine Nächte im ›Ochsen‹ und säufst und spielst, anstatt dich um uns und den Hof zu kümmern und auf ehrliche Weise dein Brot zu verdienen.«

Für einen Wimpernschlag schlich sich Ärger über die anklagenden Worte seiner Schwester in Hans-Jergs Miene, doch dann setzte er seinen Bericht hastig fort. Viel zu wichtig schien, was er zu erzählen hatte. »Der Alte hat dem Sonnenwirtle wohl wieder einmal Vorwürfe gemacht, weil er sich den ganzen Tag nicht bei der Arbeit hat blicken lassen, und da sind dem wohl endgültig die Gäule durchgegangen. Hat rumgeschrien, dass er dem Vater das Haus über dem Kopf anzünden wolle und seinen Viechern gleich mit. Allesamt erschießen würde er die …«

In Christina stieg jäh die Erinnerung an jenen schrecklichen Vormittag vor dem Kirchenkonvent auf. Was hatte der alte Sonnenwirt ihr in seinem Zorn entgegengeschleudert? »Willst du mir drohen, Müllerin?«, hatte er sie gefragt und dabei ausgesehen, als wolle er ihr am liebsten selbst den Hals umdrehen. Nein, was sie damals gesagt hatte, war beileibe keine Drohung gewesen. Seit jenem Tag war es zwischen Vater und Sohn immer schlimmer geworden, so wie sie es vorausgeahnt hatte. Die beiden hassten sich bis aufs Blut, und ein ums andere Mal hatte der Sohn die Hand gegen den eigenen Vater und gegen die Stiefmutter erhoben. Einmal war es sogar so weit gekommen, dass der Alte ängstlich und um des Friedens in seinem Hause willen klein beigeben wollte und in seiner Not vor dem Kirchenrat darum gebeten hatte, dass man den Schuldspruch zurücknehmen und die Hochzeit zwischen Frieder und ihr nun doch noch erlauben solle. Was hatte Frieder damals triumphiert! Nur – es war natürlich nichts daraus geworden. Noch vor dem Rat hatte der Vater sein eigenes Ansinnen zurückgezogen und stattdessen ein weiteres Mal bittere Worte über seinen Sohn gefunden, der ihn mit Drohungen und Schlägen dazu dränge, die *gottlose Verbindung* zu erlauben. Unter dem eigenen Dach sei er seines Lebens nicht mehr sicher deshalb. Dabei wisse er doch eines genau, nämlich, dass es ihm noch zu größerem Schaden gereichen würde, wenn sein Sohn *das Mensch*, diese Müllerin, zur Frau nähme. Der Hass gegen sie und ihre Familie war offenbar noch größer als die Furcht vor seinem Sohn. Seltsamerweise war sie fast froh gewesen, dass es nicht dazu gekommen war. Die Vorstellung, Frieders Frau zu werden, erfüllte sie mehr und mehr mit blanker Angst. Schon die Tatsache, dass er sich aufführte, als wäre er der Herr im Hause, und aus und ein ging bei ihnen, wie es ihm gerade in den Sinn kam, war mehr, als sie inzwischen ertragen konnte.

Und die Liebe, von der ihr Frieder ständig faselte?

Zu gerne hätte sie darauf verzichtet. Was war das auch für eine Liebe, wenn er tat, was er wollte, tagelang fortblieb, sich mit anderen Weibern herumtrieb. Doch wenn sie Frieder darüber Vorwürfe machte, lachte er nur.

Und dann das nächtliche Wildern und die Umtriebe, die damit in Zusammenhang standen … Zwielichtiges Gesindel war es, mit dem Frieder sich mehr und mehr abgab, und Hans-Jerg zog er mit hinein. Das konnte nicht mehr lange gut gehen. Fast wünschte sie sich, dass es irgendwie, so oder so, ein Ende nähme damit.

Hans-Jerg unterbrach ihre Gedanken, indem er sie grob bei der Schulter packte. Reflexhaft legte sie schützend die Arme um ihr Kind. »Aber begreifst du denn nicht, Christina? Das bedeutet Gefahr für uns alle.«

Verständnislos schaute Christina zu ihrem Bruder hoch. »Aber damit haben wir doch nichts zu schaffen.«

Hans-Jerg ließ sich auf einen der Hocker beim Küchentisch fallen und rieb sich mit den flachen Händen übers

Gesicht. Er war nicht nüchtern und versuchte verzweifelt, einen klareren Kopf zu bekommen. »Es wird bestimmt eine Untersuchung geben, und du kannst dein Gebetbuch drauf verwetten, dass Amtmann Liomin keinen Stein auf dem anderen lässt, bis er das Sonnenwirtle endlich beim Wickel hat. Der Frieder muss hinter Schloss und Riegel, das ist doch sein erklärtes Ziel.«

»Das schafft er nicht, der Dummkopf.« Der Einwand kam von Margarethe. Ihre Bemühungen, trotz des Aufruhrs in der Küche weiterzuschlafen, hatte sie schließlich aufgegeben. Außerdem waren Hans-Jergs Neuigkeiten auch gar zu interessant. Solche Dinge erweckten immer Margarethes Neugier. »Der hat ja schon oft genug versucht, dem Sonnenwirtle was anzuhängen. Und was hat's ihm eingebracht? Eine Abmahnung und Geldstrafe aus Göppingen. Der Vogt aus Göppingen lässt sich eben auch nicht zum Narren halten.«

»Diesmal ist der Frieder gewiss zu weit gegangen, jetzt kriegen sie ihn dran!«

»Ach was! Hat der Alte denn etwas abgekriegt?«

»Nein, aber einer von den Gästen, der ihn daran hindern wollte, den eigenen Vater abzustechen. Den Arm hat er dem fast abgeschnitten. Aber nicht mal das hat ihn wohl zurückgehalten. Nur so ein ganz Mutiger hat es schließlich geschafft, ihn noch zu beruhigen, sonst gäbe es jetzt einen Toten oder vielleicht mehr zu beklagen. Ehrlich, manchmal glaube ich selbst, der Frieder ist nicht mehr ganz richtig im Kopf. Wie kann er nur, vor aller Augen …?«

Ein Schuss, weit entfernt, zerfetzte die Stille der Nacht. Dann noch einer und noch einer.

Mit Entsetzen in den Augen sprang Hans-Jerg auf und öffnete die Tür, die zum Hinterhof hinausführte. Er lauschte in die Nacht. Da! Wieder ein Schuss!

»Frieder«, sagte Christina tonlos. »Das ist er, ich weiß es.«

»Macht er es jetzt wahr und erschießt dem Alten die Gäule?«, fragte Hans-Jerg schockiert.

Christina stöhnte leise und umklammerte ihr Kind. »Die Pferde erschießen? Nein, das macht er nicht. Bestimmt hat er wieder die Waffen seines Vaters genommen und schießt nur in der Gegend herum. Aber alle sollen sie jetzt zittern vor ihm. Das gefällt ihm. Etwas Besseres weiß er ja nicht.«

Hans-Jerg knallte erbost die Tür zu. »So ein Idiot! Der bringt uns noch alle in Teufels Küche!« Mit raschem Schritt kam er zurück und zerrte Margarethe die Decke weg.

Die trat erbost nach ihrem Bruder. »He, was fällt dir ein?«

»Steh auf, dumme Gans! Weck die Mutter! Wir müssen rasch alle Spuren beseitigen. Da liegt noch Abfall von der letzten Jagd im Stall, und wir müssen das Blut vom Boden kehren … und die ganzen Gerätschaften … Herrgott, wir sind auch zu leichtsinnig geworden. Jetzt ist es doch so lange gut gegangen.«

Er hastete wieder zur Hintertür. »Christina, du räumst die Würste und Schinken fort. Eil dich, versteck sie! Und wenn du sie im Wald vergräbst. Man darf hier nichts finden.« Dann war er zur Tür hinaus. Seltsam, wie schnell sein Rausch verflogen war.

Völlig übermüdet war Christina schließlich am Küchentisch sitzend eingeschlafen. In der Finsternis der Nacht hatten sie gemeinsam, so gut es ging, alles gereinigt, fortgeräumt und versteckt, was auch immer auf ihr unerlaubtes Tun hätte hinweisen können. Immerhin, weder hatten sich Frieder noch der Amtmann und seine Männer bei ihnen blicken lassen. Schließlich war der Rest der Familie erschöpft zu Bett gegangen, während Christina versuchte, Anna zu beruhigen, die, wohl wegen des ganzen Aufruhrs, den Rest der Nacht geschrien hatte. Margarethe hatte sich schließlich murrend woanders einen Platz zum Schlafen gesucht.

Da, plötzlich ein energisches Klopfen an der Eingangstür. Christina fuhr zu Tode erschrocken aus dem Schlaf hoch.

Der Amtmann und seine Männer! Frieder würde gewiss nicht klopfen. Nein, er pflegte ja, wann immer es ihm beliebte, zur Hintertür hereinzustolzieren. Ihr Herz begann zu hämmern, als sie hörte, wie die Tür aufgestoßen wurde. Warum hatte sie nur den Riegel nicht vorgelegt? Andererseits, was hätte es genutzt? Sie musste ja öffnen.

»Hallo, ist jemand zu Hause?«

Halt! Das war bestimmt nicht Liomin, der da rief. Sie kannte dessen versoffenen Bass. Das aber war eine junge Stimme.

Veith?

Jener Veith, der vor so langer Zeit bei ihnen gewesen und einen bleibenden Eindruck bei ihr hinterlassen hatte. Fast schien es ihr, als wäre es in einem anderen Leben gewesen.

Da wurde schon vorsichtig die Küchentür geöffnet. Ein wirrer dunkler Lockenschopf schob sich zögernd herein. Ja, er war es tatsächlich.

»Hallo?«

Christina war so erleichtert, dass sie zu lachen begann. »Veith! Herr Jesus, hast du mir einen Schreck eingejagt.«

»Oh, das tut mir leid.« Veith trat nun ganz in die Küche. Ein wenig verlegen nestelte er an der Filzkappe, die er in Händen hielt. »Aber ich habe eine Weile draußen geklopft, und niemand öffnete, und dann bemerkte ich, dass die Tür nicht verschlossen war, und dachte mir: Bevor ich unverrichteter Dinge wieder gehe, schaue ich einmal nach.«

»Es ist gut. Du musst dich nicht entschuldigen. Wir haben noch geschlafen.« Im gleichen Augenblick fiel Christina auf, wie hell die Sonne schon in das kleine Fenster der Küche schien. Es musste bestimmt schon weit nach neun Uhr sein.

»Wir …« Sie schluckte. Plötzliches Unbehagen stieg in ihr auf, als ihr die nächtlichen Ereignisse wieder in den Sinn kamen. »Es … es ist gestern sehr spät geworden. Es gab viel zu tun.«

»Ich könnte später wiederkommen.«

»Nein!« Hastig wies sie auf die Küchenbank, er sollte nicht gehen. »Setz dich nur, wo du nun schon einmal da bist.«

»Danke!« Ein schüchternes Lächeln huschte über sein Gesicht. Das Jahr hatte ihn noch mehr zum Mann reifen lassen. Er war hübscher, als sie ihn in Erinnerung hatte.

Christina fühlte sich mit einem Mal noch unbehaglicher. Die halbe Lüge brannte ihr auf den Lippen. Rasch wandte sie sich um, um über dem Feuer etwas Wasser für den morgendlichen Getreidekaffee zu erhitzen. »Was führt dich denn zu uns? Es ist nun doch bald mehr als ein Jahr her, dass du bei uns warst.«

»Ich …« Am Küchentisch entstand eine kleine Pause. Offenbar wusste der Gast nicht, was er auf die Frage antworten sollte.

»Du möchtest doch gewiss auch ein wenig vom Morgentrunk? Etwas Brot und Käse habe ich auch noch im Haus.«

Was redete sie da? Warum schickte sie ihn nicht fort? Christina vermied es, Veith in die Augen zu sehen. Geschäftig ging sie hin und her, vorgeblich mit dem Herrichten der Frühspeise beschäftigt.

»Ich wollte zu dir, Christina.«

»Zu mir?« Sie hielt mitten in der Bewegung inne. *Eine schlanke, aber kräftige Hand auf ihrem Arm, ein bittender Blick aus tiefblauen Augen.* Die Erinnerung sprang sie unvermutet an.

»Veith …« Sie brach ab. Etwas drückte ihr auf die Brust, eine zentnerschwere Last. Ihr Blick wanderte hinüber zur

Wiege, in der Anna friedlich schlief. »Es ist viel geschehen, seit du hier warst.«

»Oh!« Sein Blick war dem ihren gefolgt. »Es ist dein Kind? So hast du geheiratet.« Er konnte seine Enttäuschung kaum verbergen.

»Nein.«

Plötzlich hätte sie am liebsten angefangen zu weinen. Das ganze Ausmaß ihres Elends wurde ihr so deutlich bewusst wie nie zuvor. Tiefe Scham überflutete sie.

»Aber ich verstehe nicht …« In Veiths Stimme schwangen gleichermaßen Hoffnung und Verwirrung.

»Es ist auch nicht zu verstehen. Ich verstehe es selbst nicht, aber du musst mir glauben, dass ich …«

Da wurde die Hintertür mit einem kräftigen Ruck aufgestoßen. Christina fuhr herum und erstarrte.

Es war Frieder.

»Herr im Himmel, ich brauche etwas zu essen, aber sofort!«

Mit dreckverklumpten Stiefeln kam er schweren Schritts herein. Eine Pistole steckte in seinem Gürtel und er trug eine Flinte über der Schulter. Er sah aus, als habe er die Nacht im Freien verbracht. Seine Kleidung dampfte in der Wärme der Küche, genauso wie das Fell seines Hundes, der in den Raum drängte und rasch unter dem Tisch verschwand.

Veith war aufgesprungen. Jetzt wurde auch Frieder des Gastes gewahr. Seine Züge verzerrten sich von einem Moment auf den anderen. »*Du …?* Was zum Teufel machst *du* hier?«

Christina trat rasch zwischen die beiden. »Er ist ein Verwandter meiner Mutter und nur auf der Durchreise. Er wollte schon wieder gehen.« Ihr Herz flatterte ängstlich wie ein Vogel in der Falle.

Rüde schob Frieder sie beiseite. »Der Kerl hat hier nichts zu suchen, damit das klar ist.«

»Es ist doch nichts. Er wollte doch nur einen Gruß ausrichten und …« Frieder kümmerte es nicht. Seine Augen waren starr auf den anderen gerichtet.

»Er weiß schon, warum er gut daran tut, sofort zu verschwinden. Er weiß, mit wem er es zu tun hat, nicht wahr, Geselle?« Unmerklich sank seine Hand auf die Pistole in seinem Gürtel.

Wenn Veith Angst hatte, so ließ er es sich jedenfalls nicht anmerken. Ruhig trat er hinter dem Tisch hervor und nahm mit Bedacht die Filzmütze auf, die er neben sich gelegt hatte.

»Keiner hat irgendetwas Böses im Sinn«, sagte er. »Es ist, wie die Base sagt, ich wollte nur einen Gruß meiner Verwandten überbringen. Nichts weiter.«

»Das hast du ja jetzt getan, und nun kannst du wieder gehen.«

Frieder ging zur Küchentür und öffnete sie auffordernd.

»Gewiss. Es tut mir leid, gestört zu haben.«

»Hm …«

Veith ging an ihm vorbei. Ohne Hast. Christinas Puls jedoch raste.

»Dann richte deinen Eltern noch einmal meine besten Grüße aus, und ich schaue ein andermal wieder herein.«

Frieder kicherte. »Ein schöner Verwandter bist du, wenn du nicht einmal weißt, dass ihr Vater im letzten Frühjahr jämmerlich an der Gerberseuche verreckt ist.«

Veith sah Christina erschrocken an. »Ist das wahr?«

Christina nickte, dann senkte sie den Blick. Ihre Lippen bebten.

Frieder schien auch das schon zu viel zu sein. »Ja, es ist wahr, und jetzt verschwinde.«

Veith ließ sich nicht beirren. »Dann tut es mir umso mehr leid, nicht schon früher gekommen zu sein, *Base*. Ich verstehe jetzt. Leb wohl.«

»Ja, leb du auch wohl«, schnappte Frieder ungeduldig und schob den Gast hinaus. Dann knallte er die Tür hinter ihm zu.

»Dass du es nicht noch einmal wagst, dich mit dem Kerl abzugeben«, sagte er drohend.

Daraufhin trampelte er durch den Raum, warf sich auf die Küchenbank und streifte die dreckigen Stiefel ab. »Der soll es noch einmal wagen, mir in die Quere zu kommen, dann wird er lernen müssen, was es heißt, sich mit mir anzulegen.« Sein Blick fiel auf das jämmerliche Restchen trockenen Käse und das Brot, das Christina auf den Tisch gebracht hatte. »Kein Schinken? Keine Wurst? Was soll das?«

Christina zögerte die Antwort hinaus. Das, was sie zu sagen hatte, würde ihn möglicherweise noch mehr reizen. Und wer wusste, wie er dann reagierte? Doch dann obsiegte ihr Mut. »Hans-Jerg wollte, dass ich alles im Wald verstecke.«

Wie sie es erwartet hatte, fuhr Frieder zornig auf. »Im Wald? Was, um des Herrgotts willen, bezweckt er damit? Ist er toll geworden?«

»Nein«, Christina straffte die Schultern, »aber du bist es offenbar. Was hast du dir dabei gedacht, deinen Vater mit dem Messer anzugreifen und dann das halbe Dorf in Angst und Schrecken zu versetzen? Kannst du dir in deinem versoffenen Hirn nicht denken, dass das Folgen haben wird? Folgen für uns alle?«

Für einen Moment huschte eine Spur von Verunsicherung über Frieders Gesicht, doch dann lachte er hell und herausfordernd. Natürlich. Zuzugeben, dass er einen Fehler gemacht hatte, das war außerhalb jeder Überlegung Frieders.

»Ihr macht euch unnütze Sorgen. Mir passiert schon nichts. Weder mein Vater noch der Amtmann werden es wagen, mich wieder anzuzeigen. Der Vogt Körner, der ist nämlich auf meiner Seite. Der weiß, was das für Spitzbuben sind. Ha, die sollen es nur wagen.«

Zweifellos sprach er sich selbst Mut zu. Doch er war unruhig geworden. Christina kannte ihn gut genug, sie wusste um die Zeichen. Das leichte Flackern der Lider, die Anspannung seiner kräftigen Schultern, das etwas zu laute Sprechen. Wenn Frieder sich vor etwas fürchtete, dann davor, wieder eingesperrt zu werden.

Ein wenig gönnte sie es ihm. »Wenn du meinst«, sagte sie ruhig.

Abwesend nahm er das Brot, brach sich ein Stück davon ab, steckte es in den Mund und begann zu kauen. In ihm arbeitete es, das war nicht zu übersehen. Christina schwieg. Was gab es auch zu sagen? Es war schlimm genug.

Die Stille breitete sich in der Küche aus, nur unterbrochen vom Knistern des Feuers und Frieders Kaugeräuschen. Auch den warmen Getreidesud trank er aus, dann plötzlich schien er mit seinen Gedanken zu einem Ergebnis gekommen zu sein. Mit einem Ruck stand er auf.

»Weck Hans-Jerg!«, befahl er.

Christina starrte ihn verwirrt an. »Warum? Er wird müde sein. Die ganze Nacht waren wir auf den Beinen.«

Frieders Blick blieb unerbittlich.

»Ich auch«, sagte er hart. »Du weckst ihn, verstanden? Wir gehen nämlich auf die Jagd. Pah, die sollen nicht glauben, dass ich klein beigebe. Das werde ich nicht tun, gerade zum Possen.«

»Aber er wird nicht mehr mittun wollen.«

Frieder legte mit Bedacht die Hand auf die Waffe in seinem Gürtel. »Oh doch, ich glaube schon.«

Ein Schauer lief Christina über den Rücken. Zögernd machte sie einige Schritte hin zur Tür.

Frieders Blick verfolgte sie. Der Hund unter dem Tisch begann zu knurren. »Geh!«, sagte Frieder.

Und da beeilte sich Christina zu tun, was er von ihr verlangte.

KAPITEL 8

Frieder und Hans-Jerg waren erst spät in der Nacht zurückgekehrt. Mit tiefen Schatten unter den Augen und beide grimmig schweigend, hatten sie sich, nachdem Frieder das erlegte Reh achtlos im leeren Schweinestall auf dem Boden abgelegt hatte, zum Schlafen verzogen. Christina hatte nicht gewagt zu fragen, was vorgefallen war. Doch eines war gewiss: Die bisherige Kameradschaft und Loyalität, die Hans-Jerg seinem Freund und Trinkkumpan in zahllosen durchzechten Nächten gezollt hatte, war vorbei.

Jetzt betrachteten sie und Margarethe ängstlich das tote Reh auf dem gestampften Lehmboden. Immer noch sickerte Blut aus einer hässlichen, von Pulverspuren umgebenen Wunde an der Flanke des Tieres und färbte den Boden in schwärzlichem Rot.

»Meinst du, sie werden wirklich hierher kommen?«, fragte Margarethe. Nervös nestelte sie an der Kordel ihres Mieders. Längst hatte die unheilvolle Anspannung im Hause Müller auch sie erfasst. »Was denkt sich der Frieder eigentlich? Glaubt er, er kommt mit allem durch?«

Christina zuckte mit den Schultern. Sie hatte es längst aufgegeben, Frieders Gedanken ergründen zu wollen. Es schien ihr manchmal, als ob er, trotz all seiner unbestreitbaren Scharfsinnigkeit, unfähig war, die Folgen seines Tuns einzuschätzen. Als wäre dies ein tauber Sinn, eine gefühllose Stelle in seinem Geiste.

Margarethe ließ immer noch nicht locker. »Sollen wir es nicht doch fortschaffen? Sicher ist sicher.«

»Du hast gehört, was Frieder gesagt hat. Wir sollen es ja nicht wagen, das Tier anzurühren.«

»Aber wenn sie hier nach ihm suchen?«

»Ich denke nicht«, meinte Christina, »dass es noch dazu kommt. Wahrscheinlich hat Frieder sogar recht damit, dass sie es nicht wagen werden, ihn noch einmal beim Göppinger Vogt anzuzeigen.«

Margarethe trat unruhig von einem Fuß auf den anderen. »Ich weiß nicht. Das Reh – das hätte er nicht machen sollen, nicht jetzt. Herrgott«, sie sah Christina anklagend in die Augen, »warum musstest du dich auch mit ihm einlassen? Ich habe ja gleich gesagt, das ist kein Guter.«

Christina blieb vor Überraschung der Mund offen. »Ach, nun bin ich die Schuldige?«

Margarethe schob patzig die Unterlippe vor. »Natürlich! Du hast dich ihm doch an den Hals geworfen. Hast wohl gedacht, du könntest dich über uns erheben und die nächste Sonnenwirtin werden. Dass ich nicht lache!«

»Das habe ich nicht!«

»Hast du wohl!«

Jäher Zorn packte Christina. Ein Zorn, der die ganze Verzweiflung der letzten Monate hochkochte. »Du verfluchte Hexe! Warte, ich werde dir …« Sie packte die Schwester bei den Haaren und zog heftig daran. Zu lange schon hatte sie die ständigen Sticheleien erduldet, das Getuschel, die Verachtung im Ort, das Unverständnis und die Gleichgültigkeit ihrer Familie und nicht zuletzt Margarethes neidvolle Häme. Sie ertrug es nicht länger. Ein kleines Büschel aus Margarethes braunem Schopf löste sich. Die schrie wie am Spieß, kreischte, als ginge es um ihr Leben, begann, nach der Schwester zu treten, versuchte, sie zu kratzen, doch Christina ließ nicht los.

»Ja«, schimpfte sie, »schrei nur, du Lumpenmensch! Ich habe deine Lügen und Gehässigkeiten satt. Ich wollte ihn nicht. Du weißt genau, dass die Mutter mich gezwungen hat.«

»Zu was gezwungen hat?«

Christina fuhr herum. Auch Margarethe verstummte so plötzlich, als habe ihr einer die Stimme verhext.

Frieder stand im Durchgang zum Schweinestall, das Hemd geöffnet, die Hosen ohne den Gürtel, der sie sonst hielt, drohten zu rutschen. Er roch nach Wald und dem Schweiß des Schlafs.

»Oh, du bist wach?«, stammelte sie.

Frieder rieb sich müde über die Augen. »Wer kann auch schlafen, wenn ihr Weiber ein solches Geschrei und Gezänk veranstaltet, dass es Tote weckt?«, brummte er ärgerlich. Dann kam er auf sie zu und legte seine Arme um ihren Leib. Vertraulich schmiegte er sich an sie. Christina wusste wohl, wonach ihm der Sinn stand.

»Nicht, Frieder!«

Natürlich ließ er sich nicht abweisen. »Ach, warum denn nicht, mein Lieb?« Er schnurrte wie ein Kater und rieb sich an ihrem Körper. Sie spürte die Bewegung seiner kräftigen Muskeln, die wachsende Verhärtung seiner Lenden. Margarethe schnaubte, dann machte sie auf dem Absatz kehrt und ging davon. Frieder kicherte. »Das Unglücksmensch ist doch nur eifersüchtig. Du solltest ihr keine Beachtung schenken. Genauso wenig, wie je ein Kerl ihr Beachtung schenken wird. Es sei denn, er ist blind.«

»Ach, Frieder …« Christina versuchte, sich aus seiner Umarmung zu befreien. Schließlich ließ er sie ein wenig schmollend los.

»Nun, dann mach mir wenigstens ein Frühstück. Ich bin hungrig.«

Erleichtert huschte Christina an ihm vorbei und eilte in die Küche. Alles besser, als ihm jetzt auch noch ins Bett folgen zu müssen. Frieder kam ihr nach und ließ sich am Küchentisch nieder. Müßig verfolgte er, wie sie in fliegender Hast etwas zu essen für ihn bereitete.

»Vielleicht sollte ich doch für eine Weile fortgehen, bis sich hier alles wieder beruhigt hat. Was meinst du?«, fragte er unvermittelt.

Christina hörte auf zu hantieren und sah ihn an. »Das wäre vermutlich eine gute Idee. Du treibst es gar zu wild, Frieder. Das könnte böse ausgehen.«

Das hätte sie wohl nicht sagen sollen. Sie sah, wie sich seine Augenbrauen ärgerlich zusammenzogen.

»*Ich? Ich* treibe es zu wild?« Wütend hieb er mit der Faust auf den Tisch. »Die haben es doch auf mich abgesehen, der Liomin und mein werter Herr Vater. Und dann dieser verlogene Pfaffe, der Teufel soll ihn holen. Der Teufel soll sie allesamt holen.« Sein Gesicht rötete sich.

Wie der alte Sonnenwirt, dachte Christina. Sie sind sich so ähnlich und wissen es nicht. Stattdessen hasst einer den anderen, und beide leben einander nur zum Schaden.

Anna, die friedlich geschlafen hatte, erwachte in ihrer Wiege und begann zu schreien.

»Sie soll still sein!«, tobte Frieder. Jetzt geriet er erst richtig in Rage. »Warum schreit sie immerzu?«

»Sie hält es wie ihr Vater«, entfuhr es Christina, ehe sie die Worte zurückhalten konnte.

Frieder schoss von der Küchenbank hoch, als wäre ein Bienenschwarm hinter ihm her. »Fängst du jetzt auch noch an, mich zu verspotten? Mein eigenes Weib?«

»Ich bin nicht dein Weib«, sagte Christina kühl und hob das schreiende Kind aus der Wiege. Die Kleine beruhigte sich nur mühsam. »Und ehrlich gesagt, Friedrich, ich will es auch gar nicht sein. Nicht, wenn du so weitermachst. Ich ertrage es nicht mehr.«

»Was?« Frieder erblasste. »Das kannst du nicht ...«

»Und ob ich es kann.« Woher nahm sie nur plötzlich diesen Wagemut, diese Tollkühnheit?

»Ha!« Der Zorn raste in ihm. Christina schloss die Augen.

»Dann tu es doch endlich«, zischte sie, »dann schlag doch zu.«

Da! Plötzlich waren laute, aufgeregte Männerstimmen im Hausflur zu hören.

Christina riss die Augen wieder auf. Frieder stand vor ihr, die Hand zum Schlag erhoben, doch auch er lauschte. Schrecken breitete sich auf seinen Zügen aus. »Liomin«, flüsterte er tonlos, »und welche von der Wache.«

Mit einem Satz war er bei der Hintertür und öffnete sie in fliegender Hast. Doch auch dort stand schon einer von den Wachsoldaten des Amtmanns und stellte sich ihm breitbeinig in den Weg. Frieder prallte zurück. Sein Blick irrte umher. Das Fenster! Christina ohne Rücksicht beiseitestoßend, versuchte er, die Verriegelung zu öffnen.

Es sollte ihm nicht gelingen. Schon drängten Liomin und vier weitere Wachsoldaten in die Küche und stürzten sich auf ihn.

Gemeinsam warfen sie den Fliehenden zu Boden und hielten ihn fest. Liomin feixte. »Du entkommst mir nicht, diesmal nicht, Sonnenwirtle.«

Frieder spie ihm ins Gesicht. »Das wirst du noch bereuen, du Lump!«, stieß er hervor.

»Wir werden sehen.« Liomin lächelte zufrieden. Er war für dieses Mal Herr der Lage – und er genoss es. Ohne sich etwas anmerken zu lassen, zückte er sein spitzenbesetztes Schweißtüchlein und wischte sich die Spucke aus dem Gesicht. »Abführen und scharf bewachen!«, befahl er. »Der Kerl darf auf keinen Fall entwischen, bis wir in Göppingen sind. Und durchsucht das Haus.«

Draußen klagte und schrie die Mutter zum Steinerweichen. »Nicht meinen Hans-Jerg. Nein, so habt doch Erbarmen. Er hat doch nichts getan.«

Also hatten sie auch Hans-Jerg gefangen genommen.

Es war gekommen, wie sie es von Anfang an befürchtet hatten.

Die Wachmänner rissen Frieder vom Boden hoch. Einer legte ihm eiserne Handschellen um die Handgelenke. Frieder wehrte sich, doch es half ihm nicht. Christina sah es und empfand nichts. Keine Furcht, keinen Hass, nicht einmal Schadenfreude. In ihr schien alles wie abgestorben. Nur Annas warmen Körper in ihren Armen, das kleine schlagende Herz, das spürte sie.

Die Männer zerrten Frieder mit sich. Sein Blick traf den ihren. Die braunen Augen, eben noch so zornesdunkel, waren voller Angst.

Jetzt, dachte Christina, jetzt haben sie ihn.

Dann führten sie ihn ab.

Hans-Jerg kehrte am nächsten Morgen zurück. Verstört, das Hemd zerrissen und hinten von blutigen Stiemen durchtränkt, taumelte er über den Hof und ließ sich schwer auf den als Bank genutzten Baumstamm vor dem Haus fallen, zu erschöpft, sich selbst die Stiefel auszuziehen.

Die Mutter half ihm hinein. Mühsam schleppte er sich in die Küche.

»Sie haben euch frei gelassen? Aber das Reh!« Margarethe blieb vor Überraschung den Mund offen.

»Nur mich, Gott sei's gedankt. Aber der Frieder ...« Hans-Jerg stockte und schluckte mühsam. »Wasser!«, keuchte er.

Christina holte ihm das Gewünschte.

»Was ist mit dem Frieder?«, fragte sie ungeduldig, innerlich schwankend, ob sie ihn lieber gefangen in Göppingen oder frei in Ebersbach wünschte.

»Ja, was ist geschehen?« Margarethe kauerte sich zu Füßen des Bruders nieder. Die Augen quollen ihr fast aus dem Kopf vor Neugier.

Hans-Jerg fuhr sich mit der Hand übers Gesicht. Seine Züge verzerrten sich. »Es ... nun, sie haben die Wahrheit schließlich aus uns herausgeprügelt. Besonders aus dem Frieder.«

»Wieso? Musste das sein? Es war doch offensichtlich. Sie haben ja das Reh bei uns gefunden«, wandte die Mutter ein. Besorgt schielte sie auf den geschundenen Rücken ihres Sohnes. »Mach ein wenig Wasser warm, Christina«, sagte sie, »wir müssen die Wunden versorgen.«

Hans-Jerg stöhnte. Die Aufmerksamkeit der Frauen tat ihm gut nach allem, was ihm in Göppingen widerfahren war. »Ja, aber der Frieder hat alles zunächst abgeleugnet. Stein und Bein hat er geschworen, dass nicht wir es gewesen seien, die gejagt hätten. Ein Fremder habe uns das Reh am Abend zuvor verkauft.«

»Das haben sie nicht geglaubt, oder?«

Hans-Jerg lachte spöttisch auf. Gleich darauf zuckte er schmerzerfüllt zusammen. »Verflucht, das brennt wie Hölle!« Er blickte in die Runde der weiblichen Augenpaare, die ihn in atemloser Spannung fixierten. »Natürlich nicht! Es ist nämlich so gewesen, dass einer im Ort gesehen hat, wie sich der Frieder mit der Flinte auf den Weg in den Wald gemacht hat. Mich hat der Zeuge nicht gesehen, ich bin wie immer etwas vorher gegangen. Und dann war da ja noch das andere Reh.«

»Welches andere Reh?«, wollte die Mutter wissen. »Davon weiß ich nichts.«

Hans-Jerg hob sehr vorsichtig die Schultern. »Der Frieder hat zwei Mal geschossen und getroffen. Das erste Reh ist aber davongesprungen. Wir konnten es nicht mehr finden, und dann ist uns das andere vor die Flinte gelaufen. Ich habe auch nicht mehr wollen und darauf gedrungen, die Jagd abzubrechen. Es war mir nicht wohl dabei. Wir haben dann das eine, das zweite, genommen und sind nach Hause, wie ihr wisst.«

»War Frieder deshalb so wütend auf dich?«, fragte Christina leise.

»Ach, der gottverfluchte Depp! Ich hätte mich nie mit dem Saukerl einlassen sollen. An allem bist sowieso nur du schuld!«

Christina ließ sich nicht beirren. »War das der Grund für euren Streit?«

»Ja doch! Der Frieder hat herumgetobt, wir sollten das andere Reh nicht zurücklassen. Er wollte partout weitersuchen. Erstens wegen des Geldes, das ihm dadurch verloren ginge, und dann hatte er auch Angst, dass man das Tier, verendet an einer Kugel, finden würde.«

»Ja, aber wer sollte denn wissen, dass ihr es wart?«, wandte Margarethe ein.

Hans-Jerg verpasste der Schwester einen leichten Tritt mit dem Fuß. »Du bist auch ein selten dummes Stück! Weil nicht allzu viele eine Flinte ihr Eigen nennen! Und dann ist es eben auch so, dass Frieder ja beobachtet worden ist, wie er mit der Flinte in den Wald ging.«

Margarethe rieb sich beleidigt die getroffene Flanke. »Ich meine nur, vorher hat ihn das ja auch nicht gestört.«

»Vorher, *vorher*! Ja, vorher hat er auch nicht versucht, seinen Vater umzubringen und dabei einen anderen fast abgestochen. So sieht's doch aus. Warum habe ich mich Dummkopf auch noch auf diesen Jagdgang eingelassen? Die ganze Wilderei war ohnehin eine saudumme Idee.«

»Das fällt dir ziemlich spät ein, Bruder!«, murmelte Christina. Seltsamerweise widersprach Hans-Jerg ihr nicht.

»Jedenfalls«, fuhr er fort, »haben ein paar Weiber, die Holz klauben waren, das verendete Reh im Morgengrauen gefunden und sind gleich brav zum Amtmann gelaufen und haben es gemeldet. Und der hat, wie er es ja immer tut, gleich auf das Sonnenwirtle getippt. Von dem Vorfall im Gasthaus hatte er auch schon gehört gehabt und deshalb … nun ja, ihr wisst genauso gut wie ich, was dann passiert ist.«

»Oh Jesus! Wie, um alle Himmel, wollte sich der Satansbub da noch herausreden?«, fragte die Mutter.

»Versucht hat er es jedenfalls lange genug, obwohl es keinen Sinn hatte«, meinte Hans-Jerg müde, »schließlich hat selbst der Vogt Körner, auf den er ja immer so große Stücke gehalten hat, was das für ein gerechter Mann sei und ganz auf seiner Seite … ja, von wegen! Also, der Vogt hat dann Stockschläge angeordnet.« Er verzog das Gesicht bei der Erinnerung daran. »Hei, verflucht, der Gerichtsknecht weiß, mit dem Stock umzugehen, sage ich euch. Nie wieder möchte ich das erdulden müssen.«

Christina füllte das warme Wasser in eine Schüssel und nahm ein sauberes Tuch dazu. »Zieh dein Hemd aus und leg dich hin, Hans-Jerg. Da auf die Küchenbank. Die Mutter hat recht, die Wunden müssen gereinigt werden, sonst entzünden sie sich, und du wirst noch lange Schmerzen leiden müssen.«

Jammernd und stöhnend leistete Hans-Jerg Folge. »Ich möchte nicht wissen, wie's dem Sonnenwirtle jetzt geht. Den haben sie noch viel schlimmer durchgedroschen und ihn anschließend ins Eisen gelegt, nachdem er alles zugegeben hat«, keuchte er. »Der kommt so bald nicht wieder.«

Der Rücken sah schlimm aus. Grün und blau geschlagen hatten sie den Bruder, und schließlich war an mehreren Stellen die Haut aufgeplatzt. Aber er war jung und kräftig, das würde bald heilen, wenn auch nicht so bald vergessen werden. Die Schmerzen schienen unter der Behandlung auch tatsächlich nachzulassen. Hans-Jerg schloss die Augen und seine Gesichtszüge entspannten sich.

»Sie werden ihn also verurteilen?«, fragte Christina, während sie sorgsam Schmutz und Blut aus den Wunden des Bruders tupfte. Ein seltsamer Funke der Hoffnung regte sich in ihrer Brust, ließ sie plötzlich freier atmen. Doch sie bemühte sich, es sich nicht anmerken zu lassen. Was sollten die anderen sonst von ihr denken? *Was sollte sie nur selbst von sich denken?*

»Ja, der Vogt sprach von eineinhalb Jahren Zuchthaus. Der Liomin war es immer noch nicht zufrieden. Er hätte gerne gehabt, dass man schlimmer mit dem Sonnenwirtle verfährt. Doch letztlich war es nur diese eine Wilderei, die man ihm zweifelsfrei beweisen konnte. Vielleicht wäre der Vogt auch noch milder mit dem Frieder verfahren, so wie mit mir. Aber die Lügerei bei der Vernehmung und dann die Sache im Gasthaus … und weil eben schon so viel anderes vorher war, da ist das Urteil recht hart ausgefallen. Ich glaube, er wollte dem Frieder einen Denkzettel verpassen.«

»Aber eineinhalb Jahre«, entsetzte sich Margarethe, »für ein geschossenes Reh?«

Hans-Jerg richtete sich halb aus seiner Liegeposition auf und sagte wütend: »Jawohl, eineinhalb Jahre Zuchthaus! Wenn du mich fragst: Der kann froh sein, dass es nicht mehr ist. Und ich muss froh und dankbar sein, dass man mich hat laufen lassen. Und jetzt bist du still, du Schaf.«

Margarethe zog es vor zu tun, was der Bruder verlangte.

Dieser hatte schon wieder die Augen geschlossen.

Die Mutter bedeutete ihren Töchtern mit einem energischen Wink, den Raum zu verlassen. Ihr armer Sohn brauche Ruhe, und dann müsse angesichts der alarmierenden Neuigkeiten, so befahl sie flüsternd, eine Entscheidung getroffen werden.

»Es muss sein!«, bekräftigte die Mutter. »Das musst du einsehen, Christina.«

»Nein!« Christina schüttelte weinend den Kopf. »Ich werde sie nicht hergeben.«

»Sei doch nicht blöd, Schwester«, mischte sich nun auch Margarethe in den Disput. »Wie willst du sie ernähren? Mutter hat recht, du hast keine andere Wahl.«

Christina wurde von hemmungslosem Schluchzen geschüttelt. »Aber Hans-Jerg könnte …«

Die Mutter schnitt ihr barsch das Wort ab. »Der macht besser heut als morgen, dass er fortkommt. Womöglich fällt's dem Vogt zu Göppingen noch ein, dass tiefer nachgebohrt wird, und dann ist der Hans-Jerg dran. Das will ich nicht riskieren. Mein Sohn geht nicht ins Gefängnis, eher sterb ich.«

»Aber ich«, schrie Christina in höchster Verzweiflung, »ich soll mein Kind hergeben, ja?«

»Du kannst froh sein, wenn du das Balg von diesem Satansbraten los bist«, sagte die Mutter kühl. »Soll sich doch der Alte drum kümmern. Es war schließlich sein Sohn, der es dir angehängt hat. Dann soll er auch dafür geradestehen. Geld genug hat er ja.«

Margarethe zeigte ungewohntes Mitgefühl. Tröstend legte sie Christina den Arm um die Schulter. »Es hilft doch nichts, wenn du dich wehrst, sieh es doch ein. Der Hans-Jerg geht am besten nach Neckartenzlingen zum Oheim, wie die Mutter sagt. Dort ist der Vogt von Göppingen nicht zuständig, und Hans-Jörg ist dem Liomin hier aus den Augen. Du weißt ja: Aus den Augen, aus dem Sinn. Und es ist ja nur für eine Zeit.«

Sie erhob sich und machte Anstalten, die Stube zu verlassen. Dorthin hatten sich die drei zurückgezogen, um die Ereignisse zu beraten. Was die Mutter entschieden hatte, ließ Christinas kleine Hoffnung in sich zusammenfallen. Sie sollte Anna hergeben. Die Mutter drängte darauf, denn Christinas Arbeitskraft und Verdienst als Magd wurden angesichts der prekären Lage dringend gebraucht. Hans-Jerg, das entsprach leider der Wahrheit, musste so schnell wie möglich von der Bildfläche verschwinden, damit keiner auf die Idee kam, noch weiter nachzuforschen. Schließlich hatte auch er einiges auf dem Kerbholz, und wer wusste, was das Sonnenwirtle noch alles erzählen würde, wenn sie es aus ihm herauspressten. Vielleicht könnte er einen Platz als Zimmermannslehrling bekommen, wie es der Vetter der Mutter bei seinem letzten Besuch schon einmal vorgeschlagen hatte. In spätestens drei Jahren könnte er mit seinem Handwerkerlohn dann gut zur Versorgung der Seinen beitragen. Aber das war noch in weiter Ferne.

Nun hieß es für sie alle: arbeiten, um nicht zu verhungern. Und da war ein Säugling nur ein unnützer Klotz am Bein. Auf übermäßige Almosenbereitschaft und Güte der Ebersbacher konnten sie nicht hoffen. Arme und Bedürftige gab es allerorten genug, und sie waren obendrein verschrien wie wenige andere.

»Geh und versuche es bei der Katharina«, hatte die Mutter gesagt, »sie ist die Einzige, die dir noch freundlich gesinnt ist, und wird dir vielleicht Arbeit geben. Außerdem braucht sie die Hilfe.«

Christina hatte widersprochen: »Aber sie hat doch selbst kaum genug zum Leben.«

»Jedenfalls mehr als wir«, hatte die Mutter geknurrt und dann gemeint, dass Margarethe ihr Glück zu Kirchheim versuchen solle. Der Hans-Jerg kenne da einen Wirt, der zuweilen neue Mägde suche. Es hieße zwar, der würde nicht nur deren Arbeitskraft einfordern, sondern auch andere Dienste – sehr zum Missfallen der Wirtin, die die Mädchen dann hinauswarf –, aber das sei bei Margarethe vielleicht weniger zu befürchten. Jedenfalls zahle er angemessen.

Margarethe hatte das zwar nicht gerne gehört, beleidigt hatte sie ihre schiefe Unterlippe nach vorne geschoben, aber in ihrer jetzigen Situation war Stolz fehl am Platze. Jeder von ihnen musste Opfer bringen. Die Mutter würde Haus und Hof versorgen und versuchen, etwas auf dem kleinen dazugehörigen Acker anzupflanzen. Es würde wenig genug sein. Kaum genug, um zu überleben.

Margarethe stemmte die Hände in die Hüften. »Am besten, du tust es gleich. Komm schon, Christina, es hilft nichts, wenn du es aufschiebst.«

Christina brachte nicht die Kraft auf, sich zu erheben. Ihre Beine versagten ihr den Dienst. Anna weggeben? Sie meinte zu spüren, wie etwas in ihr zerbrach. Leere machte sich in ihr breit. Doch sie konnte die Augen nicht davor verschließen: Anna war über kurz oder lang dem Tode geweiht, wenn die in der »Sonne« sich nicht ihrer annahmen.

Die Mutter raffte die wenigen Habseligkeiten des Säuglings zusammen und wickelte das Kind in eine Decke. Christina drückte Anna an sich. Ach, sie konnte es nicht tun. In ihr schrie es laut.

»Willst du mitkommen?«, fragte die Mutter.

Christina nickte. »Vielleicht gibt uns der Sonnenwirt ja doch Geld, damit ich sie zu Hause versorgen kann?« Ein letzter Strohhalm der Hoffnung, an den sie sich klammerte.

»Gewiss, und zu Pfingsten fallen Brot und Wein vom Himmel«, höhnte die Mutter. »Der wird sich winden wie ein Aal, damit er nicht für sie sorgen muss. Aber wart's nur ab, ich bekomme ihn schon dazu, für seine Brut einzustehen.«

Sie schien froh zu sein, das Kind loswerden zu können. Die Missbilligung, mit der sie Anna seit ihrer Geburt angesehen hatte, stand ihr auch jetzt in den Augen. Wer wollte schon einen Bastard im Haus?

»Komm jetzt!«, sagte die Mutter und griff nach dem Kleiderbündel des Kindes. »Jetzt ist die beste Gelegenheit. Der

Alte wird noch daran kauen, dass sie seinen Sohn eingesperrt haben. Er wird weiteres Aufsehen vermeiden wollen.«

Wenig später trafen sie beim Gasthof ein. Selbst heute, am Tag nach der Verhaftung des einzigen Sohnes, war reger Betrieb. Zwei fremde Fuhrwerke, eines davon ein Sechsspänner, hoch mit schweren Leinenstoffen beladen, standen auf dem geräumigen Hof. Der Knecht der Wirtschaft gab den Tieren gerade zu trinken. Die Fuhrleute stärkten sich wohl in der Wirtsstube.

Erstaunt hob der Knecht die Brauen, als er die beiden Frauen daherkommen sah.

»Was?«, fauchte ihn die Mutter an.

Schnell sah der Knecht weg. Er war kein schlechter Kerl und hatte unter Frieder doch einiges zu leiden gehabt. Manches Mal war er Ziel seiner Angriffe geworden.

»Der Sonnenwirt?«, fragte die Mutter.

»Oben in der Wirtsstube«, war die gemurmelte Antwort. Wahrscheinlich wollte der Knecht nicht für das Donnerwetter verantwortlich gemacht werden, das zweifellos gleich über die Frauen hereinbrechen würde, sobald sie es wagten, das Wirtshaus zu betreten. Das hatte sich der alte Sonnenwirt ganz ausdrücklich verbeten.

Die Mutter scherte sich für dieses Mal nicht darum. Entschlossen trat sie mit dem Holzpantinen die Tür des großen, mit der Front zur Straße stehenden Hauses auf.

»Sonnenwirt!« Die Stimme der Mutter klang laut und fordernd die Treppe zur Wirtsstube hinauf. Christina presste Anna an sich. Das Kind lauschte auf die Stimme der Großmutter und verzog dann weinerlich das Gesicht.

»Sonnenwirt, ich bringe dir deine Enkelin. Es ist Zeit, dass du dich ihrer annimmst, wie es deine Pflicht ist.«

Stuhlbeinscharren und Stiefeltritte waren von oben zu

hören, dann erschien der Sonnenwirt, gefolgt von einigen Gästen, oben an der Treppe.

»Was schreist du hier herum, Weib? Hatte ich dir nicht ausdrücklich verboten …?« Der Alte war aschfahl im Gesicht. Ohne Zweifel hatten auch ihm die jüngsten Vorfälle beträchtlich zugesetzt. Er machte ein paar wenige Schritte die Treppe hinunter, die muskelbepackten Arme über der blutigen Schürze abweisend ineinander verschränkt.

Die Mutter kümmerte es nicht. »Du bist anscheinend genauso ein Lump wie dein sauberer Herr Sohn«, giftete sie. »Oder wie soll ich es sonst verstehen, dass du nichts für dein eigen Fleisch und Blut tun willst?«

Der Sonnenwirt fuhr zornig auf. Der Zeigefinger seiner festen, kurzgliedrigen Hand richtete sich anklagend auf Christina. »Ich hatte das Mensch gewarnt. Ich habe ihr gesagt, sie soll die Finger von meinem Frieder lassen.«

Die Mutter lachte schrill. »Das hat sie! Aber er nicht von ihr. Mit Gewalt hat er sie genommen und ihr das Balg angehängt. Das weißt du doch, Sonnenwirt, oder etwa nicht? Wenn nicht, dann weißt du es jetzt!«

Ein Raunen ging durch die Schar der ausschließlich männlichen Zuschauer. Manch einer feixte, alle starrten. Christina senkte beschämt den Blick. »Nicht, Mutter! Lass uns wieder gehen«, wisperte sie.

Zischend wandte sich die Mutter zu ihr um. »Sei still!«

»Sie ist selbst schuld daran!«, versuchte der Sonnenwirt, sich zu verteidigen, doch sein Einwand klang ein wenig schwach.

»Ha! Du hast doch selbst eine Heidenangst vor deinem Sohn. Du weißt, wozu er fähig ist, oder etwa nicht? Und da erwartest du, dass meine Christina sich ihm widersetzen kann? Weißt du, was der Kerl bei uns getrieben hat? Nein, nein, Sonnenwirt, so leicht kommst du mir nicht davon.«

Der Alte wurde unsicher. Ein Moment des Schweigens. Dann aber lief er urplötzlich rot an und begann zu schreien. »Verfluchtes Pack!«, brüllte er so laut, dass er selbst Annas erschrecktes Weinen mühelos übertönte. »Ich lass mich nicht zwingen von euch. Wer weiß, ob's überhaupt von meinem Sohn ist. Das Hurenmensch wird bei genügend anderen im Bett gelegen haben. Mein Sohn hat ständig darüber geklagt.«

Die Meute oben rückte neugierig näher.

»Das habe ich nicht!« Christina war außer sich. Tränen stürzten ihr aus den Augen, und Anna schrie aus Leibeskräften. »Ich bitte dich, Mutter, lass uns gehen!«

»Hans!«

Die Stimme gehörte der Sonnenwirtin. Christina erkannte sie sofort. Jetzt erschien die Gestalt der Frau oben an der Treppe und drängte die ungebetenen Beobachter der Szene beiseite. Murrend machten diese Platz. Das Gesicht des Sonnenwirts verschloss sich in Ärger, aber er hörte auf zu schreien.

»Sie hat recht, es ist deine Pflicht, so oder so.«

Der Alte brummte Unverständliches. Die Sonnenwirtin kam die Treppe herunter. Ihr Blick streifte Christina. War da tatsächlich ein Funken Mitleid in ihren Augen? Sie wandte sich an die Mutter: »Also gut, Müllerin. Wir wollen uns nicht nachsagen lassen, wir hätten die Kleine mit Fleiß verkommen lassen. Es ist unsere Christenpflicht ...«

Die Mutter schnaubte spöttisch. »Ach ja, eure *Christenpflicht*?«

Die Frau senkte peinlich berührt den Blick. »Wie dem auch sei, wir werden uns der Kleinen annehmen und für sie sorgen, nicht wahr, Hans?«

Der Sonnenwirt hatte das Gesicht abgewandt. Die ihm eigene Sturheit, die auch bei Frieder die Herrschaft allzu oft an sich riss, bäumte sich noch einmal auf. Dann aber gab er seinem Weib nach. Weigern konnte er sich auch schlecht – angesichts der Tatsachen. Jeder im Raum hatte es gehört.

»Aber das ist alles«, knurrte er, »bildet euch ja nicht ein, ich würde für euch dahergelaufenes Pack auch nur einen Finger zusätzlich krumm machen. Geld gibt's gleich zweimal nicht.«

Die Sonnenwirtin nahm Christina das schreiende Kind aus den Armen. »Mach dir keine Gedanken«, sagte sie leise, »ich kümmere mich um sie.«

Christina war es, als würde ein Teil ihres Körpers abgeschnitten. Eine klaffende Wunde blieb, schmerzte unerträglich. Sie schwankte. »Ich darf sie doch besuchen?«

»Nichts da!« Der Sonnenwirt spuckte Gift und Galle. »Schlimm genug, dass du mir euer Sündenbalg aufhängst, dich selbst will ich hier nie mehr sehen. Wag es ja nicht, dich hier noch einmal blicken zu lassen, sonst hetze ich die Hunde auf dich. Hast du gehört?«

»Das wird gewiss nicht nötig sein!« Die Mutter packte Christina beim Arm. »Das haben wir bestimmt nicht vor, dass wir so ein ungastliches Haus noch einmal betreten. Tut eure Pflicht, Sonnenwirt, und wir tun die unsere.«

Christina rauschte das Blut in den Ohren. Sie hatte das Gefühl, gleich ohnmächtig zu werden. Anna schrie zum Steinerweichen.

»Komm!« Die Stimme der Mutter. Deren Hand zerrte an ihrem Arm. Benommen stolperte Christina hinter ihr her. Es war ihr, als ertrinke sie in einem Meer aus Kindertränen.

Der 15. Juno, 1751

KAPITEL 9

Die Schwester faltete die Hände über ihrem stark geschwollenen Leib.

»Nun lass sie doch, Mutter. Katharina wird ihr den Lohn schon geben.«

Die Mutter wandte sich ärgerlich an ihre älteste Tochter. Anna war nach langer Zeit zu Besuch gekommen. Ihre erste Niederkunft stand bevor und diese wollte sie zu Hause erleben, vor allem deshalb, weil sie auf die Hilfe der Schwestern in der ersten Zeit nach der Geburt hoffte. Sie hatte es nicht leicht bei ihrem Mann, dessen Familie ebenso arm war wie ihre eigene. Am meisten, so hatte sie Christina bald nach ihrer Ankunft unter Tränen anvertraut, litt sie unter ihrer Schwiegermutter. Anna traute der Frau nicht und hatte Angst, ihr erstes Kind in einem Haus zur Welt bringen zu müssen, in dem man ihr nicht wohlgesinnt war. Ihr Ehemann hatte nichts dagegen gehabt, auch er war des ständigen Streits der Frauen überdrüssig.

»Wir brauchen das Geld aber jetzt!«, schimpfte die Mutter ungeduldig. Es war das ständige Lamento bei ihr. »Dann muss sich Christina eben anderswo verdingen, wo man besser zahlt.«

Anna seufzte. »Das ist dir doch auch nicht recht, Mutter. Wer soll dir sonst hier auf dem Hof helfen, jetzt, wo alle fort sind? Hans-Jerg wird gewiss bald etwas schicken.«

Die Mutter schnaubte. Hans-Jerg erwies sich leider als weniger aufmerksam gegenüber seinen Leuten als erhofft. Aber wenigstens hatte er die Anstellung in Neckartenzlingen antreten können, auch hatte es keine weiteren Untersuchungen gegeben.

»Ich geh nicht fort«, sagte Christina, »das weißt du genau, Mutter. Ich kann nicht, wegen Klein Anna.«

»Ach, das kannst du dir sparen. Es ist gut so, wie es ist. Es geht ihr doch besser beim Sonnenwirt als bei dir. Vergiss die Kleine endlich!«

Wieder traten Christina Tränen in die Augen. Die Trennung – sie schmerzte sie noch immer, Tag um Tag. Wenn die Mutter nur gewusst hätte, wie oft sie heimlich, versteckt hinter der Ecke des gegenüberliegenden Hauses, versuchte, einen Blick auf ihr Kind zu erhaschen. Manchmal trug eine Magd die Kleine ins Freie und ließ sie in der warmen Sonne auf einer Decke spielen. Katharina sagte nichts, wenn sie dann von einem Auftrag im Dorf zu spät zurückkam. Sie wusste nur zu gut, wie sehr es eine Mutter schmerzte, ihr Kind zu verlieren. Aber wenigstens, so sagte sich Christina, fehlte es ihrer kleinen Tochter an nichts. Sie wuchs und gedieh prächtig, vermutlich besser, als sie es bei ihr vermocht hätte.

»Ich werde Katharina heute um einen Vorschuss bitten«, versprach Christina. Alles besser, als wenn die Mutter weiter darauf drang, dass sie an einem anderen, fernen Ort nach Arbeit suchte. »Überhaupt«, sie erhob sich rasch, »ich muss jetzt gehen. Das Gras auf der Waldwiese muss gewendet werden. Die Bäuerin braucht mich.«

Die Mutter knurrte Unverständliches. Christina wandte sich mit mitfühlender Sorge an Anna: »Ihr wisst ja, wo ihr mich findet, wenn etwas ist.« Ihr Blick glitt prüfend über den schwangeren Leib der Schwester. Sie erkannte die Zeichen, es konnte nicht mehr lange dauern. Schon stand die Frucht tief über dem Schoß, und der pralle Bauch senkte sich mehr und mehr.

In Annas Augen leuchtete es warm. »Gewiss, Schwester, geh nur.«

Christina atmete erleichtert die morgendliche Sommerluft, als sie die Tür hinter sich schloss. Ihr Leben, geschmiedet an die Verbitterung der Mutter, war nicht leicht. Die Atmosphäre im Haus war bedrückend, und oft genug war jetzt der Hunger zu Gast. Doch sie wollte sich nicht beklagen. Einigen anderen ging es noch schlechter als ihnen. Immerhin hatten sie noch ein Dach über dem Kopf. Nicht wie die armen Tröpfe, die bettelnd über die Dörfer zogen, abgemagert zu grotesken Gestalten. Sie lächelte bitter. Die Herren in Stadt und Land machten es sich gar zu leicht, wenn sie Wohlanständigkeit von einem Volk forderten, das kaum in der Lage war, das nackte Leben davonzubringen. Es gedieh zu viel Ungerechtigkeit in Württemberg. Und der Hass auf den Herzog, der in seinen prachtvollen Residenzen zu Stuttgart und Ludwigsburg in Saus und Braus lebte und das Geld und Gut seiner Untertanen verprasste, wuchs in gleichem Maße. Wie lange würden die Menschen noch Ruhe halten? Doch die Württemberger waren keine Revolutionäre. Nein, das waren sie nicht. Das eine Mal, als sie es in grauer Vergangenheit versucht hatten, hatte es böse geendet, in Blut und Not.* Und die Lehre, die man daraus gezogen hatte, war, dass jeder eben nur auf das Seine sah. Als Kind hatte sie in der Sonntagsschule zu Plüderhausen davon gehört.

Christina machte sich auf den Weg durch den Ort, wobei sie es sorgsam vermied, den Blick zu heben. Längst ertrug sie die abweisenden Gesichter und das hämische Getuschel der Bewohner Ebersbachs nicht mehr. Auch daran hatte sich nichts geändert. Vielleicht sollte sie doch fortgehen?

Als sie auf den Dannemann'schen Hof trat, kam ihr schon der kleine Sohn Katharinas entgegengelaufen. Christina wollte ihn gerade freundlich begrüßen, als sie die Angst in den Augen des Kindes bemerkte.

---

* Aufstand des Armen Konrad, Württemberg 1514.

»Ist etwas?«, fragte sie alarmiert. »Etwas mit deiner Mutter?«

»Nein«, der Knabe schüttelte heftig den Kopf, »das Mütterle ist ins Dorf gegangen, ein wenig Bier für den alten Martin holen, aber …« Seine kindlichen sonnengebräunten Glieder zappelten nervös.

»Aber was …?«

»Da hockt einer im Haus, der will zu dir.«

»Zu *mir*?« Christina konnte sich keinen Reim darauf machen. »Wer? Kennst du ihn?«

Der Junge zögerte. Christina hatte den deutlichen Eindruck, dass er einen Namen nennen wollte, dann aber schüttelte er erneut heftig den Kopf. Sie nahm die Hand des Jungen, doch der entwand sich ihr geschickt. »Geh du nur selbst nachsehen«, wisperte er. Dann rannte er, so schnell ihn seine nackten Beinchen trugen, davon.

Christina stand für einen Moment unschlüssig da. Sollte sie vielleicht besser umkehren? Wer konnte das sein? Und warum kam der Unbekannte nicht zu ihnen nach Hause, wenn er sie doch sprechen wollte? Doch dann obsiegte ihre Neugier.

Mit raschen Schritten ging sie auf das Wohnhaus zu und öffnete die Tür, die zum Flur und von dort rechts in die Küche führte.

»Hallo?«

Es kam keine Antwort, aber sie hörte das leise Scharren von ein paar Stiefeln auf dem Dielenboden der Sitzecke in der Küche. Unzweifelhaft, da war jemand, Katharinas Sohn hatte die Wahrheit gesagt. Mit klopfendem Herzen ging sie über den Flur in Richtung der Küche und trat in den Raum.

»Hallo, mein Lieb!«

Ihr blieb die Luft weg.

»Frieder!«

»Da schaust du, nicht wahr?«

Er stand am Fenster und grinste frech. Die niedrige rauchgeschwärzte Decke des Küchenraumes ließ selbst ihn groß erscheinen. Doch das Hungern und die harte Körperfron der letzten drei Monate im Zuchthaus waren nicht spurlos an ihm vorbeigegangen. Sein Gesicht wirkte kantiger, fast hager. Ein ungepflegter rötlicher Bart sprießte auf seinen Wangen und am Kinn, und der grobe Kittel, den er trug, war schmutzig und stank erbärmlich.

»Aber …«, stammelte Christina und schluckte ein paar Mal, um sich wieder zu fassen, »ich dachte, sie haben dich auf über ein Jahr eingesperrt zu Ludwigsburg. Bist du denn schon entlassen worden?«

»Pah, hab mich selbst entlassen.«

»Du bist geflohen? Um Gottes und Jesu willen! Aber sie werden dich suchen. Frieder, du machst alles doch nur noch schlimmer.«

»Ich hatte aber keine Lust mehr, verdammt. Außerdem wollte ich sehen, was du so treibst.«

»Was ich *treibe*?« Für einen Moment war sie sprachlos. Dann schrie sie: »Ja, bist du denn völlig von Sinnen? Verschwinde auf der Stelle, lass mich in Ruhe! Ich will nichts mehr mit dir zu tun haben.«

Das war augenscheinlich nicht das, was er hören wollte, doch das war ihr jetzt gleichgültig. Glühender Zorn loderte in ihr. »Du elender Narr!«

Der so Beschimpfte geriet ebenfalls in Zorn. »Du hast kein Recht, mich zu schmähen. Gerade du nicht! So eine wie du kann sich nämlich weiß Gott nicht aussuchen, mit wem sie es zu tun haben will. Dass du es weißt! Du und deine Drecksfamilie, ihr seid doch alles Lumpen und Tagdiebe. Besonders dein verfluchter Bruder.«

Er meinte Hans-Jerg, das war klar. Vermutlich lastete er diesem, unbedacht und uneinsichtig, wie er war, sein Elend an.

Christina wurde es ganz schwach vor Wut. Ihr Hass wurde übermächtig. »Das sagt ja gerade der Rechte«, kreischte sie, »so gut wie du sind wir allemal. Der Hans-Jerg gleich dreimal. Aber du, du bist nicht mehr wert als ein Hund.«

Frieder kam drohend auf sie zu, doch es kümmerte sie nicht. Sie war außer sich vor Zorn. »Eine Schande für Ebersbach, das bist du. Weißt du eigentlich, dass jedermann deinen Vater bedauert ob seines fürchterlich missratenen Sohns? Einen Schläger und Nichtsnutz habe er gezeugt, heißt es, der es nicht wert sei, dass man ihn totschlage. Und dein Vater widerspricht ihnen nicht.«

Kaum war es von ihren Lippen, da merkte sie, dass sie zu weit gegangen war. Das mit seinem Vater, das hätte sie nicht sagen sollen. Das bereits vertraute irre Lodern in seinem Blick sagte es ihr.

Ihre Strafe folgte auf dem Fuß.

»Du Himmelhund, du wagst es …«, keuchte Frieder, stürzte sich auf sie und versetzte ihr einen Fausthieb, der sie augenblicklich zu Boden schickte. Jetzt sah sie auch den Hund, das schwarze Höllenvieh, das nach Frieders Verhaftung weiter im Gasthaus gefüttert und versorgt worden war. Das musste seinen geliebten Herrn wohl vermisst haben. Aber wie war Frieder wieder an den Hund gekommen? Wussten die in der »Sonne« etwa, dass der Wirtssohn ausgebrochen war? Oder hatte der Hund seinen Herrn gerochen und war ihm zugelaufen?

Schwankend versuchte sie, wieder aufzustehen, aber der Angriff auf sie hatte den Tobenden nicht besänftigt. »Geh, fass!«, befahl er dem Tier rau, und das tat, wie ihm geheißen. Ein heftiges Zerren an ihrer Mitte, und sie stürzte erneut zu Boden! Der Hund war über ihr, sein stinkender Atem drang ihr in Mund und Nase. Schon spürte sie, wie sich die kräftigen Zähne des Metzgerhundes durch ihr Mieder bohrten. Das Tier war das Zerbeißen von Fleisch und Knochen gewohnt.

Christina schrie auf in Todesangst. Doch Frieder lachte nur. »Ja, jetzt schreist du, *Courage**, soll er dir doch die Därme rausreißen!«

»Nein, nein, bitte!« Sie wehrte sich nach Kräften, bekam die Schnauze des Tieres zu fassen. Der Hund ließ von ihrem Leib ab und biss ihr in die Hand.

Schmerz! Grausamer Schmerz! Sie schrie. Der Hund zerrte wie verrückt an ihrer Hand, schleifte gar ihren Körper ein Stück über den Boden.

Alles drehte sich vor ihren Augen. Sie würde sterben, das wusste sie jetzt.

Sie hörte Frieders erregtes Keuchen, es mischte sich mit dem Grollen des Tieres. »Ha, jetzt schlag ich dich tot, du Lumpenmensch! Ich schwör's! Eine Axt …«, suchend bewegte er sich durch den Raum, »… verflucht, gibt es in diesem Drecksloch keine Axt, damit ich mein Werk vollenden kann?«

Sie sah, dass er etwas auf dem Kaminsims zu fassen bekam. Etwas Schweres, Keilförmiges. Keine Axt. Ein Pfundstein war es. Frieder kam schweren Schritts auf sie zu, den Stein in der Faust.

»Pack dich!« Das galt dem Hund.

Der wich jaulend, aber gehorsam zur Seite. Frieder kam über sie. Das Gesicht – eine wütende Grimasse. Mit der nun wieder freien Hand versuchte Christina noch, ihren Kopf zu schützen. Der mächtige Schlag ließ das Licht vor ihren Augen in hellen Stahlen explodieren.

Dann wurde es dunkel um sie.

---

* Im Schwäbischen ein Schimpfwort für eine widerborstige, aufmüpfige (weibl.) Person nach dem französischen Wort für Mut, Tapferkeit: courage (m.). Laut den schriftlichen Zeugenaussagen eines der Lieblingsschimpfworte Schwahns für Christina.

»Gott sei Dank, sie kommt zu sich!«

Katharinas Stimme?

Ein Stöhnen entrang sich Christinas Brust, strömte über blutige Lippen und hing irgendwo über ihr in der Luft. Alles um sie herum schien nass zu sein. Wasser oder Blut?

»Lauf, Peterle! Hol die Leute von der Christina. Sag, sie brauche ganz schnell Hilfe. Und sie sollen gleich nach dem Herrn Sartorius schicken.«

Das Tapsen nackter Kinderfüße, eine schlagende Tür, irgendwo weiter entfernt. Wo war sie?

»Was …?«

Eine kühle Hand legte sich sanft über ihren Mund. Undeutlich erkannte sie jetzt das Gesicht der Bäuerin.

»Nicht sprechen, Christina! Es wird alles gut. Lieg nur ganz still, bis Hilfe kommt.«

Sie bemerkte das ängstliche Zittern in Katharinas Stimme. Stand es so schlimm um sie?

Alles an ihrem Körper schmerzte. Ihre linke Hand brannte wie Feuer und ließ sich kaum bewegen. Ihr Kopf schien in zwei Teile gespalten worden zu sein. Frieder! Hatte er doch eine Axt gefunden?

»Bin ich tot?«

Ein Schnauben. »Nein, aber es fehlte nicht viel. Was hat der Kerl nur mit dir angestellt?«

Es fiel ihr schwer zu sprechen, selbst ihr Kiefer fühlte sich an wie gebrochen. Ihre Worte klangen fast, als lalle sie. »Frieder … wir haben uns gestritten. Er ist ausgebrochen, weißt du. Er …«

»Also war er es wirklich!«

»Ja. Woher …?«

»Ich kam von der Heumahd zurück, wo ich Martin ein Vesper und das Bier hingebracht habe, und da rannte Peterle mir ganz verstört entgegen und hat mir berichtet, dass ein Mann ins Haus eingedrungen sei, der dringlich nach dir gefragt habe. Einen schwarzen Hund habe er dabeigehabt, den vom Wirtshaus. Den Teufelsköter kennt ja jedes Kind im Dorf. Da habe ich mir gleich so etwas gedacht und bin, so schnell ich konnte, hierhergekommen. Leider nicht schnell genug.«

»Es tut so weh!«, stöhnte Christina.

Katharina konnte das Entsetzen in ihrer Stimme nicht verbergen. »Sei nur ruhig, bestimmt kommen sie gleich.«

»Aber wir können uns Eure Dienste nicht leisten, Bader.«

»Willst du, dass deine Tochter stirbt?« Sartorius klang verärgert.

»Nein, natürlich nicht, aber ist es denn so schlimm?«, barmisierte* die Mutter, »die Christina ist doch jung und gesund, die wird schon wieder.«

»Mutter, um Himmels willen!« Das war Anna.

Christina versuchte, die Augen zu öffnen, es gelang ihr nur mit Mühe.

Wie lange hatte sie geschlafen? Sie erinnerte sich kaum, dass sie sie mit vereinten Kräften nach Hause geschleift und in ihre Dachkammer über dem Stall gebracht hatten. Wenigstens war es dort dunkel, und der Wind, der durch die losen Ziegel des Daches strich, brachte etwas Kühle.

Der Bader gab ihr etwas aus einem Fläschchen zu trinken. »Nimm das, dann werden die Schmerzen bald nachlassen. Kannst du mich erkennen?«

Christina nickte schwach. Immerhin hatte der Raum aufgehört zu schwanken, wie er es zu Anfang getan hatte. Sartorius leuchtete ihr mit einer Lampe, die mit einem blank

* Wortverwandt mit »erbarmen« und »erbärmlich«. Schwäbisch für nachdrückliches Jammern und Betteln.

geputzten, runden Metallspiegel hinter der Leuchte versehen war, aufmerksam ins Gesicht. »Der Kerl muss völlig verrückt geworden sein«, murmelte er. »Sich so an einem wehrlosen Frauenzimmer zu vergreifen!«

Einige Augenblicke später begann Christina die Wirkung der Arznei, die Sartorius ihr gegeben hatte, zu spüren. Sie fühlte sich seltsam leicht und schwebend, während die stechenden Schmerzen einem dumpfen Ziehen in Kopf und Hand wichen. Kaum nahm sie es zur Kenntnis, dass sich der Chirurg, nachdem er ihre blutige Stirn mit einem festen Verband umwickelt hatte, jetzt an ihrer verletzten Hand zu schaffen machte.

»So, mehr kann ich nicht tun. Wir wollen hoffen, dass es sich nicht entzündet, sonst wird die Hand nicht mehr zu retten sein«, sagte Sartorius schließlich, wischte sein chirurgisches Werkzeug an einem sauberen Lappen ab und räumte es zurück in den hölzernen Kasten, den er bei Krankenbesuchen mit sich zu führen pflegte. Erschöpft schloss sie die Augen. Ihre Gedanken gingen wirr.

Bilder von Frieder, mal lächelnd, mal zornig, oh so zornig … dann, wie er sie beim Tanzen um die Hüfte nahm und mit starkem Arm herumwirbelte, und Anna, ihre kleine Tochter Anna … ihre kleinen Händchen, die nach ihrem Haar griffen. Fast war ihr, als spüre sie die Berührung …

Das gnädige Hinüberdämmern in die ungewisse Welt des Schlafes wurde von Sartorius' kräftigem Bariton gestört.

»Ihr werdet das anzeigen müssen.«

Darauf die Mutter: »Einen Teufel werd ich! Bin froh, wenn ich mit dem Amtmann nichts zu schaffen habe. Der hat genug Elend über uns gebracht.«

»Aber das Sonnenwirtle hat sie bald totgeschlagen. Das darf nicht ungesühnt bleiben.«

»Und? Was bringt es uns? Der Kerl ist doch schon flüchtig

und bestimmt über alle Berge. Nein, nein, Bader, das bringt nur neues Ungemach.«

»Nun, wie du meinst, Müllerin.« Er streckte die Hand aus. »Einen Gulden!«

»Einen Gulden? Woher, zum Teufel, soll ich armes Weib einen Gulden nehmen? Ich sagte Euch, wir haben nichts.«

»Dann zeigt es an. So muss der Sonnenwirt dafür aufkommen.«

»Muss er das?« Die Mutter war plötzlich hellhörig geworden.

»Gewiss!« Der Bader schickte sich zum Gehen an. »Schließlich ist es sein Sohn gewesen, der deine Tochter so zugerichtet hat. Das ist nur recht und billig.«

»Und wie viel wird er zahlen müssen?«

»Zumindest die Kosten für meine Behandlung. Ich weiß es, denn er hat schon oft genug zahlen müssen. Für den Burschen, den Frieder vor der Sache im Frühjahr noch in einem Streit blutig gehauen hatte, hat er ebenfalls schließlich gezahlt, wenn er auch geknurrt hat wie ein Hund dabei.«

»Ach, nur die Behandlungskosten? Nicht noch ein wenig mehr?«

Sartorius räusperte sich missbilligend, sagte aber nichts dazu. »Wenn heute Nacht Fieber dazukommt oder sonst etwas mit ihr ist, dann ruft mich, verstanden? Mit der Sache ist nicht zu spaßen.«

»Gewiss!« Es war Anna, die ihm antwortete. »Ich werde mich schon um sie kümmern. Das arme Ding.«

»Gut. Aber übernimm dich nicht, Mädchen. Es ist ja auch nicht mehr weit bei dir. Du brauchst deine Ruhe.«

»Es wird schon gehen.«

»Das hoffe ich.«

Dann war er aus der Tür.

Christina stöhnte schwer.

»Wir sollten sie jetzt schlafen lassen. Morgen sehen wir weiter, Mutter.« Anna wusste wie immer eher als die Mutter, was das Richtige war. Dankbar sank Christina endlich in den ersehnten Schlaf.

Wenig später, so schien es ihr, rüttelte sie jemand an der Schulter nachdrücklich wach.

»Was denn?« Christina hatte Mühe, zu sich zu kommen. Noch immer tat die Arznei des Baders ihre Wirkung. Sie fühlte sich wie berauscht. Doch dann, mit einem Schlag, war sie hellwach.

Frieder war es, der sich über sie beugte. Wie war er hereingekommen? Vermutlich heimlich durch das geöffnete Fenster hereingestiegen.

»Wie geht es dir?«

Ein angstvolles Wimmern kroch ihr über die Lippen. Ihr geschundener Körper spannte sich vergeblich zur Flucht. Doch sie war einfach nicht in der Lage, sich zu rühren. Rasch legte er ihr die Hand auf den Mund. Wollte er seine grausige Tat jetzt etwa vollenden? Sie keuchte und schnappte nach Luft.

»Sei still!«

Sie nickte, zu Tode geängstigt.

»War ich das etwa?«

Die Frage verwirrte sie. Was meinte er damit? Natürlich war er es gewesen! Sie begann zu zittern.

Ihr Blick schien ihm die Antwort zu geben. Er starrte sie an, den blutigen Verband um ihren Kopf, die Schrunden, der bläulich verfärbte Kiefer, die dick verbundene linke Hand. Langsam schüttelte er den wirren Schopf, ungläubig, betroffen. »Nein, nein, das kann ich nicht gewesen sein. Das war ich nicht!«

»Aber sicher warst du es. Du und dein schrecklicher Teufelshund, den du auf mich gehetzt hast.« Ihre Worte drangen undeutlich durch seine Finger.

»Nein! Das habe ich nicht!«

Christina starrte zurück. War das ein Traum? Doch der strenge Geruch, der Frieder umgab, sagte ihr das Gegenteil. Der Wirtssohn saß an ihrem Bett, und kein Zweifel, er musste wirklich wahnsinnig sein. Mit steigendem Entsetzen beobachtete sie, wie er jetzt sein Gesicht in den Händen verbarg. Schluchzen schüttelte seinen Körper.

»Das wollte ich nicht. Ich wollte dir nichts tun, ich lieb dich doch. Du bist doch meine Christina.«

Besser nichts sagen.

»Du darfst es nicht dem Amtmann sagen! Das machst du nicht, versprich es.«

»Meine Mutter dringt darauf.«

»Nein!« Er packte sie bei den Schultern. Scharf sog Christina die Luft ein. Sein Griff bereitete ihr erneut Schmerzen. »Es … es wird nicht wieder vorkommen. Aber du darfst mich nicht verraten.«

»Es wird sich nicht umgehen lassen, Frieder. Sie wissen es ja schon alle. Dein Oheim, die Bäuerin, alle …«

Er ließ wieder ab von ihr. Seine Bewegungen wirkten fahrig, unschlüssig. »Aber das mit dem Hund sagst du nicht. Sie werden ihn sonst erschießen.«

»Und wer soll mir in die Hand gebissen haben? Du etwa?«

Plötzlich sprang er auf. »Ich gehe besser.«

»Ja.«

»Aber du liebst mich doch noch? Nicht wahr?«

Christina wandte den Blick ab und schwieg. Was, um alles in der Welt, erwartete er noch?

»*Nicht wahr?*« Deutlich war sein unterdrücktes Schluchzen zu hören. »Ich mach es wieder gut. Du wirst sehen, mein Lieb, alles wird wieder gut.«

»Wie du meinst, Frieder.«

Er schwang sein Bein über den Fenstersims. Also war er wirklich heimlich zu ihr hereingestiegen. Sie würde Anna bitten müssen, das Fester und alle Türen in Zukunft fest zu verriegeln.

Plötzlich kam er wieder zurück und drückte ihr einen feuchten Kuss auf die Lippen. Einen Abschiedskuss. Am liebsten hätte sie ihn angespuckt, doch sie wagte es nicht.

Dann – im nächsten Moment – war er fort.

Zwei Tage später erstattete Christina beim Amtmann Liomin im Beisein ihrer Mutter und des Chirurgen Sartorius, der darauf bestanden hatte, als Zeuge aufzutreten, Anzeige gegen den Sonnenwirtssohn und beglaubigte diese mit ihrer eigenen Unterschrift. So verlangte es das Gesetz. Den Hund erschoss der Sonnenwirt daraufhin eigenhändig und zahlte die Schuld bei seinem Schwager Sartorius. Zur Befriedigung der Mutter fielen sogar noch einige Gulden für sie ab.

Doch da war Frieder schon längst über alle Berge.

TEIL II

Ich hab die Nacht geträumet
wohl einen schweren Traum,
es wuchs in meinem Garten
ein Rosmarienbaum.

Ein Kirchhof war der Garten,
das Blumenbeet ein Grab,
und von dem grünen Baume
fiel Kron und Blüten ab.

Die Blüten tät ich sammeln
in einem irdnen Krug,
der fiel mir aus den Händen,
dass er in Stücke schlug.

Draus sah ich Perlen rinnen
und Tropfen rosenrot.
Was mag der Traum bedeuten?
Herzliebster – bist du tot?

Liebeslied Anfang 19. Jahrhundert

Ebersbach, Ende April 1753

KAPITEL 10

Der angesehene Händler Daniel Hehl und der Chirurg Sartorius rückten unbequem auf den wackeligen Stühlen in der Stube hin und her. Die Mutter beäugte die beiden misstrauisch, wirkten sie doch wie Fremdkörper in ihrer schäbigen Behausung.

»Er besteht darauf«, setzte Sartorius noch einmal an. »Ohne die Christina will er nicht gehen.«

»Und wenn sie nicht will? Ihr wisst doch nur zu gut, was vorgefallen ist.«

»Aber er sagt doch, dass er sich ändern will.« Hehl hob den fein geschnittenen Kopf und beugte sich leicht nach vorne, um seinen Worten mehr Nachdruck zu verleihen. Der Händler war Friedrichs Schwager, der Ehemann seiner älteren Schwester Katharina. Ein Abkomme einer der best gelittenen und angesehensten Familien Ebersbachs, deren Oberhaupt, der Anwalt und Geschäftsmann Hehl, eine stattliche Anzahl trefflicher und ebenso erfolgreicher Nachkommen gezeugt hatte. Einer davon war Daniel Christof Hehl. Schon immer hatte Frieder dem Mann seiner Schwester, neben einem Quäntchen Neid auf dessen Erfolg, doch auch ein nahezu kindliches Vertrauen entgegengebracht. Darüber hinaus war Daniel Hehl ein sanftmütiger und kluger Mann. Immer wieder hatte der »demütige Daniel«, wie ihn Frieder bisweilen dann doch mit leichtem Spott nannte, besonderes Geschick darin bewiesen, Streitigkeiten in der Herkunftsfamilie seiner Frau zu schlichten. Weitläufig war er überdies mit Sartorius verwandt. Er war es auch gewesen, der sich im Auftrag der Stiefmutter Frieders und hinter dem Rücken des alten Sonnenwirts auf den

Weg ins Zuchthaus nach Ludwigsburg gemacht hatte, um dem dort Inhaftierten einige Kleidungsstücke und ein paar Nahrungsmittel zu bringen und ihm den Auswanderungsplan zu unterbreiten. Bei Letzterem handelte es sich um einen Vorschlag des Chirurgen, der sich zusammen mit Hehl den Kopf über den missratenen Neffen und Schwager und dessen weiteres Fortkommen zerbrach. Das Schicksal Frieders lag ihnen trotz allem am Herzen.

»Nun, Müllerin, gebt ihm doch noch einmal eine Chance«, schloss Hehl sein kurzes Plädoyer zugunsten des familieneigenen Tunichtguts.

»Nun ja, immerhin hat er seine Strafe ja nun doch noch brav abgesessen«, bemerkte die Mutter zögernd.

Daniel Hehl nickte eifrig. »Das hat er, das hat er! Bis zum letzten Tag. Ihr wisst ja, dass er nach seiner Flucht das begonnene Soldatenleben freiwillig aufgegeben und beschlossen hat, sich reumütig erneut zu stellen. Weiß der Himmel, das hätte er nicht tun müssen. In der Kaserne zu Triest hätte ihn im Leben keiner gefunden.«

Margarethe lachte. »So freiwillig war das nicht. Ich habe gehört, dass ihm das selbst gewählte Soldatenleben gar zu sauer geworden ist. Gehorchen – das ist ja auch noch nie die Stärke vom Sonnenwirtle gewesen.«

Sartorius warf ihr einen strafenden Blick zu. »Hat dich einer nach deiner Meinung gefragt, Jungfer?«

Margarethe schob schmollend die Lippe vor, was ihr Gesicht grotesk entstellte, jetzt, da ihm langsam die letzte Weichheit der Jugend abhandenkam. Ihre Hässlichkeit hatte ihren Arbeitsherrn, den Wirt zu Kirchheim, allerdings nicht davon abgehalten, sich so ausgiebig mit ihr zu vergnügen, dass sie schon vor Monaten von der Wirtin mit Schimpf und Schande aus dem Haus getrieben worden war. Die lüsterne Aufmerksamkeit des Wirts sowie die erlittene Schmach hatte sie noch kecker, ja aufsässig werden lassen. Es war nicht leicht mit ihr, und so hatte sie schon zwei Mal eine neue Stelle als Magd wieder räumen müssen. Nun saß sie, wie es schien, endgültig zu Hause herum.

Frieders Schwager beeilte sich, den sich schmal öffnenden Spalt der Zustimmung bei seinem Gegenüber zu erweitern. »Ihr müsst mir glauben, Frau Müllerin, seine Wandlung ist wahrhaftig. Er kann sich nichts Schöneres vorstellen, als in der Mitte der frommen Brüder im fernen Pennsylvania zu leben. Natürlich mit der Christina an seiner Seite. Das hat er mir versichert, geschworen hat er's mir. Glaubt mir, er hat seinen bösen Wegen abgeschworen, das Zuchthaus hat ihn geläutert.«

»Nicht ohne Anna.« Es war das erste Mal, seit die beiden Männer sie zu nachmittäglicher Stunde aufgesucht hatten, dass sich Christina zu deren eifrig und wortreich vorgebrachten Vorschlägen äußerte. »Ich heirate ihn und gehe mit ihm nach Amerika, wenn ich meine Tochter mitnehmen kann. Das ist meine Bedingung.«

Sartorius bedachte sie mit einem langen, prüfenden Blick. Dann nickte er knapp. »Ich denke, das wird sich machen lassen.«

»Und Geld!«, legte die Mutter nach. »Der Sonnenwirt soll ihnen genug Geld geben, damit sie dort für den Anfang ihr Auskommen haben und sich das Nötige für einen angemessenen Hausstand kaufen können. Dann gebe auch ich meinen Segen dazu. Aber nur dann.«

»Wie viel?«, fragte Sartorius.

Die Mutter spitzte die Lippen. »Billig wird er nicht davonkommen, der Herr *Großwirt*.«

Der Chirurg verzog keine Miene. »Wie viel?«

»800 Gulden. Und davon bleibt der zehnte Teil mir. Schließlich gehen mir die Arbeitskraft und das Einkommen meiner Christina für immer verloren. Dafür will ich einen Ausgleich.«

Hehl verschluckte sich fast. »*800?* Also, ob der alte Schwahn damit einverstanden …?«

»Entweder das, oder er kann selbst zusehen, wie er seinen ach so geschätzten Sohn los wird.«

»Ich spreche mit ihm«, sagte Sartorius, »und mit dem Pfarrer und dem Amtmann.« Er wandte sich an Christina. »Du musst es nicht tun, wenn du nicht willst. Ich würde es auch verstehen, wenn du den weiteren Umgang mit ihm scheust, so übel, wie er dir mitgespielt hat.«

Christina presste die Lippen aufeinander. Anna! Sie würde ihr Kind wieder bei sich haben können.

»Es ist schon gut, Herr Sartorius. Ich will darum beten, dass der Schwager Hehl recht behält. Vielleicht braucht der Frieder ja wirklich nur die Chance auf einen Neuanfang.«

»Gut dann!« Die Männer erhoben sich sichtlich erleichtert. Sartorius, das hatte das Gespräch ergeben, setzte seine ganze Hoffnung auf die Lösung der unseligen Affäre in die Idee mit der Auswanderung. *Pennsylvania* – das klang wie eine Verheißung. Wie viele Württemberger, denen die Heimat zu ungastlich geworden war, hatten sich in den letzten Jahren schon dahin aufgemacht und ihr Glück gefunden? Die wenigsten waren jedenfalls zurückgekehrt. Außerdem könne man sogar auf Verwandtschaft vor Ort zählen, hatte der Händler ins Treffen geführt und damit seinen Bruder Gottfried ins Spiel gebracht, der es im fernen Amerika als Pfarrer unter den Auswanderern bereits zu einigem Ansehen gebracht hatte. Wie sollte es bei einem Hehl auch anders sein?

Es blieb unausgesprochen und war dennoch mit Händen zu greifen, dass mit dem Verweis auf den Bruder die Hoffnung einherging, dieser möge sich mit seinem festen Charakter und noch festeren Glauben mäßigend auf Frieders aufbrausendes Wesen auswirken. Schließlich, das hatte Sartorius angemerkt, war der Sonnenwirtssohn auf diesem Ohr keineswegs taub. Mit Gott und besonders dessen Güte hielt er es durchaus, wenn auch allzu selten mit Erfolg. Aber vielleicht war ja jetzt endlich die Zeit der inneren Einkehr angebrochen. Zumindest schien es so.

»Ihr werdet dann von uns hören!« Sartorius hielt die Türklinke schon in der Hand. »Ich bin sicher, es ist das Beste.«

Die Mutter zeigte ihr freundlichstes Lächeln. »Das denke ich auch, werter Herr Chirurg. Und ich gehe davon aus, dass Ihr auch Euer Bestes tut.«

Bald darauf kehrte Frieder heim. Stürmisch, hoffnungsfroh, das war er, obwohl er bei den Seinen in der »Sonne« alles andere als freundlich aufgenommen wurde. Doch das schien ihn nicht zu bekümmern. Sein Plan war gefasst. »Die Dinge sind schon in die Wege geleitet. Du wirst sehen, mein Lieb, bald fahren wir beide nach Amerika. Hei, das wird ein Spaß.«

Fast täglich hielt er sich nun bei Christina auf, sehr zum Ärger seines Vaters, der von ihm mehr Mitarbeit verlangte für die vereinbarten 800 Gulden, die der kleinen Familie erst unmittelbar vor der Abreise ausbezahlt werden sollten.

Den schriftlichen Antrag auf die Ausreisegenehmigung, die bei der württembergischen Regierung einzuholen war, hatte er vor Wochen in Christinas Beisein aufgesetzt und dem Postillion übergeben. Der ganze Mai war darüber ins Land gezogen. Man wartete täglich auf Antwort. Eigentlich hätte sie schon längst da sein müssen.

»Heute Abend wollen wir auf den Tanz gehen, du und ich, so dass dem Pfaffen und seiner Beißzange von Weib Hören und Sehen vergehen«, verkündete Frieder besonders übermütig an einem Junitag, packte Christina um die Mitte und wirbelte sie durch die Küche.

Sie ließ es zu, schweigend.

»Wann kann ich Anna besuchen?«, fragte sie, nachdem Frieder die Lust am Tanzen vergangen war. »Hast du deinen Vater endlich gefragt?«

Er wandte sich murrend ab. »Das ist nicht so leicht, wie du denkst. Der Alte knurrt, sobald er meiner ansichtig wird. Das Einzige, was ihm einfällt, ist, mir immer noch mehr Arbeit aufzubürden. Zahlen tut er mir auch nichts dafür, der Lump. Herrgott, als ob ich die letzten zwei Jahre im Zuchthaus nicht genug Plackerei für ein ganzes Leben gehabt hätte. Weißt du, was es heißt, von morgens bis abends die verfluchten Farbhölzer zu raspeln? Und wenn du nachlässt, dann setzt es was, und zu fressen gibt's auch nichts. Nicht mal ein Vieh behandelt man so. Ich sage dir, da wünschst du dir, du wärest nie geboren. Nie wieder will ich das erdulden müssen.«

Christina ließ nicht locker. »Du hast es mir versprochen. Also halte dich daran, so wie ich mich an meinen Teil der Abmachung gehalten habe.«

»Ach, es ist also nur eine Abmachung für dich?« Er verzog den Mund zu einer beleidigten Schnute. Die kräftigen Lippen glänzten. Christina wandte den Blick ab. Sie konnte ihm nicht ins Gesicht lügen. Liebe heucheln, wo keine mehr war. Auch wenn er es noch so wollte.

»Ich will, dass wir eine Familie sind, so wie es sein soll«, sagte sie ausweichend.

»Jaaa«, er dehnte das Wort übermäßig, »und genau das werden wir auch sein, aber erst lass uns noch ein bisschen Spaß haben, hm?« Er kniff sie kräftig in die Kehrseite. Christina machte vor Schreck einen Satz.

»Aber morgen fragst du bei deinem Vater nach wegen

Anna. Ich will sie sehen können und so bald wie möglich wieder zu mir nehmen.«

»Das sagtest du bereits.« Einen Augenblick schien es, als wolle ihn der Ärger übermannen, aber dann bezwang er sich. »Du wirst sehen, heute spielen sie lustig auf. Der Scheidlens Michael sagt, dass sie eine Spielmannsgruppe aus Esslingen hergeholt hätten. Die wären gut, besonders der an der Fiedel.«

»Der Scheidlen? Ist das nicht der, der mit der Pfarrersmagd verlobt ist?«

»Genau der.« Frieder grinste. »Mit ihm und seiner Braut gehen wir heute zum Tanz. Was hältst du davon?«

Christina sah ihn unsicher an. »Meinst du denn, es ist gut, die Pfarrleute zu reizen? Sie werden es bestimmt nicht gerne sehen, wenn ihr Gesinde sich mit einem …«, sie zögerte. Vermutlich würde es Frieder noch mehr ärgern, wenn sie aussprach, was sie dachte. Einem Zuchthäusler wie dir, hatte sie sagen wollen, doch dann verzichtete sie darauf. »Ach, also gut, dann gehen wir tanzen!«

»Das ist es, was ich hören will. Mach du dich nur zurecht, und dann gehen wir. Jeder soll sehen, wie hübsch mein zukünftiges Weib ist.«

Jetzt lacht er wieder, stellte Christina erleichtert fest. Um keinen Preis wollte sie ihn reizen. Ihr Blick fiel auf ihre linke Hand. Wulstige Narben zogen sich in alle Richtungen über den Handrücken bis hinunter zum Handgelenk. Diese Narben erinnerten sie täglich daran, was es sie kosten würde aufzubegehren. Doch Hehl hatte ja so sehr betont, dass Frieder sich geändert habe. Christina verspürte jedenfalls kein Verlangen, die angebliche neue Frömmigkeit des Heimkehrers auf die Probe zu stellen.

Die Musiker hielten, was Frieder versprochen hatte. Selten hatte man so eine gute Musikkapelle hier gehabt. Doch

Ebersbach, oder zumindest seinen reicheren Bürgern, ging es nicht schlecht, zumal der herzogliche Hof zu Stuttgart Waren von überallher bezog, und so prosperierten die Dörfer und Gemeinden an den großen Handelsrouten durchaus. Ebersbach war eine von ihnen. Da konnte man sich solche Vergnügungen auf Kosten der Gemeinde leisten.

Schon mehrere Runden hatten Christina und Frieder auf dem aus Holzbohlen errichteten und mit Sommerblumen und Birkenzweigen geschmückten Tanzboden absolviert, als Christina ihren ungestümen Tänzer um eine Auszeit bat. Sie war durstig und erhitzt. Der Hauptgrund für ihre Bitte aber war, dass viele der Festtagsbesucher an Frieders entschieden zu ausgelassenem Benehmen Anstoß nahmen. Es schien gar, als lege er es darauf an, alle Blicke auf sich zu ziehen. Mit hoch erhobenem Kopf und breitem Lächeln, nach allen Seiten grüßend, führte er sie zu der Bank, auf der sein neuer Kumpan Scheidlen mit seiner Verlobten, der Pfarrersmagd, und deren Schwester schon Platz genommen hatte. Ein großer Krug Most stand vor den dreien auf dem wackligen Tischchen.

Scheidlen winkte sie fröhlich heran. »Immer her mit euch beiden. Es gibt noch genug zu trinken.«

»Das lobe ich mir«, meinte Frieder aufgeräumt, nahm sich noch im Stehen den gefüllten Becher seines neuen Freundes und trank ihn in einem Zug aus. Scheidlens Begleiterinnen starrten, dann stieß die Magd ihre Schwester in die Rippen, und beide begannen zu kichern.

Frieders Gesicht rötete sich. Ob vom üppigen Alkoholgehalt des Mosts oder vor Ärger über das Gekicher, konnte Christina nicht sagen.

Mit einer unnötig groben Handbewegung hieß Frieder Christina, neben den beiden anderen Platz zu nehmen. Dann goss er sich noch einen Becher ein, setzte ihn an und schnauzte unvermittelt: »Und? Was gibt es da zu giggeln, wenn ein Mann seinen Durst stillt, hä?«

Die barsche Frage ließ die Magd und ihre Schwester augenblicklich verstummen. Einige der Umsitzenden hoben den Kopf und sahen neugierig herüber.

Scheidlen, der sich ob der Aufmerksamkeit, die Frieders laute Stimme verursachte, peinlich berührt umschaute, zog Frieder auf einen der Hocker. »Ach, lass gut sein, Schwahn, die beiden können nicht anders. Die kichern immerzu, wenn sie beieinander sind.« Er verdrehte die Augen. »Wie die Hühner, sage ich dir. Weiber, was?«

Sein Blick streifte für einen Augenblick Christina, blieb an ihrem Haar und dann – einen Moment zu lange – am Ausschnitt ihres Mieders hängen, bevor er sich wieder seinem Gegenüber, dem Sonnenwirtssohn, zuwandte.

Wäre es nach Christina gegangen, hätte sie gerne auf die Gesellschaft Scheidlens und seiner Verlobten verzichtet. Die Pfarrersmagd hatte ein loses Maul wie kaum eine andere im Ort, ihrer Herrin nicht unähnlich, und Scheidlen hatte ihr schon früher manches Mal auf unangenehme Weise nachgestellt. Dieser grinste, als er ihren frostigen Blick bemerkte. »Und wie steht es mit euren Auswanderungsplänen?«

Frieder zuckte mit den Schultern. »Wir warten nur noch auf die herzogliche Erlaubnis, dann wird geheiratet, und dann geht es los. Das Aufgebot hat der Pfarrer ja schon verlesen.«

»Ach ja«, drängte sich die Magd ins Gespräch. Vermutlich wollte sie den Männern beweisen, dass sie zu mehr als albernem Gelächter fähig war. »Letzten Sonntag, nicht wahr? Der Herr Pfarrer musste extra noch einmal umkehren und wäre bald zu spät zum Gottesdienst gekommen, weil er das Aufgebot in der Schreibstube vergessen hatte. Und dann hat er in der Eile auch noch den Schlüssel verlegt und konnte ihn nicht mehr finden. Das Pfarrhaus stand während des ganzen Gottesdienstes unverschlossen.«

»Tatsächlich?«, meinte Frieder zwischen zwei Schlucken leichthin. »Ich hoffe, der Schlüssel hat sich wieder angefunden. Stell dir vor, man würde all die Sündenregister, die der Pfarrer in seiner Stube hortet, stehlen. Wäre das nicht zu beklagen?«

»Ach du, was du redest.« Die Magd wusste nicht, ob sie darüber lachen sollte. Sie zog es vor, es nicht zu tun. »Nein, wir mussten beim Schlosser Häger einen Nachschlüssel machen lassen. Aber drei Tage später hat sich der vermisste Schlüssel dann doch wieder angefunden. Im linken Schuh der Pfarrerin, die sie immer in den Garten anzieht. Weiß der Herrgott, wie der da hingekommen ist. Nun, jetzt haben wir zwei. Auch recht!«

»Dann ist ja alles wieder in bester Ordnung«, sagte Scheidlen und schlug Frieder aufgeräumt auf die Schulter, »und die Sünden bleiben, wo sie sind, nicht wahr? Dir kann's ja jetzt eh egal sein. Du bist bald fort auf Nimmerwiedersehen. Ich wünschte, ich könnte mit euch nach Nordamerika.« Er seufzte tief, als Frieder nicht darauf einging. »Das wäre doch etwas! Das Leben hier kann einem nämlich weiß Gott bitter werden, wenn man einen solchen Drecksack als Meister hat«, setzte er nach. Hoffte er etwa, Frieder würde ihn mitnehmen? Doch der dachte nicht daran. Stattdessen fragte er: »Plagt er dich immer noch, der Sattler?«

»Jeden Tag mehr, und saufen tut er auch. Ich sag dir, bald halte ich's nicht mehr aus. Dann gehe ich auch fort, so wie du. Meistergeselle hin oder her. Der kann mich doch kreuzweise …«

Scheidlens Braut sprang auf. »Aber was redest du denn da, Michael? Wir wollen doch heiraten.«

Der Bräutigam hielt es nicht für nötig, sich der Aufgebrachten zuzuwenden. Stattdessen leerte er seinen Becher auf einen Zug. »Jaja, wir heiraten«, brummte er finster in den Becher.

Dann beschloss man, auf Druck der sichtlich beleidigten Braut noch einmal das Tanzbein zu schwingen. Christina war froh darum. Nicht ein Wort hatten die beiden Frauen mit ihr gewechselt. Sie konnte es wirklich kaum erwarten, aus Ebersbach fortzukommen.

Es war spät, als sie sich mit Frieder auf den Heimweg über die Fils machte. Ihr Fast-Ehemann nahm sich inzwischen das Recht heraus, die Nächte regelmäßig in ihrem Bett zu verbringen. Schließlich sei man ja auch so gut wie verheiratet, pflegte er zu sagen und missachtete genüsslich das Schäumen seines Vaters über die »unzüchtige Hurerei«. Vermutlich legte er sich zu einem guten Teil auch deshalb zu ihr. Christina war es zuwider, wenn Frieder mit ihr schlief, aber sie fügte sich. Es würde ohnehin für den Rest ihres Lebens ihr Los sein, das Bett, wann immer er es wünschte, mit dem Wirtssohn zu teilen. So konnte sie es auch schon vor der Hochzeit tun. Auch zog sie es vor, nicht auch noch deswegen mit ihm zu streiten. Stattdessen hatte sie es sich angewöhnt, wenn er sich auf sie legte und ihr Hemd gierig nach oben zerrte, an Anna zu denken, an ihr blondes Haar, die großen braunen Augen, die weichen runden Kinderwangen. Bald, bald würde sie ihr Kind wieder in den Armen halten.

Im Gegensatz zu seiner vorherigen Ausgelassenheit war Frieder inzwischen in dumpfes Brüten verfallen. Mürrisch ging er neben ihr her auf dem vom nächtlichen Tau benetzten Gras. Irgendetwas machte ihm zu schaffen. Ohnehin hatte Christina seit Tagen das Gefühl, dass er etwas vor ihr verbarg.

Schließlich gab sie sich einen Ruck: »Ob morgen endlich die Dispens vom Herzog kommt, dass wir ausreisen können? Ich kann es wirklich kaum mehr erwarten. Schon wegen Anna.«

Frieder schob seine Hände tiefer in die Taschen seiner Hosen. »Fängst du schon wieder damit an? Das ist ja nicht zum Aushalten. Außerdem, so wunderbar ist es in Pennsylvania nun auch nicht.«

Christina spürte, wie sich das ungute Gefühl in ihr verstärkte. »Woher willst du das wissen?«

»Ich weiß es eben!«, knurrte Frieder abweisend.

Christina hielt ihn am Ärmel fest, blieb stehen und zwang damit auch ihn anzuhalten. »Friedrich Schwahn, ich will wissen, woher du das weißt. Ich habe ein Recht darauf. Schließlich hängt viel davon ab«, insistierte sie.

Er schnaubte. »Der Hehl, der Bruder meines Schwagers drüben in Amerika, hat einen Brief an Sartorius geschrieben, in dem steht, dass es längst nicht mehr so sorgenfrei dort drüben zugeht, wie wir angenommen haben. Sie hatten wohl Missernten, und überhaupt, ich habe den Eindruck, sie wollen uns dort nicht.«

Christina stockte der Atem. »Ein Brief? Ein Brief aus Amerika?« Das Herz klopfte ihr bis zum Hals. »Wieso hast du mir das nicht gesagt?«

Frieder wandte das Gesicht ab. Er konnte sie offenbar nicht ansehen. Ihre Angst verstärkte sich. »Was soll das heißen, ›sie wollen uns dort nicht‹? Was willst du damit sagen? Bedeutet das etwa, dass du nicht mehr …?« Sie wagte nicht weiterzusprechen.

Frieder fuhr sichtlich verärgert auf. »Wer sagt, dass ich nicht will? Aber muss es denn unbedingt Amerika sein?« Er fuhr sich durchs Haar. »In Ungarn, habe ich gehört, lebt es sich auch ganz gut.«

»Ungarn? Aber …«, Christina schluckte schwer, »… das würde doch bedeuten, dass wir noch einmal einen Antrag stellen müssen. Das kann nicht dein Ernst sein. Ich dachte, du wolltest so schnell als möglich fort von hier.«

»Ach …«, Frieder mied weiterhin ihren Blick, »weißt du, wenn ich es mir recht überlege, so bin ich doch auch ganz gern hier in der Heimat. In unserem Ebersbach. Du nicht? Es ist seltsam: Als ich Soldat war in Triest und auch damals in Frankfurt – es war immer wie ein inneres Rumoren in mir, wenn ich fort war. Es quälte mich geradezu. Als wäre ich erst zufrieden, wenn ich wieder die Ebersbacher Luft atmete.«

Christina starrte ihn an. »Was redest du denn da, Frieder? Bist du wirklich so dumm? Es geht uns doch überall besser als hier.« Ängstlich griff sie erneut nach seinem Arm, doch Frieder riss sich rüde los.

»Ich bin nicht dumm, lass dir das gesagt sein.« Zornig stampfte er mit dem Fuß auf. »Ich lass mir von einem Weibsbild nicht sagen, was ich zu tun und zu lassen habe, und von dir gleich zwei Mal nicht. Klar?« Er schrie es fast. Augenblicklich wich Christina zurück. Was war denn plötzlich in ihn gefahren? Besser, sie sagte nichts mehr. Wer konnte wissen, was ihm dann einfiel? Doch dann übermannte sie Traurigkeit. »Ich meine doch nur, wir wollten endlich eine Familie sein«, flüsterte sie.

»Ach leck mich doch, du Gans!« Plötzlich machte Frieder auf dem Absatz kehrt und verschwand in der Dunkelheit. Christina blieb allein auf dem Fußweg, der noch ein Stück weit entlang der Fils führte, um dann zwischen die Bäume des kleinen Waldstücks einzutauchen, zurück. Sie kämpfte mit den Tränen, doch dann bezwang sie sich. Das war sicher alles wieder nur Unsinn. Selbstverständlich würden sie nach Amerika gehen. Niemand würde etwas anderes akzeptieren. Es war doch alles ausgemacht.

Nein, da steckte etwas anderes dahinter. Vielleicht suchte er nur einen Grund, sich zu widersetzen. Sie kannte ihn gut genug. So war er eben. Es war wie ein Drang, der ihn überkam, ein innerer Druck, der ihn trieb, seinen eigenen Kopf durchzusetzen, nur zu tun, wonach ihm der eigene Sinn stand. Wehe, es wagte einer, ihm Vorschriften zu machen, das duldete er nicht. Plötzlich kam ihr sein lauernder Blick während des Berichts der Pfarrersmagd in Erinnerung.

»Was, zum Teufel, hast du nun wieder vor, Friedrich Schwahn?«, murmelte sie. Er führte etwas im Schilde. Sie spürte es so deutlich, wie sie den aufkommenden Nachtwind auf ihren Wangen spürte. Er wollte doch nicht etwa …? Aber nein! So dumm konnte selbst er nicht sein. Nein, das tat er bestimmt nicht. Wahrscheinlich verschwand er nur, um sich wieder einige Tage irgendwo in der Gegend von Esslingen herumzutreiben, wie er es schon manches Mal getan hatte. Sie wusste ja, dass er anderswo auch noch ein paar Liebschaften unterhielt. Ein Recht, das er so selbstverständlich für sich einforderte, wie er von ihr absolute Unterwerfung und Treue verlangte. Wehe, sie wagte es auch nur, einen anderen anzusehen. Da wurde er sofort fuchsteufelswild.

Langsam ging Christina weiter. Vielleicht, wenn sie drüben in Amerika waren, würde es besser mit ihm werden. Dort gab es ja nicht so viel, was ihn in Versuchung führen konnte. Zumindest hatte der Herr Sartorius so etwas gesagt. Nur Weite, Wald und hart arbeitende Menschen. Das würde ihn beruhigen und seinen Sinn auf das Wesentliche lenken, so hatte er gemeint. So es an ihr lag, war sie bereit, das Ihre dazu zu tun. Hauptsache, Anna war wieder bei ihr. Ihr Herz krampfte sich schmerzhaft zusammen bei dem Gedanken an den kleinen Blondschopf. Wie ein Engel sah die kleine Anna inzwischen aus mit ihren runden Ärmchen und festen Beinchen, auf denen sie furchtlos zwischen den Zugrössern und schwer beladenen Lastkutschen umherlief, die sich zuhauf vor dem Gasthof einfanden. Christina hätte es nie gewagt, das Kind anzusprechen, aber sie ging noch immer regelmäßig an der »Sonne« vorbei, in der Hoffnung, einen Blick auf ihr Töchterchen zu erhaschen. Einige Male hatte die Kleine ihr sogar zugewunken, wohl nicht ahnend, dass es sich bei der Frau dort auf der anderen Seite der Straße um ihre eigene Mutter handelte. Die Wirtshausmagd, die mit der Aufsicht des Kindes betraut war, hatte die Kleine dann aber mit mahnenden Worten ins Haus geholt. Das Verbot des Sonnenwirts galt wie eh und je. Sie durfte sich ihrem Kind nicht nähern. Das war der Preis, den sie für die gute Versorgung Annas zahlte.

Aber nicht mehr lange, sagte Christina sich einmal mehr, nicht mehr lange, und niemand konnte sie ihr mehr nehmen. Das war es wahrhaftig wert, alles zu opfern – und sei es die verlockende Aussicht auf ein Leben ohne den Sonnenwirtssohn.

Etliche Tage blieb Frieder verschwunden. Eine seltsame Unruhe hatte Christina ergriffen. Was, wenn er es sich doch anders überlegte? Was sollte dann aus ihren Plänen werden? Nur mit Mühe konnte sie sich noch auf ihre Arbeit konzentrieren.

Margarethe nutzte Frieders Abwesenheit, um ausgiebig über ihn herzuziehen. Irgendwie hatte sie es geschafft, weitere seiner Schandtaten, die sich noch vor ihrem Umzug nach Ebersbach ereignet hatten, ans Tageslicht zu zerren. So erfuhr Christina auch, dass er bereits als 14-Jähriger schon einmal für ein halbes Jahr im Zuchthaus gesessen hatte. Der Diebstahl einer gut gefüllten Geldkassette seines Vaters und weitere Vergehen waren die Ursache der Verurteilung gewesen. Das hatte sie nicht gewusst. Eigentlich konnte man den Ebersbachern kaum verdenken, dass sie inzwischen nicht mehr gut auf den Sohn des Sonnenwirts zu sprechen waren. Wenn sie ihm vielleicht auch bisweilen Unrecht taten. Gleichgültig, was in Ebersbach oder Umgebung geschah, es wurde sogleich behauptet, »das Sonnenwirtle ist's gewiss gewesen« – auch wenn alles dagegen sprach.

Dann platzte Margarethe eines schönen Vormittags in hellster Aufregung in die Küche. »Stellt euch vor, beim Pfarrer ist eingebrochen worden!« Triumphierend stemmte sie ihre Fäuste in die Seiten. »Alles ausgeräumt! Geld, Kleidungsstücke des Pfarrherrn, ja sogar den Abendmahlkelch samt Hostien hat der Dieb mitgehen lassen. Dass der nicht gleich tot umgefallen ist! Sich am Leib Christi zu vergreifen! So dreist muss man erst mal sein. Na, der Pfarrer ist es jedenfalls – umgefallen, meine ich. Der ist geradewegs in Ohnmacht gefallen, als er den Diebstahl bemerkt hat, sagen sie im Ort.«

»Und?« Christina spürte, wie sie ein Zittern, von der Mitte ihres Leibes ausgehend, überlief. »Weiß man schon, wer es war? Doch nicht etwa …?«

»Nein, diesmal nicht. Es heißt, man habe den Schlossergesellen Häger verhaftet. Der habe sich heimlich einen Nachschlüssel gemacht und sei dann letzte Nacht eingestiegen. Sie verhören ihn gerade beim Amtmann.«

»Ach …«, Christina ließ vorsichtig die Luft entweichen, »dann wird es wohl so sein.«

»Ja. Wobei …« Margarethe baute sich selbstbewusst vor ihrer Schwester auf, die gerade einige aus dem kleinen Garten vor dem Haus geerntete Möhren von Dreck und Außenhaut befreite. Heute sollte es – wie fast täglich – eine Gemüsesuppe geben. Zu gehaltvolleren Speisen fehlte leider das Geld, der Sonnenwirt hatte noch keinen müden Kreuzer springen lassen. »Das letzte Wort ist darüber noch nicht gesprochen. Der Häger habe wohl geschrien wie am Spieß, er sei es, bei allem, was ihm heilig sei, nicht gewesen. Nie und nimmer habe er es getan. Der Mann galt bisher auch als völlig unbescholten. Sie müssen es ihm erst einmal beweisen.«

»So?« Christina blickte nicht auf. Ihre Hände zitterten unkontrolliert. Plötzlich rutschte das Messer ab und fuhr ihr in den Daumenballen der linken Hand. »Ach, verflucht aber auch!« Augenblicklich schoss Blut hervor. »Holst du mir ein sauberes Tuch? Schnell! Bevor ich hier alles volltropfe.«

Margarethe wandte sich ungerührt ab. »Hol's dir doch selbst. Ich bin nicht deine Dienstmagd.«

»Herr im Himmel, Margarethe!«

Diese ließ sich demonstrativ auf die Küchenbank fallen und spielte mit ihren Haaren. »Hilf dir selbst, dann hilft dir Gott!«

»Ach, sei doch still, du Hexe«, fauchte Christina, froh, dass sie die starke Unruhe, die sie erfasst hatte, an jemandem abreagieren konnte. Ja, selbst der Schmerz in ihrer Hand war ihr auf eine Art willkommen. Wenn nun Frieder …?

Hastig wickelte sie ihre Schürze um die Hand. Das Leinen rötete sich rasch. Mit schnellem Schritt verließ sie die Küche, um ihre verletzte Hand draußen im gefüllten Regenfass vom Blut zu reinigen. Und auch, um von Margarethe wegzukommen.

Ihre Gedanken rasten, als sie den pochenden Finger ins kalte Wasser tauchte. Und wenn es nun doch Frieder gewesen war? Sie wagte kaum, den Gedanken zu Ende zu denken. Ein weiterer Diebstahl, das konnte den Tod für ihn bedeuten. Schließlich hatte er – eingerechnet diese Sünde in seiner Jugend – schon drei Mal im Zuchthaus gesessen. Mit rückfälligen Dieben kannte man auch im Herzogtum Württemberg keine Gnade. Einmal hatte sie als Kind miterlebt, wie man einen solchen vor den Toren Schorndorfs, zu dessen Oberamt ihr früherer Wohnort Plüderhausen gehörte, aufgeknüpft hatte – und das war noch gnädig gewesen. Einige der

Zuschauer hatten mit wohligem Schauer schlimme Dinge von Rädern und Gliederabhacken, ja gar Enthauptungen gemunkelt. Das sei früher wohl in solchen Fällen üblich gewesen. Gott, wie sie sich darüber gegraust hatte. Ein sehr unerquicklicher Vorgang war die Hängung des Verurteilten jedenfalls auch gewesen. Der Mann war nicht gleich gestorben, sondern hatte noch einige Zeit gezappelt und geröchelt, bis ihm die Zunge dunkelrot und geschwollen weit aus dem vergeblich nach Luft gierenden Maul gehangen hatte. Die Augen weit aufgerissen, war er nach langen quälenden Minuten jämmerlich verreckt. Dieses schrecklich verfärbte Gesicht, die zuckenden Glieder ... wochenlange Albträume hatte das für sie nach sich gezogen. Das wiederum hatte ihr den Ärger ihrer Geschwister eingebracht, die von ihren entsetzten nächtlichen Schreien aufgewacht waren.

Jetzt holte sie das Bild wieder ein. Christina schloss die Augen. Nicht daran denken! Frieder war es bestimmt nicht gewesen, er durfte es nicht gewesen sein.

Sie schlief schlecht in den folgenden Nächten. Den Schlosser, so hatte es rasant sogar bis zu ihnen jenseits der Fils die Runde gemacht, hatte man schließlich laufen lassen. Man hatte ihm, obwohl ein weiterer Verdacht bestand, nichts nachweisen können. Von Frieder fehlte weiter jede Spur. Ob er sich endgültig davongemacht hatte? Unruhig wälzte Christina sich auch in dieser Nacht auf ihrem Lager hin und her, als sie von draußen ein schrilles Frauenlachen hörte. Gleich darauf Frieders Stimme. Betrunken, einmal mehr betrunken. »Still, sag ich.«

Wieder das schrille Lachen. »Aber warum denn? Du hast doch gesagt ...«

»Still!« Ein klatschendes Geräusch, gefolgt von kurzem Wehklagen. Vermutlich hatte Frieder seinem Willen auf die ihm eigene übliche Weise Nachdruck verliehen. Christina stand auf und warf sich ihre Decke über die Schultern, obwohl die Nacht warm war. Doch sie fröstelte.

Frieder stand unten vor dem Haus. Bei sich ein Frauenzimmer, ein wenig älter als sie selbst. An ihrem hochgeschürzten Rock war schnell die Profession zu erkennen. Eine Hure. Christina hatte das Weib noch nie gesehen. Vielleicht eine aus Esslingen? Von hier oder aus Kirchheim war sie jedenfalls nicht. Frieder hatte einst vor Hans-Jerg mit seiner außerordentlichen Standfestigkeit bei den Hübschlerinnen der reichen Händlerstadt am Neckar geprahlt und ihn aufgefordert, doch einmal mit ihm zu kommen. Es war ihm gleichgültig gewesen, dass Christina, rot bis unter die Haarwurzeln, alles mit anhörte. Ob er sich dort in den vergangenen Tagen herumgetrieben hatte?

Frieder hatte sie sofort am Fenster ihrer Dachkammer entdeckt.

»Los, lass uns herein!« Er lächelte, unschuldig wie ein Kind. Als wenn die Hure neben ihm gar nicht da wäre.

Christina entdeckte nun auch mit einiger Beunruhigung ein verschürtes Bündel in seiner Hand.

»Wo warst du?«, fragte sie unwirsch. »Und was will diese …«, sie zögerte, »was will das Mensch da bei dir?«

Er ging nicht darauf ein, stattdessen begann er zu schmeicheln. »Nun sei doch nicht so, mein Lieb. Du wirst doch deinen Zukünftigen nicht von deiner Schwelle weisen mitten in der Nacht.«

Christina war hin- und hergerissen. Am liebsten hätte sie das Fenster zugeknallt und ihn dort auf dem Hof mitsamt seiner Hure stehen lassen. Aber dann würde er sich womöglich von ihr abwenden, und sie würde Anna niemals wiederbekommen. Der Gedanke war unerträglich. Sie zog die Decke enger um ihre Schultern. Die Frau neben Frieder trug hingegen fast nichts. Nicht mehr als einen fadenscheinigen Fetzen, der mehr enthüllte, als er verdeckte.

»Also gut!«

Kaum öffnete sie den beiden die Tür, drängte sich Frieder an ihr vorbei, die Stiege zur Dachkammer hinauf. Das Bündel presste er an sich, als wäre es ein Schatz.

»Du verwahrst mir das, Christina! Und wehe, du schaust hinein.« Seine braunen Augen wirkten fast schwarz im schwachen Licht des Mondes, der durch das Fenster hineinschien.

»Nein, ich will wissen, was das ist. Hast du schon wieder etwas angestellt? Bitte sag mir, dass das nicht wahr ist.«

Er wurde patzig. »Was du immer hast. Nichts habe ich angestellt. Da bittet man sein Weib um einen kleinen Gefallen, und schon hat man wieder Feuer unter dem Dach.« Schließlich schritt er selbst zur Tat. Er kannte die Kammer zur Genüge, wusste um die losen Bretter im Boden. Im Nu war das Bündel verschwunden.

»So, und jetzt reden wir nicht mehr davon. Es ist ohnehin ganz unwichtig.« Er richtete sich auf und begann sich auszuziehen. »Lasst uns schlafen, ich bin müde.«

Das Weib fing an zu kichern. »Ach, müde ist er also?«

Frieder grinste. »Nun ja, vielleicht noch nicht so ganz.«

Er packte die Hure um die Hüften und warf sie auf Christinas zerwühltes Lager. Rasch wanderte seine Hand unter den Rock der Frau.

Christina beobachtete die beiden angewidert. Was sollte das nun wieder? Wollte er sie strafen oder eifersüchtig machen oder was versprach er sich davon?

Frieder hielt inne und drehte leicht den Kopf zu ihr.

»Nun …?«, fragte er. Offensichtlich erwartete er irgendeine Reaktion.

»Was?« Christina spürte, wie Wut in ihr hochstieg. Gefährliche Wut.

Frieders Augen funkelten schwarz. »Willst du dich etwa wieder beschweren, Weib?«

Das lüsterne Gekicher der Frau in seinen Armen stockte abrupt. Man hätte eine Nadel fallen hören können. Christina starrte die beiden an. Dann, ganz langsam, wandte sie sich um und machte einen Schritt zur Tür.

»Du bleibst!« Frieders Stimme klang scharf, unerbittlich. Christina erstarrte mitten in der Bewegung.

»Ich dulde es nicht, dass mein Weib mein Tun missbilligt, was es auch sei, verstanden?«

Christina nickte mechanisch. Jetzt breitete sich Angst in ihr aus und verdrängte die Wut.

Frieder schnaufte zufrieden. Dann rückte er ein Stück zur Seite. »Komm, leg dich zu uns.«

Die Hure kicherte unsicher.

Mit starr zu Boden gerichtetem Blick kam Christina zurück, legte sich auf das Bett, neben Frieder und seine Buhle, und schloss die Augen. Es würde schon vorbeigehen. Sie spürte die Bewegung der zwei Leiber neben ihr. Ihre Hände verkrampften sich ineinander, als das Treiben heftiger wurde. Anna, dachte Christina, *Anna!*

KAPITEL 11

Die Männer drangen schnell in die Kammer. Christina war kaum hochgeschreckt, als sie auch schon schmerzhaft den Stoß kalten Stahls zwischen ihren Rippen spürte.

»Aufstehen!«, herrschte eine Stimme sie an. Sie erkannte sie sofort. Es war Liomin.

Von unten ertönte das Geschrei der Mutter, auch Margarethe heulte.

Jemand packte sie und riss sie ungnädig hoch. Sie kannte den Mann, es war einer von den Bewaffneten des Herzogs, die Liomin unterstanden.

Frieder schimpfte laut, spuckte und trat um sich. Es nützte ihm nichts. Die Männer waren in der Überzahl. Die Hure kreischte und bedeckte notdürftig ihre Blöße mit den verschlissenen Bettlaken.

»Dass ihr euch nicht schämt!« Liomin schüttelte den kantigen Schädel. »Treibt es zu dritt! Sodom und Gomorra, sage ich.« Die Bewaffneten murmelten pflichtschuldige Zustimmung, während ihnen beim Anblick der halb nackten Frau fast die Augen aus dem Kopf fielen.

»Ich habe nicht …«, versuchte Christina sich zu verteidigen.

Der Mann, der sie festhielt, versetzte ihr grob einen Schlag ins Gesicht. »Maul halten!«

Rasch band man sie und das Weib, dessen Kreischen inzwischen in Jammern übergegangen war, mit einem Strick aneinander. Frieder jedoch wurde ein Halseisen umgelegt, das rechts und links von je einem Mann gehalten wurde. Man wollte offenbar sichergehen, dass er nicht mehr entwischte. Liomin baute sich breit vor ihm auf. »Friedrich Schwahn, du bist dringend des Diebstahls im Pfarrhaus vom 20. diesen Monats verdächtig. Ich nehme dich und deine Lotterweiber kraft meines Amtes hiermit in Gewahrsam. Du wirst zur peinlichen* Anklage nach Göppingen überstellt werden.«

Frieder ließ sich nicht aus der Ruhe bringen. »Ich war's nicht«, sagte er schlicht. »Ihr solltet vielleicht eher noch einmal bei diesem Schlossergesellen Häger nachschauen.«

Liomin wurde rot vor Ärger. Selbst im unsteten Schein der Fackeln, der vom Hof heraufdrang, war es sichtbar. »Wag es nicht, zu leugnen. Du bist überführt. Dein Vater …«

Unvermittelt begann Frieder zu toben. Die beiden Männer an seiner Seite hatten alle Mühe, ihn zu bändigen. Wütend zerrte er an seinen Fesseln. »Mein Vater, der Drecksack!«, schrie er. »Was hat der nun wieder gegen mich vorzubringen? Ihr steckt doch alle unter einer Decke. Lumpengesindel seid ihr, alle miteinander!«

»Wer hier das Lumpengesindel ist, wird sich noch zeigen«, ätzte Liomin zurück. »Man hat das Diebesgut gefunden, du Teufel.« Er lächelte zufrieden, als Frieder tatsächlich erblasste. »Ja, da schaust du, nicht wahr? Dein eigener Vater hat es gefunden und zu mir gebracht. Eine Hose und Knöpfe aus dem Besitz des Pfarrers.«

Schon hatte sich Frieder wieder in der Gewalt. Selbstbewusst schaute er Liomin in die Augen. »Ach, eine Hose? Das ist ja lächerlich. Die wird er wohl selbst bei einem seiner Kebsweiber im Ort vergessen haben, der alte Bock. Der kann doch seinen Schwanz nicht stillhalten. Außerdem, wer sagt euch, dass ich es war? Das kann jeder gewesen sein. Zum Beispiel der Knecht meines Vaters. Das ist auch ein ganz krummer Hund. Genauso wie mein Alter.«

---

* Anklage für ein Kapitalverbrechen.

»Ha!« Der Amtmann schien wild entschlossen zu sein, an die Schuld Frieders zu glauben. »Durchsucht das Haus!«

Der knapp gegebene Befehl setzte die Bewaffneten augenblicklich in Gang. Ihre Stiefeltritte und Rufe schallten durch Haus und Hof, übertönt vom empörten Geschrei der Mutter. Man hörte das Brechen morschen Holzes, das dumpfe Rumpeln von achtlos auf den Boden geworfenen Gegenständen. Sie kehrten offenbar das Unterste zuoberst vom Stall bis unters Dach. Nur Liomin blieb mit den Bewachern in Christinas Kammer zurück. Er und Frieder wechselten stumme Blicke, aus denen schon lange brodelnder, unbändiger Hass sprach. Ja, sie hassten sich. Fast noch mehr, als Frieder seinen Vater und den Pfarrer hasste.

Das Jammern der Hure wurde lauter. Sie schien den Ernst der Lage besser einzuschätzen als Frieder. Um dessen Hals stand es schlecht und um den seiner Weiber nicht minder. »Er hat ein Bündel hier versteckt«, heulte sie, »aber ich habe nichts damit zu tun gehabt, ich schwöre es. Das waren er und sein Eheweib. Ich kann gar nichts dafür.«

»Du Schlampe!«, zischte Frieder wütend. »Dafür reiß ich dir eigenhändig die Kuddeln* raus, ich schwör's bei allen Heiligen.«

»Du kannst mich mal am Arsch …« Die Hure streckte ihm die Zunge raus. »Ich lass mir doch nichts anhängen wegen so einem wie dir. So weit kommt's noch.«

»Aha!«, triumphierte Liomin und wandte nun seine ganze Aufmerksamkeit der Frau zu. »Wenn sie auch noch verrät, wo, wird sie nichts zu befürchten haben.«

»Du hältst ja das Maul!« Frieders Miene war trotz seiner misslichen Lage bedrohlich genug. »Ich warne dich!«

Die Hure wich unwillkürlich einen Schritt zurück.

Liomin lachte verächtlich. »Wir finden es auch so, wart's nur ab, Sonnenwirtle.«

---

* Mundartlich für Eingeweide.

In sicherer Entfernung reckte das Weib das Kinn. »Ihr steht drauf, Herr Amtmann. Er hat es unter einer losen Diele im Boden versteckt.«

»Du blödes Vieh!«, raste Frieder, aber das Halseisen ließ keine seiner wütenden Bewegungen zu.

Zum Glück, sonst würde es dir so schlecht ergehen, wie du es verdienst, dachte Christina. Warum nur hatte die Frau sie mit in den Schlamassel gezogen? Was hatte sie ihr denn getan? Ob sie sich so für die unverhohlene Abscheu, die Christina ihr in der Nacht zugegebenermaßen deutlich gezeigt hatte, rächen wollte?

Einen Augenblick schien der Amtmann zu überlegen, ob er einem seiner Untergebenen die Plackerei der Suche überlassen sollte. Dann aber siegte seine Gier, dem verhassten Wirtssohn die Tat nachzuweisen.

Er bückte sich, klopfte die Dielen ab und rückte, als eine hohler als die anderen klang, diese zur Seite. Keuchend sank er auf die Knie. Sein Bauch bereitete ihm beträchtliche Mühe dabei. Die Kräfte schienen ihn nun doch zu verlassen. Ein Wink von ihm, und einer der Bewacher stürzte an die Seite seines Vorgesetzten und riss mit einem kräftigen Ruck die Bodendiele heraus.

»Ha!« Triumphierend reckte Liomin die Faust mit dem Bündel. Es klirrte und klickte metallisch darin.

»Es sollte mich nicht wundern …« Mühsam, sich auf die Schulter seines Untergebenen stützend, kam der Amtmann wieder hoch. Ungeduldig zerrte er an der Kordel, die den Sack zusammenhielt. Endlich gab der Knoten nach.

»Wusst ich's doch!« Sein Gesicht leuchtete vor Genugtuung. Doch dann begann er unvermittelt zu schreien: »Du Haderlump! Du gotteslästerlicher Teufelsbraten! Wie kann man tiefer als die Tiere sinken? Der eigenen Gemeinde den geweihten Kelch stehlen! Den Kelch unseres Herrn Jesu

Christi! Und seinen Leib dazu! Seht!« Er zerrte ein paar Brösel aus dem Sack, die Christina nach einem kurzen Augenblick als die Überreste der vermissten Abendmahlshostien erkannte.

Himmel!

Voller Abscheu spuckte Liomin Frieder mitten ins Gesicht. »Ich schwöre, das bezahlst du mit deinem gottlosen Leben. Und wenn es das Letzte ist, was ich tue.«

Er wandte sich an die Bewaffneten, die sich nun wieder in die Kammer drängten. »Abführen! Und passt ja auf, dass der Kerl nicht entwischt. Ihr haftet mir dafür, jeder Einzelne von euch. Je vier Mann werden ihn die ganze Nacht im Auge behalten, verstanden?«

Der Befehlshaber der Wachen gab ein bellendes »Zu Befehl!« von sich. Dann zerrten sie Frieder mit sich.

Der, der Christina und die Hure, die man an sie gebunden hatte, bewachte, rührte sich. »Und die Frauen?«, fragte er.

»Das eine Schlampenweib, diese Müllerin, sperrt in der Wache ein«, sagte Liomin, ohne sie anzusehen, »und das andere Mensch …«, hier gönnte er sich einen langen Blick auf die entblößten Schenkel der Frau, die sie ihm auch bereitwillig zeigte, »nun … die packt ihr ins Zuchthäuschen.«

Die Hure heulte wütend auf. »Was? Ihr habt gesagt, ich komme so davon, wenn ich Euch die Wahrheit sage.« Mindestens ebenso rasch, wie sie sie entblößt hatte, verbarg sie ihre Schenkel wieder vor Liomins interessiertem Blick. Ihre Ware bot sie schließlich nicht umsonst feil.

Liomin lächelte. »So? Habe ich das? Nun, mit dir werde ich mich nachher noch eingehender beschäftigen. Dann werden wir weitersehen.«

»Hm!« Das Weib schien kaum besänftigt, aber dann ließ sie sich doch ohne Gegenwehr abführen. Sie wiegte sich dabei mehr in den Hüften, als es notwendig gewesen wäre.

Das Laken blieb, wo es war. Einer der Bewaffneten hob es

grinsend auf. Christina ahnte, dass zumindest die Frau noch im Laufe der Nacht, nachdem sie Liomin gegeben hatte, was er wollte, freikommen würde.

Das ungute Gefühl beschlich sie, dass man von ihr Ähnliches fordern könnte, als man sie hinter der Hure die Stiege hinab und aus dem Haus zerrte.

Ihre Befürchtungen erwiesen sich als unbegründet.

Doch das machte es nicht besser, als sich im Morgengrauen die Tür zu ihrer Zelle öffnete und zwei der Herzöglichen eintraten.

Der eine hielt ihr einen Becher mit Wasser hin. Christinas Hände schmerzten. Man hatte ihre Fesseln in der Nacht nicht gelöst, wohl aus Angst, sie könne entfliehen. Gierig griff sie so gut es ging nach dem Gefäß und stürzte das eiskalte Nass hinunter.

»Genug! Komm jetzt!« Der Wachmann riss ihr den Becher aus den Händen und zerrte sie hoch.

»Wohin?«

»Nach Göppingen, hast du doch gehört.«

»Göppingen?« Übelkeit stieg in ihr auf. »Aber warum? Ich habe doch nichts getan. Der Frieder ist gestern ganz überraschend bei mir aufgetaucht. Ich schwöre bei Gott, ich habe nichts damit zu tun.«

Der, der ihr den Becher gegeben hatte, zuckte mit den Schultern. »Das haben wir nicht zu entscheiden. Erzähl das dem Vogt.« Er blickte hinüber zu seinem Kollegen und grinste. Noch war er wohl nicht zum Rasieren gekommen. Ungepflegte Bartstoppeln bedeckten sein Kinn, und er wirkte übernächtigt. »Falls der einer wie dir Glauben schenken will. Auf solche Weiber ist der nämlich nicht gut zu sprechen. Das wirst du schon noch merken.«

Trotz ihrer Furcht tat Christina die Kühle des Morgens wohl. Die Nacht in dem stickigen Verschlag in der Wache war eine Qual gewesen. Aber sie ahnte, dass sie noch Schlimmeres erwartete. Sehnsüchtig schaute sie zum Himmel. Ach, wenn sie doch einfach hätte davonfliegen können. Weit übers Meer, ins ferne Pennsylvanien.

In den Zweigen der Buche neben dem Gebäude zwitscherte eine Grasmücke nervös ihr frühes Lied. Christinas Blicke verfolgten den kleinen grauen Vogel, wie er angesichts des erheblichen Auftriebs unter ihm aufgeregt im Geäst hin und her hüpfte und sich schließlich aufs Schimpfen verlegte. Dann zerrten die Wachen sie weiter.

Unweit der Wache am Rande der Straße wartete ein Pritschenwagen. Fünf schwer bewaffnete Musketiere hatten sich um das von einem kräftigen Gaul gezogene Gefährt aufgestellt, auf dem man Frieder in kniender Position an Ketten festgebunden hatte. Das Eisen war immer noch um seinen Hals geschlossen, und auch dort ging eine Kette hindurch. Er vermochte kaum, den Kopf zu heben. Dennoch gelang es ihm, Christina einen Blick zuzuwerfen, als die Soldaten sie an ihm vorbeiführten.

»Mach dir keine Sorgen. Wir kommen schon frei, du wirst sehen!«

»Maul halten, verstanden?« Der Musketier rechts neben ihm versetzte dem Gefangenen einen Stoß mit dem Kolben seiner Waffe. Frieder krümmte sich gepeinigt zusammen und stöhnte.

Der Wachmann hieß Christina, sich neben dem Wagen aufzustellen. »Du gehst brav nebenher, sonst binden sie dich an wie den da.« Er nickte zu Frieder hinüber. »Hast du verstanden?«

Christina schlugen vor Angst die Zähne aufeinander. »Ja … ja, doch«, stotterte sie.

»Dann los!« Der Wachmann gab dem Kutscher ein Zeichen, und der Zug setzte sich in Bewegung. Im Schritttempo rollten sie die Hauptstraße entlang.

Trotz der frühen Stunde schien es sich herumgesprochen zu haben, dass man das Sonnenwirtle unter schwerer Bewachung nach Göppingen brachte. Neugierige Gesichter starrten überall aus den Fenstern, und einige der Gaffenden hatten es sich nicht nehmen lassen, sich am Straßenrand einzufinden.

Scheidlen war nicht unter ihnen. Wahrscheinlich war ihm sein Kontakt zu dem Unglückseligen plötzlich peinlich. Als sie das Gasthaus zur Sonne passierten, gab es einen kleinen Aufruhr, als Frieders Stiefmutter aus dem Haus stürzte und sich zum Wagen drängte. Kurzzeitig kam das Gefährt zum Stehen. »Aus dem Weg, Frau!«, donnerte der oberste Wachhabende mit Blick auf die Sonnenwirtin, doch die scherte sich nicht darum. Genauso wenig wie um die Waffen, die sich auf sie richteten. Mitfühlend legte sie die Hand auf das Knie ihres Stiefsohnes. »Ach, Frieder«, murmelte sie, »was hast du nur wieder angestellt?«

War das tatsächlich ein feuchter Schimmer in ihren Augen? Christina wusste es nicht zu sagen, doch eines war sicher: Die Frau war mitnichten so ein herzloser Teufel, wie Frieder immer behauptete. Warum hasste er diese Frau nur so sehr? Hatte er ihr je eine Chance gegeben? Konnte er das überhaupt?

Doch da war der Anführer der Musketiere schon um den Wagen herumgegangen und schob die Sonnenwirtin nun eigenhändig beiseite. »Aus dem Weg, sagte ich. Oder wollt Ihr uns etwa begleiten, Frau?« Er richtete die Mündung der Waffe in seiner Armbeuge beiläufig auf Frieders Stiefmutter. Die senkte den Blick. »Nein …«

»Gut, dann packt Euch fort. Dem könnt Ihr eh nicht mehr helfen.«

Auf einen Wink des Offiziers setzte sich der Karren wieder in Bewegung. Christina blieb stehen, suchte den Blick der Wirtin, während ihr Bewacher ungeduldig an ihrem Arm zerrte. Er ließ ihr keine Zeit, noch ein Wort an Frieders Stiefmutter zu richten.

Doch die hatte auch so verstanden. »Ich gebe acht auf deine Tochter!«, rief sie. »Sie ist bei uns gut versorgt.«

Tränen schossen Christina in die Augen, als der Wächter sie ungerührt mit sich zerrte. Halb blind stolperte sie vorwärts. Es war keine Frage, sie hatte Anna soeben ein zweites Mal verloren.

»Iss! Wenn du nichts isst, wirst du es hier drin nicht lange machen.« Die Alte schob Christina die wässrige Brühe mit dem steinharten Brotkanten noch etwas näher hin.

Sie meinte es gut, aber Christina konnte sich einfach nicht dazu bringen, etwas herunterzuwürgen. Als stecke ihr, seit man sie hier zu der Alten in den feuchten Kellerraum der Stadtwache gesperrt hatte, ein fester Kloß im Hals, der jede Nahrungsaufnahme unmöglich machte.

»Sie werden dich bestimmt bald zum Verhör holen, und dann weißt du, wo du dran bist«, versuchte die Alte, sie zu trösten.

Christina schwieg. Alle Worte schienen ihr verloren gegangen zu sein. Tränen hatte sie ohnehin keine mehr. All die Hoffnungen, die sie sich gemacht hatte, die Pläne der Auswanderung! Mit einem Wimpernschlag war alles zunichte. Auch all ihre Wut war vergangen. Sie fühlte nichts mehr.

»Du musst dir nicht so viele Sorgen machen!« Die Alte schien es sich zur Aufgabe gemacht zu haben, ihre Mitgefangene aus ihrer Düsternis zu holen. Dabei hatte sie selbst

Grund genug zur Sorge. Man hatte sie wegen Bettelei und Vagabundentum aufgegriffen, zum wiederholten Male. Stockschläge und vielleicht auch eine Einweisung ins gefürchtete Armenhaus erwarteten sie. »Hier im Herzogtum wird keine Frau aufgeknüpft. Das machen die nicht, die Herren Richter. Ganz gleich, was du auf dem Kerbholz hast. So schlimm wird's nicht werden. Was hast du denn angestellt?«

Es war ein neuer Versuch, aus Christina etwas herauszuholen. Eine gute Portion Neugier war dabei, vielleicht auch Opportunismus. Christina hatte bisher beharrlich geschwiegen. Weder hatte sie Lust, der Alten ihr Herz auszuschütten, noch wusste sie selbst, wessen man sie beschuldigen würde. Unzucht vielleicht? Zumindest sprachen die Tatsachen gegen sie. Oder möglicherweise doch Beteiligung an dem Diebstahl. Wie konnte sie das Gegenteil beweisen? In beiden Fällen unmöglich. Und wer sollte ihr auch glauben? Einer ledigen Mutter! Ohnehin kaum über einer Hure angesiedelt in den Augen der Rechtschaffenen.

Die Hure!

Christina biss sich auf die Lippen. Die Tatsache, dass diese nicht mit ihr eingesperrt worden war, ließ sie Übles ahnen. Was hatte das Weib ihr angehängt? Liomin würde bestimmt nichts dazu tun, sie zu entlasten. Er verachtete sie zutiefst, genauso wie es der Sonnenwirt und die Pfarrersleute taten.

Aber vielleicht würde der Herr Sartorius …

Ein Gedanke durchfuhr Christina. »Wenn ich hier je noch einmal heil herauskomme, dann gehe ich fort.« Die Worte hingen wie ein Fremdkörper in der modrigen Luft des Kellerverschlags.

»Ah, siehst du. Jetzt kannst du doch wieder reden. Du wirst sehen, es ist nicht so schlimm. Mich haben sie schon ein paar Mal eingesperrt. Eine Dreckszeit ist's gewesen, aber das geht vorbei, glaub mir.«

»Aber ich habe nichts getan!«, begehrte Christina auf. »Das war alles er.«

»Er?« Die Alte horchte neugierig auf. »Also steckt ein Mannsbild hinter deiner Misere? Ja, das geht den meisten von uns so.« Sie lachte ein zahnloses Lachen. »Auch ich war mal jung und dumm und bin auf einen hereingefallen. Ach, letztlich hat man nur Scherereien mit ihnen.«

Christina lehnte sich zurück und schloss die Augen. Die grob gehauenen Steine der Kerkerwand drückten unangenehm gegen ihre Kopfhaut. Wenn die Alte nur wüsste, wie recht sie hatte.

Plötzlich waren Schritte und metallisches Rasseln auf der Treppe des Kellers zu hören. Kurze Zeit später drang der Schein einer Lampe die Stufen hinab. Es waren zwei der uniformierten Soldaten des Herzogs. Hier in Göppingen, am Stammsitz des Hauses Württemberg, waren sie in größerer Zahl vertreten als in anderen Städten der Umgebung. Schließlich hatten sie auch ein respektables Schloss zu bewachen.

Einer trug einen dicken Schlüsselbund bei sich. Die Schlüssel, auf einen breiten Eisenring gezogen, stießen bei jeder Bewegung des Wachmanns aneinander. Vermutlich legte er es darauf an. Er genoss seine Schlüsselgewalt.

Kaum hatten sie die Zelle betreten, fing die Alte ohne Umschweife an zu zetern: »Das wird ja auch Zeit. Wollt ihr uns hier unten verfaulen lassen?«

»Schweig!«, herrschte die Wache die Frau an. »Du bist nicht gemeint. Außerdem faulst du eh schon, alte Hexe.«

»Sei bloß vorsichtig, dass ich dir keinen Fluch auf den Leib binde. Du weißt, dass ich das kann, Hexe, die ich bin.« Die Alte hob schlangengleich zischend ihre dürren Hände und legte die Zeigefinger übereinander zu einem abwärts gewandten Kreuz. Der eine der Wächter erblasste und wich ein wenig hinter seinen Gefährten mit den Schlüsseln zurück. Doch der lachte nur:

»Ach ja? Dann glaub ich das auch noch.« Ein rüder Fußtritt von ihm, und die Alte zog sich schimpfend in ihre Ecke zurück.

Er richtete seinen mitleidlosen Blick auf Christina. »Du bist dran, Weib! Sie wollen dich vernehmen.« Er machte einen Schritt auf sie zu und verzog angewidert den Mund. Christina schämte sich plötzlich des Gestanks und Drecks, der sie und ihre Mitgefangene wie eine Kruste bedeckte. Trotzdem wagte sie es, den Mann zu fragen, was sie zu erwarten habe. Der zuckte nur mit den Achseln. »Der andere, dein Spießgeselle, dieser Schwahn, sagt ja nichts. Nicht einmal essen will er mehr. Protestieren tut er nämlich, der Herr, dass man ihn hier nicht gut genug behandelt.« Der Wächter feixte und stieß seinen Kollegen an, der ein wenig unsicher wirkte. »Leider ist uns aber gerade der Braten ausgegangen, nicht wahr, Hans?« Er brach in dröhnendes Gelächter aus.

Christina senkte den Kopf und folgte ohne Gegenwehr, als der Wächter an ihrer Kette riss. Also verlegte sich Frieder einmal mehr auf's Verleugnen und Schweigen. Und nun war er sogar in den Hungerstreik getreten. Das würde ihm sauer ankommen. Er aß für sein Leben gern, aber vermutlich war es das Einzige, was ihm übrig blieb. Seine Schuld war offensichtlich.

Doch was sollte sie nun tun? Ebenfalls schweigen oder aber alles, was sie wusste, ausplaudern wie die Esslinger Hure? Die war wenigstens frei. Zitternd stieg sie hinter ihren Bewachern die ausgetretene Steintreppe hinauf und erstarrte für einen Augenblick, als sie ins Freie traten. Das Licht stach unbarmherzig in ihre Augäpfel, die sich an das schummrige Dunkel des Kellers in den letzten Tagen gewöhnt hatten. Kurzzeitig war sie so gut wie blind. Die Wächter störte es nicht, sie waren es wohl gewöhnt, ihre verwahrlosten und desorientierten Gefangenen über den Hof hinüber zur Vogtei mit ihrem Gerichtssaal zu zerren.

Als sie den Treppenaufgang des repräsentativen Gebäudes erreichten, wurde es zwar ein bisschen besser, dennoch nahm Christina nur Schemen wahr, als sie endlich die Stufen erklommen hatten und den Vernehmungssaal des Vogts betraten.

Mehrere Personen, alles Männer bis auf eine Frauenstimme, die sie meinte als die der Ebersbacher Pfarrerin zu erkennen, schienen sich in dem nach seiner alten Holzvertäfelung riechenden Saal aufzuhalten. Sie vernahm auch das bedrohliche Kratzen einer Schreibfeder auf Pergament, kaum, dass der Wächter sie hinüber zu einer schlichten Bank hinter einer Holzschranke gezerrt hatte, wo er ihr die Ketten abnahm. Für einen kurzen Moment verspürte Christina Erleichterung und rieb sich die geschundenen Handgelenke, ließ es dann aber gleich wieder sein. Links und rechts der Stelle, wo die Eisen gesessen hatten, waren sie entzündet und deutlich geschwollen, doch das kümmerte niemanden. Warum auch? Eine übliche Begleiterscheinung in der Untersuchungshaft.

»Zum Fall Friedrich Schwahn hören wir heute zur fünften Glocke die ebenfalls Angeklagte Christina Müllerin, wohnhaft zu Ebersbach, Tochter des verstorbenen Bauern Hans-Jerg Müller«, verkündete eine beflissene ältere Männerstimme.

Die Schreibfeder kratzte munter drauflos. Christina bemühte sich krampfhaft darum, endlich etwas zu erkennen.

Die beiden Wächter, die sie hergeführt hatten, dazu zwei weitere bei der Eingangstür zum Saal, hatte sie schon ausgemacht, dann weiteres Personal des Gerichts: den Mann, der eben gesprochen hatte, offenbar der Gerichtsdiener, nicht weit von ihm den Schreiber in feinem, dunklem Tuch. Der Kerl schien Wert auf sein Äußeres zu legen, jedenfalls wirkte er fast besser gekleidet als der Vogt, der sich nun mit gewissem Interesse über seinen mächtigen Schreibtisch nach vorne beugte.

»Ich habe nichts mit der Sache zu tun, ganz gewiss nicht! Man hat mich zu Unrecht eingesperrt«, brach es aus Christina heraus, kaum dass sie die Hauptperson, einen asketisch wirkenden 60-Jährigen mit sehr wachen Augen, in diesem Schauspiel ausgemacht hatte. Fast wunderte sie sich selbst darüber, aber die Worte sprudelten nur so aus ihr heraus. Ängstliche Worte, gespeist vom Quell der Furcht, die sich seit Tagen in ihr aufgestaut hatte. Doch vermutlich hörten die Wände dieses Saales diese Beteuerungen allzu oft.

»Das werden wir noch sehen«, war die kühle, aber immerhin keineswegs ablehnende Antwort des Vogts. Ein missbilligendes Schnauben von der anderen Seite des Raumes war jedoch nicht zu überhören. Christina wandte sich um. Die Pfarrerin! Sie hatte also richtig geraten. Nebst ihrem Gatten und Liomin, der es sich offenbar nicht nehmen ließ, der Verhandlung über die Schandtaten seines Lieblingshalunken höchstpersönlich beizuwohnen. Ob die drei sich in Göppingen für die Zeit der Verhandlung eingemietet hatten? Es war zu vermuten. Der Sonnenwirt fehlte allerdings, wie auch seine Frau. Doch waren da nicht Sartorius und auch Friedrichs Schwager? Christina schöpfte ein wenig Hoffnung, vielleicht würden diese für sie sprechen. Hatte man die Gefangene deshalb endlich holen lassen?

»Frage eins: Sage sie uns, welcher Art ihr Verhältnis zum Schwahnen Friedrich ist.«

Christina fuhr herum und konzentrierte ihre Aufmerksamkeit wieder auf den Vogt, auf den Frieder ja so große Stücke hielt, oder besser, gehalten hatte. Er sollte ja ein gerechter Mann sein, zumindest wurde es so erzählt. Selbst die Alte im Keller hatte kein wirklich böses Wort über ihn gefunden. Aber hatte er nicht auch Hans-Jerg und Frieder blutig prügeln lassen? Ein Schauer fuhr Christina über den Rücken. Fast meinte sie, das dumpfe Geräusch des auf matschig-blutende Haut prallenden Schlagstocks zu hören, der drohend in einem Eisenkäfig an der Wand befestigt worden war – zweifellos den Angeklagten zur wirkungsvollen Warnung.

»Er ist mein …«, sie stockte. Das Wort »Verlobter« wollte ihr nicht über die Lippen.

»Der Pfarrherr zu Ebersbach hat zu Protokoll gegeben, dass sie und der Angeklagte bereits das Aufgebot bestellt hätten.« Der Vogt klang vollkommen neutral.

»Das stimmt, aber …«

Ein leichtes Heben der Braue, ein unwilliges Spitzen der Lippen, und Christina sank der Mut, »Ja, wir sind verlobt«, murmelte sie fast unhörbar.

»Verlobt also.« Der Vogt blätterte in den zahlreichen Unterlagen, die sich vor ihm stapelten. Es sah so aus, als wäre in dem Fall schon ein beträchtlicher Aufwand getrieben worden. »Und auch schon ledige Mutter eines Kindes, vom Angeklagten gezeugt, das gegenwärtig …«, weiteres Blättern, »… vom Vater des Angeklagten verköstigt wird.«

»Ja«, hauchte Christina. Ihre Kehle fühlte sich plötzlich sehr trocken an. »Aber es ist gewiss nicht mein Wunsch gewesen, ihn zu heiraten!«, begehrte sie auf.

»So?«, der Vogt hob ein weiteres Mal die Braue, es schien eine Eigenart von ihm zu sein. »Der Zeuge Sartorius, der übrigens auf ausdrücklichen Wunsch des Angeklagten heute hier vernommen wurde, hat zu Protokoll gegeben, dass sie wie auch der Angeklagte nach eigenem Willen die Eheschließung betreiben wollten.«

»Aber hat er auch erzählt, warum?« Ihre Stimme wurde laut. »Das weißt du doch, Sartorius!« Das hätte sie nicht erwartet – nicht von Sartorius. Zornige Verzweiflung brandete in ihr auf. Des Baders Lider zuckten, und er wich ein wenig zurück, als sie mit anklagendem Finger auf ihn wies. »Mein Kind hat man mir genommen. Ich hatte keine andere Wahl. Ich wollte doch nur …« Tränen sammelten sich in ihren Augenwinkeln, doch sie kämpfte dagegen an. »Ich wäre mit ihm gegangen, jawohl, nach Amerika. So wie es geplant war. Nur so hätte ich mein Kind wiederbekommen, und das weiß auch der Bader. Ja, ich habe eingewilligt und das, obwohl der Friedrich mich schon seit …«, erneut kam sie ins Stocken. Nun rannen ihr doch Tränen herunter. Von Anfang an war es nichts als ein Albtraum gewesen mit Frieder. Warum nur, ach, warum war sie an jenem Tag, damals auf dem Markt, mit ihm gegangen? Warum hatte sie nicht Margarethe geschickt? »Er schlägt mich, wann es ihm gefällt«, schluchzte sie, »und niemand kann und will mich vor ihm schützen. Da!«, sie zeigte auf die Gruppe hinter ihr. »Alle haben sie gesagt, ich hätte nichts mehr von ihm zu befürchten, er käme nicht mehr. Und trotzdem stand er wieder vor meiner Tür, wieder und wieder. Feige seid ihr alle miteinander, aber ich soll es büßen!«

Empörte Rufe seitens des Amtmanns, des Pfarrers und am meisten von Seiten dessen Weibes. Aber klangen sie nicht ein wenig unsicher?

»Und dann hat er mich sogar halb tot geschlagen und hat seinen Teufelshund auf mich gehetzt. Seht Ihr die Narben?« Christina hielt dem Vogt ihre Hände entgegen. Leider war unter all dem Dreck kaum etwas zu sehen. Aber er musste ihr doch einfach glauben! Sie alle mussten ihr doch endlich glauben. »Ihr, Sartorius, Ihr habt es doch selbst gesehen, was er mir angetan hat, und Ihr, Amtmann, habt es zu Protokoll genommen. Wisst Ihr denn nicht mehr?«

Liomin fletschte wütend die Zähne. »Ja, aber du Mensch hast die Anklage am nächsten Tag wieder zurückgezogen, das weiß ich ebenso gut.«

Nun verlor Christina endgültig die Fassung. »Ja, weil ich Angst vor ihm hatte!«, schrie sie. »Ihr wisst doch alle, wie er ist. Nachts ist er zu mir gekommen und hat mir eine Heidenangst eingejagt. Ich dachte, er will mich endgültig umbringen. Hätte ich's denn wissen können?«

Oh, sie konnten ihr nicht in die Augen sehen. Selbst die Pfarrerin, dieses Giftweib, nicht.

»Frage zwei.« Wieder die Stimme des Vogts, bemerkenswert ruhig. »Was weiß sie über die Vorgänge bezüglich des Diebstahls im Pfarrhaus zu Ebersbach?«

»Das Mensch hat doch mitgemacht!«, schrie da die Pfarrerin, kaum dass der Schreiber seine Feder angesetzt hatte. Offenbar wollte sie die Scharte von vorher auswetzen. Ein kühler Blick des Göppinger Vogts brachte sie aber umgehend zum Schweigen. Der Mann verfügte fraglos über eine natürliche Autorität, die sogar seine schmale Silhouette eindrucksvoll erscheinen ließ.

»Ich weiß nicht …«

»Ha!« Das war natürlich Liomin.

»Ich weiß es wirklich nicht!« Christina ahnte, dass es nun darauf ankam, klug zu antworten. Ihre Zukunft, vielleicht ihr Leben hing davon ab.

»Sie bestreitet also, etwas über die Vorgänge gewusst zu haben?«

»Nun …«, Christina ließ sich Zeit. Nur nichts Falsches sagen jetzt. Aber würde dieser Beamte des Herzogs nicht jede Lüge durchschauen? Seinem forschenden Blick schien nichts zu entgehen. »Ich habe es mir im Nachhinein ein wenig zusammengereimt. Vielleicht habe ich es befürchtet, das ist wahr. Aber gewusst habe ich nichts. Ich schwöre es bei allem, was mir heilig ist.«

»Als ob der Schlampe etwas heilig wäre«, zischte es hinter ihr boshaft. Der Vogt überging es großzügig.

»Warum hat sie ihren Verdacht nicht gemeldet? Hat sie nicht gewusst, dass ein Unschuldiger verdächtigt wurde?«

»Davon habe ich gehört, aber konnte ich denn sicher sein, dass der Frieder dahintersteckt?« Christina schüttelte heftig den Kopf. »Ganz bestimmt nicht. Der war ja verschwunden. Gleich nach dem Maientanz ist er mit einem Mal ohne Erklärung davongerannt – so wie er es schon oft getan hat – und ich habe nichts von ihm gesehen und gehört, bis er des Nachts unter meinem Fenster erschien in Begleitung von dieser … von dieser …«

»Hübschlerin Rosa Wagner, ledig, zwei Kinder, wohnhaft zu Esslingen«, warf der Gerichtsdiener beflissen ein. Vogt Kerner winkte ab. »Warum hat sie die beiden aber dann eingelassen?«, wollte er stattdessen wissen. »Weiß sie nicht, dass sie sich damit der Unzucht schuldig macht, selbst wenn sie die beiden nur unter ihrem Dach beherbergt?«

Christina zuckte hilflos mit den Schultern. »Der Frieder hat's doch wollen.«

»Aber sie hätte ihn nicht einlassen müssen.«

»Oh, Herr Vogt, wenn der Frieder etwas will, dann kann man sich ihm nicht widersetzen, und ich schon gleich zweimal nicht. Das würde mich sauer ankommen, glaubt mir. Nachher schlägt er mich noch ganz tot.«

Sartorius räusperte sich. »Es ist allerdings wahr, was die junge Müllerin sagt. Er hat sie schon oft geschlagen, ich habe es selbst gesehen oder vielmehr die Folgen seiner Schläge. Sie dürfen ihr das nicht vorwerfen, Vogt Körner.«

Dieser zog unwillig die Brauen zusammen. Plötzlich fiel Christina ein, was der Musketier zu Ebersbach gesagt hatte: Der Vogt habe so gar nichts übrig für unmoralisches Treiben. Furcht breitete sich unaufhaltsam in ihr aus. Die nächste Frage bestätigte ihre Befürchtungen.

»Warum hat sie sich dann aber dazugelegt? Leugne sie

nicht: Sie wurde also vom Amtmann Liomin und seinen Männern angetroffen.«

Christina senkte den Blick. »Er hat es eben so wollen«, wisperte sie kaum hörbar.

»Hm!« Der Vogt nickte seinem Schreiber zu, der, begierig auf das Kommende lauschend, aufgehört hatte, sein Pergament zu bearbeiten. »Schreibe er, dass die Müllerin bestätigt, Unzucht getrieben zu haben.« Ein folgsames Nicken, dann setzte sich das leise Kratzen fort, begleitet von einem befriedigten Schnalzen der Pfarrerin.

Christina verfolgte beunruhigt das filigrane Utensil in den schlanken Händen des Mannes, wie es über den Papierbogen tanzte, als ein letztes Fünkchen Widerstand in ihr aufglomm. »Aber, ich habe nicht … ich meine, die beiden haben neben mir …, aber ich habe mich nicht dazu hergegeben.«

Keiner reagierte, weder der Vogt noch der Schreiber. Es war vergebens.

So stand der Vorwurf der Unzucht nun also in den Akten des Oberamts. Ebenso hätte man es in Stein meißeln können. Christina Müllerin – eine Hure. Nie wieder würde sie sich davon reinwaschen können. Oh, wie sie Frieder dafür hasste. War das vielleicht sogar sein Plan gewesen? Doch nein, so weit dachte er nicht, oder vielleicht doch? Wer wusste schon, was in seinem Kopf vor sich ging? Vermutlich nicht einmal er selbst.

»Frage vier.«

Ach, wie lange sollte es noch so weitergehen? Christina spürte schon jetzt, dass ihre wenigen Kräfte schwanden. Sie stützte sich schwer auf die Brüstung vor ihr, während ihre Gedärme zu rebellieren begannen.

»Was hat sie über den Inhalt des Beutels gewusst, den der Schwahn in ihrer Bodenkammer versteckt hielt?«

Machte es überhaupt noch Sinn, weiter die eigene Unschuld zu beteuern? Christina ließ den Kopf hängen.

»So spreche sie!«

Es würde ihr ja doch niemand Glauben schenken.

»Nichts!«

»Nichts? Warum hat sie das Bündel dann bei sich versteckt?«

»Ich habe es nicht versteckt. Das hat der Frieder getan. Ich schwöre bei Gott, dass ich nicht wusste, was sich in dem Sack befand.« Sie atmete schwer. »Aber selbst wenn ich es gewusst hätte, ich hätt's nicht verhindern können. Er kam herein, hat den Sack versteckt und mich anschließend gezwungen, mich zu ihm und seiner Buhle ins Bett zu legen. Und dann sind die Männer des Amtmanns gekommen.« Sie sah auf. »So ist's gewesen und nicht anders. Und ich wüsst nicht, was ich anderes hätte tun können.«

Neuerlich eifriges Kratzen, dann Stille. Würden noch weitere Fragen kommen?

Vogt Körner schob die Schriftstücke vor sich zusammen. Anscheinend hatte er erfahren, was er wissen wollte. Dass ihr Wort gegen das der Hure stand, war nicht zu ändern. Sie hatte nichts und niemanden, der es beweisen konnte.

»Abführen!«

Der Befehl traf sie dennoch unerwartet. Nun ging es also wieder in das muffige, düstere Kellerloch unter der Wache. Der Magen drehte sich Christina nun endgültig um, und sie hätte erbrochen, wenn etwas darin gewesen wäre. Vielleicht war das ja der Sinn und Zweck der äußerst kargen Verpflegung? Sie brachte nicht einmal mehr ein bitteres Lächeln zustande, als sich die beiden Wächter, die sie auch hergebracht hatten, neben ihr einfanden und die Ketten wieder um ihre geschundenen Handgelenke schlossen.

KAPITEL 12

DIE KOMMENDEN TAGE dehnten sich in eine Abfolge endlosen Kauerns auf der feuchten, gestampften Erde, bohrenden Hungers und dem verzweifelten Versuch, trotzdem etwas Schlaf zu finden. Die Alte hatte man schon am folgenden Tag abgeholt, um sie tatsächlich ins Arbeitshaus zu Ludwigsburg zu überstellen. Sie war nicht gegangen, ohne ihr zu prophezeien, dass man sich wahrscheinlich schon bald wiedersehen werde. Ein zweifelhaftes Vergnügen, weiß Gott. Seitdem war Christina allein und voller Unruhe. Niemand wollte etwas von ihr, weder der Vogt noch die Wächter, die draußen auf dem Hof von Zeit zu Zeit exerzierten. Nur der ausgesprochen wortkarge alte Wärter, der der Gefangenen bisher schon das Essen – wenn man die traurige Brühe als solches bezeichnen wollte – gebracht hatte, kam weiter regelmäßig seiner Pflicht nach. Immerhin, er schien pünktlich zu sein. Nach seinem schlurfenden Gang konnte sie die Tageszeit errechnen.

Nicht lange, nachdem man die Alte fortgebracht hatte, hatte er jedoch einmal mit ihr gesprochen. »Dein Sonnenwirtle hat's besser als du, Mädle«, hatte er mit einem gewissen Bedauern gesagt, als er ihr den Napf mit der üblichen dünnen Gemüsesuppe durch die Gittertür gereicht hatte. »Der isst jetzt wieder. Sauerkraut, Blutwurst und Knöpfle hab ich dem Lump vorgestern bringen müssen.«

Christina lief das Wasser im Mund zusammen, und ihr Magen knurrte vernehmlich. Hatte sie ihr geringes Wissen vielleicht doch zu leicht preisgegeben? Entmutigt starrte sie auf die Scheibe rissiges Brot und den Napf in ihrer Hand.

»Auf Anweisung vom Vogt höchstpersönlich«, fuhr der Alte fort, »das haben die beiden miteinander ausgemacht, wenn er wieder mittut, der Kerl.« Er hob die müden Schultern. »Ich hätt's ja nicht gemacht, aber wer weiß, vielleicht bekommt er nicht mehr allzu viele Mahlzeiten und dann …«, er machte eine Geste, die Christina die Angst wie eine Faust in den Magen rammte, und schloss: »Genug auf dem Kerbholz hat er ja.«

»Sie hängen ihn?« Die Angst kroch ihr nun vom Magen in die Kehle. Fast spürte sie selbst den Strick um den Hals.

Der Alte legte den gichtigen Finger an die Nase. »Weiß man's? Wär schon möglich, obwohl der Vogt ungern hängt. Haben wir nicht so oft hier. In Ludwigsburg sind sie schneller dabei, in Stuttgart drüben auch.«

»Und mich, wird man mich auch hängen?« Die Angst schüttelte sie jetzt regelrecht.

»Dich?« Der Alte wandte sich ab. »Unsinn, für Hurendienste hat man noch keine gehängt. Da würden die Leut bald auf die Barrikaden gehen.« Er kicherte. »Zuchthaus, das wäre allerdings drin, unser Vogt lässt nicht mit sich spaßen. Und jetzt iss deine Suppe!«

Einige Tage später hörte sie mit einem Mal wieder die Schritte der Wächter auf der Treppe. Die Gefangene schob sich alarmiert an der Wand hoch. Ihre Knie zitterten. Die beiläufigen Worte des Alten hatten sie mehr beunruhigt, als sie sich selbst eingestehen wollte. War es jetzt so weit? Würde man sie mitschuldig an Frieders Verbrechen befinden oder nicht?

Es waren die beiden Wächter, die sie auch schon zum Verhör geholt hatten. Der, den der andere Hans genannt hatte, hielt eine Laterne in der Hand. So konnten ihre Augen sich wenigstens langsam an die Helligkeit gewöhnen. Sie wusste nicht, ob sie sich darüber freuen sollte.

Bang blickte sie den beiden Männern entgegen. Warum lächelte dieser Hans so seltsam? Doch dann fiel ihr auf, dass er mitnichten lächelte. Das hatte sie beim letzten Mal gar nicht bemerkt. Eine schlecht verheilte Narbe, die vom linken Auge über die Wange bis fast zum Mundwinkel reichte, entstellte sein Gesicht zu diesem undefinierbaren Grinsen. Wahrscheinlich war es eine Kriegsverletzung, aber immerhin war er mit dem Leben davongekommen und hatte hier beim Göppinger ein kärgliches Auskommen ergattert. Mehr als viele andere von sich sagen konnten, die in den Diensten des Herzogs zu Schaden gekommen waren.

Der andere schloss jetzt mit viel Getöse die Gittertür auf, kam dann auf sie zu und packte sie am Handgelenk. Christina entfuhr ein Schmerzensschrei. Die Schwellungen hatten in den letzten Tagen noch zugenommen. Auch ihre Füße waren geschwollen. Sie hoffte, dass es sich dabei nur um eine Folge der schlechten Ernährung und des Bewegungsmangels handelte. Das würde wieder vergehen, musste wieder vergehen.

Dann weitere Schritte auf der Treppe. Etwa noch mehr Wächter?

Nein, es war nur ein Einzelner, der aber keine Stiefel trug wie die Soldaten. Vogt Körner?

Als der Ankömmling den Keller betrat, sah sie, dass es sich um den Gerichtsschreiber handelte. Wie hatte sie auch annehmen können, der Vogt würde sie persönlich in ihrem Kellerloch aufsuchen? Solcherlei kam ja schließlich nur einem reichen Wirtssohn und notorischen Tunichtgut zu, dachte sie bitter.

Seltsam verärgert presste sie die Lippen aufeinander, als der Gerichtsschreiber jetzt zusammen mit Hans ebenfalls ihren Verschlag betrat und ein mit sorgfältigen Lettern beschriebenes Pergament entrollte.

»Christina Müllerin, Tochter von Hans-Jerg Müller, Verlobte des Friedrich Schwahn und wohnhaft zu Ebersbach, wenden, wohin sie will, und einen gottesfürchtigen Lebenswandel verfolgen.«

Sie schwieg weiterhin stur. Was sollte die dumme Frage? Wer sollte sie denn sonst sein? Der Mann kannte sie doch. Wer sollte denn in der Zwischenzeit den Platz in diesem Drecksloch mit ihr getauscht haben? Keiner, nicht eine einzige Seele hatte in der ganzen Zeit bei ihr vorbeigeschaut, nicht einmal ihre Mutter. Als wäre sie schon gestorben. Vielleicht würde sie das ja auch bald sein. Ein Schauer jagte ihr über den Rücken.

»Sie ist verpflichtet, ihre Identität bei der Urteilsverkündung zu bestätigen«, belehrte der Beamte sie.

Also darum ging es. Nun wurden ihr die Knie doch weicher als ohnehin schon.

Hans' Kollege neben ihr versetzte ihr einen unsanften Stoß. »Hast du nicht gehört? Du sollst deinen Namen bestätigen.«

»Ja doch!« Es half ja alles nichts. »Ja, ich bin's.«

Der Gerichtsschreiber ließ sich mit keinem noch so kleinen Zucken seiner Gesichtsmuskulatur etwas anmerken. Offensichtlich hatte er sich seinen strengen Vorgesetzten zum Vorbild genommen.

»Die Christina Müllerin ist für schuldig befunden, gegen den ausdrücklichen Willen und das Gebot der Gemeinde Ebersbach und auch des Gerichts zu Göppingen fortgesetzt Kontakt zu dem liederlichen und mehrfach straffälligen Wirtssohn Friedrich Schwahn unterhalten zu haben. Sie ist schuldig befunden worden, ihm Obdach gewähret und seine Diebesbeute versteckt zu haben. Schwerer wieget die daselbst von ihr begangene Unzucht mit demselben und im nämlichen Falle einer weiteren geschäftsmäßigen Weibsperson. Deshalb wird sie mit sofortiger Wirkung zu ihrer fleißigen Besserung ins Zuchthaus zu Ludwigsburg überstellt für die Dauer von sechs Monaten. Da sie aber geständig und vor Gericht willens zur Aussage gewesen, wird sie vom scharfen Empfang daselbst mit Streichen abstrahieret. Nach Verbüßung ihrer Strafe mag sie sich wenden, wohin sie will und einen gottesfürchtigen Lebenswandel verfolgen.« Der Gerichtsschreiber hielt kurz inne und bedachte sie mit einem scharfen Blick. »Sollte sie jedoch des weiteren Umgang mit jedwedem Diebesgesindel pflegen«, fuhr er dann mit unbewegter Miene fort, »muss sie härterer Bestrafung gewärtig sein. Gezeichnet: der Vogt zu Göppingen im Auftrag des Herzogs zu Württemberg, Carl Eugen, erlauchtigster etc, etc, etc …« Seine Stimme verlor sich in Gemurmel. Die vielen honorigen Titel des württembergischen Herzogs gedachte er wohl nicht an eine verurteilte Hure zu verschwenden.

Sechs Monate! Christina stockte der Atem. Sie würde ins Zuchthaus wandern so wie ihr Vater.

Der Mann räusperte sich abschließend. »Hat sie alles verstanden?«

»Was?« In ihrem Kopf drehte es sich. »Aber ich habe doch nichts getan. Das könnt Ihr doch nicht tun.«

Neben ihr ein gelangweiltes Stöhnen. »Ja, das sagen sie alle.« Der Wächter neben ihr gab ihr einen weiteren Stoß, der sie aus dem Gleichgewicht brachte, beinahe wäre sie gegen den Diener des Göppingers gefallen. »Du wirst dich wundern, was wir alles können, du Schlampenmensch. Das hast du jetzt davon, dass du dich mit dem Lumpen eingelassen hast.«

Der Mann brachte es auf den Punkt.

Der Knüppel im Vernehmungssaal des Vogts fiel ihr mit Schrecken ein. »Was heißt ›abstrahieret‹?« Ihre Knie zitterten noch immer fürchterlich. »Da war von Streichen die Rede.«

Der, der Hans hieß, warf ihr einen überraschend mitleidigen Blick zu. »Das heißt, dass du keine bekommst. Normalerweise bekommt man nämlich welche, wenn man als

Zuchthäusler eingeliefert wird, weißt du. Zur Begrüßung sozusagen, damit jeder gleich weiß, was ihn erwartet, wenn er sich nicht fügt. Deine Geständigkeit hat dir das erspart.« Er hob die Laterne ein wenig und leuchtete ihr ins Gesicht. »Beklag dich nicht. Hast noch Glück gehabt, Mädchen, das halbe Jahr ist bald rum. Und jetzt komm, der Wagen wartet schon.«

Einen Augenblick später hatten sie ihr die Ketten abgenommen, ihre Hände dafür aber mit Stricken zusammengebunden. Hans hatte es seinem Kollegen verwehrt und es selbst übernommen. Er war nicht allzu grob dabei vorgegangen. Offenbar hatte er tatsächlich Mitleid mit ihr.

Der Gerichtsschreiber, der schon vorausgegangen war, wartete im Hof auf die kleine Gruppe. Unweit von ihm stand ein einfacher Holzkarren mit zwei Musketieren und einem Kutscher besetzt und von zwei schweren Gäulen gezogen. Darauf war ein eiserner, knapp mannshoher und fast ebenso breiter Käfig angebracht, in dem bereits ein weiterer, von einem wirren Bart und verlaustem Strubbelhaar verunstalteter Gefangener in völlig verdreckter Kleidung seines Abtransports harrte. Den hatte man wohl auch in der Untersuchungshaft schmoren lassen. Christina schaute an sich herunter. Sie sah vermutlich keinen Deut besser aus.

»Kannst dich da waschen«, meinte Hans gnädig. »Da legen sie mächtig Wert auf Zucht und Ordnung, sag ich dir.«

Die Fahrt von Göppingen nach Ludwigsburg dauerte eine kleine Ewigkeit. Der Abend war schon hereingebrochen, als sie endlich, allesamt zerschlagen und durchgerüttelt, die mit steinernen Vasen und Wappen geschmückten Tore der ehemaligen Residenzstadt erreichten. Das Zuchthaus lag nicht weit vom herzoglichen Schloss. Diesen überdimensionierten Prachtbau hatte sich der Vater des jetzigen Herzogs, Carl

August, zum Ärger der Stuttgarter erbauen lassen. Ja, gemäß seines erlauchten Willens war im gleichen Atemzug die ganze Stadt Ludwigsburg entstanden – die Errichtung hatte Unsummen verschlungen, was den selbstherrlichen Fürsten nicht im Geringsten gestört hatte. So etwas ließ er an sich abprallen, da konnten die Landstände noch so toben. Eine Haltung, die sich sein noch verschwenderischer veranlagter Sohn Carl Eugen ebenfalls zur Maxime erhoben zu haben schien, wenn er seine Residenz auch um des lieben Friedens willen wieder hatte nach Stuttgart zurückverlegen müssen. Ein großer Teil der herzoglichen Administration war jedoch seit den Tagen des Vaters des Fürsten noch immer in Ludwigsburg angesiedelt. Das wusste jeder Bürger des Landes.

Der Karren mit dem eisernen Käfig rollte durch die sich leerenden Gassen der Stadt, nur einige neugierige Blicke trafen die Gefangenen. Offensichtlich war man den Anblick von Gefangenentransporten gewöhnt. Christina war dankbar dafür, sie schämte sich mehr als irgendwann sonst in ihrem Leben. Wie weit war es mit ihr nur gekommen? Und Frieder war schuld daran.

Die hübsch bemalten Gebäude der Stadt waren in sorgfältig und schnurgerade gezogenen Straßen um das Schloss und dessen Garten angelegt worden, wie sie trotz allem bewundernd feststellte. Eine solche Pracht! Dagegen wirkte selbst Göppingen reichlich provinziell. Einer der Musketiere bemerkte ihren Blick: »Da staunst du, was?«, feixte er, stieß seinen Kollegen auf dem Kutschblock an und riss einen Witz, der den anderen in Gelächter ausbrechen ließ. Sogar das Gefängnis, vor dem der Karren jetzt endlich zum Halten kam, wirkte mehr wie die Wohnstatt eines hohen Beamten und nicht wie das einzige Zuchthaus des gesamten Herzogtums, wo all die Verbrecher und Unbotmäßigen, die Armen, ja sogar die der Tollkrankheit Anheimgefallenen des Landes an einem Ort eingekerkert wurden. Selbst so manche bedauernswerte Waise wurde hier untergebracht. Christina hatte es sich dennoch nach den dramatischen Schilderungen Frieders weitaus schlimmer vorgestellt. Der Eindruck eines finsteren Trutzbaus ging diesem ansprechenden Gebäude völlig ab. Eine kleine Hoffnung keimte in ihr auf. Der Weg in das Gebäudeensemble hinein, nachdem sie die Torwache passiert hatten, belehrte sie allerdings schnell eines Besseren. Hinter dem gefälligen, auf der Frontseite mit Stuck verzierten Eingangsgebäude erstreckten sich zwei weitere über Eck angelegte dreistöckige Bauten, die deutlich weniger einladend wirkten. Kargheit und Strenge schienen bei deren Errichtung das oberste Gebot gewesen zu sein. Warum sollte man auch für den Abschaum der Gesellschaft mehr verschwenden?

»So, meine Hübschen, jetzt heißt es Abschied nehmen.« Der Musketier, der auch vorher das Wort an sie gerichtet hatte, sprang vom Kutschblock und sah der kleinen Gruppe von Männern entgegen, die ihnen jetzt aus dem quer zum Haupthaus errichteten Gebäude entgegenkamen. Zweien davon hing jeweils ein bedrohlicher Knüppel am Gürtel, zwei andere wirkten roh und sahen eher wie Gefangene aus, auch wenn sie mit größter Selbstverständlichkeit hinter den Bewaffneten einherschritten. Der fünfte Mann zeichnete sich durch bessere Kleidung und ein entsprechendes Benehmen als der Anführer des Grüppchens aus. Christina schluckte. Hatte man ihr nicht versprochen, sie würde nicht geschlagen?

Doch ihre Sorge erwies sich, zumindest was ihre Person betraf, als unbegründet. Der andere Gefangene hatte jedoch weniger Glück. Er wurde ohne viel Federlesens von den zwei Raubeinen und einem der Knüppelbewehrten zu einem flachen, auf einem Ständer angebrachten Holzbrett geführt, wo man ihn rasch seiner zerlumpten Hosen entledigte. Kurz darauf waren das verräterische dumpfe Klatschen von Holz auf Haut und die schmerzerfüllten Schreie des Delinquenten zu hören.

Der Anstaltsleiter, oder um wen es sich auch immer bei dem Bessergekleideten handelte, zuckte nicht einmal mit der Wimper. Wortlos übernahm er die Papiere, die ihm einer der Wagenbegleiter beflissen reichte, sah sie kurz durch und bedachte die Gefangene dann mit einem abschätzigen Blick.

»So, du bist also die Buhle dieses Schwahn.« Er schnalzte missbilligend mit der Zunge. »Der Kerl ist hier ja nicht unbekannt. Musst ja ein ganz schönes Lumpenmensch sein, dich mit dem einzulassen. Nun ja, wir werden sehen, ob wir dir die Unlauterkeit hier gründlich austreiben können. Ich hoffe es zu deinem Besten. Komm!«

Er ging voran auf den lang gestreckten Bau zu, während der andere Zuchtknecht sie kräftig nach vorne stieß. Christina beeilte sich, dem Befehl Folge zu leisten, während die verzweifelten Schreie ihres Mitgefangenen sie über den weitläufigen Hof begleiteten. Oh nein, keinesfalls wollte sie selbst mit dem Knüttel Bekanntschaft schließen.

Als sie das Haus betraten, schlug ihnen eine Woge unsäglichen Gestanks entgegen. Urin, Kot, Schweiß, ungewaschene und zu lang getragene Kleidung, schale Essensdünste und der wabernde Geruch viel zu vieler Menschen auf zu kleinem Raum vermischten sich zu einem widerlichen Gestank. Christina begann, möglichst flach zu atmen. Wie um alles in der Welt konnte ein Mensch diesen Gestank länger als einen Atemzug aushalten? Doch ihre Begleiter schienen keinen Anstoß daran zu nehmen. Entschlossen stieg der Mann vor ihr die Treppe hinauf in den nächsthöheren Stock, dann eine weitere. Dort wendete er sich nach links, wo er von einem bulligen Mann respektvoll begrüßt wurde, den ein ebenfalls am Gürtel baumelnder Schlagstock als einen der Bewacher auswies.

»Das ist der Zuchtmeister der Weiberprison«, erläuterte der Anstaltsleiter, »seinen Befehlen hast du unter allen Umständen Folge zu leisten. Hast du verstanden? Jeder Ungehorsam, jede Auflehnung gegen die Regeln und Anordnungen wird mit entsprechender Schärfe geahndet. Ich rate dir, dich also daran zu halten, dann wird es dir hier wohlergehen.«

Wohlergehen? Christina spähte in den breiten Saal, auf dem dicht an dicht, manchmal zwei in einem Bette liegend, Frauen jedes Alters untergebracht waren. Faltige Gesichter waren darunter, andere jünger und mit einer Gehässigkeit im Blick, die sie erschauern ließ. Wieder andere wirkten in sich gekehrt und so, als hätten sie mit dem Leben abgeschlossen. Bei allen jedoch war die Kleidung kaum mehr als fadenscheinig und die Gesichtsfarbe fahl und grau, was nicht nur am flackernden Licht der trüben Öllampen lag, die den Raum nur unzureichend erhellten. Christina kannte diesen Anblick bestens. Oft genug hatte sie ihn bei den durch Ebersbach ziehenden Habenichtsen und Bettlern gesehen. Es war die schiere Not, der nagende Hunger, der Menschen im Handumdrehen in solche Gespenster verwandelte.

Der Zuchtmeister taxierte sie fachmännisch. »Sie kann sich drüben beim Fass noch waschen. Kleidung bekommt sie morgen von hier. Einen Kittel mit Schürze. Ist dieser zerrissen, gibt es keinen neuen.« Er trat einen Schritt näher. Sein Atem stank nach Weinbrand. »Also pass gut darauf auf. Aufstehen um halb vier Uhr in der Früh. Das Bett muss unverzüglich gerichtet werden. Dann geht's zum Gebet. Dann zum Arbeiten. Hast du irgendwelche brauchbaren Fähigkeiten?«

Christina zuckte mit den Achseln. »Ich habe als Magd gearbeitet, und vorher hatten wir selbst einen Bauernhof. Ich bin mit all diesen Arbeiten vertraut. Schöne Tücher vermag ich auch zu machen.«

»Tücher?«, der Mann grinste. »Nun, das trifft sich ja, dann wirst du zum Weben eingeteilt.«

Der Anstaltsleiter meinte offenbar, eine Erläuterung beisteuern zu müssen: »Unser allerdurchlauchtigster Herzog unterhält hier eine Tuchmanufaktur, wo die Stoffe für die Uniformen der Soldaten des Herzogs gefertigt werden. Dazu kommen andere Arbeiten in den herzoglichen Gärten und Anlagen und was hier im Hause anfällt. Immerhin haben wir einige Hundert Mäuler zu stopfen. Außerdem produzieren wir Tuchfarbe über unseren eigenen Bedarf hinaus.«

»Ich weiß«, murmelte Christina.

Der Anstaltsleiter fixierte sie überrascht. Dann spitzte er die Lippen. »Der Schwahn hat's dir berichtet, stimmt's?«

Christina nickte.

»Saukerle, der«, schimpfte der Zuchtmeister unvermittelt, »was hat der uns gefoppt, indem er zwei Mal auf und davon ist! Und dann das ewige Lamentieren, man behandle ihn schlecht. Der hat den Teufel im Leib, jawohl. Seinem lästerlich frommen Geschwätz habe ich ohnehin nie getraut. Das lass dir gleich sagen: Solltest du es je wagen, dich gleich ihm davonmachen zu wollen, dann wirst du es bitter bereuen. Ich werde ein besonderes Auge auf dich haben.«

»Ich bitte darum, Zuchtmeister«, sagte der Anstaltsleiter kühl und wandte sich zum Gehen, nur um noch anzumerken: »Ihr werdet ihr alles Weitere unmissverständlich einbläuen, in Ordnung? Arbeitszeiten, Essenszeiten, Gebetszeiten und die Schweigepflichten der Zuchthäusler.« Ein weiterer scharfprüfender Blick, dann ging er.

»Dann komm jetzt, Mensch!«, bellte der Zuchtmeister und ging ihr voran in den Saal der Frauen. Der Gestank nahm noch ein wenig an Intensität zu, mischte sich mit dem Geruch von altem weiblichen Monatsblut. Christina versuchte, nicht zu viel zu atmen, gab es dann aber auf. Besser, sie gewöhnte sich daran. Dennoch wurde ihr fast übel. Auch ihr Magen tat ihr weh. Seit gestern hatte sie nichts mehr zu essen bekommen, und selbst das war kaum der Rede wert gewesen. Ihr einst eng genähtes Rockmieder fühlte sich längst merklich lockerer an, nur um die seltsam volle Brust spannte es. Gerade wie damals, als sie mit Anna schwanger ging.

Ein schrecklicher Gedanke durchzuckte sie. Wann hatte sie eigentlich das letzte Mal geblutet? Das war doch schon viel zu lange her. Schon vor Wochen hätte es so weit sein müssen. Warum war ihr das nicht schon früher aufgefallen? Der Schreck, der sich ihrer bemächtigte, war wohl mehr als offensichtlich. Wenn sie diesen auch nicht recht deuten konnten, so begannen die Weiber um sie her doch, zu kichern und zu tuscheln. Das veranlasste den Zuchtmeister, seine Hand wie beiläufig an seinen Knüttel zu legen. Augenblicklich verstummte das Gemurmel wieder.

»Leg dich dahin!«, raunzte er sie an. Ihm war offenbar wichtig, schon von Anfang an nicht einmal den Anschein von Nachgiebigkeit zuzulassen. Mit dem Knüppel, den er jetzt aus dem Gürtel hakte, schob er eine Frau um die 50 unbarmherzig zur Seite. Die räumte maulend, aber nicht wirklich protestierend, ihren Platz. Angesichts des fleißig genutzten Zuchtmittels des Wärters wohl eine weise Entscheidung. Doch trafen Christina feindselige Blicke von allen Seiten, als sie sich jetzt vorsichtig an einem Ende der grob gezimmerten Holzpritsche niederließ. Muffiges Stroh und eine grob gewebte Decke, das war offenbar alles, was einem hier an Annehmlichkeiten zugestanden wurde – einschließlich einer Ladung munterer Flöhe, wie sie bei näherem Hinsehen entsetzt bemerkte. Ein halbes Jahr! Das würde einer Ewigkeit gleichkommen, so viel stand jedenfalls fest.

Sie atmete tief ein. Ja, besser, sie gewöhnte sich daran.

Ende November 1753

Wie lange wollen sie ihn hier noch sitzen lassen? Er hat das Gefühl, die Kerkerfäule steigt ihm schon hoch in die Glieder, frisst sich in seine Lungen, in sein Hirn. Und die Kälte! Sie ist bald schlimmer als die Ratten, die nachts versuchen, sich einen Fetzen Fleisch von den Gefangenen zu nagen. Dreiste Biester!

Die Langeweile plagt ihn ebenso. Gott, so sehr, dass er begonnen hat, mit den Fingernägeln Bildchen von Weibern und kleine Gedicht- und Liedfetzen, die ihm in den Sinn kommen, in die Wand zu ritzen. Wie ein Idiot! Aber den anderen vor ihm scheint es nicht besser ergangen zu sein. Auch sie haben ihre Spuren hinterlassen. Kerkerpoeten …

Er kichert. Fast ist es ihm egal, wenn sie ihn jetzt hängen. Alles besser als dieses untätige Herumhocken. Die Weiber fehlen ihm sehr, ihre festen Körper. Ja, er sehnt sich sogar nach Christina, obwohl die zum Schluss kratzbürstiger war als eine räudige Katze. Warum nur? Hat er ihr nicht immer wieder gesagt, wie sehr er sie liebt? Sie gehören eben zusammen, auch wenn alle dagegen sind. Er schaut auf die kalkgeschlemmten Wände seiner Prison. Nein, er kann es nicht mehr ertragen. Einmal mehr beginnt er zu schreien. Er schreit, bis einer der verfluchten Wachsoldaten mit dem aufgepflanzten Bajonett gegen die Gitterstäbe schlägt.

»Hör auf«, sagt der Mann.

»Warum?«, fragt er, »mit was willst du mir denn drohen? Mehr als mich aufknüpfen könnt ihr nicht.« Er lacht frech, auch wenn ihm nicht danach zumute ist. Dennoch, es hilft gegen das endlose Warten, das tägliche Geplänkel mit seinen Bewachern … und die Gespräche mit dem Vogt. Ja, der kommt manchmal zu ihm, um ihm vom Fortgang der Dinge zu berichten. Obwohl man kaum von Fortgang reden kann, so endlos, wie sich die Urteilsfindung hinzieht.

Dass man die Christina nach Ludwigsburg gebracht hat, das hat der Vogt ihm schon vor längerer Zeit gesagt. Unruhig rutscht er auf dem Fußboden seiner Zelle hin und her. Das hat ihr bestimmt nicht gefallen, der Christina. Wie hat sie große Augen gemacht, wenn er ihr vom Zuchthaus erzählt hat. Was er dort gelitten hat! Nie wieder will er das erdulden müssen. Schließlich steht er auf und wischt den Gedanken an Christina beiseite. Sein Gewissen sticht ihn trotzdem.

Der Wächter beobachtet ihn misstrauisch.

»Was gibt es da zu glotzen, Ochse?«, schnauzt er ihn an.

Der Mann schaut weg. Allerdings, was ist schon ein halbes Jahr? Nichts im Gegensatz zu dem, was ihm droht. Sie soll sich nicht so haben, die Christina. Es war ja nichts.

Wenigstens hat er seit Kurzem wieder ein bisschen Hoffnung. Der Vogt sagt, die Professoren und Sachverständigen zu Tübingen würden sich schwere Gedanken machen über seinen Fall. Dass es so lange dauere, sei ein gutes Zeichen. Klare Todesurteile würden nämlich schneller vollstreckt, sagt er. Vermutlich sei man sich nicht einig über seine Sache. Gerecht ist er ja schon, der Vogt, wenn er ihm auch nicht mehr ganz traut seit der Sache mit den Prügeln. Das hätte der Göppinger nicht machen dürfen. Er hasst es, geprügelt zu werden, verdroschen wie ein Köter. Der Vater war auch immer gut dabei, wenn es darum ging. Er ballt die Fäuste. Damals in der Osternacht hätte er dem Alten den Garaus machen sollen. Warum nur hat er es nicht getan? Daran war nur dieser blöde Kerl schuld, der sich nachher auch noch bei der Christina herumdrückte. Ob sie damit zu tun hatte?

Vielleicht, aber vielleicht auch nicht.

Jedenfalls hat ihm der Vogt auch den Rechtsbeistand besorgt. Hei, der kann reden! Und schreiben! Besser und schneller als er selbst. Ein rechter Advokat. Für ihn eingesetzt hat er sich auch. Das hat ihm gefallen. 42 eng beschriebene Seiten hat der Advokat verfasst. Er hat sie alle gelesen. 42 Seiten, die zwar nicht seine Unschuld belegen konnten, aber doch erklären, was ihn dazu getrieben hat, so zu handeln. Das wird ja auch Zeit, dass ihm einer Recht verschafft. Dem Liomin hat's jedenfalls die Sprache verschlagen. Er lacht bei dem Gedanken daran, wie sie da standen, die drei Deppen aus Ebersbach, als man die Verteidigung verlas. Der Amtmann, der Pfarrer und seine verfluchte Alte. Wegen seiner Jugend dürfe man nicht die Todesstrafe verhängen, stand darin, und dass die Vergehen doch nicht so schlimm seien. Man müsse ihn verstehen, man habe nicht recht gehandelt an ihm, ihn mit unnachgiebiger Härte verprellt.

Das sieht er auch so.

Und die Tübinger Sesselfurzer, die jetzt über seine Sache entscheiden sollen? Die tun gut daran, das auch so zu sehen, sonst werden sie ihn kennenlernen. Er leidet es nämlich nicht mehr, dass immer andere über ihn richten. Er hält es nicht mehr aus. Er kommt wieder heraus, das schwört er sich. Und dann gnade ihnen Gott, ihnen allen!

KAPITEL 13

»He, was ist mit dir?«

Elsbeths besorgte Augen über ihr, wie zwei kleine Fetzen blauer Himmel. Freier blauer Himmel …

»Nichts, es ist nichts. Mir wurde nur gerade wieder schwindlig, das ist alles.« Christina bemühte sich, wieder hochzukommen, zurück auf die Webbank. Die Gier nach frischer Luft tobte in ihren Lungen, doch das war außerhalb jedes Gedankens. Weil die Mauern um die Anstalt fehlten, war es den Gefangenen bei empfindlichster Strafe verboten, ein Fenster zu öffnen oder gar das Haus zu verlassen. Es sei denn, sie hatten besondere Order. Eingepfercht auf engstem Raum, lebte, arbeitete und schlief man. Tagaus, tagein der gleiche Trott, ohne Luft, Licht und Sonne. Kein Wunder, dass die meisten wie lebende Gespenster aussahen.

»So geht das nicht mehr weiter!« Elsbeths Ton wurde ruppig, wie immer, wenn sie sich etwas in den Kopf gesetzt hatte. Sie hatte das Herz auf dem rechten Fleck. Bei Weitem nicht alle Insassinnen und Insassen des Zuchthauses zu Ludwigsburg waren die verdorbenen Kreaturen, die man hinter der Tatsache ihrer Verurteilung vermuten konnte. Bei Elsbeth war es blanke Not gewesen, die schlichte Notwendigkeit, ihre Kinder nach dem Tod ihres Mannes – eines glücklosen Tagelöhners – durchzubringen. So hatte sie sich aufs Stehlen verlegt. Die Kinder hatten dabei geholfen. Nur das Nötigste, das, was sie zum Leben brauchten. Das, oder ihre Kinder – das jüngste war erst zwei – wären verhungert. Nun hatte sie sie doch verloren. Man hatte sie bei ihrer Verhaftung in andere Familien verteilt als billige Arbeitskräfte. Kein schönes Los.

Solche Kinder wurden kaum besser behandelt als das Vieh, meistens sogar schlechter. Elsbeth weinte oft deshalb. Schnell hatten die beiden Freundschaft geschlossen, spätestens nachdem klar wurde, dass Christina wieder guter Hoffnung war.

Der Vorarbeiter der Webstube sah herüber. Christina senkte ängstlich den Blick. Unruhe an den Webstühlen bedeutete Züchtigung. Allzu oft begann der Stock in seiner Hand auf den knochigen Rücken der Arbeitenden zu tanzen.

»Das können sie nicht machen!«, fauchte Elsbeth. »Du verlierst das Kind noch, wenn du weiter so schuften musst.«

»Als ob das jemanden kümmern würde«, kicherte es hinter ihnen, eine zahnlose Alte, die aber noch über beachtlich flinke Finger verfügte. Sie gehörte zu den besten Weberinnen im Saal.

»Aber doch wenigstens mehr zu essen geben müssten sie ihr«, ereiferte sich Elsbeth weiter. Sie konnte einfach nicht lockerlassen. Der Vorarbeiter sah schon wieder herüber. Dann setzte er sich in Bewegung.

»Elsbeth, still!«, flüsterte Christina warnend.

Doch die sah dem Mann ungerührt entgegen: »Soll er doch, ich habe ihm einiges zu sagen, damit du es weißt.«

»Nein, bitte, lass doch!«

»Einen Teufel werd ich!«

»Was ist hier los?« Der Vorarbeiter war nicht gerade ein Ausbund an Freundlichkeit, das wusste jeder hier, teilweise aus eigener leidvoller Erfahrung. Augenblicklich herrschte Totenstille, nur das eifrige Sirren der Webschiffchen und das unermüdliche Klappern der Holzrahmen war zu hören.

»Der Müllerin ist es heute schon zum wiederholten Male schlecht geworden. Sie braucht einen Arzt, und zwar sofort.«

Elsbeth war aufgestanden und sah den Mann herausfordernd an.

»So, einen Arzt. Hm …«

»Genau, oder Ihr seid dafür verantwortlich, wenn ihr oder dem Kind was passiert.«

Der Vorarbeiter brauste auf – der Form halber: »Führ hier nicht so große Reden, Weib. Ich entscheide, was zu tun ist.«

»Nun, dann könnt Ihr das ja dem Zuchtmeister erklären, wenn Ihr wollt.«

Das war schlau. Keiner der Vorarbeiter hatte Lust, es sich mit dem Zuchtmeister zu verderben. Schließlich waren sie Gefangene wie die anderen auch, wenn auch mit besonderen Privilegien. Der Vorarbeiter wirkte tatsächlich verunsichert, als er sie jetzt musterte. »Sie sieht doch schon wieder ganz passabel aus«, verteidigte er sich wenig glaubwürdig.

»Jaja, und ich bin die Königin von Saba«, knurrte Elsbeth grimmig, auch wenn eine gewisse Befriedigung dabei mitschwang. Der Vorarbeiter hatte schon verloren. »Wenn Ihr die eingefallenen Wangen und diese Totenblässe passabel nennen wollt, dann sei Euch das unbenommen. Ich aber sage, sie braucht einen Arzt. Und darüber hinaus Ruhe und etwas Gescheites zu essen.«

Beifälliges Gemurmel um sie her. Christina wagte nicht aufzusehen. Vielleicht hatte Elsbeth durch ein Wunder ja doch Erfolg. Etwas zu essen! Schon allein die Erwähnung von Nahrung veranlasste ihre Eingeweide, sich schmerzhaft zusammenzuziehen. Bohrender Hunger, das war der ständige Begleiter der Verurteilten. Die Nahrungsmittelverteilung war strengstens geregelt. Den Zuchthäuslern unter den Insassen stand nichts außer zwei Mal dünne Suppe und eineinhalb Scheiben Brot täglich zu, nur an hohen Feiertagen gab es ein bisschen mehr. Doch die waren rar gesät, zu rar. Die Armen und Waisen bekamen wenigstens hin und wieder ein Stückchen Fleisch und auch mehr Gemüse, das sie gelegentlich auch gegen Geld oder anderes veräußerten. Unter den Augen der Wärter hatte sich deshalb ein schwunghafter

Naturalienhandel mit verschiedensten Gütern, aber auch für Geld, entwickelt, Dinge, die auf wundersame Weise den Weg von außen ins Zuchthaus fanden, auch wenn das per herzoglichem Dekret unter strengster Strafe stand. Oft steckten die Aufpasser und Vorarbeiter sogar selbst mit drin. Die Anstaltsleitung schritt, der allerdurchlauchtigst verordneten Not gewärtig, auch nur in Fällen grober Regelverletzungen oder Erpressungen ein. Dann allerdings mit schmerzhafter Konsequenz. Kein Wunder hatte Frieder so gegen die Haftbedingungen rebelliert und war schließlich zwei Mal davongelaufen. Für einen, der dazu entschlossen war – und das war ein Friedrich Schwahn allemal – kein allzu großes Problem.

So hieß es aber für die, die davor zurückscheuten: Wohl dem, der jenseits der Kerkermauern sorgende Verwandte hatte. Solcherlei Begnadete hatten wenigstens etwas zu bieten. Christina hatte nichts. Die Kleider schlotterten ihr um den Leib. Bis auf den sich rundenden Bauch war sie in den letzten Monaten zur Vogelscheuche abgemagert. Ihre Leute schienen sie völlig vergessen zu haben. Nur Elsbeth war es zu verdanken, dass es nicht noch schlechter um sie stand.

Schließlich gab der Vorarbeiter nach. Das Risiko, sich einen Rüffel vom Zuchtmeister einzuhandeln, schien ihm wohl zu groß. Sollte der doch entscheiden, was zu tun war.

»Also dann komm!«, brummte er, warf einen drohenden Blick in die Runde und ging mit wiegenden Schritten davon.

»Auf, hinterher!« Elsbeth drängte sie regelrecht aus der Webbank. »Und mach dich nicht stärker, als du bist. Jammere denen recht die Ohren voll, hast du gehört? Es geht um dein Kind, denk dran, Christina.« Sie zwinkerte ihr zu. Dann setzte sie sich wieder an ihre Weberei und ließ das Schiffchen schnurren.

»Danke!«, hauchte Christina, dann eilte sie dem Vorarbeiter hinterher, der sich bereits verärgert nach ihr umgesehen hatte. Ihre Knie fühlten sich immer noch an, als ginge sie auf Wolken. Elsbeth hatte nur zu recht. Nicht mehr lange, und ihr Körper würde nicht mehr in der Lage sein, Hunger, Kälte und Schwangerschaft standzuhalten.

Die Sache war überraschend schnell entschieden. Ehe sie es sich versah, fand sie sich im Spital wieder, wo in einem besonderen Raum auch die ernstlich Erkrankten der Anstalt behandelt wurden. Der Arzt, ein früh ergrauter Mann mit gütigen, von zahlreichen Fältchen umgebenen Augen, legte das Hörrohr beiseite. »Das Kind in dir ist wohlauf, hab keine Sorge«, teilte er ihr mit, dann aber legte er die Stirn doch in Falten. »Allerdings nützt es dem Kleinen nichts, wenn die Mutter es nicht mehr bis zur Niederkunft schafft. Ich werde mit Altermann sprechen müssen.«

»Mit dem Anstaltsleiter?« Christina staunte nicht schlecht. Seit dem Tag ihrer Einlieferung hatte sie mit dem Leiter des Zuchthauses, der, wie sie nun längst wusste, in der Wohnung über dem respektablen Torhaus mit seiner Familie residierte, nichts mehr zu tun gehabt.

»Sicher.« Der Arzt dachte nach. »Am besten, wir erwirken eine vorzeitige Entlassung, auch wenn Altermann das nicht gerne hat. Die notwendige Schreiberei und der Aufwand in der Bürokratie ist zu gewaltig, sagt er immer, aber in diesem Fall …«

»Aber ich habe doch ohnehin nur noch fünf Wochen.«

Der Arzt sah Christina ernst an. »Nein, Mädchen, die hast du nicht mehr, wenn wir nicht sofort entsprechende Maßnahmen ergreifen.« Er nahm ihre Hand. »Hast du denn niemanden draußen, den du um Hilfe bitten kannst?«

Christina presste die Lippen zusammen und schüttelte den Kopf.

»Gar niemanden?«

»Nein!«

Der Arzt schürzte nachdenklich die Lippen. »Und was ist mit dem Vater des Kindes?«

Ja, was war mit Frieder? Vielleicht hatten sie ihn schon vom Leben zum Tode befördert. Für einen Moment horchte sie in sich hinein, welches Gefühl dieser beängstigende Gedanke in ihr auslöste. Doch da war nichts als Leere. Der Webstuhl und der Hunger hatten jedes Mitgefühl in ihr ausgehöhlt.

»Weißt du nicht, wer es ist? In deiner Akte steht etwas von Hurerei. Nun, du wärest nicht die Erste hier, aber …«

»Ich bin keine Hure!«, platzte es aus ihr heraus. Plötzlich verspürte sie doch eine erstaunliche Wut. »Der Vater ist das Sonnenwirtle, damit Ihr's wisst. Und das ist mein Verlobter und ganz gewiss der einzige Mann, den ich je habe bei mir liegen lassen. Und das nicht mal freiwillig. Der Herrgott ist mein Zeuge. Das mit der Hurerei hat man mir zu Göppingen zu Unrecht angehängt, ohne dass ich dagegen etwas habe tun oder sagen können.« Sie begann zu weinen. Seltsam, seit Monaten hatte sie nicht mehr geweint, es hätte ja doch keinen Zweck gehabt.

Eine Weile sah der Arzt ihr zu. Dann stand er auf.

»Es ist nicht an mir, darüber zu entscheiden, ob du zu Recht oder zu Unrecht verurteilt worden bist. Meine Aufgabe ist es, dem Tod in der Anstalt nicht allzu leichtes Spiel zu lassen.«

Christina entwich ein kleines Lachen unter den Tränen. »Dann seid Ihr kein guter Spieler.«

»Das liegt nicht allein in meiner Entscheidung.« Der Arzt wirkte ein wenig betreten. Er ging zur Tür. »Ich werde mich um deinen Fall kümmern. Versuche einstweilen, dich auszuruhen. Nachher schicke ich eine Magd mit kräftigender Brühe herauf. Feste Nahrung wirst du noch nicht vertragen, wir müssen es erst langsam angehen.«

Christina zog die dünne Decke bis ans Kinn. Es war kühl

im Raum, aber wenigstens war die Luft frisch und gehörte ihr allein. Sie wusste es zu schätzen.

»Du sollst zum Anstaltsleiter kommen. Draußen warten zwei Wachen auf dich.« Die Spitalsmagd wirkte aufgeregt. Ihre Wangen waren gerötet und die Augen hatte sie weit aufgerissen. »Schnell, schnell, zieh dich an!«

Sie riss ungeduldig an Christinas Decke.

Diese erhob sich mühsam. Zehn Tage lag sie jetzt im Spital, und in dieser Zeit hatte ihr Bauch an Umfang um Einiges zugenommen so wie sie selbst. Wie der Arzt es versprochen hatte, war das Essen, das man ihr hatte angedeihen lassen, sehr kräftigend gewesen. Sie fühlte sich deutlich besser. Ein Hauch von Zuversicht war an die Stelle ihrer bohrenden Hoffnungslosigkeit getreten, und nun ließ auch noch der Anstaltsleiter höchstpersönlich nach ihr schicken. Die Aufregung der Magd griff auch auf sie über. »Aber mein Kittel passt mir kaum mehr, und ich bin nicht gekämmt.«

Das dralle Ding, eine gebürtige Oßweilerin mit einem schlichten, aber gutmütigen Wesen, winkte ab: »Das macht nichts. Der erwartet ja keine der Damen des Herzogs.« Sie kicherte und stolzierte, sich in den Hüften wiegend, einher, wie die zahlreichen Gespielinnen des Landesfürsten dies zum Ärger seiner Gattin in den Schlossgärten Ludwigsburgs zu tun pflegten. Die Ehe des ungeliebten Landesvaters war längst völlig zerrüttet.

»Ob sie mich gehen lassen?« Christinas Atem flog.

»Ich weiß nicht. Aber ich denke, schon. Wenn unser Doktor einmal ein Machtwort spricht, dann hört der Herr Altermann darauf, ganz bestimmt. Die beiden sind Freunde. Der Doktor ist oft zu Gast beim Direktor.«

»Ah!«

An der Tür zur Krankenstube klopfte es ungeduldig. »Wie lange dauert das noch?«

»Ja, ich komme schon!« Christina steckte die Füße hastig in die Holzpantinen und eilte zum Ausgang.

»Ich denke an dich. Es wird schon werden.« Die Magd legte die zu Fäusten geballten Hände mit leichtem Nachdruck aneinander und spitzte die Lippen. »Vertrau auf Gott, dann hilft er dir auch.«

»Ich hoffe es«, sagte Christina, dann öffnete sie die Tür.

Der Anstaltsleiter Tobias Altermann legte die Feder zur Seite, blies noch einmal über die eben mit sorgfältigem Strich in seinem Rechnungsbuch verfasste Zahlenreihe, platzierte dann ebenso sorgfältig ein Löschpapier darüber und sah auf. Zögernd trat Christina einen Schritt näher.

»Ah, die Müllerin. Da ist sie ja. Sie ist also schwanger?«

Das war wohl eher eine Feststellung als eine Frage. Es war inzwischen mehr als offensichtlich.

»Der Schwahnen Friedrich ist der Vater?«

Christina nickte heftig. »Ganz gewiss.«

»So …« Schweigen.

Was hatte das nun zu bedeuten?

Direktor Altermann legte die Finger seiner langgliedrigen Hände aneinander. Etwas Tinte hatte Daumen und Zeigefinger der rechten Hand schwarz gefärbt. Christinas Blick saugte sich daran fest.

Dann hob er ganz plötzlich wieder an: »Sie hat sich, bis auf einige kleine Schwierigkeiten am Anfang, wohl verhalten.«

Als ob einem auch etwas anderes übrig blieb angesichts der ständig drohenden Stockhiebe.

Altermann blickte an die Decke. Christina wartete. Herrgott, konnte der Mann nicht etwas schneller sagen, was er zu sagen hatte. Sie brannte vor Ungeduld.

»Du hast Glück, der Doktor hat sich für dich eingesetzt.«

»Das weiß ich zu schätzen.«

»Tatsächlich bin ich mir nicht ganz sicher, ob das eine wie du verdient hat.«

Christina biss sich auf die Lippen. Nur nicht aufbegehren jetzt. Am besten war es, den Kopf gesenkt zu halten und keine Widerworte zu geben, das hatte sie hier im Zuchthaus schnell gelernt.

»Immerhin hast du dich diesem Tunichtgut hingegeben. Das lässt keine guten Rückschlüsse auf deinen Charakter zu. Aber …« Altermann griff in eine der Schubladen seines Schreibtisches und zog ein Schriftstück heraus.

Christina versuchte neugierig, einen Blick darauf zu erhaschen. Sollte er doch faseln. Es interessierte sie nicht mehr, was man hier oder zu Göppingen oder sonst wo von ihr hielt. Hauptsache, sie kam hier heraus.

»Ich habe für dich auf Anraten des Doktors um eine Haftverkürzung ersucht«, erläuterte Altermann, indem er den Pergamentbogen mit der ihm eigenen Akribie entfaltete, »schließlich hast du das meiste deiner wohlverdienten Strafe abgesessen und es gibt ja«, seine dunklen Augen streiften für einen Augenblick ihren gerundeten Leib, »auch unbestreitbar besondere Umstände. Du musst wissen, dass die Justizvollzugsbehörden unseres gesegneten Württembergs im Auftrag unseres allerdurchlauchtigsten Herzogs Carl Eugen gerecht und verständnisvoll sind. Der Staat sorgt für die ins Unglück Geborenen und solche, die es werden.«

Christina starrte den Mann an. Wie konnte er so etwas allen Ernstes behaupten? Sah er nicht die allgegenwärtige Not? Er war doch täglich mit den Folgen konfrontiert! Plötzlich kam ihr ein schrecklicher Verdacht. Und tatsächlich, Altermann fuhr fort: »Du wirst das Kind vermutlich nicht großziehen können oder wollen. So ist allergnädigst verfügt worden, dass du den Säugling nach der Geburt in eine von uns bereits angefragte Pflegestelle geben kannst. Mit Vollendung seines achten Lebensjahres wird er dann, bis er ausbildungsreif ist und eine Lehre beginnen kann, hier im Zucht- und Armenhaus als Waise aufwachsen können.«

Er nahm die Feder wieder auf und tunkte sie ins Tintenfass. »Es bedarf nur deiner Unterschrift.«

»Nein!« Wie ein Hilfeschrei brach es aus ihr heraus. »Ich werde dieses Kind nicht hergeben.«

Altermann betrachtete sie einen Augenblick regungslos. Dann legte er die Feder wieder auf den Tisch. »Man wird dich nicht zwingen, es zu tun. Allerdings wird euch keine Hilfe zuteilwerden, wenn du dies nicht annimmst. Bedenke, es ist das Beste für dein Kind.«

»Das Beste?« Christina lachte schrill. »Das soll das Beste für ein Kind sein, ohne eigene Schuld in diesen Mauern groß werden zu müssen, eingepfercht zwischen Räubern, Dieben und anderem Gesindel, ganz abgesehen von den Geistesgestörten? Und das unter ständiger Plackerei und Hunger? Oh nein, lieber sitze ich meine Strafe bis zum bitteren Ende ab. Dann könnt Ihr mich zu nichts zwingen.«

»Du redest ohne Verstand, Frau«, meinte Altermann säuerlich. »Aber wie du willst, dann unterschreibst du eben nicht und lieferst dein Kind dem Gespött der Leute und dem sicheren Verderben aus.« Er faltete das Pergament wieder zusammen.

»Kann ich dann gehen?«, fragte Christina trotzig. Sie hielt es keine Sekunde länger mehr in einem Zimmer mit dem Anstaltsleiter aus.

»Nein!« Altermann war wieder die Ruhe selbst und staubtrocken wie seine unzähligen Akten. »Es ist um deine Entlassung ersucht worden, sie wurde gewährt und deshalb wirst du nun entlassen. Punktum.«

Sie wagte kaum, ihren Ohren zu trauen. »Ich bin frei?«

»Ja, allerdings unter einer Auflage.«

Wie hätte es auch anders sein können? »Ach, und die wäre?«

»Du hast dich in Plochingen zu melden. Dort wirst du die freie Magdstelle auf dem Pfarrhof antreten. Sie unterhalten dort auch Landwirtschaft und eine kleine Tuchmanufaktur und übernehmen von uns vorzeitig entlassene Sträflinge für eine gewisse Zeit, damit sie nicht wieder in ihr schändliches Tun zurückfallen. Du wirst dort auch gebären können. Nun, und vielleicht überlegst du es dir auch noch einmal, ob du nicht doch die Hilfe, die dir für dein Kind geboten wird, in Anspruch nimmst.«

Christina zog es vor zu schweigen.

»Nun gut.« Altermann erhob sich. »Du wirst dir aus der Kleiderspendenkammer noch etwas heraussuchen können. Es ist doch ein langer Weg bis Plochingen, und es ist kalt.«

Das war es in der Tat. Selbst die Fenster in der gut geheizten Schreibstube des Direktors waren fast gänzlich mit Eisblumen bedeckt. Das rege Treiben auf der Straße war nur zu erahnen.

»Kannst du lesen?«

Christina nickte. »Ja, ich habe es in der Sonntagsschule gelernt.«

»Gut!« Er zog aus einer anderen Schublade einen Zettel, auf den jemand, wohl einen vorbereiteten Schriftsatz kopierend, eine Adresse und eine Wegbeschreibung notiert hatte. »Melde dich dort, du wirst erwartet. Du findest auf dem Hof, wie ich dir gesagt habe, eine Anstellung, Unterkunft und ausreichende Versorgung.«

»Und wenn ich mich nicht dort melde?«

»Dann wirst du deine Strafe, die obendrein um eine bestimmte Frist verlängert würde, absitzen müssen, sobald man deiner habhaft wird, weil du dich nicht an die verordneten Auflagen gehalten hast. Ich rate dir dringend ab.«

Christina nahm den Zettel aus seinen Händen entgegen. Am liebsten hätte sie ihn zerknüllt und ihm vor die Füße geworfen. »Bekomme ich auch Wegzehrung?«, fragte sie stattdessen.

»Ja, du kannst dir noch etwas aus der Anstaltsküche holen.«

»Danke!«

»Du kannst allerdings dankbar sein. Den wenigsten wird das Privileg einer vorzeitigen Entlassung zuteil.«

»Ich habe mich ja bedankt!« Christina konnte nicht verhindern, dass unterdrückte Wut in ihren Worten mitschwang.

Altermann erhob sich mahnend hinter seinem Schreibtisch. Er war nicht groß, ein schmächtiger Mann, der in seinem glänzenden schwarzen Seidenwams ein wenig an einen schwarzen Käfer erinnerte. Trotzdem strahlte er jetzt eine bedrohliche Autorität aus. Christina wandte sich um und verließ wortlos den Raum. Nie wieder! Nie wieder würde sie die Herzogstadt Ludwigsburg und ganz besonders diesen verfluchten Ort darin betreten, das schwor sie sich beim Leben ihres ungeborenen Kindes.

KAPITEL 14

DRAUSSEN SCHNEITE ES DICHTE FLOCKEN. Christina war froh, dass sie im Stall bei den Schafen arbeiten konnte. Zusammen mit einer anderen Frau legte sie den Tieren große Haufen von duftendem Heu in die Raufen. Das war eine der Aufgaben, die man ihr übertragen hatte. So schlecht war es gar nicht auf diesem Hof, auch wenn der Pfarrherr ein wenig selbstgerecht und belehrend wirkte. Er meinte, den ihm überlassenen ehemaligen Sträflingen zu jeder passenden und unpassenden Gelegenheit mit erbaulichen Reden ins Gewissen reden zu müssen, auch wenn dies meistens nur bedeutete, dass er sie von der Arbeit abhielt. Und von der gab es wahrlich genug.

»Wann ist's denn bei dir so weit?«, meinte Liesl, so hatte die andere Magd sich Christina zumindest beim Morgenappell auf dem Hof vorgestellt, mit einem knappen Kopfnicken auf ihren prallen Leib weisend.

»Ich weiß es nicht genau, aber lange wird es nicht mehr gehen. Vielleicht im Januar«, antwortete Christina zögernd. Sie wusste es ja selbst nicht, wann genau sie von Frieder schwanger geworden war. Irgendwann im Frühjahr war es wohl gewesen.

»Hab gehört, du willst das Balg unbedingt behalten.« Die Frau schüttelte den Kopf und stieß unsanft eines der Schafe zur Seite.

»Und? Was geht's dich an?«

Liesl hielt für einen Augenblick inne und stemmte die Linke in die Hüfte. »Na, du machst mir Spaß. Sei doch froh, wenn du den kleinen Fresssack loswirst. Denkst du, irgendjemand nimmt dich in Stellung mit einem Balg am Hals? Du bist ja verrückt.« Sie schnalzte mit der Zunge und widmete sich dann wieder dem Heuhaufen. »Auf den Vater kannst du jedenfalls nicht zählen.«

Christina horchte auf. »Was?«

Liesl grinste. »Stimmt doch, es ist dieses Sonnenwirtle, von dem alle reden.«

Verbissen hieb Christina ihre Forke ins Heu. Ein kräftiger Schafbock, das Maul voll der köstlichen goldenen Flut, sprang empört blökend zur Seite. »Und wenn es so wäre?«

»Also stimmt es wirklich.« Liesl stellte das Arbeiten nun ganz ein und kam vertraulich ein paar Schritte näher. »Du bist also das Liebchen von diesem Satansbraten.«

Christina verspürte herzlich wenig Lust zu antworten.

»Weißt du, dass sie ihn nun doch nicht zum Tode verurteilt haben?«, raunte ihr Liesl zu.

Überrascht hielt Christina inne.

»Was weißt du davon?«

»Was man halt so redet drüben in Göppingen. Ich bin von da, weißt.«

Christina spürte, wie ihr Herz zu klopfen begann, ob vor Erleichterung oder Angst, wusste sie nicht zu sagen. »Und? Haben sie ihn etwa freigelassen?«

»Freigelassen?« Liesl lachte meckernd. »Das glaubst du doch wohl nicht im Ernst. Nein, lebenslänglich hat er bekommen. Gerade jetzt müsste er auf dem Weg zur Festung Hohentwiel sein.«

»Hohentwiel? Aber das ist doch ganz da unten im Alemannischen. Bei der Stadt Singen, wenn ich es richtig weiß.«

Liesl zuckte gleichmütig mit den Schultern. »Keine Ahnung. So heißt es eben. Ich war da noch nicht, bin mein Lebtag nicht aus der Gegend hier fortgekommen.«

Christina konnte ihre Aufregung kaum beherrschen. »Also, er ist zu lebenslänglicher Haft auf der Festung dort verurteilt?«

»Wenn ich es doch sage!« Liesl schnaubte ungehalten und nahm ihre Arbeit wieder auf. »Den siehst du also nicht wieder. Und wenn du einen guten Rat von mir willst: Sieh zu, dass du dieses Balg von ihm so schnell wie möglich los wirst, sonst hast du keine Chance, jemals wieder auf die Füße zu kommen.«

Mit einem Mal keimte Misstrauen in Christina auf. »Hat der Pfarrer dir das aufgetragen?«, fragte sie scharf. »Was bekommst du dafür, dass du mich beschwatzen sollst?«

»Ich? Nichts!«, sagte Liesl schnell, doch ihr Gesicht rötete sich jäh.

Erwischt, dachte Christina. Sie hatten es also noch immer nicht aufgegeben. Erst Altermann, dann die Frau Pfarrer, als sie nach zweitägiger Wanderung halb erfroren in Plochingen angekommen war, und nun ließ der Pfarrer sie auch noch bespitzeln. Langsam beschlich sie der Gedanke, dass man es hier nicht nur gut mit ihr meinte. Was hatten sie alle nur für ein Interesse an ihrem Kind? Sie richtete sich auf und spürte im selben Augenblick, wie ein scharfer Schmerz durch ihren Unterleib fuhr. Ein kleiner Schrei entfuhr ihr.

»Was ist?« Beunruhigt sah die andere sie an.

»Vielleicht dauert es doch nicht mehr bis Januar«, presste Christina zwischen zusammengebissenen Zähnen hervor.

»Oh! Soll ich jemanden holen?« Liesl wirkte jetzt doch recht besorgt. Vielleicht plagte sie auch ihr Gewissen.

Christina atmete tief ein und aus. Oh ja, sie kannte diesen Schmerz, aber dennoch, noch war es nicht so weit.

»Nein, lass, es geht schon wieder.«

»Bist du sicher?«

»Ja«, Christina nickte bekräftigend, »allerdings, wenn es

dir nichts ausmacht, werde ich mich doch ein wenig hinlegen.«

»Das wirst du aber erst mit dem Maier* besprechen müssen.«

»Ja doch!« Etwas unwirsch öffnete Christina die Stalltür. Eisiger Wind fegte ihr entgegen. Selbst die Schafe versuchten, so schnell wie möglich der unwillkommenen Kälte auszuweichen, und drängten sich in die hinterste Ecke des Pferchs. Christina fasste die Enden ihres schäbigen, der Ludwigsburger Spendenkammer entnommenen Wollumhangs und zog das Kleidungsstück enger um die schmalen Schultern. Dann ging sie, das Gesicht vom aufkommenden Schneesturm abgewandt, hinüber zum Haus des Verwalters.

Die Holzpantinen sorgsam an der Türkante abstoßend, betrat sie schließlich das schlichte Gebäude. Auch hier war es nicht wirklich warm. Zu sehr zog der zunehmende Wind durch die schlecht abgedichteten Fenster und pfiff durch den Kamin. Das Feuer dort hatte kaum eine Chance.

»Maier, ich muss mit Euch reden.«

Der Mann sah von seiner Arbeit auf. Er war nicht unfreundlich, konnte jedoch auch sehr streng sein. Eine Notwendigkeit hinsichtlich seiner in der Mehrzahl wenig vertrauenerweckenden Helfer auf dem Hof.

»Was gibt's?«

»Ich fürchte, das Kind lässt nicht mehr lange auf sich warten, und ich möchte es auf keinen Fall hier zur Welt bringen«, sagte Christina fest. Oh ja, sie hatte es sich schon auf dem langen Weg nach Plochingen überlegt. Egal wie man sie aufnahm, aber sie würde zur Geburt nach Hause zurückkehren. Schließlich konnte ihre Mutter sie wohl kaum von der Schwelle weisen. Irgendwie würde es schon gehen. Es war doch immer gegangen. »Könnt Ihr mich aus dem Dienst ent-

* Hofvorsteher

lassen? Es sind doch nur noch zwei Tage, meine ich. Dann wäre mein halbes Jahr verbüßt.«

Der Verwalter starrte sie einen Augenblick an. Vielleicht beschlich ihn die Furcht, sie würde gleich hier vor seinem Schreibtisch gebären. Dann besann er sich. »Ich muss das erst nachprüfen«, murmelte er. Seltsam, dass er es kaum wagte, sie anzusehen. Als habe sie den Aussatz. Vielleicht verbarg sich unter seiner rauen Schale eine gewisse Schamhaftigkeit, oder war etwas anderes der Grund? Die Worte Liesls klangen ihr dröhnend in den Ohren: lebenslange Festungshaft! Und sie trug das Kind des Sonnenwirtle in sich. Christina legte die Hand auf ihren Leib. Ganz deutlich spürte sie das kräftige Treten des Kindes. Plötzliche Zuversicht erfüllte sie. Sie lächelte. Diesmal würde ihr niemand ihr Kind fortnehmen, dafür würde sie schon sorgen.

Der Maier hatte ein ledergebundenes Buch, in dessen Rücken die Jahreszahl 1753 eingebrannt worden war, aus dem Regalschrank hinter sich genommen und blätterte nun mit kundiger Hand in den Seiten. Schließlich fand er den ihre Person betreffenden Eintrag. Es waren nicht mehr viele unbeschriebene Seiten in dem Buch übrig. Kein Wunder, Weihnachten stand unmittelbar vor der Tür.

»Du warst nicht sehr lange bei uns«, stellte der Verwalter sachlich fest, »aber es stimmt: Übermorgen wäre deine offizielle Strafe verbüßt.« Nun sah er sie doch an. »Und du bist dir sicher, dass das Kind kommt?«

Christina nickte. »Ganz sicher! Es ist nicht mein erstes, müsst Ihr wissen.«

Der Verwalter winkte ab: »Es geht mich nichts an, was du getrieben hast, will's auch gar nicht wissen.«

Er zog ein Tintenfass mit einem Gänsekiel, der schon reichlich gerupft aussah, heran. »Also gut. Dann kannst du gehen.« Einen Strich und ein paar schwungvolle Buchstaben später war rechtskräftig, was sie sich so sehr ersehnt hatte. Christinas Herz hüpfte vor Erleichterung genauso wie das Kind in ihrem Leib.

»Weißt du, wo du hingehen kannst? Ich kann dich so«, er deutete aus dem Fenster in das aufziehende Schneegestöber, »ja kaum vom Hof lassen. Das wäre nicht zu verantworten.«

Christina machte einen zögernden Schritt in Richtung des Schreibtisches zwischen ihnen. »Ich hatte gehofft, Ihr wüsstet jemanden, der vielleicht in Kürze nach Ebersbach fährt. Es ist ja nicht allzu weit von hier. Kennt Ihr nicht jemanden, an den ich mich wenden könnte?«

»Hm …« Der Verwalter legte einen Finger an seine fleischige Nase, die immer ein wenig zu rot zu sein schien. Dabei trank er nicht, oder wenigstens nicht viel. Möglicherweise war sie ihm ja einmal erfroren. Man erzählte sich auf dem Hof, dass er früher als Offizier gedient hatte im herzöglichen Regiment.

»Tatsächlich, ich weiß da jemanden«, sagte er überraschend freundlich. »Ein hiesiger Weinhändler, der fährt jede Woche nach Ebersbach. Ihr habt ja in Ebersbach wegen der vielen durchreisenden Händler und Fuhrleute so viele Gasthäuser, dass er ständig Nachschub liefern muss. Besonders oft beliefert er den ›Ochsen‹ weiter unten an der Hauptstraße. Du könntest bei ihm nachfragen. Sein Hof ist nicht weit von hier. Ich gebe dir auch einen Entlassungsbrief mit einer Empfehlung.«

»Das wäre sehr freundlich.« Christina seufzte erleichtert. Erneut fasste sie an ihren Leib. Ja, es war noch nicht so weit, die Wehen hatten sich wieder beruhigt. Aber lange konnte es nicht mehr dauern, und dann wollte sie zu Hause sein. Sie fürchtete, man würde sonst doch noch versuchen, ihr das Kind fortzunehmen.

Es war ein seltsames Gefühl, nach diesem halben Jahr wieder den Platz vor dem heruntergekommenen Gebäude zu betreten, das sie ihr Zuhause nannte. Sie sah mit einem Blick, dass es auch hier nicht zum Besten stand. War es vorher schon mehr als ärmlich gewesen, so wirkte der Hof jetzt vollkommen verwahrlost. Der Zaun um das Gärtchen hielt sich nur noch mühsam an einem Pfosten und drohte umzusinken. Zerbrochene Gerätschaften und ein zerborstener hölzerner Eimer lagen achtlos hingeworfen in der Nähe der Haustür, und in drei Fenstern fehlte das Glas. Jemand hatte notdürftig ein paar alte Säcke hineingestopft gegen den schneidenden Wind. Wenigstens der Schnee, der gestern noch reichlich gefallen war, breitete ein gnädiges weißes Linnen über das Elend.

Christina schauderte kurz, fasste sich dann aber ein Herz und drückte den groben Holzriegel am Eingang herunter.

»Hallo …? Mutter?« Sie ging hinein und schloss die Tür hinter sich. Feuchtkalte Düsternis umgab sie, sonst war nichts zu hören.

»Mutter, ich bin's, die Christina. Ich bin zurückgekehrt.«

War überhaupt noch jemand am Leben oder waren sie in der Zwischenzeit aus Ebersbach fortgegangen? Leise Furcht beschlich sie und das zarte Pflänzchen ihrer Zuversicht drohte in sich zusammenzusinken. Schließlich hatte sie nichts mehr von den Ihren gehört, seit sie verhaftet worden war. Das erschien ihr jetzt seltsam genug. Was war geschehen?

»Hallo? Mutter, Margarethe, wo seid ihr?«

Da plötzlich ein Geräusch an der Küchentür, am Ende des dunklen Gangs. Christina hielt zögernd inne.

»Das glaubt man ja nicht!« Es war Margarethe, die die Tür einen Spalt geöffnet hatte und nun das grobe und in den Angeln quietschende Holzblatt noch etwas mehr aufdrückte. In eine alte Pferdedecke gehüllt, stand ihre Schwester wie ein unförmiges Tier im Türrahmen. »Wo kommst du denn jetzt her?«

Es war nicht ganz der Empfang, den Christina sich erhofft hatte.

Aus der Küche war undeutlich die Stimme der Mutter zu hören, Christina erkannte sie sofort, auch wenn sie sehr heiser und etwas dumpf klang. Vermutlich hatte sich auch die Mutter gegen die Kälte in eine dieser schmutzigen härenen Decken gewickelt.

»Es ist die Christina, Mutter!«, rief Margarethe mit zurückgewendetem Kopf, machte aber keine Anstalten, die Heimkehrerin hereinzubitten.

Ein Scharren, gefolgt von schlurfenden Schritten, war zu hören, dann öffnete sich die Tür ganz.

»Dass du dich noch hertraust!«

»Es ist auch mein Zuhause, habt ihr das vergessen?«, gab Christina trotzig zurück und drängte sich entschlossen an den Frauen vorbei, ehe man sie hindern konnte.

Der Raum schien wenigstens etwas wärmer als der Rest des Hauses, was wohl an dem kleinen Feuer lag, das die beiden mittels ein paar Klaubhölzern in einem Öfchen unterhielten. Für den größeren Kamin schien das Holz nicht zu reichen. Ein guter Abzug fehlte dem Notbehelf aber, die ganze Küche stank nach Rauch. Hinter ihr wurde geräuschvoll die Tür geschlossen.

»So, hat man dich also gehen lassen?« Die Mutter klang alles andere als erfreut.

Ärger kroch in Christina hoch. Was um alles in der Welt warfen sie ihr denn vor?

»Wie du siehst!«, schnappte sie. »Ich habe es tatsächlich überstanden, und das, obwohl ihr euch einen Dreck um mich geschert habt. Ich hätte sterben können in der Haft, aber euch hat das ja nicht gekümmert.«

Ein Moment der Stille. Die Kälte, die sie vom Gang draußen mit hereingebracht hatte, verteilte sich im Raum und verdrängte das Wenige an Wärme, das aus dem jämmerlichen Öfchen quoll.

»Glaubst du denn, wir rennen wegen dir bis nach Ludwigsburg?«, fauchte Margarethe, eine Spur zu sehr auf Verteidigung aus. Ihr schlechtes Gewissen war offensichtlich. »Hast wohl gedacht, wir bringen dir Essen und so. Irgendwelche Köstlichkeiten für die Dame. Ha! Wir hatten selbst genug zu tun, um am Leben zu bleiben, damit du es weißt. Was denkst du denn, wie die Leute uns hier behandeln wegen dir? Angespuckt haben sie uns, nachdem du und dein verfluchter Frieder verhaftet worden seid. Sogar mit Sachen hat man nach uns geworfen. Wir konnten uns nicht mehr im Ort blicken lassen.«

Christina wandte das Gesicht ab. »Ich konnte nichts dafür, das wisst ihr genau.«

Margarethe ereiferte sich. »Ach was, nichts dafür willst du also können? Wer war's denn, der die Hure hier hereingelassen hat mit dem Lumpen? Wer war's denn, der das Diebesgut aus dem Pfarrhaus in seinem Zimmer versteckt hat? Wer hat sich denn mit dem Kerl und seiner Schindmähre im Bett herumgewälzt, hä? Ich sag dir …«

Jäh wurde die Schwester von der Mutter unterbrochen. »Um Gottes und Christi willen, du bist ja schon wieder schwanger! Sag bloß, es ist wieder von diesem verfluchten Wirtssohn.«

Eh Christina es sich versah, war die Mutter auf sie zugegangen und versetzte ihr nun eine Maulschelle, die ihren Kopf mit einem hellen Klirren erfüllte. Es dauerte deshalb einen Moment, bis sie verstand, was die Mutter in ihrer Wut schrie. Harte Worte waren das. Eine Hure hätte sie in die Welt gesetzt, der Vater habe recht gehabt. Warum sie sich mit dem Sonnenwirtle erneut eingelassen habe und ob sie noch ganz bei Sinnen sei. Offenbar hatte die Mutter ganz vergessen, dass sie nichts gegen dessen freches Verlangen einzuwenden gehabt, ja dies sogar begrüßt hatte.

Tränen schossen Christina in die Augen. Es war so ungerecht. »Aber ich wusste nicht, wohin«, schluchzte sie schließlich, »ich wollte doch nur, dass mein Kind …« Ach, warum nur war sie zurückgekommen. Warum?

Die Mutter, die immer noch nicht fertig war, unterbrach sie rüde: »Du bist doch nicht ganz beieinander! Was sollen wir denn mit einem Säugling? Wir haben selbst nichts mehr zu beißen. Da, sieh!« Zum Beweis ihrer Worte hob die Mutter den hölzernen Rührlöffel aus dem kleinen Töpfchen auf dem Ofen, in dem eine undefinierbare Brühe vor sich hin köchelte. Wenig Nahrhaftes fand sich in der Kuhle des Löffels, und was dort schwamm, sah reichlich verdächtig aus.

»Hat denn nicht Hans-Jerg etwas Geld geschickt?«, brachte Christina zaghaft vor.

Margarethe schnaubte. »Der feine Herr Zimmermann kennt seine Leute nicht mehr.«

»Und Anna, vielleicht kann sie doch …?

Die Mutter winkte ab. »Der geht's kaum besser als uns!« Sie bedachte Christina mit einem mitleidlosen Blick. »Morgen verschwindest du von hier. Es ist mir egal, was aus dir wird. Hast uns genug Ärger eingebracht. Hilf dir also selbst, wir können dir nicht helfen.«

Christina war fassungslos. »Das kannst du doch nicht so meinen, Mutter!«

Doch diese hatte sich wieder auf ihren Hocker beim Öfchen gesetzt und zog nun die Decke mürrisch um sich. Sie hielt es offensichtlich nicht mehr für nötig, ihrer Tochter noch zu antworten.

Stattdessen erbarmte sich die Schwester. »Da drüben ist vorerst noch etwas Stroh, damit kannst du dir die Kleider ausstopfen gegen die Kälte. Aber damit du es gleich weißt«, sagte sie, als sie sich auf den anderen Hocker am Feuer niederließ, »auf meine Schlafbank kommst du nicht. Die gehört mir!«

Ganz plötzlich in dieser Nacht kamen die Wehen.

Die Mutter schimpfte ohne Pause, während Christina sich quälte. Fast hätte sie nach Christina getreten, besann sich dann aber noch eines Besseren. Schließlich ging sie und besorgte etwas Schnee, um ihn in dem Töpfchen zu erwärmen, während Margarethe nun doch ihre Schlafbank räumte.

Christina rang nach Luft und krümmte sich auf dem harten Lager. Die Wehen kamen in rascher Folge. So heftig war es das erste Mal nicht gewesen. Oder erinnerte sie sich nur nicht mehr?

Margarethe beobachtete die Schwester neugierig. Schon als Anna kam, hatte sie unbedingt dabei sein wollen, was ihr jedoch von der Mutter verwehrt worden war. Nun gab es solche Verbote nicht mehr.

»Und? Wie geht es?«, fragte sie ein ums andere Mal. Christina japste und bäumte sich unter den Schmerzen auf. »Lass mich in Ruhe!«, stöhnte sie. Die Wehen kamen jetzt schneller und stärker, es würde sicher bald so weit sein. Schließlich hielt sie es nicht mehr aus und kniete sich auf den gestampften Boden. Ihr Körper wurde regelrecht geschüttelt von den immer heftiger über sie hereinbrechenden Wogen der Geburt.

»Lass sehen!« Die Mutter zwang sie, sich vornüber zu beugen, und griff ihr unter die Röcke. Christina spürte, wie sich die kalten Finger in die Öffnung ihrer Scheide bohrten. Sie schrie und versuchte wegzukriechen. Oh, wie weh tat das!

Die dunklen Augen der Mutter zeigten nun doch etwas

wie Sorge. »Irgendetwas stimmt nicht«, murmelte sie. »Das müsste doch schon weiter sein.«

Christina sah sich außerstande zu antworten. Eine neue Wehenwelle presste ihr die Kiefer wie mit Klammern zusammen. Ihr wurde schwarz vor Augen, dann erbrach sie sich auf den Boden. Es kam nicht viel. Die letzte Mahlzeit lag mehr als einen Tag zurück. Erschöpft sank sie zur Seite. Es war ihr nun alles gleichgültig. Ach, wenn doch nur die schrecklichen Schmerzen aufhörten.

»Hilf mir, sie zurück auf deine Bank zu legen, Margarethe«, befahl die Mutter barsch, »hier auf dem Boden kann sie nicht bleiben, und dann sieh nach, ob es schon dämmert. Ich denke, es ist besser, wenn wir die Sophie dazuholen. Herrgott aber auch! Ich weiß nicht, was ich ihr dafür geben kann. Wir haben doch nichts.«

Wütend starrte sie ihre ältere Tochter an, doch die bekam nichts mit von ihren Worten. Der Schmerz hatte sie nun gänzlich in seinen Klauen.

Margarethe maulte. »Jetzt, so früh, durch den Schnee bis zu Sophies Hütte im Wald? Meinst du wirklich, das ist nötig?«

»Ja, das meine ich, und jetzt geh, bevor ich dir Beine mache.«

Christina wand sich hin und her auf der Bank. Sie spürte es selbst: Das Kind konnte den Weg aus ihrem Schoß nicht finden, egal wie sehr sich ihr Körper auch mühte.

»Mutter ...«, stöhnte sie. Angst bemächtigte sich ihrer und drückte ihr den Atem ab.

Die Mutter tätschelte ihr hilflos die Hand. »Es wird schon, Christina, wirst sehen. Das wird schon.«

Es dauerte eine Ewigkeit, bis Margarethe, gefolgt von Sophie, mit schneeverkrusteten Schuhen in die Küche zurückgestapft kam. Bibbernd vor Kälte rannte sie zuerst zum Ofen und versuchte, ihre Hände daran zu wärmen.

»Wie weit ist es?«, fragte Sophie, die sich hingegen kaum die Zeit genommen hatte, sich aus ihrer dicken und vor Dreck starrenden Schafwolljoppe zu schälen. Christina konnte die Alte kaum mehr verstehen. Sie spürte, dass ihre ohnehin nicht übermäßigen Kräfte merklich nachließen. Immer wieder hatte sie das Gefühl, gleich ohnmächtig zu werden.

Sophie beugte sich über sie und untersuchte sie mit eiskalten, aber kundigen Händen. Dann zog sie die Augenbrauen hoch. »Ach Jesus, das Kind liegt falsch herum. Da ist jetzt nichts mehr zu machen. Ihr hättet mich viel früher holen müssen.«

»Oh«, die Mutter klang erschrocken. »Aber sie kam erst gestern daher. Wie hätten wir das wissen sollen?«

Sophie krempelte die Ärmel ihres Kleides hoch. »Nun, dann muss es halt so heraus.« Sie warf der Mutter einen scharfen Blick zu. »Ein Messer werden wir auch brauchen.«

»Was?« Christina versuchte hochzukommen. »Ein Messer, wieso ein Messer?« Panik ließ ihre Stimme schrill werden.

Die knorrige Hand der Alten drückte sie zurück auf ihr Lager. »Lass das meine Sorge sein, Mädle. Ich hab so was schon oft genug gehabt. Bist nicht die Erste, der das passiert. Wirst schon nicht dran sterben.«

Sie wandte sich an die Mutter. »Heißes Wasser habt ihr schon? Und saubere Tücher brauche ich.«

»Zum Teufel damit«, schimpfte die Mutter. Sie klang kaum weniger panisch als ihre Tochter. »Wo soll ich jetzt saubere Tücher herbekommen? Weißt doch selbst, wie es bei uns steht.«

»Sauberkeit ist nicht nur eine Frage des Geldbeutels«, gab die Alte spitz zurück. Ihre Missbilligung des mütterlichen Jammerns war nicht zu überhören. Es stimmte ja, wenn sich die Mutter auf eines verstand, dann aufs Lamentieren.

»Dann eben nicht«, stellte Sophie schließlich mit einem

Achselzucken fest, als die Mutter keine Anstalten machte, das Geforderte beizubringen, »aber wenn sie Fieber bekommt, macht nicht mich dafür verantwortlich.«

»Das passiert schon nicht, wenn du dir Mühe gibst«, gab die Mutter ebenso schnippisch zurück.

Christina stöhnte. Die Angst und die Schmerzen machten sie wahnsinnig. Wenn die beiden doch nur aufhören wollten zu streiten.

Die Alte ließ sich zum Glück nicht mehr auf weitere Diskussionen mit ihrer Kontrahentin ein. Ihre Aufmerksamkeit galt nun ganz Christina, die sich in ihren nutzlosen Wehen hin und her wand.

»Halt still, Kind. Hier, leg dich so hin. Ja, so ist es gut. Alles wird gut, ich weiß schon, was zu tun ist«, murmelte sie. Es war fast eine Art Singsang, der ihren Lippen entströmte. Unablässig bewegte sich ihr fast zahnloser Mund, während ihre Hände sich an Christinas weit gedehnter Scham zu schaffen machten. Sie griff nach dem von Margarethe gereichten Messer. Es war eines von Frieders Schlachtermessern, die er immer zum Metzeln seiner Beute verwendet hatte. Christina hielt entsetzt den Atem an. Ein scharfes Brennen zwischen ihren Beinen, dann ließ der schmerzhafte Druck ein wenig nach.

»Das wäre das«, murmelte die Alte und begann mit erstaunlicher Kraft, Christinas Leib zu bearbeiten. Schließlich legte sich die heilkundige Frau mit ihrem ganzen Gewicht auf ihren Körper …

Ein entsetzliches Krachen der Knochen in ihrem Unterleib. Christina schrie wie noch nie in ihrem Leben. Sie hatte das Gefühl, ihr Körper würde zermalmt. Als habe man sie aufs Rad geflochten. Doch dann war ihr, als hätte sich ein Knoten in ihr gelöst, alles schien nun seinen richtigen Gang zu gehen. »Siehst du«, sagte Sophie froh, »da kommt es, ich kann es schon sehen.«

Als hätten sie nur darauf gewartet, rollten die Wehen nun in sehr kurzem Abstand über Christina hinweg, sie keuchte und schnappte wie eine Ertrinkende nach Luft, aber dann war es endlich geschafft. Etwas Feuchtes, Großes glitt aus ihr heraus, zusammen mit einem enormen Schwall roten Blutes. Vollkommen am Ende ihrer Kräfte, schloss sie die Augen. Eine bleierne Müdigkeit hüllte sie ein. »Ein Junge und Gott sei Dank gesund!«, diese letzten Zauberworte konnte sie noch hören, dann versank sie endgültig in grauem Nebel.

Sie erwachte wieder, aufgeweckt von aufgeregtem Flüstern in einer Ecke der rauchigen Küche. Jemand schien sich mit einer anderen Person zu streiten.

»Nein, das wird nicht gehen. Er nimmt es auf keinen Fall.«

»Ihr solltet es wenigstens versuchen.« Das war Sophies krächzender Altfrauendiskant. »Die Christina ist viel zu schwach. Sie wird es nicht versorgen können. Ihr könnt froh sein, wenn sie überlebt.«

»Ich denke nicht daran.« Die Mutter, ohne Zweifel. »Als ich das letzte Mal zur ›Sonne‹ ging, um etwas zu essen einzufordern, hat der Alte die Hunde auf mich gehetzt. Nur noch mit knapper Not bin ich davongekommen.«

Dann Margarethe: »Im Dorf wird sich niemand seiner annehmen, auch der Pfarrer nicht. Der schon gleich zweimal nicht, nach allem, was vorgefallen ist. Auf das nächste Balg vom Sonnenwirtle legt hier nun wirklich keiner Wert.«

»Was hat sich das dumme Mensch auch nur dabei gedacht, uns die Sache wieder aufzuhängen«, beklagte sich die Mutter nicht eben leise, »am besten, man macht Nägel mit Köpfen, und das so bald wie möglich …«

Eine erschrockene Pause. Dann sagte die alte Hebamme:

»Das will ich nicht gehört haben, Müllerin. Es ist eine Sünde, das weißt du. Damit will ich nichts zu tun haben.«

»Ach was!«, knurrte die Mutter. »Tu doch nicht so, als hättest du selbst nicht schon oft genug nachgeholfen.«

Christina, die nur wenige Fetzen des Gesprächs verstanden hatte, versuchte ängstlich sich aufzurichten. Es gelang ihr nicht. Es hielt sie wie mit Seilen auf dem Lager. Seltsam, warum gehorchten ihr ihre Beine nicht? Ihre Augen irrten umher. Wo war ihr Kind? Ihr Mund schrie stumm. Der Raum um sie herum drehte sich, erst langsam, dann immer schneller, und ihr wurde heiß, so heiß. Der Schweiß lief ihr in Bächen herunter und durchweichte die blutigen Laken. Warum half ihr denn niemand? Sie stöhnte hilflos.

»Wo ist mein Kind? Ich will mein Kind sehen!«

»Es schläft, sei unbesorgt.« Sophie kam endlich zu ihr herüber. »Hast du Schmerzen?«

Christina schüttelte den Kopf. »Aber es fühlt sich alles so seltsam an. Ich kann meine Beine nicht bewegen«, wisperte sie schwach.

Sophie strich ihr übers Haar. »Du armes Ding. Ich fürchte, ich habe dir das Becken gebrochen. Das passiert manchmal, wenn es gar zu schwer geht.«

Christina starrte sie entsetzt an. »Werde ich wieder laufen können?«

Sophie bemühte sich sehr, zuversichtlich zu klingen. »Gewiss doch. Es dauert seine Zeit, aber es wächst alles wieder zusammen, glaub mir. Bei guter Pflege wirst du im Frühjahr wieder umherspringen können wie eh und je.«

»Ha!«, fauchte die Mutter. »Und wer soll das übernehmen, die gute Pflege? Ich bestimmt nicht! Ich habe weder das Geld noch die Verantwortung für das Schlampenmensch. Was hat sie sich auch unbedingt ein zweites Mal mit dem Kerl einlassen müssen?«

»Du solltest dich schämen, Müllerin! Ein hartherziges Weib, das bist du, weiß Gott.« Sophie zeigte ihre Abscheu deutlich, indem sie vor der Mutter auf den Boden spuckte.

Diese kam drohend ein paar Schritte näher. »Das muss ich mir in meinem Haus nicht sagen lassen. Mach, dass du fortkommst, du Gifthexe!«

Sophie verschränkte die Arme vor der Brust. »Gut! Dann gehe ich, aber ich komme wieder. Ich kann es nicht verantworten, das Mädle und ihr Kleines im Stich zu lassen.«

»Jaja, pack dich!«, zischte die Mutter böse.

»Bitte«, stöhnte Christina schwach, »ich bin so müde.« Oh ja, das war sie. Sterbensmüde! Sie fühlte sich so schwach wie noch nie in ihrem Leben, als wäre alle Lebenskraft aus ihr gewichen.

Ein besorgter Blick der alten Hebamme streifte sie. »Ich komme morgen wieder!«, sagte sie fest. Dann legte sie ihre Joppe um und machte sich auf den Weg in die Winterlandschaft des Christtagmorgens hinaus.

KAPITEL 15

Die Hitze in ihrem Kopf marterte sie. Sie hatte entsetzlichen Durst. »Mutter?«

Niemand kam.

Ein Schwall eiskalter Luft strich über sie hinweg. Dann ein heimliches Wispern. Von wo kam es? Christina versuchte, den Kopf nach dem Geräusch zu drehen. Ihr Körper verweigerte den Dienst.

Ihr Kind, wo war ihr Kind? Sie versuchte, den Gedanken festzuhalten. Doch wie ein wildes Vögelchen entwand er sich dem Zugriff ihres Willens.

So schwach, so müde, und doch brannte dieses verzehrende Feuer in ihr, verschlang sie.

Wo war ihr Kind?

»Mutter!«

Stille.

Erstickende, nachtschwarze Stille.

Dann schwanden ihr die Sinne.

Als Christina erwachte, blickte sie in Sophies runzliges Gesicht.

»Wo bin ich?«

»Bei mir. Ich habe einen befreundeten Bauern gebeten, dich mit dem Schlitten zu mir zu bringen. Dort konntest du keinesfalls bleiben.«

»Wirklich? Ich habe gar nichts mitbekommen.«

Christina versuchte sich hochzustemmen, aber die Alte hinderte sie daran.

»Du musst liegen bleiben, Kind, bis die Knochen wieder zusammengewachsen sind.« Sie schlug die Decke zurück. Christina sah, dass ein fester Tuchverband um ihre Hüften geschlungen worden war. Das war vermutlich Sophies Werk. Auch davon hatte sie nichts gespürt.

Wie lange war sie besinnungslos gewesen? Um des Herrgotts willen, wie lange? Jähe Furcht stieg in ihr auf. »Mein kleiner Junge? Wo ist er?«

Sophies altes Gesicht verschloss sich. »Ach, Mädle …«, seufzte sie.

Christinas Furcht wandelte sich in nackte Panik. »Was ist mit ihm, sag es mir!«

»Er ist tot, Christina.«

»Tot?« Der Schock fuhr ihr wie Eis in die Glieder. »Aber wie kann das sein? Er war doch gesund, nicht wahr? Das hast du doch gesagt, Sophie.« Ihre Stimme erreichte schrille Höhen. Das durfte nicht wahr sein. Nicht ihr Junge!

Die alte Hebamme stand auf und schlurfte zum Eisenherd hinüber, der ihre kleine Kate wärmte. »Ich mache mir ja selbst Vorwürfe, Kind. Ich hätte mich nicht abweisen lassen sollen. Hätte drauf bestehen müssen, das Kind mitzunehmen. Bestimmt hätte ich schließlich jemanden gefunden dafür.«

»Haben Mutter und Margarethe …?« Christina konnte den Satz nicht zu Ende sprechen. Zu entsetzlich war der Verdacht, der sich ihrer unerbittlich bemächtigte.

»Ja. Sie haben's absichtlich erfrieren lassen, denke ich. Als ich am Morgen kam, war's schon ganz kalt und steif. Sie haben's in einer Lade in den Gang hinausgelegt. Weil's so sehr geschrien habe, hat deine Mutter gesagt.« Sophie verbarg für einen Augenblick ihr Gesicht in den Händen. Dann aber drehte sie sich zu Christina um. »Wahrscheinlich ist es auch besser so. Was hätte der Kleine vom Leben gehabt? Gespuckt hätte man auf ihn, den Sohn von solch einem Teufelsbraten, wie's das Sonnenwirtle nun mal ist. Schlechtes Blut, sag ich.«

»Sei still!«, schrie Christina laut. Sie wollte es nicht hören, schrie an gegen ihre Verzweiflung. Es nützte nichts.

Schließlich verließen sie wieder die Kräfte. Das Fieber hatte sie fast an den Rand des Todes gebracht.

Erschöpft schlief sie ein.

Dunkle Tage, wirre Nächte folgten in endlosem Reigen. Sophie, die ihr immer wieder seltsame Kräutersude einflößte, deren starker Geschmack ihre Sinne betäubte und sie in ein Traumreich entführten. Frieder war dort, sein Lachen, seine Lebendigkeit – und doch fürchtete sie sich vor ihm. Oft wachte sie schreiend auf.

Irgendwann wurde es besser, der Schmerz innen wie außen dumpfer, wenn er auch blieb, hartnäckig wie ein ungebetener Gast. Draußen hatte der Februar schon seine schmutzigen Spuren im zertrampelten Schnee um die Hütte hinterlassen, und die gefrorenen Reste der winterlichen Pracht fielen in dicken Fladen von den Ästen. Sophie setzte sich neben sie und meinte freundlich: »Heute wollen wir damit beginnen, dich wieder auf die Beine zu stellen. Es wird nicht gleich gehen, aber ich denke, du bist so weit.«

Christina nickte folgsam. Sie konnte der alten Frau nicht ewig zur Last fallen. Obwohl es sie unendliche Mühe kostete, richtete sie sich auf und schwang mit tatkräftiger Unterstützung der alten Hebamme die Beine über den Rand ihres Lagers. Weiß und dürr wie Stecken lugten sie unter der Decke hervor. Als ob diese Glieder nicht zu ihr gehörten.

»Es wird schon gehen, du musst es eben versuchen, auch wenn es wehtut«, machte Sophie ihr Mut, »die meisten, denen das passiert, kommen wieder auf die Beine.«

»Gewiss.« Christina wusste, was von ihr erwartet wurde. Der Tod hatte sie schließlich nicht haben wollen, und so war es ihre Pflicht, zu leben. Entschlossen zog sie sich an dem mannshohen Stecken hoch, den Sophie ihr hilfreich anbot.

Der Schmerz war tatsächlich beträchtlich, aber nicht so schlimm, wie sie befürchtet hatte. Mühsam begann sie, ein Bein nach vorne zu bewegen. Dann das nächste. Es war eine Qual.

»Komm, Mädle, bis hier zum Tisch. Dort habe ich einen guten Eintopf für dich«, lockte Sophie. Christina tat der alten Frau den Gefallen. Sie verdankte ihr ihr Leben. Sie durfte sie nicht enttäuschen.

Von Tag zu Tag ging es besser und besser. Schließlich wagte sie sich vor die Tür. Die Frische des Waldes tat ihr gut, auch wenn die Fluren aufgeweicht und das Wetter trüb und regnerisch war.

»Bald wirst du wiederhergestellt sein. Hast du dir überlegt, was du tun willst?«, fragte Sophie, die hinter sie getreten war. »Ich fürchte, in Ebersbach wirst du kein Auskommen haben.«

»Ich weiß«, sagte Christina düster, »ich hätte gar nicht herkommen sollen. Wie konnte ich nur so dumm sein? Durch meine Schuld hat mein Kind den Tod gefunden.«

»Ach, was redest du da. Es ist gekommen, wie es gekommen ist. Was nützt das Lamentieren? Wenn du es anderswo bekommen hättest, wärt ihr wahrscheinlich beide tot.«

Christina wandte der Alten ihr trauriges Gesicht zu. »Und? Wäre das nicht besser?«, fragte sie rau.

Sophie schwieg einen langen Moment. »Nein«, sagte sie schließlich. »Du bist jung, Christina, du bist ein hübsches Ding, vielmehr wirst es wieder sein, wenn es dir besser geht. Du kannst neu beginnen. Geh fort von hier, immer kann das Unglück dich nicht verfolgen. Der, der schuld daran ist, ist fort für immer. Du brauchst ihn nicht mehr zu fürchten.« Sie legte ihr die Hand auf den Arm. »Oh ja, ich weiß, wie sehr du dich vor ihm ängstigst. Aber das hat jetzt ein Ende. Vertrau auf Gott. Es wird schon alles gut werden.«

Christina zog die Decke, die sie sich umgelegt hatte, noch enger um die Schultern. »Ich habe überlegt, dass ich nach Neckartenzlingen gehen könnte. Dort hat mein Bruder Zimmermann gelernt. Vielleicht kann er mir helfen oder vielleicht ein Oheim von mir, der dort wohnt. Meine Mutter stammt von dort, musst du wissen.«

»Hm«, Sophie zögerte, »nun, du musst letztlich entscheiden, was du tust. Aber vielleicht hast du recht, besser, du wendest dich an deine Verwandten, als dass du so ziellos in die Fremde gehst.«

»Ich würde gerne in ein paar Tagen aufbrechen.«

»Ja, lass dir Zeit, es eilt nicht.«

»Aber ich möchte dir nicht länger zur Last fallen. Ich habe ja nichts, was ich dir zum Dank geben könnte. Wie könnte ich das überhaupt je aufwiegen?«

»Ach, lass gut sein, Kind!«, sagte Sophie freundlich. »Du hast weiß Gott schon genug bezahlt im Leben. Ich werde nicht auch noch von dir fordern.«

»Danke, Sophie«, sagte Christina schlicht. Worte konnten nicht ausdrücken, was sie empfand.

Eine Woche später machte sie sich auf den Weg.

Der Onkel empfing sie mit verhaltener Abwehr. »Ja«, meinte er und wühlte in seinen ergrauenden Locken, »Arbeit haben wir für dich bei uns keine. Es ist Ende Februar, da gibt's nicht viel zu tun. Das weißt du ja.«

Nur auf Christinas wiederholtes Drängen hatte er sich erbarmt, sie einzulassen. Die Bäuerin stellte ihr mit mürrischem Gesichtsausdruck einen Napf mit gekochtem Gemüse und einer zu harten Schweineschwarte hin, nachdem sie sich mit dem Onkel an den Tisch gesetzt hatte. Wenigstens gab das den matschigen Knollen Geschmack.

»Und Hans-Jerg? Wo ist er denn? Die Meinen sagen, er habe sich nicht mehr gemeldet und auch kein Geld geschickt.«

Der Onkel zuckte die Achseln. »Weiß ich's? Er ist letzten Sommer auf die Walz gegangen, zusammen mit ein paar anderen Burschen. Der kann Gott weiß wo sein. Manchmal sind sie Jahre fort.«

Die Bäuerin setzte sich dazu. Sie war die zweite Frau des Onkels, die andere war vor zwei Jahren überraschend an einem Fieber gestorben. »Stimmt es, dass du im Zuchthaus warst?«

Christina senkte den Blick, am liebsten wäre sie im Boden versunken, aber was nützte das Leugnen. Es würde ja doch herauskommen. Vermutlich hatte sogar die Mutter oder Margarethe geplappert. »Ja, es stimmt. Aber nicht lange. Ich habe mich gut geführt und sie haben mich vorzeitig entlassen.«

»So, hast du das.« Der misstrauische Ausdruck wich nicht aus den Augen der Frau. »Es heißt auch, dass du mit diesem Sonnenwirtssohn poussierst. Das muss ja ein rechter Galgenstrick sein, nach allem, was man so hört.«

Christina wurde es zu viel. Es war vielleicht doch ein Fehler gewesen, hierherzukommen. Sie erhob sich halb von ihrem Stuhl, da legte der Onkel schwer die Hand auf ihren Arm und drückte sie zurück auf ihren Platz. »Schweig, Frau!«, sagte er barsch. »Vorbei ist vorbei. Der Kerl sitzt für immer hinter Schloss und Riegel, und die Christina hat ihre Strafe abgesessen. Von deiner Sippschaft sind auch schon welche in Ludwigsburg gewesen. Hast du das vergessen, Weib?«

»Ach, mach doch, was du willst!«, keifte die Frau, stand jäh auf und ging hinaus.

Der Onkel seufzte. »Ich hätt's besser gelassen mit dem Heiraten, nachdem meine Marie von uns gegangen ist. Ein rechtes Ripp* ist die, von morgens bis abends mault sie.« Er sah Christina mit schwerem Blick an, das fröhliche Funkeln, an das sie sich so gut erinnerte, war gänzlich daraus verschwunden. »Wenn ich das gewusst hätte ... Ich sag's dir, wie's ist, Christina, selbst wenn ich Arbeit für dich hätte, ich würde dich nicht aufnehmen. Sie würde dir doch bloß das Leben zur Hölle machen.«

»Ich weiß nicht, wohin, Onkel.« Christina schob den Napf beiseite und stützte müde den Kopf in die Hände. Der Weg nach Neckartenzlingen hatte sie drei Tage gekostet. Drei Tage Matsch, Kälte und Regen. Sie war am Ende ihrer Kraft. »Zu Hause wollen sie mich nicht mehr, und in Ebersbach ... Nun, sie sind mir dort nicht freundlich gesinnt, obwohl ich ihnen nichts getan habe. Aber du weißt ja, wie die Leute sind.«

»Hier sind sie auch nicht anders.«

»Ja, aber hier kennt man das Sonnenwirtle nicht so wie in Ebersbach.«

Der Onkel nickte. »Das ist wahr, nur was man eben so gehört hat.«

»Was hat man denn so gehört?« Christina spürte, wie ihr Herz zu pochen begann. Wie viel war durchgesickert bis hierher? Das würde über ihr Wohl und Wehe entscheiden. Wie weit musste sie gehen, um sich Frieders Schatten zu entziehen?

»Ach«, meinte der Onkel gedehnt, »das meiste ist wohl eh nur Geschwätz.«

»Was also?« Sie musste es wissen.

---

* Mundartlicher Ausdruck für eine boshafte, zänkische Ehefrau. Bezieht sich auf die Rippe, aus der Gott für Adam eine Frau erschuf, die ihm bekanntlich zum Verhängnis wurde.

Der Onkel rutschte unbehaglich auf seinem Stuhl hin und her. »Einer hat mitgebracht, er habe bei euch zu Ebersbach in die Kirche eingebrochen und hätte den Leib Christi geschändet, den Pfarrer verprügelt und alles aus dem Gotteshaus mitgenommen, was er tragen konnte. Das gestohlene Kirchengold habe er dann ausgerechnet mit Huren verprasst, als habe er den Teufel selbst im Leib.«

Christinas Wangen röteten sich ungewollt, als das Wort »Hure« fiel, dennoch beeilte sie sich richtigzustellen: »Ganz so war es nicht. Weder hat er den Pfarrherrn verprügelt noch ist er in die Kirche eingebrochen. Aber seine Strafe hat er schon verdient.«

Der Onkel wandte den Blick ab. Verbarg er etwas? Wusste er vielleicht noch mehr? »Was geht's mich auch an?«, wiegelte er ab. »Es ist mir gleich, was die Leute schwätzen.« Christina verstand, dass sie das Thema besser nicht mehr vertiefte.

»Kannst du mir denn gar nicht helfen, Onkel? Ich würde jede Arbeit machen.«

Schweigen.

Dann wieder das hilflose Wühlen in den grauen Locken. Christina verstand, dass es dem Onkel nicht leichtfiel, sie abzuweisen. Doch dann hellte sich sein Gesicht plötzlich auf. »Dass ich daran nicht gleich gedacht habe.«

»Ja …?« Hoffnungsvoll richtete sie ihren Blick auf ihn. »Draußen beim kleinen Mühlenhof bei der alten Neckarburg, da ist die Bäuerin krank, seit Wochen schon. Irgendetwas mit dem Herzen, heißt es im Dorf. Ich denke, der Schillinger wär froh um eine Hilfe im Haus. Da könntest du fragen.« Er spitzte ein wenig die Lippen, als sei da noch etwas, was ihm sauer aufstoße. Schließlich sagte er zögernd: »Der ist aber schon einer, der seine Leut gern schindet. Die letzte Magd ist ihm davongelaufen, weil er sie gar zu sehr hat schuften lassen. Sein Weib hatte es kaum besser.«

»Das ist mir gleich. Ich kann arbeiten, wenn's sein muss, bis zum Umfallen. Hauptsache, ich habe ein Dach über dem Kopf und etwas auf dem Teller.«

Der Onkel stand auf und schenkte sich aus einem Krug etwas Milch ein. »Du auch?«, fragte er mit einem Hochziehen seiner buschigen Brauen.

»Ja, gerne, ich habe wirklich großen Hunger und Durst.«

Der Onkel schenkte auch ihr einen der henkellosen Steingutbecher voll, setzte sich zurück an den Tisch und schob seinem Basenkind die Milch herüber. Christina trank gierig. Wie lange hatte sie keine Milch mehr genossen? Sie leckte sich die Lippen.

»Du kennst übrigens seinen jüngeren Sohn. Er war einmal bei euch, als dein Vater noch lebte. Veith ist sein Name.«

Christina verschluckte sich und begann zu husten. »Ach ja? Ist denn der Veith auch auf dem Hof?«, fragte sie, als sie wieder zu Atem gekommen war. Ihr Herz klopfte erneut. Oh nein, sie hatte ihn nicht vergessen, obwohl sie sich darum bemüht hatte. Tatsächlich, je mehr sie es versucht hatte, umso schwieriger war es ihr vorgekommen.

»Nein, wo denkst du hin. Der hat sich vor Kurzem mit der Tochter seines Meisters verlobt und wird dann wohl irgendwann die Bäckerei in Waiblingen vom Schwiegervater übernehmen. Der Alte hat nämlich keine Söhne. Hat's sehr gut getroffen, der Veith.«

»Ach«, sagte Christina leise. »Wie schön für ihn.« Es entsprach der Wahrheit, sie gönnte ihm sein Glück, aber die Nachricht hatte ihr einen Stich versetzt. Wieso nur spürte sie solche Enttäuschung? In ihrem Inneren tauchte, lästig genug, Veiths Bild auf, das sie so sorgsam in sich zu vergraben gesucht hatte. Schlank, hochgewachsen und gut aussehend mit seinem ungebärdigen dunklen Haar und den flehenden Augen, so war er damals an jenem Ostermorgen in der Küche bei ihr aufgetaucht. Es erschien ihr Äonen entfernt. Was war aus ihm und was war nur aus ihr in der Zwischenzeit geworden? Daran war leider nichts mehr zu rütteln. Plötzlich schmeckte ihr die Milch nicht mehr.

Der Onkel erhob sich erneut. »Ich denke, es ist besser, wenn wir uns gleich zum Mühlenhof aufmachen. Ich will den Drachen«, er ruckte mit dem bärtigen Kinn unbestimmt in Richtung der Tür, durch die die Bäuerin vorher den Wohnraum verlassen hatte, »nicht unnötig reizen. Und du weißt dann, woran du bist.«

Sie können ihn nicht halten, dumm und nachlässig, wie sie sind. Er lacht in sich hinein. So viele Soldaten auf der Festung, und doch hat keiner bemerkt, wie er sich von der Arbeit bei den Gäulen davongestohlen hat. Vorne beim Haupttor kann er auf keinen Fall hinaus. Er schiebt sich an der Mauer entlang, immer schön aus dem Sichtfeld der Soldaten. Da kommt der Geiger, sein Mitgefangener, mit einer Schubkarre voll Mist aus den Stallungen – und entdeckt ihn. Vor Überraschung stellt er das stinkende, kotverklebte Gefährt ab und starrt zu ihm herüber. Der Idiot, er wird ihn noch verraten! Frieder schüttelt warnend den Kopf. Dann ein schneller Kontrollblick zur Wache drüben über den weiten Hof. Noch haben die beiden Soldaten mit ihren albernen weiß bezopften und gelockten Perücken auf dem dummen Schädel nichts bemerkt. Er weiß inzwischen ganz genau, wann sie ihre Runden drehen. Das hat er bald ausgekundschaftet gehabt. Er legt den Zeigefinger über die Lippen und schüttelt erneut langsam den Kopf. Der Geiger versteht endlich. Er will es ihm auch geraten haben. Der Kerl packt wieder die Holmen des Karrens, schiebt an und beginnt dabei, ein Liedchen zu pfeifen. Übertreiben muss er's ja nun auch nicht. Frieder verdreht die Augen. Grund zu pfeifen hat ein Gefangener hier auf der Festung weiß Gott nicht. Man packt sie hart an hier. Härter, als er es sich je hätte träumen lassen. Dagegen war das Zuchthaus in Ludwigsburg ein Witz. Zu fressen geben sie ihnen auch kaum. Er muss seine Hose schon mit einem Strick an den Leib binden, damit sie ihm nicht herunterfällt, und das, wo er doch kaum drei Monate hier ist. Jedenfalls ist klar, er muss hier heraus, und wenn es ihn sein Leben kostet. Es schiebt sich ein Stück weiter, immer die Wache im Blick.

Seine Hand tastet an der Mauer entlang. Die Stelle ist günstig. Das Mauerwerk ist rau, mit groben, hervorstehenden Steinen, da findet ein geschickter Kerl Halt zum Klettern. Außer-

dem sieht er hier, im toten Winkel der Gerätekammer, die Wache auf dem Hof nicht mehr. Und wenn er sie nicht sieht, dann sieht sie ihn auch nicht.

Wenig später ist er oben an der Krone der Ringmauer um die gut bewehrte Festung des Herzogs. Die Anlage gehört zu den sichersten Orten in Württemberg, so hat der Kaplan den neuen Gefangenen gegenüber mahnend betont, vermutlich, damit sie erst gar nicht auf die Idee kommen zu fliehen. Ha! Selbst der Herzog Carl Eugen sei hier schon als Knabe zu seinem Schutz untergebracht gewesen, so hat's geheißen. Als ob ihn das interessieren würde. Was gehen ihn der Herzog und seine verfluchte Sippschaft an?

Vorsichtig dreht er den Kopf, erst nach rechts, dann nach links. Keiner zu sehen. Wieder muss er lachen. Diese Narren! Nur weil sie sich sicher wähnen, umgeben von den dicken Mauern, werden sie nachlässig, als hätten sie keine Augen im Kopf. Er würde die Bewachung jedenfalls ganz anders organisieren, wenn es an ihm wäre. Aber nun nützt es ihm. Mit einem Ruck zieht er sich hoch. Es bereitet ihm keine Mühe. Er ist immer noch stark wie ein Ochse. Dann kniet er auf der Mauerkrone und lugt auf der anderen Seite hinunter. Verflucht, das ist hoch! Und danach fällt der Hang auch gleich steil ab. Eine schwierige Stelle für einen Sprung. Er lässt seinen Blick kurz über die weite Ebene in der Ferne schweifen. Das tut gut, nach Wochen und Wochen umgeben von Mauern, nichts als Mauern. Der Ort ist für eine Festung jedenfalls klug gewählt, das muss er jetzt doch zugeben. Nur da, wo auch der Haupteingang zum unteren Teil der Festungsanlage ist, ist der Hohentwiel leichter zu befahren. Was gut ist für den Herzog Württembergs, ist nun Pech für ihn. Aber das darf ihn jetzt nicht schrecken! Er muss es einfach wagen. Ein Sprung und abrollen. Das Gebüsch darunter ist dicht, ein völlig verfilzter Abhang. Es wird keine Mühe bereiten, sich darin zu verbergen, bis die Nacht gekommen ist. Und dann: Freiheit!

Er holt tief Luft. Dann springt er.

Aber es geht noch mehr schief, als er befürchtet hat.

Er kann nicht aufstehen. Der Schmerz raubt ihm fast die Sinne. Gerne würde er schreien, aber das darf er nicht. Sie haben ihn ja sonst gleich. Er verbeißt sich den Schmerz, versucht verzweifelt, sich in den Schutz des Dickichts hinabgleiten zu lassen. Aber das lässt er gleich wieder bleiben. Verflucht, dass ihm das passieren muss! Der Schmerz im rechten Bein ist mörderisch. Das Bein ist gebrochen, daran gibt es keinen Zweifel. Wer, wenn nicht ein Metzger, kennt das Geräusch, das Knochen beim Brechen machen? So viel Unterschied ist da nicht zwischen Schwein und Mensch.

Jedenfalls: Für ihn keine Chance mehr zu entkommen. Fast fühlt er sich jetzt wie eine Sau am Haken.

Vor Wut krallt er seine Fäuste in den dichten braunen Schopf, doch es nützt alles nichts. Der Fluchtversuch ist gescheitert. Bald werden sie ihn finden, und dann …? Ja, dann werden sie ihn strafen. Er könnte heulen.

Doch das schwört er sich: Er wird es wieder versuchen, wieder und wieder und wieder. Die Mauer ist noch nicht gebaut, die ihn halten kann.

TEIL III

Auf, auf, ihr Kameraden,
zu finst'rer Nachteszeit.
Zeigt eure Heldentaten,
es schlafen alle Leut'.
All Richter und all Schergen
und was uns schrecken kann,
ihr dürft euch nicht verbergen,
wenn ihr greift mutig an.

Tut euch nicht lang bedenken,
eilt hin auf jenen Platz,
wo in gefüllten Schränken
liegt ein verborgener Schatz.
Erbrechet Tür und Schlösser,
wo groß Paläste sein,
durchbohrt gefüllte Fässer,
und trinket besten Wein.

Räuberlied 18. Jahrhundert

Neckartenzlingen, zwei Jahre später
im Oktober des Jahres 1756

KAPITEL 16

Draussen war das Geräusch eines herannahenden Zweispänners zu hören, der auf dem Hof anhielt. Ein paar freundliche Worte, die gewechselt wurden, und das Gefährt ruckte wieder an. Die Bäuerin versuchte mühsam, sich von ihrem Leidenslager aufzurichten, das Christina vor einigen Monaten in die Stube des Hauses verlegt hatte. Die Kranke hatte darum gebeten. Seit dem letzten Winter war es so schlimm mit ihr geworden, dass sie kaum noch aufstehen konnte, und wenn, dann nur mit Christinas Hilfe. Sie quälte sich sehr. So manche Nacht verbrachte Christina wachend an ihrem Bett, sie stützend, wenn sie wieder um Atem rang. Der Arzt aus Nürtingen, den der Bauer kürzlich erst hatte kommen lassen, hatte den Kopf geschüttelt und gemeint, dass keine Hoffnung mehr bestünde. Die Bäuerin leide an der Wassersucht, was durch eine Schwäche des Herzens bedingt sei. Das habe einfach nicht mehr die Kraft, die Säfte im Körper zu bewegen, und deshalb sammle sich nun Wasser in den Beinen, im Unterleib und schließlich auch in den Lungen. Dann ginge es unweigerlich zu Ende. Der Bauer hatte es brummend zur Kenntnis genommen und dann ohne ein Wort das Haus verlassen. Er war ein harter Mann. Kein Wunder, kam Veith überhaupt nicht mehr nach Hause. Der Zweitgeborene und sein Vater verstanden sich sehr schlecht. Michael, der erste Sohn, war zwar auch nicht ein Herz und eine Seele mit Bauer Schilling, aber immerhin war er auch der Erbe des Hofs und würde einen Teufel tun, sich durch die oft genug unberechenbaren Launen des Vaters von seinem angestammten Recht und Gut vertreiben zu lassen.

Überhaupt kam Michael mehr nach seinem Vater, während Veith, so wie ihn Christina in Erinnerung hatte, ganz das Ebenbild der Mutter zu sein schien. Diese war eine zartgliedrige dunkelhaarige Schönheit, oder vielmehr war es wohl früher einmal gewesen. Das harte Leben auf dem Hof, die Arbeit und etliche Kinder, von denen nur zwei hatten aufwachsen können, hatten sie früh altern und schließlich krank werden lassen. Nun lag sie mit abgezehrtem Gesicht, aber aufgedunsenem Leib in ihrem Bett und kämpfte um jeden Atemzug. Es jammerte Christina, das mit ansehen zu müssen.

»Diesmal ist er es bestimmt.« Die Augen der Bäuerin leuchteten auf, und ihre Hand krallte sich in Christinas Rock. »Er muss es sein. Er kann doch nicht ewig fortbleiben. Nicht wahr, das meinst du doch auch, Christina?«

»Wir werden sehen«, murmelte diese und stand auf. Zu oft schon war die Hoffnung vergeblich gewesen, obwohl die Bäuerin nichts mehr herbeisehnte, als ihr »Katerle« noch einmal sehen zu können. So nannte sie Veith. Ein lächerliches Kosewort, übrig geblieben aus seiner Kindheit. Der Bauer schimpfte jedes Mal, wenn sie es benutzte.

Doch bisher hatte Veith seiner Mutter den Wunsch nicht erfüllt, trotz ihrer Krankheit. Wusste er nichts davon? Was war nur zwischen dem Bauern und seinem Zweitgeborenen vorgefallen, dass dieser überhaupt nicht mehr den Weg nach Hause fand? Diese Frage hatte Christina die ersten Monate stark beschäftigt, doch inzwischen hatte sie sich an den Zustand der Abwesenheit Veiths gewöhnt, nahm es als selbstverständlich hin. Wahrscheinlich war es das Beste so. Besser, Veith wusste nichts von ihr. Ohnehin plante sie, nach dem Tod der Bäuerin weiterzuziehen. Michael sah ihr gar zu begehrlich nach.

Schritte vor der Eingangstür ließen die Bäuerin aufhorchen. »Doch gewiss, er ist es! Ich kenne seinen Gang genau«, wisperte sie, mehr zu sich selbst als zu Christina, die sich, aufgeschreckt durch die näher kommenden Geräusche, in den dunkleren Teil der Stube zurückgezogen hatte. Wer auch immer da angekommen war und die Bäuerin zu besuchen gedachte, sie, die Magd, hatte dabei nun einmal nichts verloren. Aber vielleicht hatte die Bäuerin ja diesmal auch recht. Christina hatte gesehen, dass Michael kürzlich einen Brief geschrieben hatte. Vermutlich hatte er dem Bruder mitgeteilt, dass es mit ihrer Mutter bald zu Ende ging.

»Mutter!«

Tatsächlich, er war es. Groß, hager, stand er in der Tür, gekleidet in einen guten Anzug. Man sah, dass er in der Stadt Waiblingen und nicht auf dem Land lebte und dass es ihm gut ging. Sehr gut sogar.

»Veith, endlich!« Die Bäuerin schluchzte auf. Dann begann sie zu weinen.

Ein paar Schritte mit seinen langen Beinen und er umarmte die Frau, die so sehr auf ihn gewartet hatte.

»Verzeih, Mutter. Ich wusste nicht, dass es so schlecht um dich steht. Sonst wäre ich doch viel früher gekommen.« Er schien wirklich betroffen über ihren besorgniserregenden Zustand. Konnte es sein, dass Bauer und Bruder ihn bewusst über so lange Zeit im Unklaren gelassen hatten?

Doch das ging sie im Grunde nichts an. Überhaupt fühlte Christina sich unwohl als heimliche Beobachterin dieser doch sehr privaten Szene. Leise, um die beiden in ihrem Wiedersehen nicht zu stören, versuchte sie, sich aus der Stube zu schleichen.

»Du …?«

Christina wandte sich um.

Veith war aufgesprungen. »Was um alles in der Welt machst du hier?«

»Sie kümmert sich um mich und hilft auf dem Hof. Kennst du sie denn, die Christina?«, wollte die Mutter überrascht wissen.

Veith nickte. »Oh ja, wir kennen uns.« Er machte einen weiteren Schritt auf Christina zu, die sich verschreckt an den Türriegel klammerte. »Ich wusste nicht, dass du … mein Gott, wenn ich es geahnt hätte.« Er streckte seine Hand aus.

Warum hatte sie sich nicht früher überlegt, was sie auf die zwangsläufigen Fragen Veiths antworten sollte? Eine unverzeihliche Leichtsinnigkeit von ihr. Besser, sie wich ihm aus. »Es war mir recht so«, sagte sie knapp und drehte sich unwillkürlich weg. Sie wollte nicht, dass Veith sah, wie sehr sie ihr Wiedersehen nach all der Zeit aufwühlte.

Auch sein Gesicht hatte sich gerötet. Er räusperte sich. »Du pflegst also meine Mutter«, stellte er unnötigerweise noch einmal fest. »Aber seit wann denn?«

»Oh, über zwei Jahre schon«, teilte ihm die Bäuerin verwundert mit. Was zeigte ihr Sohn nur für ein Interesse an dieser einfachen Magd? Sollte er sich nicht eher ihr zuwenden? Vielleicht sahen sie sich das letzte Mal. Sie atmete schwer. »Erst hat sie mir im Haushalt geholfen und bei allem, was auf dem Hof so anfiel. Aber seit es mit mir gar nicht mehr geht, ist sie fast nur noch für mich da. Ich wüsste nicht, was ich ohne sie täte, nicht wahr, Christina?« Ihre Stimme klang nun doch etwas barsch.

»Danke!«, sagte Veith und nahm Christinas Hand für einen Moment, bevor er sie wieder losließ. Vermutlich wurde ihm selbst bewusst, dass das etwas seltsam wirken musste. Schließlich war das die Aufgabe einer Magd: zu dienen. Christina wagte einen kurzen Blick. Noch immer wäre sie am liebsten davongelaufen. Ihr Herz raste. »Nein, ich habe zu danken, dass man mich hier aufgenommen hat«, meinte sie abwehrend.

Auf seinem Gesicht malte sich Erstaunen. »Wieso? Was ist denn geschehen? Was …?«

»Lass!« Kurzerhand schnitt sie ihm das Wort ab. Keine Fragen, nur keine Fragen jetzt. Sie würde es nicht ertragen können, das wusste sie. Der Schorf über den Wunden der Vergangenheit war noch immer mehr als dünn. Und außerdem: Besser, die vom Mühlenhof wussten nicht alles über sie. »Deine Mutter braucht dich, und ich habe zu tun.«

»Aber nachher, da können wir miteinander reden. Dann erzählst du mir, wie du hierhergekommen bist, ja?«, bat Veith unbeirrt.

Christina zuckte unbestimmt mit den Schultern. »Ja, vielleicht, wir werden sehen.«

Er öffnete den Mund zu einer erneuten Frage, aber sie ließ ihn einfach stehen und rannte hinaus. Ein wenig zu heftig zog sie die Tür hinter sich zu. Mein Gott, was hatte sie sich nur gedacht? Einmal musste es ja geschehen, oder nicht?

Doch dann war Veith nicht gekommen, Woche um Woche nicht, Monat um Monat, und irgendwann hatte sie vergessen, sich zu sorgen. Oder war es vielleicht eher Hoffnung gewesen? Hoffnung, ihn doch noch einmal wiederzusehen?

Christina schüttelte den Kopf. Was für eine närrische Idee! Veith war inzwischen ein gestandener Mann und so gut wie verheiratet. Mit der einzigen Tochter eines reichen Bäckermeisters aus Waiblingen. Was sollte er mit einer wie ihr? Einer, die Schande über sich gebracht hatte, die im Zuchthaus gesessen hatte, die zwei uneheliche Kinder empfangen hatte … und das von einem verurteilten Schwerverbrecher. Sie schluckte schwer.

Nein! Daran durfte sie nicht denken. Veith hatte sein eigenes Leben, und er hatte es bestimmt verdient. Sie tat gut daran, ihm aus dem Weg zu gehen. So lange würde er ja wohl nicht bleiben.

Das gemeinsame Essen der Familie an diesem Abend verlief in unangenehmem Schweigen. Die Bäuerin, drüben auf ihrem Lager in der Stube, war in einen unruhigen Schlaf gefallen. Ihr Atem ging rasselnd. Michael beäugte seinen Bruder misstrauisch, sagte aber nichts. Vielleicht fürchtete er auch, den Vater zu erzürnen, der stur vor sich hinsah und seine Milchsuppe löffelte. Hinz, der altgediente Knecht des Hofes, wagte es dennoch und schöpfte hastig zum dritten Mal aus der täglichen Suppe, die Christina für alle, Familienmitglieder und Gesinde, zubereitet hatte. Das gehörte zu ihren Pflichten wie auch das Putzen, die Sorge für die Vorräte und die Stallarbeit. Zur salzigen Milchsuppe gab es, wie fast immer, gedünsteten Mangold und zum Nachtisch eine Mehlspeise mit frischen Beeren, die der Bauer gerne aß.

Schließlich blickte dieser von seinem Teller auf und legte den Löffel mit Nachdruck auf dem Tisch ab. »Und«, fragte er, »wie machst du dich so in Waiblingen? Hast du den Meisterbrief nun endlich in der Tasche?«

»Ich muss erst volljährig sein, bevor ich zur Prüfung zugelassen werde, Vater.«

»So. Volljährig also.« Der Bauer wischte sich mit dem Ärmel über den Mund. »Und wie sieht es aus mit der Hochzeit? Musst du dafür etwa auch volljährig sein?« Der provokante Unterton in den Worten des Bauern war nicht zu überhören. Veith nahm die Spitze als die, die sie war. »So etwas will gut überlegt sein. Meinst du nicht, Vater?«, fragte er zwar leise, doch nicht ohne Schärfe. Sein Blick wich dem des Vaters nicht aus.

»Was meinst du damit? Willst du etwa wieder behaupten, dass wir dir kein gutes Vorbild gewesen sind?«, fuhr der Bauer beleidigt auf. Christina ahnte, dass die Auseinandersetzung darüber einen Teil des Zerwürfnisses darstellte.

»Das hast *du* gesagt.«

»Wage es ja nicht!« Die schwieligen Hände des Bauern ballten sich zu Fäusten. »Wage es ja nicht, mir wieder Vorhaltungen zu machen. Ich habe alles Recht, so zu handeln, wie ich es getan habe. *Ich* bin der Herr des Hauses.«

»Das bestreitet auch niemand.«

Michael mischte sich ein. »Vater«, sagte er beschwichtigend, »gib Frieden. Denk an die Mutter, sie hat's doch schon schwer genug, und lange wird's nicht mehr dauern mit ihr. Soll sie nicht in Frieden gehen dürfen?«

»Ich habe nicht angefangen«, fauchte der Bauer böse, doch dann nahm er sich zusammen. »Also dann ist im nächsten Jahr mit der Hochzeit zu rechnen«, meinte er, nur um anzufügen: »Sieh zu, Sohn, dass du dein Brot rechtzeitig in den Ofen bekommst, wenn du verstehst, was ich meine. Die Elsbeth wird nicht ewig warten, und die Partie ist Gold wert. Die einzige Tochter eines Bäckermeisters! Das ist fast so viel Wert wie ein eigener Bauernhof, das weißt du hoffentlich. Die Bäckerei ist dir sicher, wenn der Alte sich zur Ruhe setzt.«

»Ja«, seufzte Veith gequält, »du hast es mir oft genug mitgeteilt, Vater.«

Der Bauer hieb mit der Faust auf den Tisch, dass die Teller ein Stück in die Luft sprangen, um dann klirrend niederzufallen. Hinz hielt den seinen ängstlich fest. Gott bewahre, dass etwas von seinem kostbaren dritten Teller Suppe verschüttet werden könnte.

»Du elender Narr bist offenbar zu dumm zu begreifen, was für eine Goldgrube das ist. In deinen dummen Schädel möchte man es einprügeln, aber selbst das nützt nichts.«

»Es gibt andere Wege, sein Glück zu machen.«

»Ha«, brüllte der Bauer mit hochrotem Gesicht, »andere Wege? Dass ich nicht lache! Träumst du etwa immer noch vom Studieren und davon, die Welt zu bereisen? Der Teufel hat dir doch ins Hirn geschissen!«

»Vater!«, sagte Michael noch einmal mahnend, doch der war nicht mehr zu bremsen.

»Diesen Schwarzrock, diesen gottverfluchten Tübinger Bücherfresser, der dir diese Flausen in den Kopf gesetzt hat, den hätte ich vom Hof jagen sollen, als er seine lange Nase hier zum ersten Mal hereingesteckt hat. Gott verfluche mich, dass ich es nicht getan habe. Und jetzt ...«, jäh richtete der Bauer die ausgestreckten Handflächen gegen seinen Sohn, »... jetzt trittst du das Glück, das sich dir bietet, mit Füßen, als hättest du nicht mehr deine fünf Sinne beieinander. Schämst du dich denn nicht? Glaubst du etwa, du wärst etwas Besseres? Du bist der nachgeborene Sohn eines einfachen Bauern! Du kannst froh sein, dass du nicht als Knecht deines Bruders endest. Stattdessen strebst du nach Dingen, die einem Bauernsohn nicht zustehen, und bringst Schande über mich.« Der Bauer sank, vom seinem Zornausbruch scheinbar aller Kraft beraubt, gegen die Kante des Tisches und stützte sein Gesicht in seine Hände. »Mach, dass du mir aus den Augen kommst, du Nichtsnutz«, murmelte er. »Besser wär's gewesen, ich hätte dich im ersten Badewasser ersäuft.«

Veith erhob sich. »Ja, ich gehe schon, Vater. Ich gehe, um der Mutter willen. Aber lass dir gesagt sein: Es gibt mehr, weit mehr zu sehen und zu erfahren, als du dir in deiner Begrenztheit vorzustellen vermagst.« Er ging zur Tür, doch dann schien er doch noch etwas loswerden zu müssen. »Du tust mir leid, Vater. Du und auch die Mutter, die all die Jahre unter dir gelitten hat. Aber ich werde Frieden halten, solange ich hier bin. Und ich werde hier sein, bis die Mutter von uns geht, das wirst du mir nicht verwehren können. Du, der du so gern den Herrgott im Munde führst.«

Die Augen des Bauern verengten sich zu wütenden Schlitzen. »Geh mir aus den Augen, bevor ich mich vergesse!«, keuchte er.

Da verließ der Sohn die Stube.

Still räumte Christina das Geschirr zusammen. Das also steckte hinter der langen Abwesenheit Veiths vom elterlichen Hof. Ach, es war doch keinen Deut besser, nirgendwo!

Die Nacht verbrachte sie am Lager der Bäuerin, die sich wieder sehr quälte. Michael hatte die Wahrheit gesagt: Allzu lange würde es bei der Todkranken nicht mehr dauern, bis sie ihrem Schöpfer gegenübertrat. Der Rest des Hauses lag, dessen ungeachtet, in tiefem Schlummer. Die Last des Tages war groß und randvoll gefüllt mit Arbeit, jetzt zur Erntezeit. Nur die mühsamen Atemzüge der Bäuerin waren zu hören. Christina war auf ihrem Hocker am Bett gerade ein wenig eingenickt, als sie durch ein Geräusch geweckt wurde.

Sie schreckte hoch.

»Bist du wach?«

»Veith! Ich dachte, du schläfst.«

»Ich konnte nicht. Christina, dass ich dich hier finde! Ich schwöre, ich wusste nicht …«

Sie erhob sich brüsk. »Still, du weckst die Bäuerin. Sie braucht alle Ruhe, die sie bekommen kann.«

Ein Seufzen. Es kam von Herzen. »Ich weiß, es tut mir in der Seele weh.«

»Du hättest wenigstens einmal aus Waiblingen herkommen können. Sie hat sich so nach dir gesehnt und immerzu von dir gesprochen.«

»Der Vater leidet es nicht. Du hast ihn ja gehört.«

»Ja.« Nun wollte sie es doch genauer wissen. »Was hat es denn auf sich mit diesem Schwarzrock, den er erwähnte? Dein Vater ist weiß Gott ein harter Mann, aber das scheint ihn ja besonders verärgert zu haben.«

Veith zog sich ein wenig mehr ins Dunkel der Stube zurück und winkte ihr, ihm zu folgen.

»Er meint Professor Reuchlin. Er war hier zu Gast und hat mich viel gelehrt. Über die Natur, die Erdenzeit, das ist die Geologie, weißt du, und die Sterne. Zu gerne hätte ich, wie er es mir empfahl, studiert und mich dann einer Forschungsreise angeschlossen.« Seine blauen Augen starrten verträumt in unbestimmte Fernen, als ob es dort mehr zu sehen gäbe als die kalkverputzten dicken Wände der elterlichen Stube. »Vielleicht mit einem englischen Schiff. Die fahren um die ganze Welt, sogar bis zu den Polen im Eismeer. Das einmal mit eigenen Augen sehen zu dürfen … oder Amerika. Ja, Amerika!« Er seufzte noch einmal, dann schüttelte er sich, als gelte es, etwas loszuwerden. »Aber der Vater hat nichts davon wissen wollen. Hat den Professor mit der Mistgabel vom Hof gejagt, als dieser kam, um mit ihm über meine Zukunft zu sprechen. Und ohne die Erlaubnis und die finanzielle Unterstützung durch die Eltern ist ans Studieren für mich nicht zu denken. Das hat Reuchlin mir klargemacht, bevor er sich notgedrungen wieder davonmachte. Ich muss eben den Weg einschlagen, den Vater für mich ausgemacht hat: Bäcker werden und die Bäckerstochter heiraten. Das ist es, was alle von mir erwarten, und ich wäre ein Narr, wenn ich es nicht täte«, schloss er bitter. Sein brennender Blick traf Christina. »Und was ist mit dir? Was ist mit deinem Kind und deinem … Mann, dem Sonnenwirtssohn? Wie hieß er doch gleich?«

»Frieder!« Unwillkürlich machte Christina einen Schritt zurück. »Sein Name ist Frieder, und er ist nicht mein Mann.«

Veiths Gesicht hätte verständnisloser nicht sein können. »Aber ich dachte … da war doch das Kind.«

»Sicher, da war Anna.« Tränen traten ihr in die Augen, sie blinzelte sie weg. Nach all der Zeit tat es immer noch weh. »Ich habe sie fortgeben müssen. Ich konnte sie nicht ernähren, als man Frieder verhaftet hat.«

»Er ist verhaftet worden?«

»Ja, und dann kam er frei und hat gleich wieder einen Einbruch begangen. Es war schlimm. Nun ist er auf der Festung Hohentwiel eingekerkert. Bis zu seinem Tod, heißt es.«

Veiths Blick bohrte sich in sie. »Warum bist du hierhergekommen?«

Christina erschrak. »Das … das hat sich so ergeben. Ich …«, beschämt brach sie ab und senkte den Blick. Was musste Veith jetzt von ihr denken? »Du solltest besser wieder in deine Kammer gehen. Du willst bestimmt nichts mehr mit mir zu tun haben, glaube mir.«

Seine schlanken, scheinbar so wenig zu einem Bäcker passenden Hände legten sich auf ihren Arm. »Wie kannst du so etwas sagen, Christina? Weißt du denn nicht, warum ich damals bei euch aufgetaucht bin?«

Sie zog ihren Arm weg. »Nein, und ich will es auch nicht wissen.« Am liebsten hätte sie ihren Tränen jetzt freien Lauf gelassen, aber die vergangenen Jahre hatten sie gelehrt, ihre Gefühle für sich zu behalten. »Es hat doch keinen Sinn, Veith.«

»Aber ich liebe dich.«

Für einen Moment hing der Satz in der Stille der Kammer, brannte hell zwischen ihnen.

Mit einem Ruck machte sie sich los. »Nein, das tust du nicht, Veith. Ich weiß es. Du denkst es vielleicht, aber es ist nicht so.«

»Das ist wohl wahr. Du bist mir nicht mehr aus dem Kopf gegangen, seit ich dich das erste Mal gesehen habe, und …«

»… und trotzdem bist du jetzt mit einer anderen verlobt und wirst bald heiraten. Und ich kann nur sagen, du tust gut daran.«

»Ach ja? Was weißt du denn schon? Wir sind uns doch nur zur Ehe versprochen, weil unsere Väter das partout wollen. Weder weiß Elsbeth etwas mit mir anzufangen noch ich mit ihr.«

Christina hörte die enorme Bitterkeit in seinen Worten. Doch es half nichts. »Trotzdem ist es besser so, Veith«, sagte sie leise. »Es ist nicht gut, gegen den Willen der Väter aufzubegehren. Niemand weiß das besser als ich. Der Preis, den man zu zahlen hat, ist zu hoch. Und dich erwartet zumindest ein gutes Leben als Bäcker.«

»Aber …« Wieder versuchte Veith, nach ihr zu greifen, doch sie wich ihm aus.

»Es ist besser, du gehst jetzt.«

Ach, wenn das, was sie sagte, doch nur entschlossener geklungen hätte. Sie sah, dass die Hoffnung nicht aus seinen Augen wich. Hoffnung auf Liebe und auf ein anderes Leben, ein Leben, das er sich von Herzen wünschte. Sie konnte ihn so gut verstehen.

Zum Glück regte sich nun die Bäuerin und begann zu stöhnen.

»Sie braucht mich jetzt«, sagte Christina mit raschem Blick auf die Kranke.

»Ich könnte dir helfen«, meinte Veith.

»Nein, lass nur. Morgen wird sie nach dir fragen, aber jetzt solltest du wirklich schlafen gehen. Es ist genug, wenn einer bei ihr wacht.«

Fast schob sie ihn nun aus dem Raum. Christina schloss die Tür hinter ihm und goss dann neues Wasser aus dem Krug neben dem Bett in eine Schüssel. Dann feuchtete sie einen Lappen an und tupfte der Kranken über die trockenen Lippen. Es half nicht viel, aber wenigstens hatte sie das Gefühl, etwas tun zu können.

In ihr tobte es, kehrten die Gedanken das Unterste zuoberst. Veith liebte sie! Sie konnte es kaum glauben. Und ging es ihr nicht ebenso? Kaum wagte sie, sich dieses

Gefühl einzugestehen, und doch ließ es ihren Körper erbeben. Aber da waren all die anderen Dinge: ihre jämmerliche Herkunft, eine Familie, derer sie sich zu Recht schämen musste. Die Verurteilung wegen Hurerei und Diebstahl, auch wenn es nicht stimmte. Die Kinder! Ihre Kinder, von denen das eine nicht hatte leben dürfen und das andere ihr längst entfremdet war. Der Schmerz darüber krallte sich erneut in ihre Brust. Sie würgte ihn hinunter, so wie sie es immer tat. Die Zeit im Zuchthaus – oh, niemand durfte hier davon erfahren. Vermutlich würde der Bauer sie sofort aus dem Haus werfen.

Nein, es konnte nicht sein. Zwei ganze Jahre war es ihr nun geglückt, die Erinnerung von sich fernzuhalten, zwei Jahre! Und nun? Veith zu lieben – das war unsinnig, ebenso unsinnig wie sein Wunsch, sich dem Willen des Vaters noch zu entziehen. Und war es nicht auch wirklich närrisch? Wie konnte er dies einer sicheren Zukunft in einem goldenen Handwerk vorziehen? Sie hätte ihn nicht für so wirklichkeitsfremd gehalten. Nein, es hatte einfach keinen Zweck! Entschlossen wrang sie den Lappen ein zweites Mal aus und widmete sich ihren Pflichten.

Zwei Tage gelang es ihr, ihm aus dem Weg zu gehen. Es gab genug zu tun, und die Bäuerin verlangte ständig nach ihrem Sohn. Ihr Zustand verschlechterte sich zusehends, und Veith litt mit ihr. Ein weiches, mitfühlendes Herz hat er, dachte Christina, wenn sie ihn beobachtete, wie er verzweifelt versuchte, der sterbenden Mutter noch ein wenig Annehmlichkeit zu bereiten. Er war so ganz anders als Frieder.

Ob der noch lebte? Das, was sie vom Vater gehört hatte, was dieser – spärlich genug – aus seiner Zeit auf dem Hohen Neuffen berichtet hatte, war schlimm gewesen. Die Männer wurden dort ausgebeutet bis aufs Blut. Wenige machten es mehr als ein paar Jahre. Aber Frieder war stark. Andererseits war bekannt, dass der Hohentwiel die sicherste Festung im ganzen Land war. Vielleicht würde mit den Gefangenen dort besonders hart umgesprungen? Wer konnte es wissen?

Als sie am Abend die übliche Suppe auf den Tisch brachte, fragte der Bauer: »Wie geht es der Bäuerin?«

Den ganzen Tag war er auf den Äckern gewesen mit Michael. Veith, der Christina, während sie die Speisen auftrug, nicht aus den Augen gelassen hatte, wandte sich widerwillig dem Vater zu. »Was fragst du? Es scheint dich doch ohnehin nicht zu kümmern. Sie stirbt. Es sollte mich wundern, wenn sie den morgigen Sonntag noch übersteht.«

Der Alte brummte mürrisch. »Dann sollten wir es den Pfarrer wissen lassen … und den Schreiner.«

»Ich werde heute Abend noch hingehen, Vater«, bot sich Michael an. »Ich bin der Ältere, da kommt die traurige Pflicht wohl mir zu.«

Veith schwieg, aber sein Blick verhieß nichts Gutes. Hinz zog den Kopf ein.

Der Bauer räusperte sich. »Sag dem Pfaff, er soll noch vor dem Kirchgang morgen bei ihr vorbeischauen. Sie ist ja immerzu in die Kirche gelaufen, jahraus, jahrein. Da wird sie, bevor sie vor den Herrgott tritt, noch seinen Segen haben wollen«, befahl er seinem Ältesten.

»Und den deinen, Vater?«, fragte Veith jetzt scharf. »Was ist mit dir? Willst du dich nicht von ihr verabschieden? Sie ist dir all die Jahre ein treues Eheweib gewesen, obwohl du ihr das Leben zur Hölle gemacht hast mit deinen Launen. Du könntest Abbitte leisten. Wenigstens das.«

Christina hielt die Luft an. Wie konnte Veith so etwas wagen?

Der Zornausbruch des Alten ließ nicht lange auf sich warten. Wütend und mit hochrotem Kopf warf er den Löffel in den Teller, dass es spritzte. »Sag du mir nicht, was ich zu tun habe, du … du …«

»Wie willst du mich nennen, Vater?« Veith stand ebenfalls auf und sah dem Bauern ohne Scheu ins gerötete Gesicht. »Es tut ohnehin nichts zur Sache. Wenn Mutter tot ist, siehst du mich nie wieder.«

Der Alte keuchte. »Du brauchst dich hier auch nicht mehr blicken zu lassen, du Herrgottslump!«

»Herrgottslump also! Nun ja.« Veith verließ den Tisch und ging hinüber zur Stubentür.

Plötzlich war von draußen ein Geräusch zu hören. Michaels Kopf fuhr herum. »Was war das?«, fragte er scharf.

Der Bauer blickte verwirrt um sich. »Was?«

»Da war jemand!«, sagte Michael bestimmt. »Dort am Fenster!«

»Wer sollte sich hier herumtreiben, so spät noch? Es ist doch schon längst dunkel«, meinte der Bauer. Die Ablenkung schien ihm ganz recht zu sein, so musste er sich nicht mit seinem jüngeren Sohn und schon gar nicht mit seinem Weib auseinandersetzen.

»Hinz, auf!« Michael war ganz Mann der Tat. Im Nu hatte er nach einem Prügel neben der Tür gegriffen, der immer zum Schutz der Bewohner des Hauses dort stand. Immerhin wohnte man ein wenig außerhalb des Ortes. Der alte Knecht folgte seinem jungen Herrn widerwillig, einen letzten sehnsüchtigen Blick auf die Suppe werfend. Christinas Herz begann zu klopfen. Diebe? Auch in Neckartenzlingen trieben sich hin und wieder Obdachlose, Kriegsversehrte und schlimmes Gesindel herum. Wenn auch nicht so viel wie in Ebersbach, das mit seiner Lage an der großen Verkehrsader nach Stuttgart weit mehr von solcherlei Geschmeiß anzog. Schlimme Geschichten machten zuweilen die Runde von ausgeraubten Kaufleuten und misshandelten und geschändeten Weibern.

Der Bauer trat ans Fenster und versuchte, in der Dunkelheit draußen etwas zu erkennen. Christina wandte sich um. Veith hatte den Raum verlassen. Vermutlich wollte er seine Mutter nicht allein lassen.

Dann Schritte vor der Tür, die jetzt mit einem Ruck geöffnet wurde. Doch es waren nur Michael und der alte Knecht. »Nichts zu sehen, Vater. Wahrscheinlich habe ich mich geirrt oder es war nur ein Tier.«

»Marder bestimmt«, murmelte Hinz und machte sich wieder an seine erkaltete Suppe, »werden auch immer frecher, die Viecher.«

»Hm!«, brummte der Bauer. »Wir sollten jedenfalls wachsam sein. Besser, du erledigst das mit dem Pfarrer morgen.«

»Ist gut, Vater.«

Gegen Mitternacht holte Veith Christina zu Hilfe. Die Bäuerin, obwohl in halb sitzender Position durch viele Kissen gestützt, rang verzweifelt nach Luft. »Ich weiß nicht, was ich tun soll«, klagte er verzweifelt. »Sie quält sich so, was kann ich nur machen?«

Christina öffnete das Fenster und ließ die herbstliche Nachtluft ein. Das verschaffte der Sterbenden etwas Erleichterung. Ihre Augen hatten mittlerweile einen fiebrigen Glanz. Christina zog sich einen zweiten Hocker mit ans Bett. »Ich werde mit dir wachen«, sagte sie. »Soll ich den Bauern nicht doch holen?«

»Nein!« Die Hände der Bäuerin krochen suchend über die Bettdecke. »Ich will ihn nicht sehen.«

Veith ergriff die Hände seiner Mutter. »Bist du dir sicher?«

Die Bäuerin nickte schwach. »Ich bin froh, dass du bei mir bist und die Christina. Sie hat mir viel Gutes getan in den letzten Monaten. Habt ihr schon miteinander gesprochen?«

Veith errötete. »Es hat sich noch nicht ergeben.«

Christina sah verunsichert zwischen den beiden hin und her. »Was gesprochen?«

»Die Mutter weiß es«, sagte Veith schlicht. »Sie weiß, was ich für dich empfinde, was wir füreinander empfinden, nicht wahr?«

»Aber …« Nun war es an Christina, bis unter die Haarwurzeln zu erröten.

»Weißt du, ich hatte in den letzten zwei Tagen hier an Mutters Bett viel Zeit, mir Gedanken zu machen.«

»Ja?«

»Eines ist mir klar geworden: Es ist Schicksal, dass ich dich hier gefunden habe. Gerade bevor ich den größten Fehler meines Lebens begehe und die Elsbeth heirate.«

Christina wurde es himmelangst. Das konnte nicht gut gehen. Was wollte dieser junge Mann mit seinen guten Aussichten von einer wie ihr? »Veith, du irrst dich. Das alles meinst du nur. Du kannst doch wegen mir – einer Magd und ledigen Mutter, hast du das vergessen? – nicht alles hinwerfen.«

»Doch, ich kann. Ich habe es mit der Mutter besprochen, und sie gibt uns ihren Segen dazu.«

»Nein, so hör doch. Du weißt gar nichts von mir.«

Veiths Augen leuchteten warm. »Ich muss auch gar nichts wissen, außer, dass du diejenige bist, mit der ich ein neues Leben beginnen werde.«

»Ein neues Leben? Wovon, um alles in der Welt, sprichst du?«

»Mutter hat ein wenig Schmuck, den sie uns geben wird. Damit könnten wir uns eine Passage nach Amerika kaufen. Stell dir vor, Christina, Amerika! Ein ganzer Kontinent voller Weite und Abenteuer! Und niemand, der uns sagt, wie wir zu leben haben. Wir könnten neu beginnen, du und ich.«

Christinas Herz raste. Hastig erhob sie sich. »Ich weiß nicht, Veith. Das alles kommt so plötzlich und … und …«

»Was gibt es denn da zu überlegen?« Veiths dunkle Brauen zogen sich fragend zusammen. »Was hält dich noch hier?«

Amerika! Der Name hallte wider in ihren Ohren und weckte die schmerzlichen Erinnerungen an Entbehrung, Kälte und Hunger. Was war denn das letzte Mal daraus geworden? Im Zuchthaus war sie gelandet, weiter nichts. Die Angst vor einer neuen bitteren Enttäuschung kroch ihr die Kehle hoch und begann, sie zu würgen. Oh, wenn er es herausbekam, dass sie im Zuchthaus gewesen war. Die Luft wurde ihr knapp, trotz des offenen Fensters.

»Lass mich. Ich muss hinaus.« Sie stürzte an ihm vorbei zur Tür.

»Christina!« Veith war aufgesprungen, doch er hielt sie nicht zurück.

Ihr Herz schlug wie verrückt, als sie das Freie erreichte. Der Hof hinter ihr lag in tiefem Dunkel, nur aus dem geöffneten Fenster der Stube leuchtete der zitternde Schein der Kerze. Christina ging ein Stück über den Hof, weg vom Haus. Erst einmal musste sie ihre Gedanken ordnen. Das alles kam zu plötzlich. Aus dem Stall hörte sie das Rasseln der Kuhketten, das Schnaufen der großen Tiere … und rasche Schritte.

Sie fuhr herum, starrte in die Düsternis. Ein Mann, nicht allzu groß, kam schnell auf sie zu.

Der Klang seiner Stimme ließ ihr Herz einen Schlag aussetzen. »Hallo, mein Lieb!«

KAPITEL 17

»FRIEDER?«

»Ja, ich. Endlich habe ich dich gefunden. War schwierig genug.«

Christinas Knie drohten, ihr den Dienst zu versagen. Sie hatte Mühe, nicht vor Schreck ohnmächtig zu werden. Frieder sah es und lächelte breit, wie immer, wenn er seine Unsicherheit verbergen wollte.

»Scheinst ja ganz schön erschrocken zu sein. Dabei dachte ich, du freust dich, mich zu sehen.«

Christina schnappte nach Luft. »Ich will nichts mehr mit dir zu tun haben. Mach, dass du fortkommst, sonst schreie ich.«

Da packte er sie rasch und legte ihr seine schwielige Hand auf den Mund. Er war immer noch stark wie ein Ochse. Hilflos wand sie sich unter seinem Griff.

»Das wirst du nicht tun, ich warne dich. Ich bin gekommen, um dich zu holen.«

Ihre Weigerung ging unter in einem schnell erstickten Schrei. Niemand würde sie hier hören, nicht einmal Veith in der Stube. Dennoch gab sie nicht auf. Wieder und wieder versuchte sie, Frieders Rechte von ihrem Mund zu ziehen. Schließlich fing sie an zu treten und zu beißen.

»Lass das, du Biest! Was ist denn nur in dich gefahren?«

Sie weinte, sie schrie, doch kaum ein Laut drang nach außen. Oh, er wusste, wie er zupacken musste, wie er sich ihrer erwehren konnte. Sie glaubte, ersticken zu müssen, so fest drückte er ihr seine salzig schmeckende Handfläche vor Mund und Nase. Sie hatte keine Chance gegen ihn. Trotzdem bot sie erneut alle Kräfte gegen ihn auf. Nicht noch einmal dieser Albtraum!

Schließlich begann er zu fluchen. »Jetzt langt's mir aber, du Satan«, schimpfte er mit mühsam unterdrückter Wut und griff mit der Linken grob nach ihren zu einem Kranz aufgeflochtenen Haaren. Mit einem Ruck hatte er Christina zu Boden gezerrt und kniete im nächsten Augenblick auf ihr. »Noch einen Ton, und du bist hinüber«, drohte er. Schlamm drang ihr in den Mund. Ihre Gegenwehr erlahmte.

»So ist's gut, mein Schätzchen. Und jetzt komm.«

Er zerrte sie an den Haaren wieder hoch. Ein Büschel löste sich von ihrem Hinterkopf. Es brannte wie Feuer. Sie wimmerte.

»Maul halten, hab ich gesagt!«

»Lass mich doch gehen!«

»Nein, wie käme ich dazu? Tagelang bin ich dir auf den Fersen. Es hat mich alles gekostet herauszufinden, wo du dich versteckt hast. Und jetzt, wo ich dich habe, lass ich dich nicht mehr gehen. Hast du vergessen, dass du mein Weib bist?«

Immer wieder das! Sie spürte, wie Übelkeit in ihr aufstieg. Oh, wenn sie es doch ungeschehen machen könnte, wenn sie alles ungeschehen machen könnte.

»Ich bin nicht dein Weib!«

Er lachte leise. »Aber das wirst du bald sein. Ich hab's dir doch versprochen und ich halte immer, was ich verspreche. Wir werden heiraten.«

In ihrer Verzweiflung kamen ihr die Tränen. »Bitte, hab doch ein Einsehen. Ich kann meine Herrschaft jetzt nicht im Stich lassen. Das musst du doch verstehen.«

»So, deine Herrschaft willst du also nicht verlassen. Ha!« Gnadenlos zerrte er sie, die Linke immer noch in ihr Haar gekrallt, weiter auf den nahen Waldrand zu. Der Mond trat hinter den Wolken hervor und goss sein silbernes Leuchten auf den Weg. »Das kannst du erzählen, wem du willst«, schnaubte der Wirtssohn. »Seit vorgestern liege ich hier auf der Lauer und weiß genau, was dahintersteckt.« Unversehens versetzte er ihr einen Stoß, sodass sie zu Boden ging. Scharfkantige Steine schürften ihr die Haut auf. Nun schmerzten auch ihre Knie und Handflächen. »Zwei junge Burschen und ein Alter. Ich kenne dich doch, du Hure! Bist wohl schon bei ihnen gelegen.«

Christina weinte, sie konnte nicht sprechen, nicht aufstehen.

»Hast wohl geglaubt, ich seh es nicht, wie der Kerl mit seinem Lockenhaar dich ansieht. Genau hab ich's gesehen, wie er dir hinterhergestarrt hat, der Hund. So guckt nur einer, der auch was will von einem Weib. Ja, ich kenn ihn noch. Schon früher hast du mit dem poussiert, du Schlampenmensch. Und das vor meiner Nase!« Wieder trat er nach ihr. Diesmal gegen die Rippen, sodass ihr schmerzhaft die Luft aus der Lunge gepresst wurde. Panisch rang sie um Atem.

Sie kannte ihn. Seine wütende Eifersucht steigerte sich unversehens zur Raserei, wenn sie ihn nicht umgehend zur Besinnung brachte. Wer konnte wissen, was ihm dann noch einfiel? Sie wollte es nicht darauf ankommen lassen, nicht noch einmal. Mühsam drehte sie sich zu ihm um, versuchte, ihm ins Gesicht zu sehen.

»Nein, du irrst dich. Da war nichts«, beteuerte sie.

»Lüg nicht!«

»Wenn ich es doch sage.« Ja, sie log, aber sie log um ihr Leben. Er musste ihr einfach glauben.

Er schien es sich immerhin zu überlegen, dann zerrte er sie an den Haaren wieder hoch. Christina unterdrückte einen Schmerzensschrei. Alles konnte ihn reizen.

»Vielleicht sollte ich doch besser umkehren und ihnen das Haus über dem Kopf anzünden. Was meinst du?«, fragte er grimmig.

»Nein, nein.« Das Herz schlug ihr bis zum Hals. »Das wird nicht nötig sein. Ich komm doch mit dir und ich freu mich, dich zu sehen. Du musst verstehen, der Schreck … du musst mich nicht mehr schlagen, und die da drüben brauchen dich auch nicht zu kümmern.« Sie begann, ihn zum Wald zu ziehen. »Besser wir gehen, bevor sie dich finden.« Unbedingt musste sie verhindern, dass er sein Vorhaben auch in die Tat umsetzte. Es war ihm ohne Weiteres zuzutrauen.

»Endlich hast du's verstanden!«, brummte er. Tatsächlich ließ er sich ablenken. Er lockerte seinen Griff und nahm sie schließlich am Handgelenk. »Das hast du nicht gedacht, dass du mich noch mal siehst, nicht wahr?« Er zog eine Grimasse. »War auch schwer genug.«

Christina nickte heftig. »Ja, ich kann es kaum glauben. Ich dachte, sie hätten dich für immer eingesperrt. Wie hast du das nur geschafft?«

Unterdessen hatten sie den Waldrand erreicht. Der Saum der Bäume nahm sie auf wie Tiere der Nacht. Frieder übernahm die Führung. Sein Tritt war sicher, selbst in der sie nun umgebenden Schwärze. Das war fraglos seine Welt. Ohne seinen Schritt auch nur im Geringsten zu verlangsamen, zerrte er Christina hinter sich her, die mehr stolperte als ging. Sie wusste nicht, wovor sie sich mehr fürchten sollte: vor ihm oder vor den wilden Tieren, die vielleicht im Wald auf sie lauerten. Noch nie war sie nachts im Wald gewesen. Nur Wilderer taten so etwas. Aber das Wildern hatte Frieder ja schon immer im Blut gelegen.

Tiefer und tiefer zerrte er sie in den Wald. »Wo willst du denn, um Himmels willen, hin?«, keuchte Christina schließlich.

»Noch weiter hinein, das ist sicherer. Wir zwei gehen nach Weiler.«

»Wohin?« Christina schüttelte verständnislos den Kopf. Sie hatte längst die Orientierung verloren.

»Weiler in den Bergen, bei Schwäbisch Gmünd.«

»Schwäbisch Gmünd? Aber was willst du denn dort?«

Frieder brummte unwillig. »Hab da Freunde, da können wir unterkommen.«

»Aber das ist doch …«, sie dachte nach, »mindestens drei Tagesmärsche von Neckartenzlingen.«

»Vier, wenn du nicht schneller gehst«, meinte Frieder trocken. Sie beeilte sich zu tun, was er von ihr verlangte.

»Aber hast du denn keine Angst, dass man dich fasst?«

Er drehte sich zu ihr um. Sie hörte ihn kichern, wenn sie ihn auch in der Dunkelheit vor ihr fast nicht erkennen konnte. »Das schaffen die nicht, glaub mir. Ich bin nämlich schon im letzten Winter abgehauen. War mein persönliches Weihnachtsgeschenk an den Festungskommandanten, den Deppen. Und seitdem versuchen sie, mich einzufangen, aber ich bin schlauer als sie.«

Oh ja, das war ihm wichtig. Er musste immer klüger sein als all die Narren um ihn her. Sie spürte, dass er erneut an ihrer Hand zog, und folgte ihm ergeben. Hier im Wald war er ihr einziger Schutz. Sie fürchtete sich fast zu Tode, und das lag nicht nur an Frieders Gegenwart.

Er fuhr fort, während sie weitergingen: »Einmal hatte ich's schon versucht, kurz nachdem sie mich auf die Festung gebracht hatten. Aber das ist böse für mich ausgegangen. Du glaubst nicht, wie steil die Felsen sind auf dem Hohentwiel, und man muss erst noch über die Mauern hinweg. Die Festung, das solltest du sehen, sitzt fast wie ein Geier auf seinem Horst. Hatte ich unterschätzt. Habe mir das Bein gebrochen und anschließend …«, er sog scharf die Luft zwischen den Zähnen ein, »hei, da hatte ich etwas auszustehen, sag ich dir. Hatte Glück, dass sie mich nicht aufgeknüpft haben wie so manchen anderen Ausbrecher. In den tiefsten der Gefangenenkeller gesteckt haben sie mich – wochenlang – und dort fast verrecken lassen. Diese Schmerzen und dieses verdammte Rattenloch …« Er schwieg für einen Moment, gefangen in Erinnerungen, die ihm offenbar zu schaffen machten. Dann nahm er den Faden wieder auf. »Später war ich jedenfalls klüger. Habe mich mit ein paar anderen Gefangenen abgesprochen und den richtigen Moment abgewartet. An Weihnachten, als die Soldaten ohnehin nicht so aufmerksam waren, haben wir es zu viert ein zweites Mal versucht. Ein bisschen Hilfe hatten wir auch von einem der Wächter. Den haben wir bestochen, damit er im richtigen Moment wegsieht. Dann mit einem Seil, das wir uns aus Fasern und Lumpen selbst gemacht hatten, über die Mauer, und weg waren wir. Einen hat's leider erwischt. Ist abgestürzt, den mussten wir zurücklassen. Weiß nicht, was aus dem geworden ist, aber wir anderen drei sind auf und davon.«

»Und wo hast du dich seitdem aufgehalten?«, wollte Christina wissen. Die Tatsache, dass sie sich monatelang in falscher Sicherheit gewiegt hatte, wollte ihr nicht in den Kopf – ebenso wenig wie der Umstand seiner Nichtergreifung. Wie konnte es nur sein, dass man seiner nicht habhaft wurde, wenn doch allerorten nach ihm gefahndet wurde?

»Nun, wir übrigen drei Ausbrecher haben bald erkannt, dass es sicherer war, wenn wir uns trennten. So bin ich dann allein wieder nach Ebersbach.«

Christina blieb stehen. »Nach Ebersbach? Bist du denn noch bei Sinnen? Da hat man doch bestimmt zuerst nach dir gesucht.«

Frieder ließ ihre Hand los und knurrte: »Na und? Suchen heißt nicht finden. Außerdem wollte ich zu meinem Schwager.«

»Zum Schwager Hehl?«

»Ja, genau, zu ihm. Ich wollte, dass er sich für mich einsetzt, damit sie meine Strafe von lebenslänglich in ein paar

Jahre Zuchthaus umwandeln. Ich meine, was habe ich denn getan? Die paar Taler und außerdem … der Pfaff hat's verdient, der krumme Hund.«

»Und hat er?«

»Hat wer was?«

»Ich meine, hat dein Schwager getan, was du von ihm wolltest?« Christina mochte das nicht glauben. Sicher, Hehl war wirklich ein überaus duldsamer, freundlicher Mensch, aber das konnte sie sich nicht vorstellen. Oder doch?

»Ach was!« Frieder klang jetzt wirklich ärgerlich. »Verleugnen lassen hat er sich. Und mein Schwesterherz, das Miststück, hat mir ein Stück Fleisch in die Hand gedrückt und mich totenblass angefleht, ich solle doch bloß gehen und nicht mehr wiederkommen. Hosenschisser sind das, alle zusammen! Nicht einmal für ihren Verwandten einsetzen wollen sie sich.«

Christina lag es auf der Zunge, dass sie sich ja wohl schon genug für ihn eingesetzt hätten und er es jedes Mal aus eigenem Verschulden wieder zum Bösen gewendet habe, aber sie schwieg. Es war besser so.

Frieder lehnte sich gegen einen der Bäume. »Hab's dann noch verschiedentlich versucht. Einen Haufen Briefe geschrieben und so, an den Vogt, an Sartorius, sogar an meinen Vater, den alten Halunken. Hat aber alles nichts genutzt. Sie wollten eben nicht, haben den Stab über mich gebrochen.«

Nun rutschte es ihr doch heraus. »Ist es ihnen zu verdenken?«

»Was weißt du schon?«, fauchte Frieder zornig. »Wegen so einer Lappalie einen zu lebenslanger Zwangsarbeit verurteilen, dazu hatten sie kein Recht.«

Christina biss sich auf die Lippen. Widerspruch, das war etwas, was Frieder noch nie vertragen hatte und was sie sich in ihrer Situation nun auch wirklich nicht leisten konnte. Sie setzte sich auf den weichen Waldboden. Bleierne Müdigkeit übermannte sie, es musste schon weit nach Mitternacht sein. Wie weit waren sie gegangen? Die Schwärze der Nacht war undurchdringlich. Sie hatte jede Orientierung verloren. »Müssen wir noch weit?«, klagte sie. »Ich kann wirklich nicht mehr.«

»Ein Stück noch.« Frieder drückte sich mit einer geschmeidigen Bewegung vom Baum ab und zog sie hoch. Wieder fiel ihr auf, wie kräftig er war. Von Entbehrungen keine Spur. Eher wirkte er wohlgenährt, und auch seine Kleidung war weit besser als ihre. Zu schlecht konnte es ihm jedenfalls nicht ergangen sein.

»Ich habe mich mit einem in Dettingen verabredet, habe ihn neulich erst getroffen. Der wartet dort auf uns. Und dann geht's weiter nach Weiler.«

»Mit wem?«, fragte Christina alarmiert.

»Mit dem Schwamenjackel, wenn du's unbedingt wissen willst.«

»Schwamenjackel? Was um alles in der Welt ist das denn für ein seltsamer Name?«

»Das ist ein Gaunername, du dummes Stück. Jeder, der zum Räuber- und Diebesvolk gehört, bekommt einen. Der richtige Name wäre einfach zu gefährlich. Außerdem, wir haben nichts mehr zu tun mit dem Bürgerpack. Die können uns kreuzweise.«

»Das heißt, du bist auch einer von ihnen?«

Er lachte. Ein wenig zu laut.

»Ja, was dachtest du denn? Irgendwie muss ich mich ja ernähren, und ehrlich gesagt, man lebt nicht schlecht damit.«

Neue Angst flackerte jäh in ihr hoch. Also war Frieder nun endgültig ein Räuber geworden und zog sie mit hinein. Das durfte alles nicht wahr sein. Obwohl es zumindest von seiner Warte aus eine folgerichtige Entwicklung war, wenn sie es recht bedachte.

»Aber hast du denn immer noch nichts dazugelernt?«, wagte sie einen schwachen Einwand.

»Pah, dazugelernt«, schnaubte er, während er weiter durch das Dickicht stapfte, ungeachtet der Dornen und Ranken am Boden, »das habe ich allerdings! Dass man sich nicht erwischen lassen darf, habe ich gelernt. Dass die da oben alle selber Lumpen, Diebe und Verbrecher sind, das habe ich auch gelernt. Und dass der das Sagen hat, der sich am richtigen Ende des Schießprügels befindet, das habe ich vor allem gelernt.« Er drehte sich um und packte sie wieder am Handgelenk. »Und jetzt komm, sonst mach ich dir Beine.«

Am späten Nachmittag erreichten sie endlich den Ort Dettingen. Christina war noch nie hier gewesen, aber Frieder kannte sich bestens aus. Er war wohl weit im Land herumgekommen in der letzten Zeit. Zielstrebig steuerte er auf ein Gasthaus ein wenig abseits der Ortsmitte zu.

Christina, die sich vom langen Marsch durch den Wald völlig zerschlagen und zerschunden fühlte und sich kaum mehr auf den Beinen halten konnte vor Müdigkeit, torkelte hinter ihm drein, sodass mancher erstaunte Blick sie traf.

Frieder legte ihr stützend die Hand um die Taille und zog sie mit sich. »Nun nimm dich noch ein wenig zusammen«, raunte er ihr zu. »Wir sind bald da. Da kannst du dich waschen und etwas essen. Wirst sehen, das wird dir gefallen, mein Lieb.«

Christina war zu erschöpft, um zu antworten. Dennoch fragte sie sich, was ihm eigentlich durch den Kopf ging. Glaubte er tatsächlich, sie empfände noch irgendetwas außer Abscheu für ihn? Aber letztlich war es jetzt auch egal. Sie brauchte einen Ort, um sich auszuruhen und etwas zu essen und zu trinken. Ihr Magen knurrte schon seit dem Morgen wie verrückt, und Beeren gab es in den spätherbstlichen Wäldern schon längst keine mehr.

Der Schankraum war recht gut besucht mit allerlei Dorfgesindel und ein paar Gestalten, die Christina ziemlich verdächtig vorkamen. Offenbar war dies eine Schenke, wo nicht allzu viel Wert auf gutes Publikum gelegt wurde. Der Wirt, ein kahlköpfiger Mittfünfziger mit feistem Bauch unter der schmierigen Schürze, schaute kurz auf, als sie hereinkamen. Grüßend hob er die Brauen und widmete sich dann wieder dem Füllen des Weinkrugs in seiner Pranke. Christina hatte den Eindruck, dass er Frieder kannte. Dieser sah sich suchend im Raum um. Einer von denen, die sie als ziemlich zwielichtig eingeschätzt hatte, winkte ihnen aufgeregt. Also hatte ihr Eindruck sie nicht getrogen. Diese Beiz war eines der Hehler- und Räubernester, die es überall im Land gab, mehr oder weniger verborgen. Das allgegenwärtige Elend ließ sie aus dem Boden schießen wie Pilze, zum Verdruss der Obrigkeit. Kaum wurde eines ausgehoben, entstand an der nächsten Ecke ein anderes.

»Ah, das ist also deine Braut«, begrüßte der Schwamenjackel sie, als sie sich durch Zecher und Spieler zu seinem Tisch gekämpft hatten. Der unverschämte Blick, mit dem er sie beiläufig taxierte, berührte Christina unangenehm. »Nun ja, die ist es schon wert, dass du tagelang durch den Wald gerannt bist, das muss ich zugeben. Hübsch blond, und ordentlich was in der Bluse.« Er lachte und zog ihr einen Stuhl heran. »Hast deinen Herzensschatz hoffentlich nicht vergessen gehabt, hm?«

Christina bedachte ihn mit einer Mischung aus Ekel und Missachtung, setzte sich aber trotzdem. Sie konnte keinen Augenblick länger mehr stehen.

»Hab ein bisschen nachhelfen müssen«, ließ sich nun Frieder vernehmen, »aber jetzt ist sie wieder brav, nicht wahr, mein Schatz?« Sie spürte den drohenden Unterton in Frieders Stimme wie ein Messer an ihrer Kehle. Oh, wie sehr wünschte sie sich weit fort von hier. Veiths hoffnungsvolle Worte hallten in ihr wider. Amerika … ach, Amerika.

Was um alles in der Welt hatte sie gestern Nacht nur geritten, ihm die Antwort zu verweigern und nach draußen zu laufen? Das musste der Teufel höchstselbst gewesen sein.

Der Schwamenjackel gab dem Wirt einen Wink und tönte: »Ah, so sind sie halt, die Weiber. Wissen selbst nicht, was sie wollen.« Christina war geneigt, ihm zumindest in diesem Punkt recht zu geben. Sie hätte sich am liebsten selbst geohrfeigt.

Einen Augenblick später hatten sie einen Krug Wein und drei Becher vor sich. »Für mich bitte nur Wasser und etwas zu essen, wenn es geht«, bat Christina leise. Sie wagte kaum, den Blick zu heben. Bestimmt dachte jeder in diesem Raum, sie sei eines von diesen käuflichen Weibern. Nur solche hielten sich schließlich in Gasthäusern – und gar in Absteigen wie dieser – auf. Eine ehrbare Frau jedenfalls nicht. Scham rötete ihre Wangen.

»Wasser?« Frieder prustete amüsiert. »Was bist du denn für ein Nönnchen geworden in der Zwischenzeit? Hast doch immer einen guten Tropfen zu schätzen gewusst. Jetzt hör einmal zu, Christina: Die Zeit des Darbens ist vorbei! Du kannst essen und trinken, so viel du willst und was du willst.« Er griff in seine Tasche und ließ ein paar große blanke Münzen auf den Tisch kullern. Augenblicklich verstummten die Gespräche um sie her und der Wirt bekam große Augen.

Frieder blickte triumphierend in die Runde. »Ja, da staunt ihr, was? Das habe ich bekommen, ohne mir den Rücken krumm zu machen. Bin eben ein schlauer Fuchs.«

Unfreundliches Gemurmel war die Antwort. Niemand ließ sich gern vorführen. Der Schwamenjackel sah sich nervös um, doch Frieder bemerkte es nicht. Oder wollte er es nicht bemerken? »Das glaubt ihr mir nicht?«, prahlte er stattdessen, hob den Weinkrug an die Lippen und leerte ihn fast bis zur Neige. Dann knallte er das Gefäß zurück auf den Tisch. Fast wäre es zu Bruch gegangen. Einige der Anwesenden starrten nun doch fasziniert zu ihnen herüber. Das schien offenbar einer zu sein, der sich etwas traute, jedenfalls war er einen zweiten Blick wert.

Der Schwamenjackel wirkte wenig glücklich über die Aufmerksamkeit, die Frieder auf sich zog. Das unsichere Flackern in seinen Augen nahm zu und er zog an Frieders Jacke. »Doch, doch, sie glauben es dir«, flüsterte er. »Nun setz dich. Es reicht.«

»Lass mich doch«, murrte Frieder und schlug seine Hand zur Seite.

Ein breitschultriger, groß gewachsener Kerl, dem man die Rauflust schon auf die Entfernung ansehen konnte, schob geräuschvoll seinen Stuhl zurück und streckte seine muskulösen Glieder. »Was du nicht sagst?«, brummte er. »Du behauptest also, du bist schlauer als wir.«

Frieder grinste. Er liebte so etwas. »Das sag ich und das weiß ich.«

»Das musst du uns erst beweisen«, forderte ein anderer. Viele lachten.

»Gut!« Frieder setzte sich wieder hin, da jetzt der Wirt ein großes Stück Braten und Brot herbeibrachte. »Lasst uns erst etwas essen, und dann werde ich euch etwas erzählen, bei dem euch Dummköpfen Mund, Ohren und Augen offen stehen werden.«

Erwartungsvolles Raunen war zu hören. Eine gute Geschichte, das war immer eine feine Sache, zumal, wenn man im Wirtshaus beieinandersaß. Der Schwamenjackel entspannte sich. Die Gefahr war vorerst gebannt. Auch Christina begann nun, sich mit dem auf dem Brett liegenden Messer ein großes Stück Fleisch von dem Braten abzuschneiden und es hastig zu verschlingen. Sie war so hungrig, sie hätte die ganze Hammelkeule alleine essen können. Frieder ließ sie großzügig gewähren und zog ein eigenes Messer aus dem Gürtel. Dabei entdeckte Christina die Pistole, die daneben steckte. Dass sie die noch nicht gesehen hatte? Eine neue, schöne und vor allem moderne Waffe. Nicht eine von denen, die Frieders Vater besessen hatte. Für einen unbedachten Moment starrte sie das gefährlich aussehende Ding an.

»Was gibt's da zu glotzen?«, fragte Frieder unfreundlich und schob die Jacke wieder darüber. »Ich sagte dir, dass ich mich entschieden habe, mich nicht mehr *verseckeln** zu lassen, von niemandem mehr. Die sollen es noch einmal wagen, Hand an mich zu legen, dann wird es ihnen schlecht ergehen.«

Wen er damit meinte, sagte er nicht. Aber Christina nahm die Drohung als das, was sie war: eine Kampfansage des Wirtssohns an die ganze Welt.

»Und? Was ist jetzt? Wird's noch was mit der angekündigten Wundermär?«, pöbelte der Breitschultrige und stieß feixend seinen Tischnachbarn an. Aller Augen wandten sich ihnen wieder aufmerksam zu.

Frieder ließ sich nicht aus der Ruhe bringen. »Gewiss doch. Aber erst bringt mir der Wirt noch einen ordentlichen Schluck.« Der Breitschultrige war ganz nach seinem Geschmack – ein guter, würdiger Gegner. Frieder streckte sich wie ein Kater und nahm dann das rasch herbeigebrachte Gefäß aus den Händen des Wirts entgegen. Er trank, dass ihm der Wein in breiten Bächen das Kinn hinunter und in den

---

* Mundartlich für »zum Narren machen«.

Jackenkragen floss. Dann erhob er sich. Ein wenig schwankte er bereits. Christina sah es mit steigender Unruhe. Frieder vertrug weiß Gott viel, aber zwei Krüge Wein und das auf fast nüchternen Magen, erschöpft wie er war, das würde auch ihn überfordern.

»Also, meine Freunde«, begann er. Seine Zunge gehorchte ihm schon nicht mehr richtig. Spöttisches Gelächter kam auf, doch Frieders wilder Blick in die Runde ließ es sofort verstummen. »Was ich euch nun erzähle, ist wirklich geschehen, so wahr, wie ich hier vor euch stehe«, sagte er und hob wie zum Schwur die Hand. »Ich war vor nicht allzu langer Zeit noch in Ebersbach, wo ich herkomme, und tat, was ein Bursche wie ich so tut, wenn er sich nicht wohlgelitten fühlt. Habe mir, was mir zusteht, mit dem Recht des Stärkeren geholt, was den lieben, guten Bürgern von Ebersbach irgendwie nicht recht war. Verstehe es, wer will!«

Christina schloss die Augen. Sie konnte sich gut vorstellen, was sich in den letzten Monaten abgespielt hatte, wie Frieder begann, den Ort zu terrorisieren, wie er es früher zuweilen schon getan hatte. Vermutlich hatte er auch gestohlen. Es sah ganz danach aus.

»Jedenfalls«, fuhr Frieder unverdrossen fort, »haben irgendwann ein paar naseweise Kerle gemeint, sie müssten mich in die Zange nehmen. Zu viert sind sie auf mich los.«

»Ach, und du hast sie natürlich besiegt. Ganz allein«, höhnte es abfällig aus der Runde.

»Hab ich das gesagt?« Frieder ließ eine theatralische Pause entstehen. Oh ja! Er wusste, wie er unterhalten konnte, wie man sich in den Mittelpunkt stellte, im Guten wie im Schlechten. »Nein, gegen vier kräftige Gesellen, die einem an den Kragen wollen um jeden Preis, kommt wohl keiner an, der nicht mit dem Teufel im Bunde steht.« Er kicherte.

»Sie schleppten mich also nach Göppingen, wohl in der Hoffnung, sie könnten sich beim Vogt eine ordentliche Belohnung verdienen.«

Der Schwamenjackel zog scharf die Luft zwischen die Zähne. Ihm, ebenso wie Christina, war klar, dass sich Frieder soeben um Kopf und Kragen redete.

Der nahm noch einen tiefen Zug aus dem Weinkrug. »Eingelocht hat man mich dort und Tag und Nacht bewacht, dass ich ihnen ja nicht wieder auskomme. Davor hatten diese Tröpfe mehr Angst als Vaterlandsliebe! Ja, sogar in Eisenketten an die Wand geschmiedet haben sie mich.«

Beeindrucktes Gemurmel erhob sich. Ins Eisen geschmiedet, das war auch in Württemberg nicht gerade alltäglich. Man musste dafür schon ganz schön etwas auf dem Kerbholz haben.

»Doch ich wusste genau, was zu tun war.«

»Ein schlauer Fuchs!«, rief einer.

»Genau, mein Freund. Ein schlauer Fuchs, das bin ich nämlich. Ich hatte bald heraus, welches der Kettenglieder schwach war, und an dem habe ich gezerrt, wenn sie nicht hinsahen, sodass es schließlich brach. Aber ich hab mir nichts anmerken lassen. Brav hing ich in meinen Ketten, bis der eine meiner Wächter halb eingeduselt war und der andere nach der Wachablösung sah. Der Depp hat die Kerkertür offen gelassen, weil er mich noch angeschmiedet glaubte.«

Ungläubiges Raunen.

»Ja, da staunt ihr, was? Im Handumdrehen war ich aus dem Eisen, hab dem Schläfer noch eins übergerissen, sodass er tiefer schlief als je zuvor, und bin davon. Wie ein aufgestochenes Wespennest sind die Herzöglichen ausgeschwärmt und durch Göppingen gerannt auf der Suche nach mir. Haben geglaubt, ich käme aus der Stadt nicht heraus, weil sie die Tore sofort schließen ließen. Ha, denen habe ich eine Nase gedreht! Ich wusste, dass es beim Austritt eines Wasserlaufs aus der Stadtmauer eine schmale Ritze gibt, durch die ein Mann heraus- und hereinkommt, wenn er sich nicht zu ungeschickt anstellt, und da bin ich hinaus. Und die Soldaten des Herzogs ...«, er ließ ein weiteres Mal Stille einkehren. Atemlos starrten ihn die Zecher an. »Ja, hast du nicht gesehen? Die suchen wohl noch heute nach mir.«

Erlöstes Gelächter aus zahlreichen trunkenen Kehlen ließ das Wirtshaus erbeben. Das, so befanden die Männer, war wirklich eine tolle Geschichte, und den Herzöglichen geschah es nur recht, dass sie einer so richtig vorgeführt hatte.

Frieder hatte sich wieder gesetzt und tafelte weiter, als wäre nichts gewesen. Doch er registrierte genau, wie viele anerkennende Blicke ihn trafen. Er wuchs sichtlich auf seinem Stuhl. Aber er sah nicht, dass einer der Zuhörer in seinem Rücken sich auffällig schnell davonmachte.

Der Schwamenjackel wirkte nervös. »War das nötig?«, fragte er erbost. »Du bist ja nicht ganz bei Trost, Sonnenwirtle.«

»Was geht's dich an?«, fauchte Frieder zurück. »Es ist meine Sache, was ich erzähle und was nicht.«

»Hör zu, ich fürchte, wir bekommen Ärger.«

»Dann hau doch ab«, sagte Frieder und widmete sich demonstrativ dem Braten.

Der Schwamenjackel gab nicht auf. »Du kannst zwar machen, was du willst, aber um deiner hübschen Braut willen sollten wir verschwinden. Und zwar sofort.« Er stand auf und hob bedeutsam die Brauen.

Christina sah ihn unsicher an. Auch sie hatte bemerkt, wie jener Mann verschwunden war, und auch ihr war das verdächtig vorgekommen. Zweifellos war auf Frieders Wiederergreifung eine Belohnung ausgesetzt, und bestimmt hatte der eine oder andere unter den Zuhörern erraten, wer da vor ihnen stand und mit seinen vermeintlichen Heldentaten prahlte. Es war ja nicht allzu schwer gewesen.

Frieder erhob sich so plötzlich, dass der Weinkrug auf dem Tisch ins Wanken kam. Er mochte mehr als dreist sein, aber nicht dumm. »Komm!«, befahl er, warf ein paar Münzen auf den Tisch und streckte ihr seine Hand entgegen. Christina zögerte. Und wenn sie einfach blieb, wo sie war? Dann wäre sie doch wieder frei.

»Wag es nicht«, knurrte Frieder leise. »Ich krieg dich, wohin du auch gehst, und deinen Lockenkopf auch.«

»Wen?«, fragte der Schwamenjackel verwirrt. Er drängte sichtlich zum Aufbruch.

Frieder schob wie beiläufig seine Jacke zurück. Christina sah den Lauf der Pistole im Kerzenschein aufblitzen, daneben das Messer. Sie wusste, was das bedeutete. Stumm stand sie auf und folgte den beiden Männern, die nun zügig den Schankraum verließen.

Es war erstaunlich, wie behände sich Frieder trotz seiner Trunkenheit noch bewegen konnte. Möglicherweise war er auch weniger betrunken, als es den Anschein hatte. War das alles nur eine Scharade, ein Plan, den er vielleicht insgeheim verfolgte?

Etwas kam ihr in den Sinn.

Einmal, als sie des Nachts beieinander gelegen hatten, hatte Frieder zu ihr gesagt, dass es gleichgültig sei, ob die Menschen einen anerkannten oder fürchteten. Wichtig sei, dass man Eindruck schinde, dass sich in den Köpfen der Leute etwas tue, sobald sie einen sähen. »Wenn sie mich nicht lieben, dann sollen sie mich fürchten«, so hatte er gesagt. »Das eine ist so gut wie das andere.«

Und genau solche Geschichten trugen dazu bei. Sicher, es war gefährlich, brandgefährlich sogar. Aber blieb in den

Köpfen derer, die ihm hier zugehört hatten, nicht doch die Idee eines wahren Teufelskerls zurück, der sich trickreich und schlau den Fängen der verhassten Obrigkeit entwand, wann immer es ihm gefiel? Der einfach nicht zu fassen war?

»Dahinten!«, wisperte der Schwamenjackel nervös.

»Schon gesehen«, gab Frieder leise zurück und zog seine Pistole aus dem Gürtel. Christina wandte den Kopf in die Richtung, in die der Schwamenjackel gewiesen hatte. Mehrere Dorfleute, bewaffnet mit Äxten, Hacken und Prügeln und dem, was ihnen in der Eile in die Finger gekommen war, strömten dort aus einer Dorfgasse heraus und verteilten sich auf dem Platz. Tatsächlich, auch der aus dem Schankraum war dabei. Der Schwamenjackel hatte recht behalten.

Frieder grinste frech. »Der Erste, der es versucht, ist ein toter Mann!«, rief er fröhlich. »Nun, wer will der Erste sein? Nur zu!«

Die sich vorwärts schiebende Meute kam abrupt ins Stocken.

»Ah, keiner also? Nicht doch! Du vielleicht?« Frieder zielte mit der Waffe auf den aus dem Schankraum. Der erblasste sichtlich. Hatte Frieder ihn vorher doch bemerkt?

Er schien Spaß an der Situation zu finden. »Oder du?« Der Pistolenlauf zeigte nun auf einen anderen mit einem wilden, ungepflegten Bart und einem groben Mantel. Ein Schäfer vielleicht.

Der Schwamenjackel nahm Christina beim Oberarm. »Jetzt!«, zischte er und zerrte sie um die nächste Hausecke, hinter der der Pfad zurück in den Wald führte. Dort waren sie auch herausgekommen.

Christina blieb nichts anderes übrig, als sich dem Willen des Mannes zu fügen. Plötzlich fiel ein Schuss. »Verflucht!«, schimpfte der Schwamenjackel erschrocken. »Der Verrückte wird doch nicht einem den Garaus gemacht haben?«

Dann eilige Schritte hinter ihnen. Es war Frieder. Christina erkannte seinen keuchenden Atem.

»Los, ab in die Büsche!«, befahl er knapp, was die beiden anderen auch sofort befolgten. Im nächsten Augenblick fand sich Christina, bedeckt von Blattwerk, Ranken und Unkraut, in einem schmalen, eiskalten Rinnsal wieder, das ihr die Röcke durchweichte. Rechts und links neben ihr kauerten Frieder und der Schwamenjackel. Dann hörte man aufgeregte Rufe und Stiefeltritte. Die Dorfleute verfolgten sie, bemerkten aber nicht, dass die Entflohenen zu ihren Füßen in einem Graben voller Unkraut saßen. Einer nach dem anderen rannte vorbei.

Christina war versucht zu rufen, doch Frieder schien buchstäblich ihre Gedanken lesen zu können. Unversehens schob sich seine Hand über ihren Mund.

Dann kehrte Stille ein. Frieder und der Schwamenjackel warteten noch einige Minuten ab, bevor sie wieder aus dem Versteck herauskrochen.

»Das war knapp«, meinte der Schwamenjackel.

»Ach was!«, gab Frieder forsch zurück. Vergnügt spitzte er die Lippen. »Das war doch ein Spaß.«

Sein Gegenüber betrachtete ihn zweifelnd. »Was war das für ein Schuss vorhin? Hast du etwa jemanden umgelegt?«

»Nein, wo denkst du hin? Hab absichtlich danebengeschossen. Ich wollte sie nur auf Abstand halten.«

»Hm, wir sollten jedenfalls machen, dass wir wegkommen.«

»Wohin?«, fragte Christina ängstlich. Die Vorstellung, noch eine Nacht, dazu gejagt von aufgebrachten Dorfbewohnern, im Wald verbringen zu müssen, war ihr alles andere als angenehm.

»Am besten, ihr kommt mit mir«, meinte der Schwamenjackel. »Unsere Bande lagert nicht weit von hier.«

»Deine Bande? Ich weiß nicht, wir wollten nach Weiler …«, sagte Frieder zweifelnd.

Der Schwamenjackel schüttelte den Kopf. »Keine gute Idee jetzt. Dank dir suchen sie auch nach uns. Es ist sicherer, wenn wir uns so bald wie möglich Kameraden von unserem Schlag anschließen. Was wollt ihr tun, wenn sie euch stellen oder gar die Uniformierten alarmieren? Vermutlich geht's dann nicht mehr so glimpflich aus wie eben.«

»Also gut«, brummte Frieder unwirsch. Es passte ihm nicht, dass ihn einer – wenn auch nur leise – kritisierte. »Dann gehen wir eben mit dir.«

Und wieder verschluckte sie der Wald.

KAPITEL 18

CHRISTINA TAUMELTE NUR NOCH, als sie nach schier endloser Wanderung durch die Dunkelheit endlich eine Senke erreichten. Dort unten brannten mehrere Lagerfeuer. Sie roch den Rauch und nahm auch den schwachen Schein wahr, den die Flammen in den nächtlichen Himmel zeichneten.

Der Schwamenjackel ging voran, so wie er es schon seit einigen Stunden getan hatte. Sicheren Schrittes fand er den Weg nach unten.

»Wer da?« Ein schiefschultriger Greis, einen ausgefransten Filzhut tief in die Stirn gezogen, versperrte ihnen mit einem Kürassierdegen in der Hand den Weg.

»Ich bin's, du Depp!«, schimpfte der Schwamenjackel. »Bist du schon so blind, dass du mich nicht mehr erkennst? Wer hat dich denn zur Wache erkoren?«

»Die Eva, wer sonst?«

»Und die Schwarze?«

Der Alte zuckte die Schultern. »Schläft schon. Sind heute spät vom Markt in Wendlingen gekommen.« Er entblößte einen kläglichen Rest von Zähnen. »Hat sich aber gelohnt. Meine Herren, die Schwarze, die versteht ihr Geschäft! Das ist schon eine Rechte. Ihr Vater wär, Gott hab ihn selig, sofern er nicht in der Hölle schmort, stolz auf sie.«

»Jaja, halt's Maul, Joseph«, brummte der Schwamenjackel. Offenbar war er auf die Schwarze, wer immer das sein mochte, nicht allzu gut zu sprechen.

»Wen hast du da bei dir?«, wollte Joseph jetzt wissen.

»Freunde.«

»So, Freunde also?« Er beäugte sie misstrauisch. »Das wird die Eva aber wissen wollen.«

»Dann hol sie doch.«

»Nicht nötig!« Eine alte Frau kam herzu. Christina hatte sie zunächst gar nicht bemerkt zwischen all den Feuern, um die sich jeweils einige Schläfer ein notdürftiges Lager errichtet hatten. Teils Unterschlupfe aus Stöcken, Schnüren und gewachsten Planen, andere hatten sich lediglich Ledersäcke genäht, mit Stroh ausgestopft, und nächtigten unter freiem Himmel. Ohne große Rücksichtnahme bahnte sich die Alte, hie und da einen herzhaften Tritt verteilend, ihren Weg durch die Schlafenden hindurch. Im Hintergrund entdeckte Christina einen überdachten, großrädrigen und bunt bemalten Wagen, neben dem ein Pferd angepflockt war. Ob die Alte von dort gekommen war? Immerhin schien es eine Art Anführerin zu sein. Sie erinnerte sich, solches Volk in ihrer Kindheit auch einmal durch Plüderhausen ziehen gesehen zu haben. »Jauner« wurden sie geheißen, und man sah sie nicht gerne. Sie nahmen es mit den Begriffen Mein und Dein nicht allzu genau, so hieß es wenigstens. Allerdings erhob sich die Frage, wer von den zahllosen Geknechteten und Vergessenen des Herzogtums sich derlei Spitzfindigkeiten noch leisten konnte. Der ausgediente Soldat vor ihr gewiss nicht.

Die Frau war inzwischen ganz herangekommen und musterte sie nun mit kritischem Blick.

»Wen bringst du uns da, Schwamenjackel?«, fragte sie, ohne den Angesprochenen eines Blickes zu würdigen.

»Du kennst ihn bestimmt, Eva. Sie suchen ja überall schon mit Steckbrief nach ihm. Ich glaube, ich kann dir eine wahre Berühmtheit vorstellen.« Der Schwamenjackel lächelte gewinnend.

»Wollen einmal sehen. Nicht allzu groß, aber kräftig. Fünf Fuß, mehr nicht, dazu ein sauberes Gesicht mit runden, gesunden Backen und ein starker Kopf, braunrotes Haar und schwarzbraune Augen.« Die Frau musterte Frieder noch einen Moment eingehend, dann breitete sich ein zufriedenes Grinsen auf ihrem faltigen Gesicht aus. »So beehrt uns also der Ausbrecherkönig Friedrich Schwahn persönlich mit seinem Besuch. Ich muss zugeben, der Steckbrief war gut und genau. Und wen bringt er da mit sich?«

»Seine Braut«, beeilte sich der Schwamenjackel zu ergänzen.

»Eine Braut hat er also auch? Und was will der Herr bei uns?«

»Es hat Ärger gegeben drüben in Dettingen«, murmelte der Schwamenjackel betreten.

Die Frau fuhr herum wie eine Viper. So viel Schnelligkeit hätte Christina ihr gar nicht zugetraut, wirkte sie doch aus der Nähe schon ziemlich alt. Über 70 war sie bestimmt. »Habe ich euch nicht immer wieder eingebläut, dass ihr keine Aufmerksamkeit erregen sollt«, zischte sie. »Das könnte uns alle den Kopf kosten. Es haben schon genug von uns den Weg aufs Galgenfeld gefunden. Letzthin erst mein Schwiegersohn, und meinen Gottfried hat's auch erwischt und …«, sie seufzte.

Der Schwamenjackel schaute so schuldbewusst, wie es von ihm erwartet wurde. »Es ist eben so passiert.«

»Ach ja, so passiert also«, knurrte die Alte.

»Nun, jedenfalls schien es mir das Beste, die beiden mitzubringen. Die Dettinger waren ein wenig aufgeregt.«

»Ich hoffe, ihr habt sie nicht hierhergelockt.«

»I wo!«, wehrte der Schwamenjackel hastig ab. »Da habe ich schon gut aufgepasst. Die Bauerntölpel haben unsere Spur gewiss verloren.«

»Nun gut, ich will's dir glauben. Unsere *Gäste*«, sie lachte spöttisch, »sollen sich einstweilen einen Schlafplatz an deinem Feuer suchen. Du hast sie mitgebracht, du siehst auch zu, wie du sie versorgst. Verstanden?«

Der Schwamenjackel nickte ohne ein Wort der Widerrede. Das schien ein ungeschriebenes Gesetz der Schicksalsgemeinschaft zu sein.

Die Alte wandte sich brüsk ab. »Und morgen sehen wir weiter, was wir mit euch beiden Galgenvögeln anstellen werden.«

Im Morgengrauen erwachte Frieder neben Christina und begann, ihr, als wäre es sein verbrieftes Recht, unter die Röcke zu greifen. Christina erstarrte, doch sie wagte nicht, sich zu wehren. Steif wie ein Stock lag sie da, während er sich rasch auf sie wälzte und sich nahm, was er wollte. Eine Sache von wenigen Minuten, fast als würde er sein morgendliches Geschäft verrichten.

»Was hast du?«, fragte er verstimmt, als er sich seine Hosen wieder nach oben zog. »Macht es dir etwa keinen Spaß mehr mit mir?«

Christina wandte das Gesicht zur Seite und sagte nichts.

Verärgert versetzte Frieder ihr einen Stoß. »Denkst wohl immer noch an diesen Kerl in Neckartenzlingen. Aber damit du es weißt, du bist *meine* Braut und das bleibst du auch.«

»Ja, leider.«

Es war ihr einfach so herausgerutscht. Rasch presste sie die Hand auf den Mund, doch es war zu spät.

»Was soll das heißen: *leider*?«

Christina senkte ihre Stimme zu einem Flüstern. Um sie herum schlief noch alles. »Was glaubst du denn? Denkst du, ich lege noch Wert darauf, deine Braut zu sein? Was hat es mir eingebracht außer Not, Verleumdung und Elend? Ein halbes Jahr bin ich wegen dir und diesem verfluchten Lotterweib im Zuchthaus zu Ludwigsburg gesessen, und dann ist auch noch das Kind gestorben.«

Frieder starrte sie überrascht an: »Was, das Annale ist tot? Aber sie war doch vor ein paar Monaten noch am Leben. Es ging ihr doch gut bei meinem Vater, meine ich.«

Christina schluckte mühsam den Kloß in ihrem Hals hinunter. »Nicht die Anna. Dein Sohn, den ich geboren habe, nachdem man mich aus dem Zuchthaus entlassen hat.« Sie stockte. »Er … er ist gleich nach der Geburt gestorben.«

»Ich hatte einen Sohn? Warum hast du mir das nicht gesagt?«

»Was spielt das jetzt noch für eine Rolle?«, antwortete Christina bitter. »Er ist tot. Du warst ja auf der Festung. Für immer, wie ich annehmen musste. Ich konnte selbst sehen, wie ich zurechtkomme. Ich sage dir, es wäre mir besser ergangen, wenn ich dich nie kennengelernt hätte.«

Frieder knetete seine Unterlippe. Es schien, als habe er ihre letzten Worte gar nicht gehört. Ging ihm etwa das Schicksal des Kindes doch nahe?

»Wir werden uns überlegen müssen, wo wir bleiben. Der Winter steht vor der Tür«, sagte er plötzlich.

Christina seufzte. Offenbar war seine Phase des Bedauerns beendet. Da, wie auf ein geheimes Zeichen, begann sich das Lager zu regen. Ein Schläfer nach dem anderen erhob und streckte sich und schüttelte sich Steife und Kälte aus den Gliedern. Husten und Gähnen, das Klappern von Blechgeschirr und das Knistern der neu genährten Feuer, scherzhafte Worte und weniger freundliche Kommentare, ja selbst helle Kinderstimmen waren zu hören. Christina streifte ebenfalls die vom herbstlichen Tau benetzte Decke ab und sah sich fröstelnd um. Die Bande bestand wenigstens aus zwei Dutzend Personen, die Kinder nicht mitgerechnet. Allerdings waren es deutlich mehr Männer als Frauen. Manche von ihnen offenbar betagte oder wegen Unbrauchbarkeit aus dem Sold gestoßene Soldaten so wie der alte Joseph, der sie gestern Nacht in Empfang genommen hatte. Reste einstmals fescher Uniformen – beileibe nicht nur die falben Röcke der Herzöglichen – und die eine oder andere Narbe oder fehlende Gliedmaßen zeugten davon. Aber auch gewöhnliches Diebesgesindel wie der Schwamenjackel gehörte unzweifelhaft dazu. Unbehaglich wickelte sich Christina wieder in ihre Decke. Was sollte sie hier bei diesem Lumpengesindel? Mit finsterem Blick starrte sie Frieder hinterher, der sich erhoben hatte und einer herankommenden Vierergruppe entgegenging. Die Alte der gestrigen Nacht, die sie Eva nannten, war dabei, aber auch ein beeindruckendes schwarzhaariges Weib, ein wenig älter als Frieder vielleicht. Christina musterte sie unsicher. Das musste wohl »die Schwarze« sein, die der Wächter gestern erwähnt hatte. Jetzt, wo sie näher kamen, sah Christina deutlich, dass es sich bei Eva und der Schwarzen um Mutter und Tochter handeln musste. Die Ähnlichkeit war unverkennbar, auch wenn die Schönheit der Älteren längst der Verfall zerstört hatte.

Bei ihnen waren noch zwei weitere Personen: ein Mann um die 30 und eine weitere junge Frau, recht unscheinbar etwa in ihrem Alter. Vermutlich weitere Mitglieder von Evas Familie, wenn sie sich nicht völlig irrte. Auch sie hatten dieses auffallend schwarze, dichte Haar, wenn auch nicht so üppig. Das sah man nicht oft in Württemberg, es sei denn, es handelte sich um fremdes Blut. Die Schwarze war die Erste, die das Wort an Frieder richtete. »Du bist also das Sonnenwirtle, von dem jetzt überall in der Gegend die Rede ist«, stellte sie knapp fest, ohne wirklich eine Antwort zu erwarten. Christina erhob sich zögernd und machte ein paar Schritte, doch die vier hatten kaum einen Blick für sie.

»Wer will das wissen?«, höhnte Frieder forsch. »Bevor ich mich aushorchen lasse, will ich erst wissen, mit wem ich es zu tun habe.«

»Wir sind die Schettinger-Bande, zumindest das, was noch davon übrig ist«, ließ sich daraufhin Eva zu einer Auskunft herab, und ein gehöriger Anteil Verbitterung schwang darin. Christina begann sich zu fragen, wer denn noch alles aus dieser selbstbewussten Gaunerfamilie den Weg zum Galgen genommen hatte. »Das da«, die Alte zeigte nun auf die Schwarze, »ist meine älteste Tochter Christine.«

Christina horchte auf. Also hieß die Frau fast wie sie, doch schien sie ihr genaues Gegenteil zu sein. Wo sie blond, hellhäutig und zartgliedrig war, war diese von zigeunerhaftem Aussehen und muskulösem Körperbau. Die Haut hatte einen nahezu olivfarbenen Teint, und ihre schwarzen Augen waren von – für eine Frau – recht kräftigen Brauen überschattet. Das Haar, das in üppiger Flut über den Rücken floss, hatte sie sich mit einem bunten Tuch nach hinten gebunden. Ohne Frage, das Weib war eine Augenweide, gesund und kräftig dazu. Ein Umstand, der auch Frieder nicht entging. Sie sah es an seinem Verhalten, an der Art, wie er sich streckte, um etwas größer zu erscheinen, als er war. Fast wie ein Gockel, dachte Christina angewidert. Die schwarze Christine überragte ihn immerhin um eine knappe Handbreit. Eva fuhr mit ihrer Vorstellungsrunde fort: »Das ist mein Sohn mit Namen …«

»Bettelmelcher, das muss reichen«, fiel ihr dieser harsch ins Wort. Er schien an übertriebener Höflichkeit kein Interesse zu haben.

»Und hier haben wir noch unsere Marga«, schloss Eva.

Die Letztgenannte lächelte kokett. Offenbar hatte Frieders Angeberei mehr Wirkung auf sie als auf ihre Schwester, der sie doch galt.

»Tatsächlich. Man hat bereits von euch gehört«, gab Frieder zu. »Besonders von dir, Bettelmelcher.« Er lächelte breit. »Einer auf der Festung Hohentwiel hat deinen Namen öfters erwähnt.«

»Ach ja? Und wer?«

»Tut nichts zur Sache. Ist nicht lange danach an Lungenentzündung verreckt.«

»Hartes Pflaster da oben, hm?«, meinte der Bettelmelcher mit hochgezogenen Brauen.

»Kann man so sagen«, pflichtete ihm Frieder bei, »bin froh, dass ich wieder rausgekommen bin, auch wenn ich Kopf und Kragen dabei riskieren musste. Sonst wär's mir bestimmt ähnlich ergangen.«

»Das war schon ein Schelmenstück, überall hört man davon.«

Frieder wuchs sichtlich um einige Zentimeter und sah aus den Augenwinkeln zur Schwarzen hinüber. Zweifellos, er versuchte, sie zu beeindrucken. Doch diese musterte ihn nach wie vor spöttisch. Die Frauen dieser Bande haben bald mehr zu sagen als die Männer, wunderte sich Christina. Entweder waren sie willensstärker als alle anderen, oder aber es gab außer ihnen niemanden, der die Bande hätte führen können. Der Bettelmelcher wirkte jedenfalls nicht wie ein geborener Anführer. Die schwarze Christine jedoch schon. Diese ergriff nun auch das Wort: »Damit du es weißt, Sonnenwirtle, bei uns wird keiner nur so durchgefüttert. Jeder, der sich bei uns aufhält, trägt auch zum Lebensunterhalt der Bande bei, und was erbeutet wird, wird geteilt. Wir Schettingers als die Anführer erhalten dabei ein Drittel, ein Drittel erhalten die, die beim Raub mit dabei sind, der Rest wird unter den anderen aufgeteilt. Wenn ich oder mein Bruder die Sachen auch noch verhökern sollen, erhöht sich unser Anteil auf die Hälfte. Klar?«

Frieder ließ sich Zeit mit der Antwort. Eine Weile sah er der Schwarzen unverwandt ins Gesicht. »Ich habe meine eigenen Hehler«, sagte er, »und ich behalte ein Drittel der Beute, die unter meiner Führung gestohlen wird.«

»Deiner Führung?«, höhnte die Schwarze.

Frieder schob seine Jacke zur Seite. Sein Wams glänzte in der Morgensonne, die inzwischen den Weg durch die Nebel gefunden hatte. »Bin bisher gut zurechtgekommen«, sagte er lapidar, »warum sollte ich mich jetzt plötzlich bescheiden?«

»Ihr könnt auch gerne verschwinden. Wir brauchen euch nicht«, schnappte die Schwarze.

»Da hör einer her, so große Worte … dabei weiß ich ein paar Orte, die sich lohnen würden, auch für euch. So wie ich das sehe«, spöttisch wies er auf die abgerissenen, ärmlichen Gestalten um sie her, »braucht ihr mich nämlich doch.«

»Ach, wirklich?«, meinte der Bettelmelcher säuerlich.

»Allerdings!«

Eva setzte dem aufkommenden Streit ein Ende. »Der Winter kommt, das ist für uns alle keine leichte Zeit. Es ist besser, wenn wir uns zusammentun. Gut denn, ein Drittel für dich, wenn der Raub unter deiner Führung stattfindet.« Mit einer herrischen Geste schnitt sie ihrem Sohn das Wort ab.

»Du kannst dein Können gleich morgen Nacht unter Beweis stellen, Sonnenwirtle. Bevor wir ins Winterlager nach Wäschenbäuren umziehen, wollen wir noch bei einem Wirt zu Reichenbach einbrechen.«

»Dem ›Hirschenwirt‹?«

»Genau bei dem.«

Frieder zog anerkennend die Luft durch die Zähne. »Eine gute Wahl. Da gibt's was zu holen.«

Die Schwarze bedachte ihn mit einem geringschätzigen Schnalzen. »Willst du uns etwa weismachen, du hättest ihn auch schon ins Auge gefasst?«

»Und wenn es so wäre?«

Für einen Moment wechselten die beiden unnachgiebige Blicke. Frieders Muskeln spannten sich, aber dann wandte er sich plötzlich ab. »Also, wer macht mit?«

Statt des Bettelmelchers, dem die Frage eigentlich galt, ergriff nun erstmals die Schwester der beiden das Wort: »Ich. Und dann der Anthoni, der Schwamenjackel und natürlich mein Bruder hier.«

»Du nicht?« Frieder deutete mit dem Finger auf die Schwarze.

Die zuckte mit den Schultern. »Ich habe ein lohnenderes Gewerbe.«

»Ach?«

Die Frau machte einen Schritt auf Frieder zu. Nun standen sie ganz dicht voreinander. Fast berührten sie sich. Ihre Stimme senkte sich zu einem Flüstern, sodass Christina die Ohren spitzen musste, um zu verstehen, was gesprochen wurde. »Ja, stell dir vor, Sonnenwirtle«, zischte sie, »ich bin schon einige Zeit länger im Gewerbe als du, du kleiner Möchtegerndieb. Lass dir gesagt sein, Einbrüche sind weit weniger lohnend, als du denkst. Außerdem hat man den Hals verdammt schnell in der Schlinge.«

»Ich nicht!«

»Das sagen sie alle. Und dann erwischt es sie doch. Was mich angeht«, sie richtete sich auf, sodass sie Frieder noch um einiges mehr als zuvor überragte, »ich ziehe es vor, mein Glück auf den Märkten zu versuchen. Gerade gestern haben wir einen äußerst erfolgreichen Fang getan. Nicht wahr, Mutter?«

»Das stimmt«, bestätigte diese. »Und das Beste daran, wenn sie einen erwischen, kann man immer noch auf Unschuld vom Lande machen.« Sie lachte meckernd. »Das wäre gewiss auch etwas für dein hübsches Liebchen, das sich da drüben herumdrückt.« Jetzt fixierte sie Christina offen und nicht sehr freundlich. »Heda! Entweder du trollst dich oder du kommst her und beteiligst dich. Falsche Schlangen mögen wir hier nicht.«

Christina schüttelte erschreckt den Kopf. Um nichts in der Welt hätte sie an diesem Gespräch teilnehmen wollen. Was dort verhandelt wurde, ließ ihr das Blut in den Adern gefrieren. Einbruch, Diebstahl, Raub. Sie sprachen darüber, als wäre es das Normalste auf der Welt. Dabei stand der Tod darauf. Und der Herzog ließ nicht mit sich spaßen. Nein, ganz gewiss nicht! Hastig trat sie den Rückzug an. Am besten, sie hörte und sah nichts von all dem.

»Du bist doch ein selten dummes Stück!«, schimpfte Frieder, als er einige Zeit später an ihren Schlafplatz zurückkehrte, wo Christina sich schließlich mangels eines noch weiter entfernten Ortes niedergelassen hatte. »Was sollte das? Musst du mich so bloßstellen? Die haben mir ganz schön zugesetzt wegen dir. Ich hatte Mühe, sie davon zu überzeugen, dass wir bleiben können.«

Christina starrte ihn an. »Ich will hier nicht bleiben!«

»Ach, und was willst du sonst tun?«

»Hab ich dich drum gebeten, hier zu sein? Ich wäre lieber bei meiner Herrschaft …« Sie biss sich abrupt auf die Lippen und blieb ihm den Rest des Satzes schuldig. Besser, sie erwähnte das nicht mehr. Seine finstere Miene sprach Bände. »Bitte, Frieder«, flehte sie, »ich kann das nicht: stehlen und betrügen und rauben. Ich bin nicht so.«

»Ja, leider«, knurrte er verärgert. »So bist du nicht.«

Ein langes Schweigen folgte. Christina schlang die Arme um ihre Knie und wünschte sich weit fort.

Doch dann schien Frieder einen Entschluss gefasst zu haben. »Also gut«, sagte er, »dann sollst du deinen Willen haben. Ich hatte eh vor, dich bei Freunden von mir unterzubringen.«

»Ich muss dort nicht bei deinen Räubereien mitmachen?«

Frieder schnaubte spöttisch. »Da bist du ohnehin zu dumm dazu. Dafür braucht es kecken Mut und ein bisschen Grips, weißt du.«

»Was du natürlich hast.«

»Und ob!« Er erhob sich ruckhaft. »Heute wird das Fräulein Rührmichnichtan allerdings noch mit dieser Gesellschaft vorlieb nehmen müssen. Ich habe versprochen, heute Abend mitzugehen, und ich werde mein Wort nicht brechen.«

Christina wurde es angst und bange. »Frieder, was machst du denn? Hast du denn gar kein Gewissen?«

Er lachte freudlos. »Ein Gewissen? Wenn ich je eins hatte, dann haben sie es mir ausgetrieben.«

»Frieder …«

»Es reicht«, fuhr er sie plötzlich an, »halt dein Maul, sonst setzt es was, verstanden?«

Oh, sie verstand nur zu gut. Er würde bestimmt nicht zögern, seinen Worten Taten folgen zu lassen. Sie schlang ihre Arme noch ein wenig enger um die Beine und schwieg, wie er es verlangte. Einen Moment noch stand er neben ihr, als wolle er noch etwas loswerden, doch dann trollte er sich plötzlich. Christina blieb zurück. Sie wusste, sie würde nichts gegen das, was kommen würde, ausrichten können.

Die Diebe kehrten erst spät in der Nacht wieder. Frieder wirkte aufgeräumt, fast überdreht. Man war erfolgreich gewesen. Der Bettelmelcher, Anthoni sowie der Schwamenjackel und auch Frieder trugen prall gefüllte Säcke auf den Schultern. Selbst Marga, die ja mit von der Partie gewesen war, schleppte noch einiges an Tüchern und erbeuteten Wäschestücken mit sich.

Es gab ein großes Hallo, als sie die Beute in die Mitte der rasch zusammengelaufenen Bandenmitglieder warfen und dann auskippten. Was purzelte da nicht alles aus den Säcken! Bratenfleisch, Zinnteller und Schüsseln, Schmuck, andere Stücke, die offenbar zur Aussteuer der Hirschwirtin gehört hatten, die beileibe keine arme Frau gewesen zu sein schien. Sogar ein Ölgemälde war dabei. Ein kleines Fässchen Wein mit dem zugehörigen Trinkgeschirr fand sich ebenso wie eine große Zahl an Räucherwürsten, fetten Speckseiten und Kochgeschirr. Das Beste aber war eine prall gefüllte Geldbörse, die sich Frieder mit großer Geste vom Gürtel band und zuoberst auf den ansehnlichen Haufen warf. Das anerkennende »Aaah« aus der Menge der Umstehenden war Musik in seinen Ohren.

Der Bettelmelcher wollte gerade damit beginnen, schon einmal die Würste an die zahlreichen sich reckenden Hände auszuteilen, als die Schwarze sich rüde ins Innere des Kreises drängte.

»Lass das!«, befahl sie barsch. »Du kennst das Gesetz: Erst wird alles genau gezählt, und dann wird geteilt.«

»Ist doch genug da für alle«, maulte der Bruder.

»Kein Grund, gegen unsere Regeln zu verstoßen. Ein Drittel für uns Schettinger, ein Drittel für die Ausführenden, den Rest für die Gruppe. Und dann muss noch entschieden werden, was von der Beute zum Hehler muss.«

»Ist ja gut.«

»Hm.« Die Schwarze schob ihren Bruder zur Seite und scheuchte den Schwamenjackel, der ihm beim Austeilen hatte helfen wollen, mit einem bösen Blick davon. Der ließ fallen, was er gerade in den Händen hielt, und machte, dass er davonkam. Eine lange Schnur Bratwürste plumpste in den Dreck.

»Also dann wollen wir einmal sehen …« Die Schwarze zog mit spitzen Fingern einen hübschen, mit einem fremden Wappen geschmückten Zinnteller aus dem Haufen.

»Du kannst dir die Mühe sparen«, sagte Frieder ruhig, »ich habe schon gezählt.«

»Was du nicht sagst.« Die Schwarze wandte sich zu Frieder um. »Wann willst du das denn gemacht haben?«

»Als wir's gestohlen haben, wann sonst?«

»Jetzt hör sich einer den an!« Die Schwarze lachte schrill. »Da haben wir es wohl mit einem wahren Genie zu tun.«

Frieder ließ sich nicht beirren. »Es sind etwa 40 Pfund Fleisch, dazu ebenso viel in Würsten und noch drei Speckseiten. Die wiegen jede noch einmal um die 20, macht also insgesamt 140 Pfund. Dann das Fässchen. Das weißt du selbst, wie viel das ist. An Zinntellern sind's ein Dutzend, dazu noch fünf Kannen und 22 Becher. Die könnte man zum Hehler geben, aber das muss man nicht. Die ohne Wappen kann man auch so gut verkaufen.« Um ihn her war es still geworden. Frieder tat, als ob er es nicht bemerke. »Der Schmuck, das sind zwölf Ringe, sieben Halsketten und zwei Broschen. Dazu einiger Tand fürs Haar von der Alten. Aber der ist nichts Rechtes, der bringt nichts, genauso wenig wie das Kochgeschirr. Dachte, es wär halt was für die Weiber. Ach ja, und dein Schwesterherz wollen wir auch nicht vergessen. Die hat nämlich einen Ballen Damast und drei große Tischtücher mitgehen lassen. Und noch …«, rasch machte er einen Schritt auf Marga zu und griff ihr keck unter den Rock, was diese zu einem erschrockenen Aufschrei veranlasste. Für einen Augenblick waren ihre braunen Waden zu sehen. »… vier Leinenunterröcke und eine wollene Unterhose. Stimmt's?«

Die Menge begann zu kichern.

»Stimmt!«, sagte Marga und wurde rot. Nur die Schwarze

schien sich von der allgemeinen Heiterkeit nicht anstecken lassen zu wollen. »Behaupten kann das jeder.«

»Du kannst es gerne nachzählen, Stück für Stück, wenn du willst.«

»Die Börse?« Die Schwarze streckte ihre Hand danach aus, doch Frieder war schneller. »Ein Drittel für mich?«

Erneut kehrte spannungsgeladene Stille ein. Das war eine unerhörte Forderung. Man wartete, ob die Schwarze sich das gefallen lassen würde. Diese sah sich nach ihrem Bruder um. Marga schien bei solchen Fragen nicht von Belang zu sein. Der Bettelmelcher zuckte jedoch nur gleichmütig mit den Schultern. »Du hast gehört, was die Mutter gesagt hat«, meinte er nur dazu. Die Schwarze schnitt eine wütende Grimasse und wandte sich wieder Frieder zu. »Also gut«, sagte sie murrend. »Ein Drittel für dich.«

»Fein. Es sind 70 Taler drin.«

Die Menge schnappte hörbar nach Luft. 70 Taler! Das war ein kleines Vermögen. Wütend riss die Schwarze Frieder die Börse aus der Hand. Er hatte sie überrumpelt, das musste nun auch dem Dümmsten klar geworden sein. Frieder grinste noch ein wenig breiter als zuvor. »Du kannst es gerne nachzählen, es stimmt genau. Der Hirschenwirt ist fürwahr ein reicher Mann, vielmehr, er *war* es.«

Mit einer Miene, der die Mordlust anzusehen war, band die Schwarze die Börse auf und begann, die schweren Münzen in drei Häufchen aufzuteilen. Frieder seufzte, als ob er sich langweile. »Es sind 23 für jeden Part. Einer bleibt über. Den sollten wir dem Anteil der Gruppe zuschlagen, meinst du nicht, Schettingerin? Immerhin steht uns – wie deine geschätzte Frau Mutter ja so richtig bemerkte – der Winter ins Haus.«

Die Begeisterung der Menge kannte keine Grenzen. Erwartungsvoll rückte sie näher. Es wurde eng für die Schwarze. Hastig raffte sie die Münzen wieder zusammen in die Börse und warf sie Frieder zu, der sie mit einer geschickten Bewegung auffing. »Dann mach doch selbst, wenn du alles besser weißt«, zischte sie wütend und bahnte sich noch rücksichtsloser als zuvor ihren Weg durch die Menge. Im Nu war Frieder umringt von begeisterten Bandenmitgliedern. Lachend gab er aus, behielt aber gleichzeitig den Rest der Beute im Blick. Ein Nicken, und seine nächtlichen Diebeskameraden kümmerten sich um deren vereinbarte Verteilung. Wenige Augenblicke später war von dem Haufen nichts mehr übrig als der sorgsam in ein Tischtuch geschlagene Anteil Frieders.

»Trag's zu unserem Feuer«, sagte Frieder zu Christina, die, schwankend zwischen Furcht und Entsetzen, der unwirklichen Szene beigewohnt hatte. Wie ein Rudel Wölfe, so kamen ihr die Leute hier vor, getrieben von Hunger und Gier. »Heute Nacht kannst du essen, bis du platzt«, sagte Frieder und lachte, zufrieden mit sich und der Welt. »Ich hab's dir versprochen: Ich sorge für dich. Das werde ich auch halten.«

Im April des Jahres 1757, Wäschenbäuren

KAPITEL 19

Christina hörte, wie man im Nebenzimmer stöhnte und die einfache Bettstatt zum Knarren brachte. Frieder und Marga, die Schwester der Schwarzen Christine. Ihn schien es nicht zu stören, dass sie das Treiben der beiden zwangsläufig mitbekam. Sie strich über ihren gerundeten Bauch. Neues Leben regte sich darin. Nun ja, sie kümmerte es ebenso wenig. So ließ er sie wenigstens in Ruhe. Als die Schwangerschaft offenbar geworden war, hatte Frieder es vorgezogen, seine Bedürfnisse anderswo zu befriedigen. Seit sie nun mit Marga zusammen hausten, war es eben diese, die das zeitweilige Privileg genoss, das Bett mit dem erklärten Liebling der Bande zu teilen, nach einer Reihe anderer Gespielinnen. Sie hatte aufgehört zu zählen. Den ganzen Winter über waren sie von Bleibe zu Bleibe gezogen, hatten zu zweit oder zu dritt bei Hehlern und zwielichtigen Wirten Unterschlupf gefunden und waren zusammen mit anderen bei irgendwelchen Bauern untergekrochen. Trotzdem hatte die Kälte das eine oder andere Opfer gefordert. Der alte Joseph war nicht mehr, und auch zwei von den Kindern waren gestorben. Auch Eva war krank. Sie hatte es aus Gesprächen der anderen mitbekommen. Soweit sie konnte, hielt sie sich fern vom Treiben der Bande, das auch jetzt im Winter weiterging, wenn auch in geringerem Umfang. Schließlich wollte man nicht die Aufmerksamkeit der Behörden auf sich ziehen. Dennoch war Frieder oft genug auf Diebestour gewesen. Nächtelang blieb er fort und kam zurück mit Taschen und Säcken voll mit Wertvollem und Wertlosem, das er ihren jeweiligen Gastgebern aufzuschwatzen versuchte. Manches Mal hatte es deshalb Streit gegeben und sie hatten weiterziehen müssen. Zu anderen Zeiten schwammen sie regelrecht im Geld, was sich jedoch so schnell, wie es hereinkam, ebenso schnell wieder verflüchtigte. Wie früher konnte Frieder einfach das Spielen nicht lassen – und das Trinken. Und je mehr er trank, umso mehr verlor er. Es kümmerte ihn nicht. Überall gab es ja irgendwelche reichen Tröpfe, die man bei Bedarf ausnehmen konnte. Sein Gewissen schien ihn tatsächlich vollkommen verlassen zu haben.

Anfangs hatte Christina versucht, ihn zur Besinnung zu bringen. Doch weder ihre Bitten noch ihre Ermahnungen schienen ihn noch zu erreichen. Stattdessen machte er ihr Vorwürfe, dass sie nicht ebenso gerissen und geschickt war wie die Schettingerin. Die Schwarze schien es ihm vor allen anderen angetan zu haben. »Ein Prachtweib ist das«, pflegte Frieder zu sagen. Anfangs hatte er viel von ihr gesprochen, ihre Fähigkeiten und ihr wildes, apartes Aussehen gelobt. Dann waren diese Äußerungen merklich weniger geworden. Zu diesem Zeitpunkt hatte Frieder begonnen, sich wie ein satter Kater zu gebärden. Christina ahnte den Grund: Die Phase der Werbung war inzwischen der Phase des Vollzugs gewichen. Sie hätte schwören können, dass die beiden etwas miteinander hatten. Es wunderte sie nur, wie völlig unberührt sie dieser Umstand ließ. Für Frieder empfand sie nichts mehr, nicht einmal mehr Hass.

Ob Frieder seinerseits noch etwas für sie fühlte? Sie bezweifelte es. An dem Kind in ihrem Leib schien er jedoch umso mehr Interesse zu haben. »Siehst du, alles wird gut«, hatte er gesagt, als sie ihm die Schwangerschaft kundgetan hatte. »Das wird mein neuer Sohn.«

Was daran gut sein sollte, hatte sich Christina im Stillen gefragt, jedoch dazu geschwiegen, wie sie zu allem schwieg, was sich um sie her ereignete. Das Kind war nichts als eine weitere Fessel. Eine Fessel, die sie leider mehr an Frieder band, als es seine Drohungen vermochten. Eine überaus lästige Fessel, auf die sie gerne verzichtet hätte, wenn es in ihrer Macht gestanden hätte. Tatsächlich hatte sie dieses Mal ernsthaft versucht, die Frucht in ihrem Leib abzutöten. Soweit dies möglich war unter den argwöhnischen Blicken ihrer Bewacher – denn nichts anderes waren ihre wechselnden Gastgeber für sie, auch wenn Frieder anderes behauptete. Alles hatte sie versucht. Sie hatte sich Stufen hinabfallen lassen und schwere Lasten gehoben, vergorene Milch und madiges Fleisch gegessen, bis sich ihr Inneres nach außen stülpte und sie meinte, vor lauter Erbrechen sterben zu müssen. Allein, Frieders Balg in ihr hatte der Tortur widerstanden. Sein Same zeugte offenbar starke Kinder. Kinder, die um jeden Preis überleben wollten. Dass diese Kraft von ihr kommen sollte, bezweifelte sie. An die giftigen Kräuter, die vielleicht wirkungsvoller gewesen wären, war sie im Winter leider auch nicht herangekommen, und zu fragen hatte sie nicht gewagt. Frieder hätte sie bestimmt ein zweites Mal versucht umzubringen, wenn es ihm zu Ohren gekommen wäre. Schon die Sache mit dem Erbrechen hatte ihn misstrauisch werden lassen.

Und dann hatte sie doch ihr eigenes Gewissen zu zwicken begonnen. Wenn es ihr auch nur mehr eine Last war, was da in ihr wuchs, so war es doch Gottes Wille, dass es entstanden war. Wie also konnte sie es ermorden wollen?

An diesem Tag hatten ihre verzweifelten Versuche ein Ende gefunden und sie hatte sich in ihr Schicksal ergeben. Was blieb einem auch anderes übrig in dieser winterkalten Welt?

Doch dann brach der Frühling mit Macht aus der Erde, und mit ihm kehrte auch in ihr die Hoffnung zurück.

Nebenan schien man zu einem Ende gefunden zu haben. Sie hörte, wie jemand vernehmlich Rotz hochzog und ausspuckte. Marga war das bestimmt nicht. Die schnurrte noch wie ein Kätzchen. Ja, Frieder wusste durchaus, seinen Mann zu stehen. Und wie ein Mann riss er nun auch, spärlich bekleidet, die Kammertür auf und setzte sich zu ihr an die Feuerstelle, zufrieden mit sich und der Welt. Christina vermied es, ihn anzusehen. Was, um Himmels willen, erwartete er denn, wie sie auf derlei reagieren sollte? Auch Marga erschien jetzt in der Tür, in eine grobe Decke gewickelt, ein Grinsen im Gesicht. Am liebsten hätte Christina ihr einen Schlag versetzt. Sie konnte Marga nicht ausstehen, da mochte Frieder sagen, was er wollte.

»Es wird wärmer«, meinte dieser jetzt unvermittelt. »Gestern war die Rede davon, dass man sich wieder sammeln wolle. Ich erwarte, dass du mitkommst.« Härte schwang in seiner Forderung.

»Ich habe dir bereits gesagt, dass ich nicht mitmache bei diesen Räubereien.«

Marga kicherte spöttisch. Frieders Muskeln spannten sich.

Christina spürte, wie ihr Schauer über den Rücken liefen, aber dennoch: In diesem Punkt würde sie nicht nachgeben. Schlimm genug, dass sie mit diesem Räubergesindel Umgang hatte, aber auch noch ein Mitglied der Bande werden? Lieber würde sie sterben. Einmal Zuchthaus war genug für ein ganzes Leben.

»Ich sagte, du kommst mit uns.«

»Und ich sagte, das werde ich nicht tun.«

»Du bist meine Braut, hast du das vergessen?«

Christina konnte nicht anders, sie begann zu lachen. »Deine Braut? Ach, deshalb treibst du es vor meinen Augen ständig mit anderen. Danke, aber ich verzichte!« Sie streifte Marga mit einem Blick, in dem alle Verachtung lag, derer sie fähig war. Die konterte mit einer herausgestreckten Zunge und schrillem, meckerndem Gelächter. Zweifellos ein Erbe ihrer Mutter.

»Maul halten! Alle beide!« Wütend war Frieder aufgesprungen. Die Hände zu Fäusten geballt, baute er sich vor Christina auf. Spontan erinnerte er sie an seinen Vater, den alten Sonnenwirt. Auch dieser hatte gerne eine solche Haltung eingenommen, wenn es zu drohen galt, ziegelrot im Gesicht. »Du glaubst also, du bist an dein Versprechen nicht mehr gebunden? Ist das so? Komm schon! Immer heraus damit, nur Mut!«

Christina zögerte. »Ich sage nur, wie es ist. Du bist es doch, der sich nicht mehr daran gebunden fühlt. Dabei trage ich dein Kind in meinem Leib.«

Einen Augenblick sah es aus, als wolle er wieder einmal zuschlagen. Sie legte schützend die Hände über ihren geschwollenen Leib und kniff die Augen zu. Doch der Schlag kam nicht.

»Du hast recht«, sagte Frieder. Christina glaubte, ihren Ohren nicht zu trauen, auch Marga war das Lachen plötzlich vergangen. »Wir sollten uns endlich trauen lassen.«

»Wie willst du das anstellen?«, fragte Christina verblüfft. »Du kannst doch nicht einfach so zu einem Pfarrer spazieren und ein Aufgebot bestellen. Die nehmen dich doch sofort fest.«

Frieder zeigte sein schlaues Grinsen, wie immer, wenn er etwas ausheckte. »Lass mich nur machen«, sagte er. Und dann, im nächsten Augenblick, hatte er seine Kleider vom Haken gerissen und war aus der Kate gestürmt.

Erstaunlicherweise hielt Frieder diesmal Wort, als er zwei Tage später in den Morgenstunden einfach so wieder zur Tür hereinspazierte, als wäre er nie fort gewesen.

»Komm«, sagte er und streckte die Hand aus, »jetzt wird

geheiratet, mein Lieb.« Übermütig, wie nur er es sein konnte, zerrte er sie hoch und aus der Kate hinaus. Im Vorbeigehen griff Christina noch eilig nach ihrem Schultertuch. Marga, die zurückblieb, verfolgte sie mit neidischen Blicken, doch das scherte Christina jetzt wenig. Vielmehr fragte sie sich, was für eine Teufelei sich Frieder nun wieder ausgedacht hatte. Welcher Pfarrer, der noch halbwegs bei Sinnen war, würde einem gesuchten Verbrecher das heilige Sakrament der Ehe spenden?

Draußen erwartete sie der Bettelmelcher. »Ah, die Braut!«, kommentierte er genüsslich, als sie vor die Tür traten. »Leider haben wir keine Festgesellschaft dabei. Wir müssen nämlich noch ein Stück laufen.«

»Wohin?«, fragte Christina beunruhigt.

Frieder lächelte geheimnisvoll. »Wirst schon sehen«, meinte er.

Der Weg erwies sich in der Tat als weit. Der kleine Ort, der sich nach schier endloser Wanderung im sanften Licht der Frühlingsdämmerung vor ihr ausbreitete, war also Tüngental, wie ihr der Bettelmelcher mitteilte. Dort lebe ein alter Bekannter, ein Geistlicher, der es nicht so genau nähme und immer ein offenes Ohr für die Belange der weniger Glücklichen der Gesellschaft habe. Das erwies sich als reichlich freundliche Umschreibung der Wesensart dieses protestantischen Kirchenmannes. Pfarrer Schülin war, wie Christina schon auf den ersten Blick feststellte, der Wolfsgemeinschaft der Diebe und Mörder weit näher als den Schäfchen seiner zweifellos bedauernswerten Gemeinde. Die Frage, wie die Kirche einen solchen Halunken in ihren Reihen dulden konnte, erledigte sich von selbst, als der Bettelmelcher den Stand des eingeleiteten Verfahrens gegen den Geistlichen erfragte. Der zuckte nur gleichmütig mit den Schultern und meinte, dann mache er sich eben beizeiten aus dem Staube. Allerdings mahlten die Mühlen der Mutter Kirche bekanntlich noch langsamer als die des Herzogs, und es habe deshalb keine Eile mit dem Staub.

Dann fasste Schülin Christina mit einem süffisanten Grinsen unters Kinn. »Ah, das ist also die Jungfer Braut, die so dringend geheiratet werden will. Hübsch ist sie ja wirklich, das muss ich dir lassen, Sonnenwirtle. Aber bist du auch sicher, dass das da«, er deutete mit dem ausgestreckten Finger auf ihren Leib, »von dir ist?«

Christina wurde gegen ihren Willen rot. Schülin lachte schallend. »Ach Gott, so schüchtern also! Na, dann wird's wohl stimmen. Die Frage ist nur, wie ich das in die Bücher eintrage. Wann wird es denn so weit sein?«

»Fünf Monate«, murmelte Christina betreten. Am liebsten hätte sie auf dem Absatz kehrtgemacht und wäre davongelaufen. Sie hasste diesen Kerl schon jetzt von ganzem Herzen. Schülin war jedoch bester Laune.

»Ach, das macht nichts. Dann datieren wir den Schein einfach zurück auf das passende Datum.« Mit großer Geste zog er ein Formular aus der Lade seines Schreibtisches. »Dezember«, verkündete er, »besser Anfang Dezember. Dann kann keiner meckern, und euer kleines Häschen ist schön ehelich gezeugt und geboren, wie es seine Ordnung hat.«

Ein Schnauben entfuhr Christina, doch Frieder versetzte ihr einen schmerzhaften Stoß in die Rippen. »Der Vater ist … äääh … Zimmermann gewesen, leider schon tot«, log er. »Georg Müller, der Name. Und der meine, nun, sagte ich ja schon.«

»Jaja«, murmelte Schülin und ließ die Feder eifrig über das Pergament tanzen. Schließlich ließ er sie beide unterzeichnen und unterschrieb dann selbst sein Geschreibsel betont schwungvoll und, wie Christina fand, reichlich übertrieben, und streute etwas Sand über die nasse Tinte. Zum Schluss tropfte er mit wichtiger Miene rotes Wachs auf das Papier und stempelte das Kirchenwappen der Haller hinein. Tüngental gehöre nämlich, so erklärte er, als ob das irgendjemanden der Anwesenden auch nur annähernd interessiert hätte, zum Haller Sprengel.

Das Ganze war eine Farce. Ein lächerliches Stück Papier, so verlogen und verkommen wie der Pfarrer, der es aufsetzte. Obwohl sie wahrlich keinen Wert darauf gelegt hatte, noch Frieders Weib zu werden, erschien Christina diese Scharade wie ein weiterer vernichtender Schlag gegen die kläglichen Reste ihrer Ehre. Sie senkte den Blick und schwieg verbittert.

»Was ist?«, fragte Frieder ärgerlich. »Immer noch nicht zufrieden?«

»Was denkst du denn, Sonnenwirtle?«, lärmte Schülin aufgeräumt. Das Beutelchen Münzen, das Frieder ihm nach der Versiegelung des Schriftstücks über den Tisch geschoben hatte, hatte seine penetrant gute Laune in geradezu ungeahnte Höhen getrieben. »Da steht sie, deine Braut. Weder trägt sie ein Festgewand noch hat sie Blumen im Arm. Wie soll sie sich da freuen? Wenigstens feiern solltet ihr.«

»Er hat recht«, sagte der Bettelmelcher. »Feiern, das gehört dazu.« Er grinste. »Das Bumsen hattest du ja schon.«

Das war zu viel. Mit einem Aufschluchzen stieß Christina Frieder beiseite und stürmte aus der Amtsstube des Pfarrers, hinaus auf die still daliegende Kirchgasse. Dort ließ sie ihren Tränen freien Lauf.

»Jetzt stell dich nicht so an!« Frieder war hinter sie getreten. »Stimmt doch, was der Bettelmelcher sagt. Nun spiel hier bloß nicht die holde Unschuld.«

»Die du mir genommen hast!«, fauchte Christina wütend, während sie sich hastig die Tränen aus dem Gesicht wischte. Schwäche war etwas, das Frieder noch nie gerührt hatte.

»Holla, Sonnenwirtle, du böser Mensch hast unserer Holden hier die Unschuld geraubt? Was sagt man dazu?« Bettelmelcher, der Frieder auf dem Fuß gefolgt war, prustete. Natürlich, das musste ihm lächerlich erscheinen. In seinen Kreisen galt ein Weiberrock bestenfalls als freundliche Einladung für jeden Kerl, der sich dazu berufen fühlte, Hand anzulegen. Eine Frau, ja selbst die ganz jungen Mädchen – halbe Kinder gar – taten gut daran, rechtzeitig zu lernen, ihre Krallen auszufahren, ansonsten erging es ihnen schlecht. Die Schwarze beherrschte diese Kunst mit Bravour. Sie war es, die ihre Männer wählte, und nicht umgekehrt. Leider ging Christina diese Fähigkeit zur wehrhaften Selbstverteidigung völlig ab. Bisher schützte allein Frieders Anwesenheit sie vor unerwünschten Übergriffen.

Der packte sie jetzt beim Handgelenk und zog sie mit sich. »Schluss jetzt! Du hast, was du wolltest. Nun sind wir Mann und Frau.«

Christina hätte ihm gerne gesagt, dass das nie ihr Wunsch gewesen sei, doch sie schwieg vorsichtshalber. Was hätte Widerspruch auch jetzt noch geändert?

»Ich weiß eine schöne Wirtschaft, da könnten wir diesen Festtag noch ein wenig begehen. Du hast ja gehört, was unser hochwürdiger Pfarrer gesagt hat.« Bettelmelcher wirkte ganz aufgeräumt, die Aussicht auf einen fetten Braten und einige Krüge Wein ließ ihn umso schneller ausschreiten.

»Noch weit?« Frieder wirkte weit weniger geneigt.

»Ach, gar nicht. Hessental. Das ist in einer Stunde zu schaffen.«

»Eine Stunde? Nun gut«, nickte Frieder. »Mir knurrt ohnehin der Magen.«

Ohne zu ahnen, wem er da Einlass gewährte, hieß der Wirt der »Krone« in Hessental die späten Gäste herzlich willkommen. Was sie denn zu dieser abendlichen Stunde noch herführe, wollte er wissen, und ob man zu übernachten gedenke.

»Warten wir es ab«, meinte Frieder mit unbewegter Miene. »Erst einmal packe er ordentlich zu essen auf den Tisch. Wir sind hungrig. Und einen guten Wein. Vom besten, wenn's genehm ist.«

»So, gibt es denn etwas zu feiern?«, fragte der Wirt. Seine etwas eng beieinander stehenden Augen blitzten. Die Erwartung einer fürstlichen Bezahlung ließ ihn sein müde gewordenes Personal aufscheuchen. Die Schankmagd, nicht schön, aber mit üppigem Blondhaar gesegnet, schnitt eine Grimasse, doch es nützte ihr nichts.

»Das will ich meinen! Mein Mädchen hier und ich sind heute in den Bund der Ehe getreten«, verkündete Frieder lauter, als es nötig gewesen wäre. Nervös sah Christina sich um. Einige der Gäste hoben die Trinkgefäße und grüßten herüber, doch das war auch schon die ganze Reaktion. Am liebsten hätte sie gelacht. Genau das war ihre Hochzeit: eine Belanglosigkeit, eine Bagatelle! Und was hatten sie doch in Ebersbach für ein Geschrei darum gemacht.

»Geheiratet! Nein, so etwas!« Der Wirt überschlug sich fast vor Freundlichkeit. Geflissentlich übersah er ihren schwangeren Bauch. »Dann wollen wir Euch auffahren, was unsere Küche zu bieten hat. Auf, Luise, spute dich. Und nimm das gute Geschirr. Das gebührt einem solchen Anlass.«

Frieder grinste zufrieden. So etwas schätzte er.

Tatsächlich ließ sich der Wirt nicht lumpen. Der Rehbraten – bestimmt nicht aus legaler Quelle – war ausgezeichnet, dazu eingelegte Blaubeeren und Knöpfle, die einem auf der Zunge zergingen. Mangold mit roten Stängeln in gelber Safransoße und als weiteren Gang ein kalter Kapaun mit Rosinenglasur. Dazu Wein, der das Etikett »Des Hauses Bester« völlig zu Recht trug. Selten hatte sie so gut gegessen. Selbst für einen Nachtisch war gesorgt. Der Wirt lächelte beflissen und holte sogar silberne Löffel für den Verzehr desselben aus einer besonderen Lade hinter dem Schanktisch.

Der Bettelmelcher strich sich über den Bauch, der sich inzwischen fast so spannte wie der von Christina. »Schönes Besteck habt Ihr da, Wirt. Man speist nicht alle Tage so vornehm.«

Der lachte jovial. »Ja, die sind noch von meiner Mutter. Sie hat sie immer sorgsam gehütet, und sie werden deshalb auch nur zu ganz besonderen Anlässen aufgedeckt.«

Der Bettelmelcher ließ einen bedeutsamen Blick zu Frieder hinüberwandern, der unmerklich nickte. Christina spürte, wie sich ihre Nackenhaare aufstellten. Die beiden konnten doch nicht wirklich in Betracht ziehen …

»Und wollen die Herrschaften auch zur Nacht bleiben? Ich könnte den Frischvermählten mein bestes Zimmer anbieten. Natürlich ein wenig kostspieliger, aber diese Nacht ist ja schließlich auch etwas ganz Besonderes, nicht wahr?« Der Wirt kicherte. Ach, wenn der Mann doch geahnt hätte, was ihm blühte. Sie las es ganz deutlich in Frieders Augen, an der Art, wie der Bettelmelcher unter dem Tisch zu zappeln begann: Der Wolf in ihnen war erwacht.

»Nein, mein Bester.« Frieder erhob sich und rülpste lautstark, als wäre er betrunken. Das war er allerdings weit weniger, als es den Anschein hatte. Christina hatte längst gelernt, dass Frieder sich solcher Scharaden bediente, um sein Gegenüber in falscher Sicherheit zu wiegen. »Es war hervorragend, und wir danken für die Gastlichkeit, aber wir müssen heute noch weiter. Was sind wir Euch schuldig?«

Der Wirt nannte eine Summe, die bestimmt nicht schmal berechnet war, aber Frieder zahlte geradezu beiläufig. Zum Schluss legte er noch einen Taler obendrauf. »Für die schönen Silberlöffel. Die haben uns gefallen.«

»Vergelt's Gott!« Der Wirt, hocherfreut, dienerte beflissen. »Ich hoffe, die Herrschaften haben es nicht mehr allzu weit, jetzt zu so später Stunde.«

»Es geht schon!« Der Bettelmelcher hatte schon den Türknauf in der Hand und drängte zum Aufbruch. Christina überlegte fieberhaft, wie sie dem Wirt eine Warnung zukommen lassen könnte, aber Frieder schien ihr Ansinnen zu ahnen. Gebieterisch legte er seinen Arm um sie. »Komm, mein Lieb. Je eher wir gehen, desto eher ruhst du im eigenen Bettchen.«

Ehe sie es sich versah, standen sie vor dem ansehnlichen Fachwerkhaus, auf dessen Schild über der Tür in kunstvoller Schmiedearbeit die goldene Krone prangte.

»Hast du gesehen, wo er's hingesteckt hat?« Der Bettelmelcher wartete kaum, bis sie außer Hörweite waren.

»Was?«

»Na, das Geld!«

Frieder lächelte. »Selbstverständlich. Und auch, wo er die Löffel hat verschwinden lassen. Sein Mütterlein, Gott hab sie selig, wird sich heute noch wundern.«

»Wir brauchen aber wenigstens noch zwei Kameraden. Der hat ja zwei Menscher und dann noch den Koch, einen Stallknecht wird er auch haben. Wenn die sich wehren, das packen wir nicht zu zweit.«

»Seh ich auch so.«

»Also zurück ins Lager?«

»Du sagst es, Freund und Kupferstecher.«

Christina geriet in immer größere Verzweiflung. »Ihr könnt doch den armen Mann nicht ausrauben!«

»Arm? Der?« Frieder wollte sich fast ausschütten vor Lachen. »Mein Gott, Christina, Lämmchen, du! Wirte, das sind alles Schlitzohren und Halsabschneider. Der Kerl ist garantiert der gleiche Leuteschinder wie mein Alter. Mach dir keine Gedanken, das trifft keinen Armen.«

»Aber es ist nicht recht!«

Plötzlich schlug Frieders Ausgelassenheit um in Zorn. »Es interessiert mich einen feuchten Dreck, was recht ist und was nicht, klar? Darüber entscheidet doch nur, auf welcher Seite des Richtertisches man steht. Die Kerle in ihren feinen Roben, die, die uns von da oben schinden und ihre hochwohlgeborenen Gesetze aufdrücken, die sind doch die größten Verbrecher. Also halt du mir keine Vorträge über Recht und Unrecht, du Drecksmensch!«

Christina wandte den Blick ab, ganz, als ob sie es mit einem bissigen Hund zu tun hätte. Nur nicht weiter reizen! Dabei wollte sie ihm entgegenschreien, dass seine ganzen Reden doch nur dazu dienten, die eigene Schlechtigkeit zu beschönigen. Nichts, aber auch gar nichts gab einem Menschen das Recht, einem anderen Hab und Gut und vielleicht auch das Leben zu nehmen. Das wusste sie so sicher, wie sie wusste, dass es mit Frieder noch ein schlimmes Ende nehmen würde. Aber all das war schon tausendmal gesagt, und tausendmal rüde abgetan worden. Er hatte seine Wahl getroffen. Und wenn ihn dieser Weg geradewegs in die Hölle führte, so war es ihm gleichgültig. Nicht einmal der grausige Anblick der Gehängten, wie sie mit heraushängenden Zungen und mit faulenden, grotesk verdrehten Gliedern an den Richtstätten außerhalb bald jedes Weilers baumelten, um jedermann, der des Weges kam, zu Tode zu erschrecken, konnte ihn davon abbringen. Darüber lachte er nur, während sich die Angst in ihre Gedärme fraß, jeden Tag ein wenig mehr.

»Komm jetzt!« Der barsche Ton in Frieders Stimme duldete keinen Widerspruch. Christina biss sich auf die Lippen. Sie konnte sich nicht gegen ihn wehren.

Immerhin hatte er die Freundlichkeit gehabt, sie wieder in ihrem Unterschlupf in Strassdorf abzuladen, bevor er sich – bebend vor Ungeduld – mit dem Bettelmelcher auf zum Treffpunkt mit den anderen gemacht hatte. Viel war auf dem Weg nicht mehr gesprochen worden. Außer, dass er diesmal gerne die Schwarze mit dabeihätte. Ob sie wohl mitmachen würde, wenn der Bettelmelcher sie davon überzeugte, dass es sich lohnte? Es war Frieder überaus wichtig gewesen. Christina fragte sich, ob er ihr damit eins auswischen wollte. Ob er sie gar eifersüchtig machen wollte? Wenn ja, war das vergebene Liebesmüh. Sie fühlte, noch mehr als zuvor, nichts außer Verachtung für ihren frischangetrauten Ehemann. Den Rest der Nacht hatte sie damit verbracht, sich schlaflos auf den Decken zu wälzen. Dabei hatte sie vor Erschöpfung kaum noch stehen können, als sie endlich im Lager eingetroffen waren. Das Schicksal des Wirts und seiner Leute quälte sie. Das war doch kein schlechter Mann gewesen, egal was Frieder behauptete. Geschäftstüchtig, ja – warum auch nicht? Aber mit welchem Recht maßte ihr sogenannter Gatte sich an, zu entscheiden, wer es verdiente, ausgeraubt zu werden, und wer nicht? Letztlich war es ihm und seinen Kumpanen ohnehin gleichgültig. Sie nahmen, was sie kriegen konnten. Das Leid, das sie dabei über ihre Opfer brachten, kümmerte sie nicht im Geringsten. Stattdessen brüsteten sie sich mit ihren Taten und übertrumpften sich gegenseitig in der Schilderung begangener Grausamkeiten. Sie hatte es oft genug miterlebt.

Endlich im Morgengrauen fiel sie doch in einen fast bewusstlosen Schlaf. So dauerte es eine beträchtliche Zeit, bis Frieder sie wachgerüttelt hatte. Mühsam öffnete Christina die Augen. »Wie spät ist es?«, fragte sie verwirrt.

»Kurz vor Mittag schon, du Schlafmütze.« Er beugte sich zu ihr hinunter und drückte ihr einen feuchten Kuss auf die Stirn. Angewidert wischte Christina seinen Speichel fort, doch er schien es nicht zu bemerken. Stattdessen zog er an seinem Jackenaufschlag, sodass es in den Taschen zu klirren begann.

»Nun, was habe ich da, mein Lieb? Kannst du es wohl raten?«

Es hatte keinen Sinn, ihm das Spiel zu verweigern, das wusste sie aus Erfahrung. Wollte sie keine Auseinandersetzung riskieren, spielte sie mit.

»Ich weiß nicht, vielleicht ein paar Becher?«

»Ach was, Becher!« Er zog einen Flunsch. »Die klängen doch viel tiefer. Nein, hör doch noch mal!«

Sie ahnte es mit Schrecken. »Besteck?« Sie zögerte.

»Genau, aber welches? Du kennst es.«

Sie seufzte. »Die silbernen Löffel.«

»Haha, genau, 13 Stück hatte der Kerl davon. Einen haben wir ihm gelassen. Damit kann er noch seine Suppe löffeln.« Frieder lachte reichlich hämisch über seinen eigenen Witz. »Hat sich ganz schön angestellt, der Kerl. Ein wenig mussten wir ihm die Zehennägel stutzen, bis er mit allem herausrückte. Hei, was hat der gequiekt, mehr als die Sauen bei meinem Vater.«

»Was hast du getan? Habt ihr ihn etwa …?« Christina wagte nicht, den Satz zu Ende zu führen.

Es passte Frieder nicht, das merkte sie sofort. Seine Miene verfinsterte sich. »Nichts. Der ganze Kerl ist heil und gesund, die paar Zehennägel wachsen auch wieder nach.«

»Ihr habt ihm die Nägel herausgerissen?«

»Ein bisschen, na und? Selbst schuld, wenn er nicht reden will.«

»Seid ihr noch bei Sinnen?«

»Ach, hab dich nicht so.« Er wandte sich von ihr ab. »Überhaupt, die Schwarze hat's noch viel toller getrieben als ich. Die weiß, wie's geht. Sie hat der einen Magd, der Schankmagd, weißt du, der hat sie die Haare abgeschnitten und sie damit an einen Pfosten im Schweinekoben gefesselt. Die hat vielleicht geheult, sag ich dir. Die anderen vom Gesinde sind aber davon, als sie uns kommen hörten. War doch leichtes Spiel für uns.«

»Ein *Spiel* nennst du das?« Christina konnte es nicht fassen.

Frieder erhob sich mürrisch und kramte aus seiner Jackentasche vier silberne Löffel, die er auf das Bett warf. Mit einem hellen Klick rutschten sie in der Kuhle, die die Decke über ihren angewinkelten Beinen bildete, zu einem kleinen Häufchen edlen Metalls zusammen.

»Ich nenn es, wie ich will, und du tust gut daran, zu akzeptieren, dass du nun die Frau eines Räubers bist. Also reiß dich zusammen, Weib.«

Christina schluckte. »Was soll ich damit?«

»Dein Hochzeitsgeschenk.«

Sie lachte ungläubig. »Mein *Hochzeitsgeschenk*? Meinst du wirklich, ich will so etwas geschenkt haben? Da klebt der Schmerz und das Blut eines anderen Menschen dran, du Narr!«

Im nächsten Moment fuhr seine Faust in ihr Gesicht. Zum Glück traf er nicht gut, das Jochbein hatte das meiste abbekommen – nicht zum ersten Mal. Christina duckte sich hastig weg. Bei einem Faustschlag blieb es oft nicht, sie kannte ihn. Doch diesmal war es anders.

»Du nimmst sie!«, knurrte er jetzt böse.

»Das werde ich nicht.«

»Doch, oder du wirst sehen, was dir blüht, *Courage*.«

Dieser fremde Klang in seiner Stimme. Christina hob den Kopf und sah ihm ins Gesicht. Unbändige Wut kämpfte mit … was war das nur? Enttäuschung? Trauer? Einsamkeit oder gar Furcht? Sie wusste es nicht zu benennen. Was empfand er wirklich für sie?

Sie streckte die Hand aus und hob die vier filigranen Löffelchen auf. Ein Silberschmied musste sich wirklich die allergrößte Mühe damit gegeben haben. Kein Wunder, hing der Kronenwirt zu Hessental so an ihnen. Einen Augenblick noch starrte sie darauf, dann steckte sie die Löffel in ihre Rockschürze.

Frieder nickte zufrieden. »Warum nicht gleich so, hä?«

Er gähnte. »Jetzt muss ich schlafen. Sagte ich dir schon, dass wir uns morgen in aller Herrgottsfrühe wieder sammeln? Die Bande macht sich auf den Weg. Die Schettingerin will nach Schorndorf, da ist großer Markttag. Da gehen wir mit, denn da gibt's einiges zu holen.«

Christina erhob sich wortlos und überließ ihm den Platz auf dem Lager. Diese Ankündigung hieß zumindest Arbeit für sie, wollte sie sich nicht noch eine Maulschelle einfangen. Sie wusste, was er von ihr erwartete. Die vier kleinen Löffel des unglücklichen Kronenwirts wogen ungeheuer schwer in ihrer Rocktasche, während sie sich daranmachte, ihr diebisch zusammengerafftes Hab und Gut reisefertig zu verstauen.

»Du willst sie wirklich mitschleppen?« Die Schettingerin ließ missbilligend ihren Blick auf Christinas Schwangerschaftsbauch ruhen.

»Sie wird mitkommen und wird lernen, ihren Teil beizutragen«, gab Frieder zurück. Die leichte Drohung, die aus diesen Worten herauszuhören war, galt wohl mehr ihr als der Schwarzen, da war sich Christina sicher. Ihre Hände umschlangen das Bündel, das sie trug, noch etwas fester. Mit der Schwarzen auf Diebestour gehen? Niemals! Das konnte Frieder nicht von ihr verlangen.

Auch die Schwarze schien nicht eben begeistert von der Ankündigung. »Ihren Teil beitragen? Dass ich nicht lache! Du fütterst sie doch nun schon seit Monaten durch. Man ist sich ja offenbar zu fein für unser Gewerbe«, stichelte sie boshaft in Christinas Richtung.

Frieder ging dazwischen. »Was geht's dich an? Das ist meine Sache.«

Die Schwarze zog eine Schnute und machte einen Schritt auf Frieder zu. »Ist es nicht. Das Weib ist eine Gefahr für uns alle. Es kommt noch so weit, und sie verpfeift uns.«

Für einen Augenblick wirkte Frieder tatsächlich verunsichert. »Nein«, sagte er, »nein, das macht sie nicht. Nicht wahr, Christina, du würdest uns nicht verraten?«

Was sollte sie sagen? Christina senkte den Blick.

»Siehst du«, zischte die Schwarze, »ich habe recht. Sie leugnet es nicht einmal. Nein, mein Lieber, diese Laus setze ich mir nicht freiwillig in den Pelz.«

»Aber ...?« Frieder wirkte hin- und hergerissen.

Die Schwarze lächelte schmal. »Du hast es gehört, Sonnenwirtle. Entweder die oder wir. Entscheide dich.«

»Hör zu, Schettingerin, das kann ich nicht machen. Du siehst doch, sie trägt mein Kind.«

»Dein Problem.«

»Ich dachte, wir halten zusammen. Wir haben doch schon so viele ...«

»Ich habe gesagt, was zu sagen ist, und damit basta!«

Die Schwarze wandte sich demonstrativ ab und nahm ihr Bündel auf. »Du kannst es dir ja noch überlegen. Wir gehen jetzt jedenfalls.«

»Bettelmelcher, sag doch auch was«, versuchte Frieder, seinen Freund zu einer Stellungnahme zu bewegen.

Doch der zog den Kopf ein. Gegen seine wehrhafte Schwester aufzubegehren, war – das wusste einer wie der

Bettelmelcher nur zu gut – keine gute Idee. Die Schettingerin hatte eindeutig das Sagen in der Bande. Seit die alte Eva kränkelte und immer krummer wurde, umso mehr. »Kann leider auch nichts machen, Freund«, murmelte er. »Sieh halt zu, dass du das regelst mir der da«, ein Rucken des Kinns in Christinas Richtung, »und dann stößt du wieder zu uns.«

Das war nicht das, was Frieder zu hören gehofft hatte. »Ein schöner Freund bist du!«, schimpfte er. Doch der Bettelmelcher wandte sich nur wortlos ab und beeilte sich, seiner Schwester zu folgen. Einer nach dem anderen zogen sie an Frieder und Christina vorbei. Bald war die ganze Bande im Dickicht des Waldes verschwunden.

Die beiden Zurückgebliebenen standen auf der Lichtung wie von aller Welt verlassen. Um sie her die Bündel, die sie auf die Reise hatten mitnehmen wollen.

Endlich kam wieder Leben in Frieder. »Das hast du jetzt davon«, schimpfte er. »Sie haben uns sitzen lassen, bloß wegen dir, du dumme Kuh.«

»Ich wäre ohnehin nie und nimmer mit diesem Teufelsweib stehlen gegangen.«

»Ach, halt's Maul!« Frieder schulterte eines der Bündel und nahm ein anderes in die Hand. »Und wohin jetzt? Hat die Dame dazu vielleicht auch einen ihrer grandiosen Vorschläge?«

»Ach, Frieder! So kann es doch auch nicht weitergehen. Du kannst doch dein Leben nicht mit Stehlen und Rauben verbringen. Denk doch …«, Christina zögerte, »… denk doch an dein Kind. Du sagst, du freust dich darauf. Soll es sehen, wie sein Vater am Galgen endet?«

»Hm!«

»Bitte, wir wollen wieder nach Ebersbach gehen. Vielleicht kann Sartorius oder dein Schwager uns helfen. Vielleicht können sie erwirken, dass man dich begnadigt. Das wolltest du doch.«

Wieder ein »Hm!«, doch es klang schon etwas weniger abweisend. Christina wusste, es war eigentlich völlig unmöglich, dass einer wie Frieder noch einmal Gnade bei den Richtern fand. Zu viel an Schuld hatte er in den vergangenen Wochen und Monaten auf sich geladen. Dazu die Flucht vom Hohentwiel und aus der Haft in Göppingen. Wie wollte er da seinen Hals noch einmal aus der Schlinge ziehen? Doch alles war besser, als weiter bei diesem Halunkenpack, diesen Schettingern, zu bleiben. Wenigstens hatte er ja noch keinen ermordet. Bei der Schwarzen war sie sich da nicht so sicher. Das Weib war jedenfalls vollkommen skrupellos. Ach, besser, sie dachte gar nicht darüber nach.

»Ebersbach also?«, fragte Frieder. Seltsam, plötzlich wirkte er verletzlich, ja, geradezu kindlich. Ein wenig wie ganz früher, als er ihr dort im Heuschober, wo sie beieinandergelegen hatten, von seinen Träumen und Wünschen erzählt hatte. Das musste in einem anderen Leben gewesen sein.

Christina nickte, raffte das letzte Bündel an sich und schritt aus.

Es war Margarethe, die ihnen spät in der Nacht öffnete. Das Erstaunen auf ihrem Gesicht hätte größer nicht sein können.

»Ihr? Was … wo um alles in der Welt kommt ihr denn her?«, stotterte sie, blass geworden.

Aus der Küche tönte die Stimme der Mutter. Sie klang brüchiger, älter als zuvor, aber keineswegs schwach. »Wer ist es, Margarethe?«

»Das glaubst du nicht!«

Die Tür öffnete sich einen Spalt und wurde dann ganz aufgerissen. »Dass du dich her traust!« Es galt dem Sonnenwirtle.

»Frag dein süßes Töchterlein, wenn du eine Erklärung dafür haben willst, Müllerin. Und jetzt lasst uns rein. Wir waren den ganzen Tag unterwegs. Ich brauch was zu fressen und zu saufen und dann ein Bett, wenn's genehm ist.«

Die Mutter verschränkte die Arme vor der Brust. »Wie käme ich dazu? Was haben wir mit dir zu schaffen?«

»Ja, das möchtest du wohl wissen, hm? Tja, meine liebe Müllerin, oder soll ich Mutter sagen? – das bist du nämlich – vor dir steht dein Schwiegersohn.«

Die Augen der Mutter leuchteten auf. »Dann habt ihr endlich geheiratet? Ha, wurde auch Zeit, jetzt kann ich's dem Alten endlich heimzahlen.«

»Meinem Vater?« Frieder warf seine Bündel in eine Ecke des schmalen Flurs und stiefelte in Richtung Küche. »Dass du dich unterstehst, ihm zu sagen, dass wir hier sind. Das will ich nicht haben, klar?«

Es kam so bestimmt, dass die Mutter sofort einlenkte. »Wie ihr wollt, aber hierbleiben könnt ihr auch nicht.« Ein drohender Blick Frieders ließ sie ergänzen: »Zumindest nicht für lange.«

»Ein paar Tage wird's schon gehen. Und dann sehen wir weiter.« Er holte ein paar Münzen aus der Tasche und ließ sie eine nach der anderen auf den Küchentisch purzeln. Die Mutter machte große Augen. Frieder lächelte listig. »Ich denke, das wird reichen, uns für die genannten ›paar Tage‹ aufzunehmen, oder?«

»Habe ich etwas dagegen gesagt?« Schnell legte die Mutter die Hand auf das Geld. »Margarethe kann im ›Rössle‹ etwas zu essen besorgen und einen Krug Wein.«

Wie nicht anders zu erwarten, zog diese ihre übliche Schnute – wie immer, wenn es ums Arbeiten ging. Doch diesmal hatte sie noch weniger Glück damit als sonst. Eh sie sich's versah, hatte die Mutter sie mit einem Korb in der linken und einer der kostbaren Silbermünzen in der rechten Hand aus dem Haus gescheucht. »Beeil dich gefälligst, du Gans«, schimpfte ihr die Mutter hinterher. »Und sieh zu, dass du dich nicht verplapperst. Müssen ja nicht gleich alle wissen, wen wir zu Gast haben.« Sie drehte sich um und verzog das Gesicht zu etwas, das man als freundliches Lächeln hätte bezeichnen können, wenn ihr Blick nicht gleichzeitig so voller Misstrauen gewesen wäre. »Wir haben ja schon lange nichts mehr von dir gehört, Sonnenwirtle. Über ein Jahr nicht. Seitdem du aus Göppingen …« Sie schluckte nervös. Statt ihren Satz zu Ende zu führen, wandte sie sich nun an Christina, die mit steigendem Unbehagen auf Margarethes Schlafbank Platz genommen hatte. Auf dieser Bank hatte sie in jener Weihnachtsnacht ihren Jungen geboren. Den Jungen, der nicht hatte leben dürfen …

»Und du, mein liebes Kind, wie ist es dir denn ergangen? Wir hörten, du seist in Stellung in Neckartenzlingen.«

Christina fehlten die Worte. Was faselte die Mutter denn daher, als ob nichts vorgefallen wäre? Als ob sie nicht vor zweieinhalb Jahren mit eigener Hand ihren Enkel vom Leben zum Tode befördert hätte. Das Entsetzliche, das Unaussprechliche verschloss ihr die Lippen. Lediglich ein Nicken brachte sie zustande. Doch dann kam ihr in den Sinn, dass sie selbst vor Kurzem noch das hilflose Kleine in ihrem Leib hatte töten wollen. Beschämt strich sie über die deutliche Wölbung unter ihren Kleidern. Die Mutter sah es und runzelte die Stirn. »Wieder schwanger?«, fragte sie missbilligend.

»Na und? Wir sind Mann und Frau. Das ist ja wohl das Natürlichste von der Welt«, knurrte Frieder. Er stand auf und begann, in der Küche hin und her zu gehen. Etwas beunruhigte ihn. Auch Christina fühlte die wachsende Spannung in sich. Es war wohl doch ein Fehler gewesen, hierherzukommen. Warum nur, so fragte sie sich jetzt, zog es einen jeden Menschen in der Not immer wieder nach Hause zurück, selbst wenn ihn dort so gar nichts Gutes erwartete? Nichts anderes als purer Instinkt hatte sie getrieben, Frieder dies als Lösung vorzuschlagen. Sie hatte einfach keinen anderen Ausweg gewusst. Doch hier zu bleiben, war ein Fehler. Ein Fehler, den sie möglichst schnell korrigieren musste. Unsicher sah sie Frieder an.

Doch der hatte sich wieder der Mutter zugewandt. »Und was ist mit dem Bett? Glaub nicht, dass ich mich wie früher wieder über den Schweinekoben lege. Weder ich noch meine Frau werden das tun!«

Seltsam, wie er das Wort *Frau* betonte. Fast als spucke er es aus.

Die Augen der Mutter begannen ängstlich, zwischen ihr und Frieder hin- und herzuspringen. »Ich werde euch meine Kammer geben. Selbstverständlich! Margarethe wird solange in Christinas alte Schlafkammer unter dem Dach umziehen.«

»Das will ich auch meinen!«

Plötzlich waren Schritte an der Hintertür zu vernehmen. Ob das schon Margarethe war? Dann wäre sie aber ungewöhnlich schnell gewesen. Frieder war im Nu an der Tür. Mit einem Handzeichen gab er den beiden Frauen zu verstehen, sich ruhig zu verhalten, während er sich mit dem Rücken an die Wand lehnte und seine Pistole aus dem Gürtel zog. Dann nickte er der Mutter zu.

»Margarethe, bist du's?«, fragte diese gehorsam.

Keine Antwort, stattdessen begann jemand, kräftig von außen an der Tür zu rütteln.

»Verflucht!« Frieder schnellte herum und feuerte auf die Tür. Das Holz splitterte und hinterließ ein großes Loch. Von draußen ein Schrei. Auch die Mutter schrie.

Christina sprang auf. Hatte Margarethe sie verraten? Zuzutrauen wäre es ihr. Frieder war zum Küchenfenster gerannt und starrte in die Dunkelheit.

»Soldaten!«, zischte er. »Vermutlich Liomins Leute. Sie werden das Haus umstellen.«

Er hastete aus der Küche, hinaus auf den Flur. Jetzt war auch an der Eingangstür heftiges Pochen zu hören. »Aufmachen! Wir wissen, dass ihr hier seid!«

Oh, sie kannte die Stimme. Es war Liomin persönlich. Frieder fluchte hemmungslos. Dann sprang er die schmale Stiege zur Stube hinauf. Was wollte er da? Christina beeilte sich, ihm hinterherzukommen. Das Pochen und Rütteln an der Tür wurden immer unerbittlicher. Nicht mehr lange, dann würde der morsche Riegel brechen. »Frieder!«, schrie Christina. Angst würgte sie und ihr wurde schlecht. Sie hörte, wie oben jemand das Fenster aufriss.

»Da! Da läuft er!«, schallte es von draußen. »Auf dem Dach!«

»Schießen, verflucht!« Das war Liomin. »Er darf nicht entkommen.« Dann tatsächlich Schüsse. Christina erschrak bis ins Mark. Ihre Knie zitterten, entsetzt kauerte sie sich auf der Treppe zusammen. Aus der Küche war nun das Bersten von Holz zu hören, begleitet vom mörderischen Gezeter der Mutter. Die Soldaten hatten die Hintertür aufgebrochen und strömten nun von dort ins Haus. Dann wieder Schreie und zwei Schüsse von draußen. Ein Fenster ging klirrend zu Bruch. »Er springt!«

Ein dumpfer Aufprall, noch mehr Geschrei. Der kalte Lauf eines Gewehrs fuhr ihr ins Gesicht. Christina schloss die Augen und presste die Hände auf die Ohren. Ach, warum waren sie hergekommen?

Er beugt sich vor in der Astgabel. Sie haben ihn nicht erwischt, aber knapp ist es gewesen. Die hastenden Schritte der Soldaten, die Liomin ausgesandt hat, ihn zu jagen, werden leiser, versickern in der Nacht. Er kennt jeden Busch, jeden Baum um Ebersbach. Hier können sie ihn nicht kriegen. Er sieht hinüber zur Müller'schen Hütte. Vor der verwahrlosten Kate erhellt gespenstischer Fackelschein die Szene. Jetzt zerren sie Christina heraus. Sie wehrt sich nicht, wirkt wie betäubt. Gott, das Weib ist auch zu nichts zu gebrauchen! Anders als die Schwarze, die hätte es den Halunken gezeigt, hätte ihre Haut mit Zähnen und Klauen verteidigt. Ich habe einen Fehler gemacht, denkt er jetzt. Ich hätte auf die Schettingerin hören sollen. Die machte nun drüben in Gmünd fette Beute, während er gerade all seiner mühsam zusammengestohlenen Habe verlustig ging. Alles, was sie mit sich geführt haben, wird jetzt auf Geheiß des Amtmanns herausgetragen und im Lichte der Fackeln auf dem Hof ausgebreitet. Und dafür hat er sich jetzt den Rücken krumm gemacht! Das Zeug kann er vergessen. Liomin brüllt etwas, schlägt Christina ins Gesicht. Die plärrt – wie immer! Plötzlich fragt er sich, was er jemals an ihr gefunden hat. Warum er dort in den grausamen Verliesen des Hohentwiel Tag und Nacht ihr Gesicht vor sich gesehen hat. Wie dumm kann einer sein? Das passiert ihm gewiss nicht wieder. Da, jetzt haben sie auch die Löffel in ihrer Rocktasche gefunden. Ah, das reut ihn ja nun wirklich. Die sind einiges wert gewesen – und sie hat sie nicht einmal haben wollen. Geschieht ihr ganz recht, dass sie ihr jetzt unter Gejohle die Kleider vom Leib reißen.

Natürlich finden sie nichts weiter. Mehr hatte sie ja nicht. Er beobachtet, wie Liomin sie zur Rede stellt. Er schreit und tobt. Will offenbar wissen, woher sie die Löffel hat. Und dieses Schaf, er fasst es nicht, erzählt es ihm. So sieht es zumindest aus. Dieser Drecksack, Liomin, beruhigt sich nämlich und wirft ihr ihre Kleider wieder hin. Sie lassen ihr kaum Zeit sich anzuziehen, dann schleppen sie sie davon. Für einen Moment noch liegt er in der Astgabel, verborgen vom Laub und von der Nacht. Sie werden sie bestimmt erst morgen nach Göppingen bringen. Soll er versuchen, sie zu befreien? Er kaut auf seiner Unterlippe. Ach was, einen Teufel wird er tun! Die Schettingerin hatte ja recht: Das Weib macht nur Scherereien. Besser, er ist sie los. Er spannt seine Muskeln, packt den Ast über sich und schwingt sich aus der Astgabel.

Aber das Kind in ihrem Leib, sein *Kind?*

Einen Augenblick verharrt er, halb zwischen Himmel und Erde hängend. Dann lässt er sich fallen. Was geht ihn das Balg an? Wer weiß, wie viele er schon gezeugt hat? So ist es eben. Soll sie doch selbst sehen, was daraus wird. Er hat nichts mehr mit ihr zu schaffen.

Mit wenigen Sprüngen ist er in der Nacht verschwunden.

TEIL IV

Sollt Euch dann endlich drücken
hier die Verhaftungsqual.
So schont nicht euren Rücken,
einmal für allemal!
Bleibt Euch nach Rutenstreichen
das Schloss des Munds nicht zu,
so seid ihr blasse Leichen,
es geht dem Galgen zu.

Räuberlied 18. Jahrhundert

**Drei Jahre später im Märzen des Jahres 1760,
vor den Toren der Stadt Vaihingen an der Enz ...**

KAPITEL 20

Vor ihnen, kurz vor dem mächtigen, mit einem hölzernen Fachwerküberbau bekrönten Tor, entstand ein Geschrei und Gezeter, dass es weithin schallte. Zwei Wagen waren ineinandergefahren und ein Pferd war verletzt worden. Der Torwächter ging dazwischen, um den Tumult aufzulösen, doch die hoch beladenen Fuhrwerke und zahllosen Karren, die sich bis weit vor der Stadt stauten, kamen nun endgültig ins Stocken. Fluchen und Schimpfen überall, dazwischen das nervöse Wiehern der Pferde. Jetzt setzte auch noch ein unangenehm kalter Nieselregen ein, was die Situation nicht eben verbesserte. Der zweite Wachsoldat auf dem Kutschblock vor ihr stöhnte entnervt. »Immer dasselbe hier. Auf der Straße ist einfach zu viel Verkehr, und dann nehmen sie es zu Vaihingen immer so besonders genau, diese Torwächter. Na ja, wir haben Zeit.« Er drehte sich zu ihr um. »Siehst du das da oben?« Er deutete auf den hübsch gestalteten Verwaltungstrakt über dem Tor. Einige der Fenster waren jedoch vergittert. »Da oben sitzt er, dein Teufelsbraten.«

»Er ist nicht *mein* Teufelsbraten!«, fauchte Christina böse und wischte sich den Regen aus dem Gesicht.

»Ach ja?« Der Wächter grinste anzüglich. »Es heißt doch, du hättest drei Bälger von ihm. Wer hat dir die denn gemacht? Der Heilige Geist?«

Christina senkte den Blick. »Das ist lange her. Ich habe meine Strafe dafür längst doppelt und dreifach bezahlt.«

»Jetzt lass sie doch in Ruhe«, murrte der andere. Nur mit Mühe hielt er die beiden Pferde, die vor ihren Gefangenenkarren gespannt waren, in der allgemeinen Aufregung ruhig.

Hastig zog er jetzt, um das Schlimmste zu verhindern, die Bremse des Gefährts an, die mit einem Knirschen einrastete. Dann begann er hingebungsvoll zu fluchen.

Der, der sie angesprochen hatte, bedachte sie mit einem langen Blick. »Du hast wirklich nichts mehr mit ihm zu tun gehabt? Das kann ich kaum glauben. Warum haben sie dich dann verhaftet, hm?«

»Das weiß Gott! Ein Jahr war ich nach meiner letzten Verhaftung im Zuchthaus, ein ganzes verfluchtes Jahr, bis man mich entlassen hat, und seitdem war ich in Stellung in Waiblingen. Das habe ich eurem Oberst wieder und wieder gesagt. Vom Sonnenwirtle habe ich – Gott sei Dank – seither nichts mehr gehört, außer dem, was alle gehört haben.«

»Das war ja auch nicht wenig.«

»Na endlich!« Der Kutscher löste die Bremse und schnalzte mit der Zunge. Die Pferde zogen an, und die lange Reihe der Gefährte setzte sich wieder in Bewegung, vorbei an den beiden Wagen, die man kurzerhand zur Seite geschoben hatte, und dem blutenden Ross.

»Woher, wohin?« Der sichtlich schlecht gelaunte Torwächter hielt das Gefangenengefährt an der hölzernen Markierung an.

»Wir bringen eine weitere Verdächtige im Fall Schwahn. Auf Befehl des Herzogs«, bellte der Kutscher. Er war dem Torwächter in Punkto Missgelauntheit durchaus ebenbürtig.

Dieser, ein rotgesichtiger Mann, der offenbar mehr zu trinken pflegte, als ihm guttat, trat an die Seite des Wagens und starrte neugierig durch die Gitterstäbe des Käfigs auf der offenen Pritsche. Wenigstens hatte man sie nicht angekettet. Christina kauerte sich noch etwas mehr in der Ecke ihres fahrenden Gefängnisses zusammen. Die zudringlichen Blicke des Mannes waren ihr unangenehm. Sie war froh, dass die aufgelösten Strähnen ihres langen Haares sie wenigstens ein bisschen vor seinen Augen verbargen. »So, so, noch ein Weib. Na, der Kerl hat's ja gehörig mit den Weibern.«

Der Kutscher brummte ungnädig. »Also wohin jetzt mit der? Wird sie auch da oben«, er deutete mit dem Finger auf das Tor, »eingelocht?«

»Nein«, der Torwächter schüttelte den Kopf. »Das ist nur für den berühmten Herrn Räuber reserviert. Ein Gewese machen die um diesen Erzhalunken, ich sag es euch! Alles auf Anweisung von ganz oben. Haben wohl eine Scheißangst, dass er ihnen wieder entwischt. Aber nicht bei uns! Wir Vaihinger, wir lassen den nämlich nicht wieder aus, jetzt, wo wir ihn einmal haben.«

»Jaja, ganz großartig! Also wohin jetzt mit dem Weib?«

»Bringt sie zum Spital, da haben sie im Keller auch die anderen Weiber von ihm eingesperrt, die Blöde und das Rasseweib. Wird schon passen. Wenn nicht, müsst ihr halt zur Vogtei mit ihr und da nachfragen.«

»Also wohin jetzt?«

»Ich sag doch, erst mal zum Spital, Mann. Die Hauptstraße hinunter und dann links. Ist nicht zu verfehlen.«

Grußlos ließ der Kutscher die Pferde antraben. Christina hob den Kopf und starrte zum Torbogen hoch, den sie nun passierten. Da oben, wenige Meter über ihr, saß also Frieder gefangen. Sie erschauerte. Wo er war, wartete nichts Gutes auf sie, dessen war sie sich sicher. Sie zwang ihren Blick nach vorne. In dieser äußersten westlichen Ecke Württembergs war sie noch nie gewesen. Die Hauptstraße war breit, wirkte überaus geschäftig und wurde gesäumt von etlichen schmucken Handelshäusern und Wirtschaften. Doch nichts unterschied die Stadt von anderen vergleichbaren, bis vielleicht auf die stattliche wehrhafte Burg, die deutlich sichtbar über der Stadt thronte.

Was Frieder hier wohl gewollt hatte?

Dass man ihn überhaupt hatte festsetzen können, grenzte schon an ein Wunder. Die letzten drei Jahre hatte er gehörig von sich reden gemacht. Sein Name war in aller Munde und wurde doch nur flüsternd ausgesprochen in einer sonderbaren Mischung aus Ehrfurcht und nackter Angst. Wo das Sonnenwirtle auftauche, so hieß es überall, sei man seines Lebens nicht mehr sicher. Dabei hatte ihn der Herzog im ganzen Land jagen lassen. Keine Stadt, kein Dorf, wo nicht ein Steckbrief von ihm hing. Selbst in Waiblingen hatte man nach ihm gefahndet, dabei hatte er dort gar nichts gestohlen. Ein Privileg, das nicht mehr viele Orte Württembergs für sich verbuchen konnten. Frieder war in der Tat außer Rand und Band – die Schwarze tat wohl das Ihrige dazu, obwohl die Leute über sie weit weniger sprachen. Natürlich, sie war ja auch eine Frau! Aber spätestens nach Frieders erstem Mord waren alle Dämme gebrochen. Einer aus Ebersbach hatte dran glauben müssen – seltsam, dass es Frieder immer wieder dorthin zog, fast als hafte seiner Heimatstadt etwas Magisches an. Christina kannte den bedauernswerten Mann sogar. Es war der gewesen, der an Frieders Ergreifung in Ebersbach kurz nach seiner Flucht vom Hohentwiel beteiligt gewesen war. Ein aufrechter Bauersmann, Witwer, Vater von vier mutterlosen Töchtern. Den hatte er auf dem Feld erschossen. Einfach so. Aus dem Hinterhalt, als handle es sich um einen Hasen, den es zu erlegen galt. Wie weit war es da schon mit ihm gekommen? Danach hatten die Herzöglichen ihn landauf, landab gejagt und schließlich sogar die benachbarten Fürstentümer und Grafschaften um Amtshilfe ersucht, was allerdings nicht viel genutzt hatte. Der Herzog und seine zahlreichen Nachbarn waren sich nicht grün. Besonders der Markgraf zu Durlach im Norden hegte eigenen Ehrgeiz, was das Fangen und Aufhängen von Verbrechern und anderem

Gesindel betraf. Nie und nimmer hätte der einen eigenen Fang ausgeliefert. Frieder hatte es wohl verstanden, das auszunutzen. Wurde es ihm auf württembergischem Boden zu heiß, setzte er sich einfach in eines der benachbarten Fürstentümer ab. Und dann kehrte er plötzlich wieder zurück und trieb weiter sein Unwesen. Ja, es schien, als habe er als Mörder und Verbrecher seine wahre Berufung gefunden. Sie selbst hatte erst von dem Mord erfahren, als der Amtsdiener des Vogts von Göppingen in Ludwigsburg im Zuchthaus vorstellig wurde und mit ihr zu sprechen verlangte. Was sie noch von möglichen Komplizen wisse, was der Schwahn gegen das Opfer gehabt haben könnte und dergleichen mehr hatte er wissen wollen. Als ob sie ihnen nicht schon alles gesagt hätte. Erneut hatte sie stundenlang Rede und Antwort stehen müssen, bis sie vor Entkräftung und Verzweiflung einen Zusammenbruch erlitt. Überhaupt war Verzweiflung ein ständiger Gast bei ihr geworden.

Christina seufzte … und nun, nun würde alles wieder von vorne beginnen, schlimmer als je zuvor. Ihre Angst drohte, in Panik umzuschlagen, während der Regen sie durchnässte und der Karren seinem Ziel über die gepflasterte Straße hinunterrumpelte. Aber dennoch – es gab einen letzten Hauch von Hoffnung, an den sie sich klammerte, seit man sie aus Waiblingen fortgezerrt hatte. Es gab Veith.

Veith, der seine Liebe zu ihr nicht aufgegeben hatte. Veith, der sie in Ludwigsburg im Zuchthaus gesucht und gefunden hatte, gerade als ihr die Hoffnung endgültig entglitten war. Veith, der nichts unversucht gelassen hatte, ihr zur Freiheit zu verhelfen. Veith, der sie schließlich nach Waiblingen mitgenommen hatte, zu sich, zu seinem Söhnchen Peter, dessen Mutter bei der Geburt gestorben war und das sie liebte wie ihr eigenes Kind, ihren eigenen Sohn. Veith, der ihr ein ehrbares Leben, eine Aufgabe und – es war ein Wunder für sie –

nach wie vor seine unverbrüchliche Zuneigung schenkte. Und Veith, der ihr nun, als man sie so schandbar durch Waiblingens Gassen abgeführt hatte, ungeachtet der konsternierten Mienen der Waiblinger, hinterhergelaufen war, bis die Soldaten ihm drohend zu verstehen gegeben hatten, dass er sich gefälligst davonmachen solle, ansonsten würde er eine Kugel abbekommen. Und auch dann noch hatte er nicht gehen wollen. »Ich hol dich da raus, Christina!«, hatte er geschrien, als man sie schließlich davonzerrte. »Ich schwöre es, und wenn ich selbst beim Herzog für dich bitten muss.« Sie hatte es gehört, oh ja. Die Worte hatten sich geradezu in ihr Herz gebrannt, auch wenn sie nichts hatte antworten können. Ein harter Gewehrlauf hatte jede Antwort verboten. Die Stelle an ihrem Kiefer tat jetzt noch höllisch weh.

Der Karren mit ihrem Käfig bog nun in einen länglichen Hof ein, der von zwei Gebäuden dominiert wurde. Das eine lang gestreckt und gedrungen, das andere ein stattlicher Fachwerkbau, zwei Stockwerke hoch, mit einer ausladenden Kellertür an der Front, die vermutlich in einen noch stattlicheren Weinkeller hinunterführte. Zwei Wachen standen davor. Ohne Zweifel wurde dieser Keller nicht nur für Wein genutzt.

Der Begleiter auf dem Kutschblock stieg ab und meldete sie an. Bewegung kam in die Wachen. Neugierig spähten sie zu ihr herüber, und schließlich ruckte einer an seinem Hosenbund und kam auf sie zu.

»Das ist also die Müllerin, ja?«

»Christina Müllerin aus Ebersbach, derzeit wohnhaft in Waiblingen«, schnarrte der, der sie hergebracht hatte.

Der andere grinste. »Na, dann komm mal mit, Täubchen, deine anderen Gefährtinnen warten schon sehnsüchtig.«

Ihre Beine waren so steif vom langen Kauern auf der harten Pritsche, dass sie kaum vom Wagen kam. Die Soldaten kümmerte es nicht. Rücksichtslos zerrten sie sie über den Hof und hinunter in den Keller.

Ihre Vermutung hatte sie nicht getrogen. Man hatte eine Ecke des Weinkellers abgeteilt und mit einem fest gefügten Verschlag umgeben, der in zwei Zellen eingeteilt worden war. Eine große und eine sehr viel kleinere. Spärliches Licht sickerte durch ein Loch hoch oben im beachtlichen Gewölbe und tauchte den Ort in ein unwirkliches Zwielicht. Erst beim zweiten Hinsehen erkannte sie die zwei Frauengestalten, die dort auf gestampftem Lehmboden und spärlich aufgeschüttetem Stroh saßen. Die eine davon hatte man sogar mit Ketten an die Wand geschmiedet. Es war die Schwarze Christine. Sie wendete den Kopf, als sich der Wächter am Schloss zu schaffen machte.

Christina erschrak. Was war aus der wilden Schönheit dieser Frau geworden? Sie war kaum wiederzuerkennen. Die Haut war grau, schrundig und verschorft, und das Haar hing ihr in wirren, ungewaschenen Strähnen ins Gesicht. Dazu stachen die Knochen mager aus Schultern und Brustkorb hervor, und das, obwohl sie offenbar hochschwanger war. Prall wölbte sich der Bauch tief über dem Schoß der Schwarzen. Lange konnte das nicht mehr dauern. Das Schlimmste aber war die Tatsache, dass sie ein Auge verloren hatte. Eine grausige leere Höhle klaffte an der Stelle, wo früher – wie sich Christina nur zu gut erinnerte – der feuchte schwarzbraune Diamant ihres Auges hart geglänzt hatte. Den durchdringenden, Ehrfurcht heischenden Blick der Schwarzen würde sie nie vergessen. Es handelte sich jedoch um keine frische Wunde. Wer hatte ihr das angetan?

»Wenn ihr die hier mit uns einsperrt, schreie ich, bis euch die Ohren abfallen«, spuckte die Schwarze, als sie erkannte, wer da mit ihnen eingepfercht werden sollte. Wenigstens ihre wehrhafte Boshaftigkeit war noch die alte.

»Du hast hier gar nichts zu melden, Hexe!«, gab der Wächter zurück, klang jedoch einigermaßen verunsichert. Offenbar hatte er mit dem eisenharten Willen der Schettingerin schon verschiedentlich Bekanntschaft gemacht.

Diese verzog das Gesicht zu einem gefährlichen Lächeln. Zusammen mit dem fehlenden Auge ergab das einen wahrlich erschreckenden Effekt. »Das wollen wir doch einmal sehen.«

Der Mann zögerte. Dann, ganz plötzlich, zog er die Tür des Verschlags wieder zu und verriegelte sie. »Da rüber«, brummelte er und stieß Christina hinüber zu der kleineren Zelle. Die bot einer Person kaum Platz zum Stehen. Ein Tier wäre besser darin aufgehoben gewesen. Vielleicht wurde sie dafür auch sonst genutzt. Der Verschlag stank erbärmlich, und es fanden sich einige verdächtige Kotkugeln am Boden. Vielleicht hatte ein Ziegenbock oder ein Schaf darin gehaust?

»Los, mach, dass du da reinkommst, du Lumpenmensch.« Ein Stoß von hinten, und Christina stürzte zu Boden. Hinter ihr klickte geräuschvoll das Schloss.

»Wasser gibt's heut Abend. Und wenn du pissen musst«, der Wächter deutete durch das Gitter in die hintere düstere Ecke der Zelle, »da steht der Eimer.« Er grinste. »Zu scheißen habt ihr eh nicht viel.«

Christina würdigte ihn keines Blickes. Die Erfahrung hatte sie gelehrt, dass man mit Wachleuten, Soldaten und dergleichen Volk am besten fuhr, wenn man sie nur so viel wie unbedingt notwendig beachtete. Wer keine Angriffsfläche bot, wurde auch nicht angegriffen. Zumindest meistens hatte dieser Grundsatz Erfolg gezeitigt. Tatsächlich schlurfte der Wächter davon.

»Du, ich kenn dich!«, krähte es, kaum dass er verschwunden war, aus der anderen Zelle herüber. »Jaja, ich weiß, wer du bist. Gelt, Herrin, die kennen wir.« Jemand begann zu kichern, konnte sich gar nicht mehr einkriegen vor Heiterkeit. Christina spähte zwischen den grob gedrechselten hölzernen Stangen ihres provisorischen Gefängnisses nach drüben. Ein lustiges blaues Augenpaar, darunter eine seltsam kurze Nase, die viel zu weit oben über dem Mund angesiedelt war, ein breiter Mund, umgeben von dicken, etwas formlosen Wangen, die in einen zu kurzen Hals übergingen, dünnes, mausbraunes Haar … Ja, auch sie kannte diese Frau, oder war es noch ein Mädchen? Schwer zu sagen. Jedenfalls war es Katharina. Sie hatte sie bei der Bande gesehen, die wenigen Male, die sie sich dort aufgehalten hatte. Jetzt wusste sie auch, was der Torwächter am Stadteingang mit seiner Bemerkung über die »Blöde« gemeint hatte. Die tumbe Katharina war schwachsinnig geboren worden und, wie es schien, unter den Fittichen der Bande zur Frau gereift, obwohl es schwer war, sie als solche zu sehen oder gar ihr Alter zu schätzen. Ihr haftete eine große Kindlichkeit an, ein sehr wechselvolles Gemüt, meistens unbedarft und fröhlich, doch zuweilen auch garstig und rachsüchtig. Warum, um alles in der Welt, hatte man das bedauernswerte Wesen ebenfalls hier eingesperrt? Was konnte sie mit Frieder, der Schwarzen und ihren Machenschaften zu tun haben? Hatten die beiden das arme Ding womöglich in ihre Schandtaten hineingezogen?

»Ich seh dich, Katharina«, sagte Christina ruhig.

»Ich seh dich auch!« Wieder Kichern.

»Lass uns in Ruhe, du Schindmähre!«, mischte sich die Schwarze ein. Das Kichern verstummte abrupt.

»Warum?«, fragte Christina. Das weitere Jahr im Zuchthaus hatte sie gelehrt, nicht so schnell klein beizugeben. Von der Wesensart der Schettingerin hatte es dort so manche gegeben. Raue Weibsbilder, die meinten, über alles und jeden herrschen zu können.

»Weil ich mit dir nichts zu tun haben will, Verräterin.«

»Ich bin nicht schuld daran, dass man euch verhaftet hat,

falls du das meinst. Da seid ihr ganz allein dran schuld, das weißt du genau.«

Die Antwort war ein wütendes Schnauben.

Eine kurzgliedrige Hand schob sich jetzt durch den Verschlag drüben und winkte. Katharinas Hand. Christina lächelte. Einen Augenblick wartete sie noch ab, dann fragte sie: »Und seit wann hält man euch hier gefangen?«

Es war Katharina, die antwortete. »Zwei Wochen schon, aber vorher waren wir auch im Gefängnis in Stain. Dann hat man uns plötzlich abgeholt und hierhergebracht.«

»Maul halten, sag ich!«, schimpfte die Schwarze.

»Lass sie doch«, meinte Christina, »wie es aussieht, müssen wir hier unten noch einige Zeit zusammenhocken, da können wir uns auch erzählen, was wir wissen.«

»So weit kommt's noch!«, höhnte es von drüben, doch Christina spürte deutlich die bröckelnde Abwehr. Kein Wunder! Jemanden zum Reden zu haben – gleichgültig, wen –, das war wie Balsam in ihrer Lage.

»Weißt du, warum man uns hier festhält?«

»Das weißt du nicht?«

»Nicht genau. Der Oberst der Herzöglichen, die nach Waiblingen kamen, um mich zu verhaften, sagte zwar, man habe Frieder gefangen und es solle ihm hier zu Vaihingen der Prozess gemacht werden, aber was hat das mit uns zu tun? Das will ich wissen.«

»Ja, das möchtest du wohl wissen«, knurrte die Schwarze, um dann in Gelächter auszubrechen, das in einen schlimmen Husten mündete. »Nun, dann will ich es dir sagen, du Gänschen: Auf Befehl des allerdurchlauchtigsten Herzogs zu Württemberg werden nämlich alle verhaftet und nach Vaihingen verschleppt, die auch nur ansatzweise in dem Ruch stehen, jemals etwas mit dem Sonnenwirtle zu tun gehabt zu haben. Die machen regelrecht Jagd auf uns.«

Christina schwieg betroffen. Dann war es, wie sie befürchtet hatte: Frieders langer Schatten holte sie wieder ein. Der Herzog und seine Verwaltung kannten in Sachen Friedrich Schwahn bestimmt keine Gnade mehr. Zu lange war Frieder dem Staatsapparat auf der Nase herumgetanzt und hatte die Justiz Württembergs zum Narren gehalten. Jetzt würde der Herzog schreckliche Rache nehmen – und das betraf offenbar auch alle, die ihn kannten. Es war furchtbar! Sie brauchte lange, die Auskunft der Schwarzen in ihrer ganzen Nüchternheit auch nur annähernd zu verarbeiten. Dabei hatte sie so sehr gehofft … Sie biss sich auf die Lippen, um nicht aufzuschreien. Nein, sie durfte keine Schwäche zeigen, nicht, wenn sie überleben wollte.

Doch machte das noch Sinn?

Vorbei die Hoffnung, mit Veith glücklich zu werden, endlich ein ruhiges Leben zu führen, wie sie es sich heimlich ausgemalt hatten in all den zärtlichen Stunden. Dort, in ihrer nächtlichen Kammer und ohne Wissen von Veiths Schwiegervater, dem Bäckermeister Schönleber. Jetzt wünschte sie fast, Veith hätte sie nie mehr ausfindig gemacht. So brach nun ihrer beider trügerische Hoffnung wie ein Kartenhaus in sich zusammen.

»Ist das Kind, das du im Leib trägst, von ihm?«, wagte Christina nach geraumer Zeit grübelnden Schweigens zu fragen. In ihrem Keller war es merklich dunkler geworden. Das schwache Licht, das durch die Öffnung an der Gewölbedecke sickerte, war fast gänzlich geschwunden.

»Und wenn's so ist, was geht's dich an?«, schnappte die Schwarze aus der Dunkelheit heraus.

»Das tut mir leid.«

»Das muss es nicht.«

»Ich meine ja nur, Schwarze, ich weiß, wie das ist … ein Kind im Leibe zu tragen und gefangen zu sein.«

Der Satz hing einen Augenblick lang in der feuchten Kälte.

»Ich sagte, es geht dich nichts an.«

»Wenn du sie bittest, lassen sie vielleicht einen Arzt kommen, der dir hilft. Du solltest aber rechtzeitig darum fragen. Ich habe doch vorhin gesehen, dass es nicht mehr lang gehen kann. Vielleicht weiß ich jemanden, der es aufnehmen würde.«

»Ich komme gut allein zurecht.«

»Nein ...« Christina stockte. Warum kümmerte es sie auch, was aus dem Kind der Schwarzen wurde? Doch der Gedanke schnitt ihr ins Herz. Frieders drittes Kind hatte sie im Zuchthaus zu Ludwigsburg geboren. Diesmal hatte sie eingewilligt, dass man es in Obhut nahm. Allerdings hatte sie sich ausbedungen, selbst einen Ort nennen zu dürfen. Zum Glück hatte sich der Anstaltsleiter, trotz größter Zweifel, wie er ausdrücklich betont hatte, darauf eingelassen. Man hatte an Frieders Schwager, Daniel Hehl, geschrieben, und tatsächlich hatten er und seine Frau sich bereit erklärt, das Mädchen – es war ein Mädchen gewesen und nicht, wie Frieder damals gehofft hatte, wieder ein Sohn – bei sich aufzunehmen. Es hatte ihr zwar fast das Herz gebrochen, als man ihr auch dieses Kind aus den Armen riss, aber sie wusste, dass es dem Kind bei diesen beiden an nichts fehlen würde. Vor allem: es würde nicht sterben müssen. Das allein zählte. Vielleicht würden der Schwager und sein Weib sich auch noch eines weiteren Kindes annehmen.

Die tumbe Katharina wagte es: »Aber das wäre doch gut, Herrin. Sonst stirbt es vielleicht wie das letzte. Und das wäre doch schrecklich traurig. Weißt du noch?«

»Sei still! Sei doch still, du ...«

Christina hörte, wie die Stimme der Schwarzen zu schwanken begann. Was war da vorgefallen? War auch ihr ein Kind gestorben, ein Kind von Frieder? Kurz überlegte sie, danach zu fragen, entschied dann aber, es nicht zu tun. Besser, sie ließ die Schwarze Christine jetzt in Ruhe. Von drüben hörte sie das Rasseln der Ketten, unterdrücktes Schluchzen und die gurrende Stimme der tumben Katharina, die ihre Herrin, wie sie sie fortwährend nannte, zu trösten versuchte.

Deren eigenartig schiefer Singsang kroch herüber in ihren Verschlag und ließ sie die Augen schließen.

Es ist ein Schnitter, heißt der Tod,
hat G'walt vom großen Gott,
heut wetzt er das Messer,
es schneidt' schon viel besser,
bald wird er drein schneiden,
wir müssen's nur leiden.
Hüt' dich klein's Blümelein.

Viele Strophen folgten, in denen der grausame Schnitter ohne Gnade zu Werke ging, und dann sang Katharina …

Trutz Tod, komm her, ich fürcht' dich nit,
Trutz! Komm und tu ein Schnitt.
Wenn er mich nicht verletzet,
so werd' ich versetzet,
ich will es erwarten
in himmlischen Garten.
Freu dich klein's Blümelein.

Eigentlich hätte dies ein tröstender Schluss sein sollen, doch eine seltsame Beklemmung kam über Christina. Den Tod so zu benennen, hieß das nicht, ihn geradezu herbeizuzitieren? Plötzlich begann die Enge ihres Kerkers sie von allen Seiten zu bedrängen. Nein, sie hielt es nicht mehr aus, das Gefangensein. Den Hunger, die Kälte, die ständige Dunkelheit. Zu viel schon hatte sie davon ertragen müssen, ertragen wegen Frieder! Am liebsten hätte sie laut geschrien. Stattdessen weinte sie still in sich hinein. Was nur sollte jetzt noch aus ihr werden?

Den nächsten Morgen holten sie die Schwarze zum Verhör. Die spuckte Gift und Galle, schwor beim Grabe ihrer Mutter, nichts zu sagen, und wenn sich der Vogt Abel noch so viel Mühe gäbe mit seiner berühmten Verhörkunst. Der könne sie mal. Allein, es nützte nichts. Zwei Mann zerrten die Hochschwangere die steile Treppe hinauf. Zurück blieben Christina und eine erschreckt greinende Katharina.

»Weine nicht«, versuchte Christina, sie zu trösten. Sie konnte dem törichten Wesen keinerlei Hassgefühle entgegenbringen. Menschen wie Katharina und auch ihr jüngerer Bruder Matthis, von dem sie schon seit vielen Jahren nichts mehr gehört hatte, brauchten vor allem Liebe und Verständnis und ein sicheres Zuhause. Nichts von alledem hatte die tumbe Katharina je erfahren. War es denn recht, einem solchermaßen unbedarften Menschenkind eine Schuld anzulasten, es gar einzusperren? Die Rachsucht des Herzogs brachte wahrhaft seltsame Blüten hervor.

»Die sind böse«, schluchzte Katharina völlig außer sich.

»Wer?«, fragte Christina sanft, obwohl sie die Antwort kannte.

»Die Soldaten.«

»Sie tun nur ihre Pflicht.«

»Sie sollen uns wieder gehen lassen.«

»Das dürfen sie nicht.«

»Nicht?« Das Staunen Katharinas war echt.

»Nein. Weißt du denn nicht, warum du hier bist?«

Eine kleine Weile war es still, dann tönte es verunsichert

von drüben herüber: »Weil die Herrin und das Sonnenwirtle böse Sachen gemacht haben?«

»Haben sie das?«

»Ja, die Herrin hat immerzu gestohlen. Auf den Märkten, weißt du.«

»Ja, ich weiß.« Das war die hoch gerühmte Kunst der Schwarzen, die sie bis zur Perfektion beherrschte. Das Ganze lief so ab, dass wenigstens zwei Komplizen sich schon bevor der Markt begann, wenn die Händler noch ihre Waren auf den Ständen ausbreiteten, umsahen, wo am meisten zu holen war. Entstand dann ein Gedränge bei einem entsprechenden Stand, lenkte der eine den Händler mit geschickten Fragen ab, während der andere – vorzugsweise eine Frau – das angepeilte Diebesgut schnell vom Ladentisch herunterzog und unter der Kleidung verbarg. Dass Frauen dabei klar im Vorteil waren, lag auf der Hand. Unter ihre langen Röcke passte notfalls ein ganzer Stoffballen edelster Webarbeit. Wenn die Sache aufzufliegen drohte, gab es zudem eine Schnur an der sorgsam präparierten Kleidung, die die verborgene Sacktasche unter den Röcken mit einem Ruck öffnete – und das Diebesgut fiel auf die Straße. Niemand würde einer Frau unter die Röcke greifen, um nachzusehen, und so konnte die Diebin das Gestohlene mit dem unschuldigsten Gesicht zurück auf den Tisch legen und behaupten, es sei im Gedränge heruntergefallen. Frieder hatte es ihr wieder und wieder beizubringen versucht, hatte sogar das Luder Marga dazu eingespannt, die Lehrerin zu machen, doch Christina hatte sich standhaft geweigert.

Es erschien ihr genauso schlecht und verdorben wie die immer brutaleren Überfälle, die vorwiegend auf Frieders Konto gingen, auch wenn es weit ungefährlicher war und in der Regel niemand gequält oder verletzt wurde. Der Schaden für die bestohlenen Händler war jedenfalls beträchtlich.

»Und das Sonnenwirtle hat's verkauft, was die Herrin gestohlen hat«, verkündete Katharina, schlug sich aber sofort auf den Mund. »Oh je, ich darf doch nichts verraten.«

»Ich bin nicht der Vogt.«

»Nein.«

»Bist du auch schon verhört worden?«

Eifriges Nicken hinter dem Gitter. »Ganz doll sogar. Ich sollte alles erzählen, was ich wusste.«

»Und hast du das?«

Diesmal ein Kopfschütteln, doch es sah weit weniger überzeugend aus. Katharina bohrte mit ihrem kurzen Finger in einer Vertiefung der Gitterstäbe ihres Gefängnisses. »Ich habe nicht erzählt, was meine Herrin und das Sonnenwirtle gemacht haben, nur was der Andreas gemacht hat.«

»Wer ist das denn?«

»Das ist ganz ein Dummer.«

Christina musste gegen ihren Willen lächeln. »So?«, fragte sie. »Warum ist der denn dumm?«

»Der hat mich immer geärgert«, schimpfte Katharina. »Immer hat er mich gezwickt und an den Haaren gerissen und dabei ist er faul gewesen. Das meiste habe ich immer tragen müssen, er war sich zu fein dafür. Dabei sollte er doch der Knecht vom Sonnenwirtle sein, damit die Leute glauben, das sei ein reicher Kaufmann. Und ich die Magd.«

»Warst du denn lange bei ihnen? Was ist aus der Bande geworden?«

Arglose blaue Augen fixierten sie durch das Gitter. »Das weißt du nicht? Den Bettelmelcher haben sie geschnappt und aufgehängt, gut zwei Jahre ist das her. Und die Marga ist zusammen mit ein paar anderen letztes Jahr verhaftet worden im Badischen. Und dann ist auch noch die alte Eva gestorben und da hat sich die Bande in alle Winde zerstreut. Die Herrin hat dann zu mir gesagt, ich solle mit ihr kommen und mit dem Sonnenwirtle, und das habe ich dann gemacht.«

»Oh!«

»Ja, eigentlich ist fast niemand mehr da von früher, alle tot oder verhaftet. Eine Ungerechtigkeit ist das, sagt die Herrin immer.«

Christina schwieg nachdenklich. Langsam ergab sich ein Bild zusammen mit dem, was sie vom Hörensagen wusste. Nachdem sie von Liomin im Haus der Mutter verhaftet worden war und Frieder sich davongemacht hatte, war er also zur Schettinger Bande zurückgekehrt. Bei dem Prozess, den man ihr zu Göppingen gemacht hatte wegen der vier Löffel, die man bei ihr gefunden hatte, war Letzteres wiederholt zur Sprache gekommen. Ein Jahr erneute Haft zu Ludwigsburg hatte ihr Frieders »Hochzeitsgeschenk« eingebracht, und diesmal war sie weit weniger rücksichtsvoll empfangen worden. Die Peitsche hatte einige bleibende Male auf ihrem Rücken hinterlassen, und dabei hatte ihre Schwangerschaft ihre Peiniger nicht im Geringsten gestört.

Dann musste sich Frieder wohl in der Folge von der Bande getrennt haben – vielleicht deshalb, weil man den Bettelmelcher geschnappt hatte – und sich wieder Ebersbach zugewandt haben, wo er den Fischerhanne hinterrücks auf dem Feld erschoss. Danach hatte er sich offenbar wieder mit der Schettingerin zusammengetan, die von ihm schwanger wurde. Zusammen zogen die beiden raubend und marodierend durchs Land, zuweilen im Zusammenschluss mit anderen Verbrecherbanden, verbreiteten Angst und Schrecken in den Dörfern und Gemeinden, und wenn man ihrer habhaft werden wollte, entzogen sie sich, indem sie ins Deutschhessische, ins Badische oder über den Rhein ins Elsass auswichen. Der finstere Ruhm Frieders war jedenfalls in den drei Jahren ihrer Trennung ins Unermessliche gestiegen. Irrsinnige

Gerüchte kursierten über ihn, die Frieder – wie Christina nur zu gut wusste – sicher genüsslich beförderte. Eine andere Magd hatte ihr in Waiblingen, nicht ahnend, mit wem sie da sprach, einmal erschauernd zugeraunt, das Sonnenwirtle sei gewiss mit dem Leibhaftigen im Bunde, denn es könne durch feste Mauern gehen und mit bloßer Hand Gewehrkugeln abwehren. Da sei es ja kein Wunder, dass die Herzöglichen ihn nicht zu fassen bekämen. Das hatte sie gewiss von ihrem Bruder, der zu den Soldaten des Herzogs gehörte. Von dort stammten einige dieser Gerüchte, da die glücklosen Sicherheitskräfte des Herzogs ihren fortwährenden und überaus peinlichen Misserfolg verständlicherweise zu bemänteln suchten. Was kam da gelegener, als es dem Teufel selbst anzulasten?

Zuletzt war es etwas stiller geworden um Frieder. Zumindest hatte man in Württemberg nichts mehr von brutalen Einbrüchen und Raubzügen gehört. Christina war froh darum gewesen, hatte gehofft, das Sonnenwirtle sei nun endgültig im Ausland geblieben. Doch nun merkte sie, dass das ein Trugschluss gewesen war. Was Katharina ihr erzählte, vervollständigte das tatsächliche Geschehen. Vielleicht war Frieder wirklich der Boden zu heiß geworden, vielleicht war er aber auch des Raubens überdrüssig geworden und hatte eingesehen, dass mit Hehlerei mehr zu holen war als bei den zweifellos gefährlicheren Raubzügen. Wie es aussah, hatte er sich also im letzten Jahr den Anschein eines Kaufmanns gegeben, der mit Gattin, Knecht und Magd durchs Land zog und seine Waren feilbot. Im Feilschen und Rechnen war Frieder ja schon immer überaus fix gewesen. Sie konnte sich gut vorstellen, dass ihm das gefallen hatte. Doch was war dann geschehen? Dieses Mosaiksteinchen fehlte ihr noch.

»Sag, Katharina«, fragte sie vorsichtig, »wie war das, als ihr gefangen wurdet, du und deine Herrin?«

»Oh«, Katharinas breites Gesicht formte sich zu einer Maske des Entsetzens, »das war schlimm.«

»Ja? Willst du es mir erzählen?«

»Ich weiß nicht, ob die Herrin das will.«

»Sie hat bestimmt nichts dagegen«, log Christina. Doch schließlich waren die Umstände dem Vogt zu Vaihingen bestimmt bekannt. Was also konnte es schaden, wenn sie danach fragte?

»Also, das war so …«, begann Katharina, die offenbar froh war, darüber berichten zu dürfen. »Das Sonnenwirtle und die Herrin wollten von Straßburg nach Homburg, weil die Herrin meinte, da gäb's auch was zu holen und in Württemberg wär's inzwischen zu gefährlich.«

»Ah, und da sind sie im Badischen entlanggekommen«, vermutete Christina, die sich daran erinnerte, dass Katharina vom Gefängnis in Stain berichtet hatte, das bei der Stadt Pforzheim lag und damit zum Badischen gehörte.

»Ja, so war's. Also, wir waren hungrig und der Andreas hat gesagt, er ginge keinen Schritt mehr, und da sind wir im ›Löwen‹ zu Jehlingen eingekehrt.«

»Und?«

Katharinas Augen wurden kugelrund. »Stell dir vor, plötzlich ist das Sonnenwirtle aufgesprungen und hat zum Fenster hinausgeschaut. Ich hab erst gar nicht verstanden, warum. Aber dann hat er geschrien: ›Wir sind umstellt!‹ Die Herrin hat angefangen zu schimpfen und ist zur Tür gerannt, aber das Sonnenwirtle hat gerufen: ›Es ist zu spät, da kommen wir nicht mehr hinaus!‹ Ich habe mich dann unter dem Tisch versteckt, weil ich nicht wusste, wohin. Und die Herrin hat so komisch gekreischt. Hui, das hat mir Angst gemacht. Männer sind in die Wirtsstube gekommen und haben die Herrin und den Andreas gepackt, und schließlich haben sie mich auch unter dem Tisch gefunden. Ich hab solche Angst gehabt.«

Das erbarmungswürdige Wesen legte die kurzen Arme über den Kopf und kauerte sich am Boden zusammen. Wie ein Kind schaukelte sie ihren Körper jetzt hin und her, ein Bild des Jammers. Gerne hätte Christina sie in den Arm genommen, aber die Gitter trennten sie.

»Und Frieder, ich meine, das Sonnenwirtle?«, fragte sie teilnahmsvoll.

»Weißt du es nicht?«, flüsterte Katharina nun ängstlich. »Der hat dort einen Mann erschossen. Ich habe den Knall gehört und den Schrei. Ganz still ist es dann geworden. Und dann hat das Sonnenwirtle mit ganz merkwürdiger Stimme gesagt, dass er jeden anderen auch erschießen wird, der ihm zu nahe kommt.« Sie schluckte furchtsam. »Stell dir einmal vor, Christina, der hat den totgeschossen.«

»Das heißt, sie haben ihn nicht gekriegt?«

Stumm schüttelte Katharina den Kopf. »Aber mich und die Herrin und den Andreas. Uns haben sie eingesperrt. Den dummen Andreas aber zu Durlach, nicht bei uns in Stain. Da waren wir nun einige Monate gefangen. Nicht schön, sag ich dir. Und dann haben sie uns hierhergebracht und wieder eingesperrt. Aber hier ist es wenigstens besser als in Stain. Da haben sie uns immer geschlagen, und zu essen gab es auch nichts. Ich habe immer Hunger gehabt.« Ein leises Schluchzen unterstrich Katharinas Not.

»Es ist gut, Katharina«, versuchte Christina, sie zu trösten. Grauen beschlich sie. Noch ein zweiter ungesühnter Mord? Das verhieß nichts Gutes. Was, wenn der Herzog sie alle dafür verantwortlich machte?

KAPITEL 21

Einige Zeit später liess der Vogt zu Vaihingen auch nach ihr schicken. Christina schloss geblendet die Augen, als man sie nach oben auf den Spitalhof führte. Das Licht der Frühlingssonne stach unbarmherzig, nachdem sie nun schon so lange – waren es Wochen oder Tage gewesen? – im Dämmer hatte ausharren müssen. Es war keine leichte Zeit gewesen. Die Schwarze begegnete ihr nach wie vor mit wütendem Misstrauen, und auch Katharina wagte es kaum noch, das Wort an sie zu richten, jetzt da die Schwarze wieder zugegen war – angekettet zwar, aber nach wie vor von ungezähmter Stärke. Wenigstens hatte sie durch eine unbedachte Äußerung Katharinas noch erfahren, wer der Schwarzen das Auge ausgestochen hatte. Es hatte ihr zu ihrem eigenen Befremden sogar eine gewisse Genugtuung bereitet. Frieder ging mit seiner neuen Frau also keineswegs sanfter um als mit ihr. Im Streit hatte er der Schettingerin ins Auge gestochen, das daraufhin in einer schmerzhaften Prozedur hatte entfernt werden müssen. Es hatte die Schettingerin fast das Leben gekostet. Das zeigte Christina einmal mehr, was ihr seit ihrer Trennung von Frieder immer klarer geworden war: Es war nicht ihre Schuld gewesen, dass sich Frieder so an ihr vergriffen hatte. Auch wenn er es ihr stets anzulasten versuchte, so wie alles andere. Wenn er selbst die von ihm so hochgeschätzte Schettingerin derartig misshandelte … nein, sie hatte sich nichts vorzuwerfen. Es lag an ihm, an seiner Unbeherrschtheit, an seiner gemeinen Brutalität. Einer, der ständig das vernichten musste, was er doch zu lieben glaubte, das war Frieder. Vielleicht hatten die Leute doch recht mit ihrem Geschwätz und es wohnte wirklich ein Dämon in seinem Leib, der längst die Macht über Frieders Seele an sich gerissen hatte.

Sie atmete tief durch. Die Luft – obwohl überlagert von den herben Gerüchen der Stadt – duftete nach Frühling. Gerne wäre sie hinausgegangen ins Grüne, so wie sie es im letzten Jahr immer wieder mit Peterle, Veiths Sohn, getan hatte. Wie es dem Kleinen jetzt wohl ging? Das Kind hing an ihr. Und warum hörte sie nichts von Veith?

»Werde ich zum Oberamt gebracht?«, wendete sich Christina ängstlich an einen ihrer beiden Bewacher, der ihr im Keller auch die Eisenschließen für die Überführung angelegt hatte. Das stand zumindest zu vermuten.

»Nein, der Abel verhört solche wie euch im Tor. Dich also auch.«

»Im Tor?«, Christina schluckte nervös. Bedeutete das etwa, dass man sie zusammen mit Frieder verhören wollte? Die Furcht kroch eisig an ihr hoch.

»Wenn ich's doch sage! Und jetzt komm.«

Man führte sie nicht die Hauptstraße, sondern eine schmalere Gasse hinunter, entlang der mächtigen Mauern, die die Stadt umgaben. Vermutlich wollten die Wächter Aufsehen vermeiden. Sie passierten einen gedrungenen Wehrturm, der, was Breite und Aussagekraft anbelangte, den Befestigungsanlagen der Stadt in nichts nachstand. Vaihingen war offenbar eine wohlversorgte und wehrhafte Stadt. Außerhalb der Mauern rauschte ein Strom. Die Rufe und Kommandos der Flößer und Händler schallten von dort herüber. Christina reckte ein wenig den Kopf. Es dürstete sie nach den Gerüchen und Geräuschen des alltäglichen Lebens. In der Düsternis des Kerkers kam einem mit der Zeit jede Empfindung abhanden, nur zähe Traurigkeit zurücklassend.

Doch dieser kurze Moment währte nicht lange, schon

kam das breite Stadttor in Sicht, durch das sie auch hereingefahren waren.

Durch eine schmale, aber schwer bewachte Pforte betraten sie ein Stiegenhaus, das nach oben in den Fachwerkteil führte. Dort geleitete ein ebenfalls nicht allzu breiter Gang vorbei an drei vergitterten, gut gesicherten Zellen. Auch hier standen zwei Bewaffnete, sichtlich gelangweilt.

»Was macht er?«, fragte einer ihrer Begleiter und ruckte mit dem Kinn in Richtung einer der Zellen.

Der Angesprochene rollte mit den Augen. »Hat schon wieder Besuch vom Pfaffen. Die beiden verstehen sich ja bestens.«

»Ja, hab's schon gehört. Soll ja mächtig fromm geworden sein, der Kerl. Naja, wer's glaubt. Schiss wird er haben.«

Christina sah starr geradeaus. Die Vorstellung, dass dort, nur durch eine Tür von ihr getrennt, Frieder saß, ließ ihr das Blut in den Adern gefrieren. Sie wollte es nicht wahrhaben, aber es stimmte leider: Auch jetzt hatte sie noch Angst vor ihm, vielleicht mehr als je zuvor. Aus dem Inneren der Zelle hörte sie leises Flüstern und die beruhigende Stimme des Priesters. Vom Gleichnis vom verlorenen Sohn war die Rede. Am liebsten hätte sie gelacht. Ja, das war Frieder immer die liebste Geschichte von allen gewesen – und dann war er losgezogen und hatte skrupellos geraubt und schließlich sogar gemordet. Ob sich der Herrgott so zum Narren halten ließ? Oder hielt sich Frieder vielmehr selbst zum Narren? Wer konnte es sagen?

»Hier entlang!«, sagte ihr Bewacher und zog sie weiter in Richtung einer Tür am Ende des Ganges. Froh, dem Gemurmel aus der Zelle entrinnen zu können, folgte sie ihm willig.

Auf das Pochen an der Tür tönte von drinnen eine leise, aber nicht unfreundliche Stimme: »Herein.«

»Wir bringen die Müllerin, Herr, wie man befohlen hat.«

»Gut. Sie mag sich einstweilen dort hinsetzen.« Ein schlanker Mittdreißiger mit klugen, hellen Augen und angetan mit einem amtlichen Rock wies beiläufig auf eine Bank vor einem Fenster, das stadtauswärts blickte.

»Der Vogt kommt gleich.«

Also war dies nicht Vogt Abel, von dem sie nun doch schon verschiedentlich gehört hatte, sondern sein Schreiber. Auch der sah nicht aus, als wäre er ein Dummkopf. Die nächsten Minuten verstrichen in zähem Schweigen, nur unterbrochen vom Geräusch, das das Aufblättern und Zurichten des Pergaments verursachte. Neben dem Schreiber lagen zwei Bücher. »Strafsache Schwahn, Friedrich«, meinte Christina entziffern zu können. Waren das die Verhörprotokolle? Wenn ja, war man offenbar schon sehr gründlich gewesen. Was glaubte man denn, von ihr noch erfahren zu können?

Da ging die Tür auf und ein Mann trat eilig ein. Er wirkte flink, geschäftig, aber nicht übermäßig bedrohlich. Weder war er von besonders großer Statur noch legte er offenbar Wert auf die Insignien seiner Macht. Anders als Liomin, der gerne damit protzte, dabei war der doch nur ein gewöhnlicher Amtmann und kein Vogt. Doch an der Art, wie die Wachen und auch der Schreiber plötzlich den Körper strafften und die Augen aufmerksam auf den Ankömmling richteten, merkte Christina, dass Vogt Abel ein hoch respektierter Mann sein musste.

»Steh auf, Dirne. Erweise dem Vogt die Ehre«, zischte einer ihrer Bewacher. Christina erhob sich zögernd. Der Blick Abels streifte sie interessiert. »Nehmt ihr die Eisen ab«, befahl er knapp. »Sie wird nicht fliehen wollen, oder?«

Die Frage galt ihr. Christina schüttelte den Kopf. Was hätte eine Flucht auch für einen Sinn gehabt?

»Seid Ihr sicher, Herr?«, meinte der Schreiber zweifelnd. »Ihr wisst, der Steiner Andreas ist uns auch durch die Lappen ...«

»Ihr habt gehört, was ich gesagt habe.« Das duldete keinen Widerspruch. Im nächsten Augenblick war sie die Handeisen los.

»Hat sie Durst?«

Christina nickte. Tatsächlich hatte sie das Gefühl, ihr Mund sei vollkommen ausgetrocknet.

Ein Wink des Vogts und einer ihrer Wächter stürzte hinaus, um das Geforderte zu besorgen. Dann wandte Abel sich an den Schreiber: »Setze er das Protokoll auf. Verhör mit der Müllerin, Concubine des Schwahnen, Friedrich von Ebersbach bis …?«

»Maien 1757«, wagte Christina zu antworten. Ihre Stimme gehorchte ihr kaum. »Deshalb …«, sie schluckte unsicher, »ich weiß doch gar nicht, was man hier von mir will. Ich habe meine Strafe abgesessen und seitdem nichts mehr mit dem Sonnenwirtle zu tun gehabt, ich schwöre es bei allem, was mir heilig ist.«

Abel winkte ab. »Das Schwören ist nicht nötig, jetzt noch nicht. Sie mag uns nur Auskunft geben über alles, was sie vom Sonnenwirtle weiß. Alles, wohlgemerkt! Jedes Detail von Anfang an ist wichtig.«

»Aber ich habe doch schon …«

Er schnitt ihr mit einer Geste das Wort ab. »Was wichtig ist, hat sie nicht zu entscheiden, verstanden?«

Christina nickte eingeschüchtert.

»Also, er behauptet, sie sei sein Weib. Trifft das zu?«

»Sagt er das?«

»Ob es zutrifft, will ich wissen!«

»Aber das ist doch schon alles zu Göppingen verhandelt worden! Nein, es trifft nicht zu. Der Pfarrer, der uns getraut hat, hatte kein Recht dazu. Er wurde seines Amtes enthoben, und somit ist auch sein Trauschein ungültig. Es war ohnehin nicht mein Wille.«

»Nun, sie hat doch wohl mitgemacht, denke ich. Ihre Unterschrift fand sich unter dem Schriftstück.«

Christina starrte ihn an. Also darum ging es. Man wollte jeden Punkt, jedes Detail der vergangenen zehn Jahre beleuchten und ihr gegebenenfalls eine Mitschuld nachweisen. Sie begann zu zittern.

»Ich hatte keine Wahl. Ein Nein akzeptiert er nicht.«

»Hm! Wir werden sehen. Fangen wir einmal ganz von vorne an.«

Es wurde ein sehr langes Verhör. Die Schatten senkten sich schon im Raum, und der Schreiber war gezwungen gewesen, eine Kerze anzustecken, während seine Feder unermüdlich über das Pergament kratzte. Jede Frage, jede ihrer Antworten wurden sorgfältig dokumentiert. Nichts, aber auch gar nichts blieb dem Vogt verborgen. Oh ja, ein geschickter Frager war er allemal. Nach zwei Stunden war ihr jeder Widerstand, jedes Gefühl für Zeit, für Wahrheit und Unwahrheit abhandengekommen. Sie fühlte sich wie ein ausgenommener Balg, wie ein Krug verschütteten Weines – völlig leer. Auch der Schreiber wischte sich hie und da müde über die Augen. Nur der Vogt wirkte genauso wie zu Anfang: Herr der Lage und völlig wach. Sein Geist schien unermüdlich.

Schließlich nickte er dem Schreiber zu, der mit einem erleichterten Seufzer die Feder zur Seite legte, den Packen beschriebenen Pergaments bündelte und mit einer Schnur zusammenband. Später würde man es zusammen mit anderen Protokollen in einen ebensolchen Ledereinband stecken wie die beiden anderen neben ihm auf dem Tisch.

Der Vogt nickte. »Gut, sie wird nun in ihre Zelle zurückgebracht werden. Wir werden ihre Aussagen sorgfältig prüfen und mit denen der anderen vergleichen.«

Christina rappelte sich von der Bank auf. Vor Müdigkeit

konnte sie kaum noch stehen. »Bitte, Herr Vogt, habt doch Erbarmen mit mir. Ich hatte nichts mehr mit ihm zu schaffen, und für das, was man mir zur Last gelegt hat, bin ich lange genug im Zuchthaus gesessen. Ihr könnt mich doch jetzt gehen lassen. Ich habe Euch alles gesagt.«

Ein langer Blick aus grauen Augen. »Es tut mir leid, Müllerin. Das liegt nicht in meiner Macht. Es handelt sich um den Befehl des Herzogs persönlich. Keiner, der zur Schwahnenbande gehört oder gehört hat, darf gehen – bis zur Urteilsverkündung.«

»Schwahnenbande? Aber was redet Ihr da? Der Frieder war nie der Anführer einer Bande.«

»Da sind andere anderer Meinung.«

»Aber ich habe es Euch doch gesagt, habt Ihr denn nicht zugehört? Da gab es keine Bande. Alles, was Frieder tat, zumal in der Zeit, in der wir zusammen waren, das war …«, sie kam ins Stottern, »es war … unüberlegt. Er ist schon immer ein Tunichtgut und ein grober Schläger gewesen, und dann der ewige Streit mit dem Vater. Ich weiß es, denn ich war dabei.«

Abel wandte den Blick ab. »Bringt sie zurück!«

»Nein! So hört doch …«

Es half ihr nichts. Die Wächter zerrten sie zurück, vorbei an Frieders Gefängnis. Jetzt sah sie, dass auch innerhalb seiner Zelle zwei Wachen positioniert worden waren. Sie mussten wirklich Angst haben, dass er wieder ausbrach. Wie sonst war ein solcher Aufwand zu erklären?

Kurze Zeit später klickte das Schloss auch hinter ihr im Spitalkeller.

»Hast ja offenbar eine Menge zu erzählen gehabt?«, ätzte die Schwarze. »Den ganzen Tag warst du fort. Eine Verräterin, ich habe es schon immer gewusst.«

Gleich darauf sog sie scharf die Luft ein und begann dann

zu hecheln. Christina presste das Gesicht an die Gitterstäbe ihres Gefängnisses. »Es ist so weit, nicht wahr?«

»Geht dich nichts an, Schlange!« Die Schwarze stöhnte erneut. Katharina begann zu wimmern. »Sie schnauft schon die ganze Zeit so seltsam«, klagte sie verängstigt. »Ich weiß doch auch nicht, was ich tun soll.«

»Habt ihr denn um Hilfe gerufen?«

Katharina schüttelte den Kopf. »Sie leidet's nicht.«

»Dann werde ich es tun.«

»Untersteh dich«, keuchte die Schwarze. »Ich hab mein Erstes auch allein bekommen. Und dieses werde ich genauso gebären. Keiner dieser dreckigen Soldaten fasst mein Kind an.«

»Du weißt nicht, was du redest, Schettingerin«, sagte Christina ruhig. »Du kannst doch nicht in Ketten ein Kind zur Welt bringen wollen.«

Sie holte tief Luft und begann laut zu rufen. Es dauerte zwar eine Weile, aber schließlich drehte sich oben an der Tür der Schlüssel im Schloss. Eilige Schritte auf der Treppe und spärliches Laternenlicht, das ihren Kerker aus der Dunkelheit hob. »Was schreist du so, Weib?«

»Die Schettingerin bekommt ihr Kind. Sie braucht Hilfe, seht ihr das nicht? Und ihr müsst sie von den Ketten losmachen.«

Der Wächter kratzte sich am Kopf. »Ah … so … ja, ich fürchte, da muss ich erst Erlaubnis einholen.«

»Dann kann es schon zu spät sein, Dummkopf.«

Der Mann war sichtlich überfordert.

»Ja, aber wo soll ich jetzt so schnell …?« Er machte einen Schritt zur Treppe, drehte aber wieder um, als die Schwarze erneut schmerzgepeinigt aufschrie. »Eine Hebamme vielleicht?«, fragte er verunsichert.

»Ja, verflucht, und sie soll sich beeilen!«

Es wurde eine lange Nacht. Die Geburt war nicht übermäßig schwer, zog sich aber in die Länge. Der schlechte Gesundheitszustand der Schwarzen hatte daran gewiss erheblichen Anteil. »Es ist ein Junge«, teilte die Hebamme dem wartenden Schreiber schließlich mit. Der nickte. Man hatte im Laufe der Nacht auch ihn dazugeholt. »Man möge die Schettingerin ihrer Fesseln ledig lassen. Morgen wird der Vogt dann entscheiden, was weiter zu geschehen hat. Postiert zur Sicherheit zwei Wachen hier unten, damit sie nicht entwischt.«

»Die wird ja wohl kaum weglaufen«, murrte der Wächter, den es verständlicherweise nicht danach verlangte, noch weiter in Dunkelheit und Kälte auszuharren.

Der Schreiber fixierte ihn scharf. »Immerhin hat auch der Komplize der Bande, der Andreas Stein, den Weg aus unserem Kerker in die Freiheit gefunden. Der Vogt hat ausdrücklich verboten, dass noch irgendein Risiko eingegangen wird. Eine weitere Flucht könnte zum Nachteil für ganz Vaihingen geraten.«

»Ja, Herr!«, murmelte der Wächter betreten und schrumpfte sichtlich in sich zusammen. »Zwei weitere Mann also. Ich werde tun, was ich kann. Aber Ihr wisst ja, dass die meisten zur Bewachung des Sonnenwirtle abkommandiert sind. Die ganzen Nachtwachen immerzu. Wir haben kaum mehr Personal. Vielleicht werde ich so schnell niemanden …«

»Das interessiert mich nicht. Nötigenfalls macht Ihr es eben selbst«, fauchte der Schreiber.

Der Wächter nickte gottergeben.

Christina spähte in den Kerker der Schettingerin. Ein Sohn! Sie hatte einen Sohn. Ein seltsamer scharfer Schmerz begann in Christinas Innerem zu rumoren, doch sie zwang sich, nicht darauf zu achten. Stattdessen beobachtete sie, wie die Schwarze ihr Kind an die Brust legte. Diese plötzliche Zärtlichkeit ihrer Bewegungen. Zum ersten Mal, seit sie

sie kannte, machte die Frau einen gelösten, ja fast heiteren Eindruck. Gurrende Laute kamen über ihre Lippen und sie lächelte sanft. Christina kauerte sich am Boden ihrer Zelle zusammen und presste die Hände auf die Ohren. Am besten, nichts mehr davon hören, nichts mehr davon sehen. Sie ahnte, was geschehen würde. Die Schwarze tat ihr jetzt schon leid.

Diese schrie wie am Spieß, als man ihr das Kind fortnahm. Zwei Soldaten mussten sie festhalten, so sehr trat sie um sich, spuckte und biss, fast als wäre sie von Sinnen. Schließlich trat der Oberst, der die »Herausnahme des Kindes«, wie er es genannt hatte, überwachte, vor und schlug ihr mit der flachen Hand ins Gesicht. Für einen Augenblick verstummte die Schwarze verdutzt, was den Männern einen kurzen Moment gab, sie wieder ins Eisen zu legen. Der Militär verließ die Zelle, das Kind in seinen Armen. »Jetzt gib schon Ruhe, Frau. Du führst dich auf …« Er schüttelte missbilligend den Kopf. »Ich hab's dir doch erklärt. Der Vogt selbst will sich des Knaben annehmen. Er nimmt ihn in seinen Haushalt auf. Du kannst dich doch mehr als glücklich schätzen.«

Die Schwarze stierte ihn nur an. Dann begann sie plötzlich, wild an ihren Ketten zu reißen, und kreischte wie eine leibhaftige Furie. Erschrocken sprangen die Soldaten zur Seite und verriegelten hastig das Gitter. Dann machten alle, dass sie hinauskamen. Das ohrenbetäubende Geschrei der Schwarzen verfolgte sie, bis sie mit dem Kind die Treppe hinauf und aus dem Keller waren.

Auch Katharina, die das Geschehen mit großen Augen verfolgt hatte, schrie jetzt. Das war zu viel für den begrenzten Verstand der Tumben. Derweil gebärdete sich die Schwarze wie toll. Sie riss an ihren Haaren, kratzte sich die Wangen und die Brust blutig, warf sich schließlich auf die Knie und grub die Finger in den festgestampften Lehmboden des Kellers. Glaubte sie in ihrem Wahn, sich so befreien zu können? Dabei schrie sie ohne Unterlass. Christina beobachtete das irrsinnige Treiben eine Weile und hielt sich die Ohren zu. Das Lärmen, das sich mehrfach an den Wänden des Kellers brach, war nicht zu ertragen. Als die Schwarze auch nach einigen Stunden nicht nachließ in ihrem wahnsinnigen Tun, dämmerte es Christina, dass die Frau tatsächlich den Verstand verloren haben musste. Der Verlust ihres Kindes hatte die schmale Grenze zwischen Verzweiflung und Irrsinn wohl endgültig hinweggefegt. So etwas hatte sie auch schon zu Ludwigsburg zuweilen miterlebt. Dort waren ja auch die Tollkranken untergebracht, aber man hielt sie in einem besonderen Gebäudetrakt. Wie oft hatte man die schreien und toben gehört. War die Schwarze nun eine von denen geworden? Sie überlegte, ob sie erneut um Hilfe rufen solle, bezweifelte aber, dass man sie erhören würde. Offenbar hatten die da oben beschlossen, dass die Gefangene sich austoben solle. Irgendwann würde sie schon Ruhe geben, so nahm man bestimmt an.

Aber das Gegenteil war der Fall. Der Wahnsinn griff nach der Schwarzen mit aller Macht. Sie schrie. Den ganzen Tag, in der folgenden Nacht und auch am nächsten Tag noch. Es war die Hölle. Katharina saß nur noch mit ängstlich aufgerissenen Augen in einer Ecke des Verschlags, so weit wie möglich von der Tobenden entfernt. Schließlich hatte diese es sogar geschafft, eine Kuhle in den eisenharten Lehm zu graben, in die sie sich nun mit blutenden Händen kauerte. Ihr fortwährendes Geschrei war zu einem heiseren, unartikulierten Krächzen verkümmert. Jetzt wirkte sie völlig teilnahmslos.

»Schwarze«, flüsterte Christina, »geht es dir wieder besser?«

Katharina, zu einem Häufchen Elend zusammengesunken, hob hoffnungsvoll den Kopf. Ihr Blick wanderte hinüber zu Christina, die ratlos mit den Schultern zuckte. Da fasste die Tumbe sich ein Herz, kroch zur Schettingerin hinüber und legte ihr den Arm um die Schultern. Doch das hätte sie lieber bleiben lassen sollen. Die Irre kam hoch wie ein wildes Tier, warf sich auf ihre Zellengefährtin und begann, sie zu würgen. Katharina wehrte sich, konnte aber gegen die Kraft ihrer Angreiferin nichts ausrichten. Nach kurzer Zeit vergeblichen Kampfes begann sie zu röcheln. Christina wusste nicht, was sie tun sollte. Verzweifelt rüttelte sie an den Stangen ihres Käfigs. »Lass sie, so lass sie doch, Schwarze!«, schrie sie in höchster Not. Die Wahnsinnige würde Katharina noch umbringen. Schon wurden deren Bewegungen schwächer. »Hilfe!«, schrie Christina so laut sie konnte, »helft uns doch, sie ist irre!«

Zum Glück waren die Wachen noch rechtzeitig zur Stelle. Mit vereinten Kräften gelang es ihnen, die Tobende von ihrem Opfer wegzuzerren. Ein knapper Schlag mit dem Gewehrkolben setzte dem ganzen Aufstand ein vorübergehendes Ende.

»Wir können die Blöde nicht bei ihr lassen«, stellte der Soldat, der die Schwarze niedergeschlagen hatte, lapidar fest, nachdem Katharina wieder eine normale Gesichtsfarbe angenommen hatte. »Was wird der Vogt sagen, wenn die sich gegenseitig abmurksen?«

»Am besten, wir stecken sie zu der anderen«, schlug sein Kollege vor.

Der andere blickte zweifelnd hinüber. »Da kannst du doch keine zwei reinstecken, das reicht ja für die eine kaum. Außerdem, bei allem, was recht ist, aber wir können die beiden auch nicht bei der Verrückten lassen. Das ist ja unmenschlich.«

»Wenn du meinst. Aber dann gehst du selbst zum Vogt und schlägst ihm vor, die beiden woanders unterzubringen. Und untersteh dich, mich mit hineinzuziehen.«

Der mit dem Gewehr bedachte ihn mit einem vernichtenden Blick. »Also wohin jetzt mit der da?« Er zeigte auf Katharina, die sich immer noch zitternd den geschundenen Hals rieb. Ihr Blick wanderte ängstlich hinüber zur Schwarzen, doch die rührte sich nicht.

»Ich nehme sie einstweilen mit hinauf und binde sie oben an, bis du mit Nachricht vom Oberamt zurück bist«, meinte sein Kollege schulterzuckend.

»Ach, jetzt auf einmal doch.«

Der andere erwiderte nichts darauf, ging aber hinüber zur Schwarzen, um nach ihr zu sehen. »Hast sie ganz schön erwischt mit dem Kolben«, stellte er sachlich fest, »am besten, du bringst auch gleich den Doktor mit.«

Noch am selben Tag wurden Christina und Katharina ins Tor verlegt, in dem auch Frieder gefangen saß. Christina erschrak fast zu Tode, als sie sah, wohin man sie führte. Doch was konnte sie dagegen ausrichten? Katharina klammerte sich an sie wie ein verschrecktes Kind. Wenigstens hatte der Soldat Wort gehalten und wirklich einen Arzt mitgebracht, der sich aufmerksam um die Schwarze bemühte, ihre selbst zugefügten Wunden versorgte und ihr schließlich auch starke Beruhigungsmittel verordnete. Dessen fachlichem und besorgtem Votum war wohl auch zu verdanken, dass es mit der Verlegung der beiden weiblichen Gefangenen so schnell ging. Christina versuchte, sich einzureden, dass es in den Zellen im Tor wenigstens nicht so dunkel, feucht und kalt wie im Spitalkeller war. Dennoch zitterten ihre Knie heftig, als man sie das Stiegenhaus hinaufzerrte. Mit Frieder Seite an Seite eingesperrt zu sein, war etwas, was sie mehr als alles ängstigte.

Aber es kam nicht ganz so schlimm, wie sie es befürchtet hatte. Man wies ihr die Zelle zu, die am weitesten von der Frieders entfernt lag. Die tumbe Katharina wurde in der Gefangenenzelle zwischen ihnen eingesperrt. Auch verzichtete man darauf, die weiblichen Gefangenen ins Eisen zu legen. So war ihr neues Gefängnis im Tor fast eine Verbesserung.

Vielleicht steckte die Anordnung des Vogts dahinter? Immerhin musste der Mann durch das, was sie ihm im Verhör berichtet hatte, wissen, was sich zwischen ihr und dem Wirtssohn abgespielt und was sie von ihm ausgestanden hatte. Es war ihr auch nicht so vorgekommen, als ob Abel sie wegen ihrer Beziehung zu Frieder verurteilte, so wie der Göppinger es getan hatte. Er schien ein gerechter Mann zu sein, der gut zuhörte und das – es war bemerkenswert – auch den Weibern gegenüber. Ein wenig Hoffnung keimte in ihr auf.

Christina stand noch eine Weile vor dem vergitterten Fenster ihrer Zelle und starrte hinaus auf die Straßen der Stadt, in denen die untergehende Frühlingssonne scharfe, lange Schatten warf. Der Tag hatte eine erste Ahnung des kommenden Sommers in sich getragen. Selbst die Fachwerkwände des Tors strahlten noch etwas Sonnenwärme ab. Sie legte ihre Hand darauf und spürte, wie es warm und tröstlich in ihre Finger und dann den Arm hinaufwanderte. Die Kälte schien ein Bestandteil ihrer Existenz geworden zu sein. Ob sie sich jemals wieder frei im Schein des Himmelsgestirns würde bewegen dürfen?

KAPITEL 22

»Du solltest die Gelegenheit wahrnehmen und deinen Herrgott um Vergebung für deine Missetaten bitten.«

Christina presste stur die Lippen aufeinander.

Der Vikar hob resigniert die Achseln. »Nun, wenn du partout nicht willst. Ich muss sagen, dein Friedrich ist da klüger als du.«

»Er ist nicht *mein* Friedrich. Und was meine Missetaten betrifft, von denen Ihr da redet, so habe ich nicht mehr aufzuweisen als jeder andere auf Gottes Erdboden auch.«

»Warum bist du so abweisend, Müllerin? Hast du denn keine Angst vor dem Gericht?«

Christina schnaubte. »Vor dem der Menschen oder vor dem Gottes?«

»Dem Gottes natürlich!« Der Vikar sah sie tadelnd an.

»Das Gericht Gottes kann auch nicht schlimmer sein als das, was mir schon durch Menschen geschehen ist, glaubt mir. Wenigstens wird mir dort Gerechtigkeit widerfahren.«

Für einen Augenblick herrschte betretene Stille. Dann sagte der Vikar: »Der Herr ist ein gerechter Gott und hat die Gerechtigkeit lieb, so steht es in Psalm 11, Vers 7. Das habe ich auch deinem Friedrich immer wieder gesagt. Und er hat seine Sünden bekannt. Jede einzelne.«

Christina lachte. »Da habt Ihr sicher lange zuhören müssen, Vikar Krippendorf. Ihr scheint fürwahr ein ausdauernder Mann zu sein.«

»Für die Rettung des Sünders lohnt sich jede Mühe«, gab der Geistliche pikiert zurück.

Christina wusste selbst nicht, warum sie mit ihm stritt,

was sie an ihm, an seinen Worten so reizte. War es die Tatsache, dass er schon zuvor wiederholt für Frieder Partei ergriffen hatte? Doch konnte sie Krippendorf sein fast kindlich zu nennendes Vertrauen in die Menschen zum Vorwurf machen, auch wenn sie selbst es längst verloren hatte?

»Wann ist die Urteilsverkündung? Wisst Ihr es?«, fragte sie unvermittelt. Der Mann schrak zusammen. Für einen Moment schien er zu überlegen, dann beugte er sich zu ihr, senkte die Stimme und sagte: »Es ist mir eigentlich nicht erlaubt, darüber zu sprechen, aber der Fall liegt inzwischen in Tübingen. Die Gelehrten beraten schon seit Wochen darüber. Der Vogt versteht auch nicht, warum es so lange dauert.«

»Vermutlich, weil den Herren Gelehrten so etwas noch nie untergekommen ist?«, versetzte Christina spöttisch. »Der Frieder hat es mit dem Sündigen nämlich auch sehr genau genommen.«

Sie meinte es nicht so, aber sie konnte nicht anders. Tag für Tag wurde sie Zeuge, wie der Mann den Gefangenen besuchte. Dann ging es los, das Flüstern, das Schluchzen, das Beten und Bekennen. Stundenlang! Und dieser Narr von einem Pfarrer ging Frieder auf den Leim. So, wie ihm so viele andere früher schon auf den Leim gegangen waren, sie selbst eingeschlossen. Sollte es Frieder je noch einmal gelingen zu entwischen – was nach menschlichem Ermessen unmöglich war, außer er stand wirklich mit dem Teufel im Bunde –, würde er bestimmt wieder weitermachen wie bisher. Das würde sie bei ihrem Leben beschwören. Zuweilen brach sich sein altes Wesen auch Bahn. Dann randalierte er in seiner Zelle, stieß wüste Beschimpfungen aus, verwünschte alles und jeden und riss an seinen Ketten wie ein wilder Bär. Nach einem solchen Ausbruch verlegte er sich oft wieder aufs Beten, bis es still wurde. Es war klar, er hatte Angst. Und er hatte auch allen Grund dazu. Ein schreckliches Ende erwartete ihn ohne Zweifel. Den Mitgefangenen im Tor blieb nichts anderes übrig, als das Ganze, seine Wutausbrüche und Beteuerungen, sein Weinen und die hasserfüllten Verwünschungen, über sich ergehen zu lassen. Wenigstens konnte Christina, eingesperrt in ihrer Zelle, sicher sein, nicht wieder Opfer seines Zorns zu werden. Was ihr allerdings zu schaffen machte, war die Tatsache, dass Frieder damit begonnen hatte, Katharina, der armen unschuldigen Katharina, durch eine Ritze in der Wand irgendwelchen Unsinn zuzuraunen. Stundenlang tuschelten sie miteinander. Obwohl sie sich alle Mühe gab, konnte Christina nicht verstehen, was der Inhalt dieser Gespräche war. Sie bemerkte nur, dass Katharina sich mehr und mehr von ihr zurückzog. Das Vertrauen, das in der ersten Zeit ihrer Untersuchungshaft zwischen ihnen bestanden hatte, war verschwunden. Frieder hatte es schon immer verstanden, Menschen zu beschwatzen, und solche wie die Tumbe allemal.

Der Vikar seufzte. »Wenn sie nicht reden will, Müllerin, dann werde ich jetzt gehen. Der Herrgott zwingt niemanden. Willst du wenigstens noch mit mir beten, Kind?«

Christina nickte. Mit Gott hatte sie keine Händel.

Der Vikar hob an: »Der Herr ist mein Hirte, mir wird nichts mangeln …«

Folgsam sprach Christina die vertrauten Worte bis zum Schluss mit. Ein wenig Trost spendeten sie allemal. Und Trost, das war etwas, was sie nötiger brauchte als ein Stück Brot. Der Vikar erhob sich von den Knien und ging zur Tür. Draußen rasselten die Schlüssel des Wachmanns am Ring.

»Sagt, Vikar, hat denn keiner nach mir gefragt?«, presste Christina hastig hervor. »Wirklich niemand?«

Der Mann wandte sich um und sah sie an. War das Mitleid in seinen Augen? »Es ist der Befehl des Vogts, keinen Besuch zuzulassen. Die Fluchtgefahr sei zu groß, sagt er. Jemand könnte sich hereinschleichen und das Sonnenwirtle befreien.«

»Ich will doch nur wissen, ob jemand nach *mir* gefragt hat. Bitte, es ist sehr wichtig.«

Christinas Stimme zitterte. Warum hatte sie bis jetzt nichts von Veith gehört? Wenigstens ein Brief … nur ein paar wenige Zeilen von ihm. Oh, wie sehr hatte sie sich danach verzehrt. Ein schrecklicher Gedanke nagte an ihr: Hatte Veith sie aufgegeben? Wenn es so war, sie könnte es verstehen, auch wenn es ihr das Herz brach.

Krippendorfs Augen sprangen unruhig hin und her. »Ich bin zum Stillschweigen verpflichtet worden. Das versteht sie doch?«

»Bitte! Wenn Ihr es mir sagt, dann will ich auch Buße tun, wie Ihr es Euch so wünscht.« Christina legte ihre Hände flehend ineinander. Er wusste etwas, und sie musste endlich Gewissheit haben. Dann würde sie sich auch in ihr Schicksal ergeben.

»Ja!«

Das Wort, mehr gehaucht als gesprochen, barg für sie die Erlösung, nach der sie sich gesehnt hatte.

»Wer?«

»Ein junger Mann, schwarze Locken, groß.«

Ihr Herz jubilierte. Veith, er hatte sie nicht vergessen.

»Wann?« Nervös beobachtete Christina, wie der Wächter außerhalb der Zelle die Brauen zusammenzog und auffordernd mit den Schlüsseln klirrte.

Der Vikar drehte sich um und gab dem Mann ein Zeichen abzuwarten. »Du willst also doch noch umkehren, Sünderin?«, fragte er etwas lauter, als es notwendig gewesen wäre. »So will ich dich leiten in die Arme Gottes.« Er kam zurück und setzte sich auf den dreibeinigen Hocker, das einzige Möbel, das man ihr außer einem Strohsack und einem Eimer für ihre Notdurft zugestanden hatte. Bewusst wandte er der Wache draußen den Rücken zu. »Dann bekenne deine

Sünden, mein Kind.« Er beugte sich zu ihr. Dann flüsterte er: »Er war immer wieder hier und hat mehrfach auf dem Oberamt vorgesprochen, ja, regelrecht gebettelt. Aber es herrscht striktes Besuchsverbot, auch keine Briefe. Der Vogt sagte mir, dass er deswegen sogar dem Herzog geschrieben und um Gnade für dich ersucht habe. Ich fürchte aber, er wird keine Antwort bekommen, bis das Urteil ergeht. Es tut mir leid.«

Christinas Augen füllten sich mit Tränen. »Geht es ihm gut?«

Der Vikar nickte. »Soweit ich es beurteilen kann, ja. Allerdings, die Umstände machen dem jungen Mann offensichtlich sehr zu schaffen. Was hast du mit ihm zu tun? Ist es ein Verwandter von dir?«

»Nein, wir wollten heiraten«, sagte Christina traurig. »Heiraten und nach Amerika auswandern. Es war sein größter Wunsch. Und ich wäre ihm gefolgt, oh, das wäre ich. Er ist ein guter Mann, der beste.«

Der Vikar hob die Brauen. »Weiß er denn von deiner Vergangenheit?«

»Ja, ich habe es ihm erzählt, als er mich in Ludwigsburg im Zuchthaus aufsuchte. Alles! Stellt Euch vor: Ein ganzes Jahr lang, ja, länger hat er mich gesucht, bis er mich dort fand.«

»Er hat dich gesucht?«

»Ja, ich diente auf dem Hof seiner Eltern. Dort sahen wir uns wieder und …«, ihre Stimme begann zu schwanken, »dann kam *er* und zwang mich, wieder mit ihm zu gehen. Und Veith … er wusste nicht, was geschehen war. Dachte erst, ich sei fortgelaufen, aus Furcht oder Abscheu vor ihm. Oh, ich schwöre, ich wollte nicht fortlaufen. Und dann, dann hat Frieder schreckliche Dinge getan, und ich wurde gefangen und …« Sie schluchzte.

»So sehr liebst du ihn, Kind?«

Christina nickte. »Mehr als alles andere. Und er liebt mich, trotz allem, was geschehen ist. Trotz allem, was ich geworden bin.«

Der Vikar sah sie mitleidig an. »Vielleicht kann ich ja doch etwas für dich erwirken.«

»Das würdet Ihr für mich tun?«

Der Geistliche nickte nachdenklich. »Du darfst nicht denken, Jungfer, dass ich gutheiße, was hier geschieht. Auch der Vogt tut das nicht, glaub mir. Was denkst du, warum er den Knaben der Schettingerin bei sich aufgenommen hat? Vogt Abel verabscheut Gewalt, und wenig gerechtfertigte allemal. Aber er hat Order vom Herzog höchstpersönlich.«

»Bitte, ich verspreche, ich bekenne alles, was Ihr wollt, wenn ich nur für einen Augenblick mit Veith sprechen darf.« Nun rollten ihr die Tränen über die Wangen.

Der Vikar lächelte. »Gott lässt nicht mit sich feilschen, Kind. Wenn du Buße tun willst, so tu es aus freien Stücken und nicht um eines Handels willen.«

»Ihr setzt Euch für mich ein?«

»Ich verspreche es. Und nun trockne deine Tränen, Müllerin. Es wird schon nicht zu schlimm ausgehen für dich. Deine Schuld, so sagte mir der Vogt, sei ohnehin, wenn überhaupt, nur gering. Vielleicht findet sich ein Weg.«

Fünf endlose Tage später öffnete sich ihre Zellentür erneut und der Vikar trat ein.

»Eine halbe Stunde, sagt der Vogt«, teilte ihr Krippendorf hastig und mit ernster Miene mit. »Und ich muss im Raum bleiben. Ist dir das recht?«

Christina starrte ihn an. »Er ist hier?«

Ein zufriedenes kleines Lächeln stahl sich auf die Lippen

des Schwarzrocks. »So wahr ich hier stehe. Ich sagte dir ja, der Vogt wird ein Einsehen haben.«

Christina fiel auf die Knie. Ihre Finger krallten sich in das Gewand des Geistlichen. »Oh, wie kann ich Euch je danken?«

»Dankt nicht mir, dankt dem Herrgott.«

»Christina?«

Sie schrak hoch. »Veith!«

Da stand er. Blass, übernächtigt zwar, aber er war es tatsächlich. »Oh Gott!«, ächzte sie. Etwas schien sie zu würgen und ihre Knie wurden schwach. Im nächsten Augenblick war er bei ihr. Seine Hände streichelten ihr Gesicht. »Ich bin so froh«, flüsterte er. Gemeinsam kauerten sie auf den hölzernen Dielen ihres Gefängnisses.

Jetzt erst wurde ihr bewusst, was für einen schauerlichen Anblick sie bieten musste. Ihre Kleidung war schmutzig und stank nach Schweiß und Exkrementen, ihre Haare waren verfilzt und verklebt und seit Wochen nicht gewaschen. Genügend Wasser, das war etwas, das einem Häftling nur in äußersten Momenten der Gnade zugestanden wurde. Ein Gefangener war ohnehin verdammt, da lohnte es der Mühe nicht. Hilflos hob sie die Hände.

»Lass nur«, sagte Veith, »ich darf bei dir sein, das ist alles, was zählt.« Krippendorf räusperte sich und zog sich taktvoll in Richtung der Tür zurück. Mit dem Rücken verdeckte er dem Wächter, der neugierig das Geschehen verfolgt hatte, den Blick auf das Paar. Der knallte verärgert die Klappe zu.

»Ich habe schon geglaubt, du hättest mich vergessen«, kam es stockend über Christinas Lippen.

Veiths Augen wurden groß. »Wie könnte ich? Weißt du nicht, was ich dir versprochen habe?«

»Doch, aber …«

»Ich bin immer wieder hier zu Vaihingen beim Oberamt

vorstellig geworden, aber sie wollten mich nicht zu dir lassen. Ich bin bald wahnsinnig geworden. Hätte nicht der Vikar …«, er schickte ein dankbares Nicken zu dem Geistlichen, »… ich weiß nicht, was ich getan hätte.«

»Aber jetzt bist du da«, flüsterte Christina mit halb erstickter Stimme. Ihr war so seltsam zumute. So als müssten im nächsten Augenblick Veith, Krippendorf, die Zelle und der Turm sich auflösen und verschwinden und ihr blieb nur der Sturz ins Bodenlose. Furcht ergriff sie. Was, wenn sie nun auch den Verstand verlor wie die Schwarze?

Ängstlich tastete ihre Hand über Veiths Arm, seine Brust, seine starken Schultern. Nein, er war es wirklich und wahrhaftig. Und wo Veith war, da war auch Hoffnung. »Aber was wird nun werden aus mir? Aus uns?«, fragte sie bang.

Er hob die Schultern. »Ich weiß es wirklich nicht. Keiner kann es mir sagen. Nicht einmal der Vogt. Ich verstehe es nicht. Was werfen sie dir denn überhaupt vor?«

»Wenn ich das nur wüsste! Ich bin lange verhört worden, aber selbst da haben sie mir nichts darüber gesagt. Ich kann mir nur denken, dass Frieder irgendwelche Lügen über mich erzählt hat.«

Veith knirschte mit den Zähnen. »Das wäre ihm zuzutrauen, dem Halunken. Wenn ich bedenke, was du schon wegen ihm erdulden musstest.« Er ballte die Hände zu Fäusten. »Ich könnte ihn umbringen, den Hund.«

Ein erschrockener Laut des Vikars ließ ihn verstummen.

»Das nützt nun auch nichts mehr. Wir können nur hoffen und beten, dass sie ein Einsehen haben und mich gehen lassen«, meinte Christina schwach.

»Das müssen sie!«

»Ach, Veith, ich habe wenig Hoffnung. Wenn ich eines weiß, dann, dass sich Gerechtigkeit nun einmal nicht findet auf Erden und schon gar nicht in Württemberg.«

Er sah sie an mit brennenden Augen. »Nein! Einmal … einmal muss es Gerechtigkeit geben.«

Sie senkte den Blick. »Veith, wenn sie mich verurteilen, dann entbinde ich dich von deinem Versprechen. Es ist besser, du suchst dir ein anderes Weib. Eine andere Mutter für Peterle. Er braucht eine Mutter, weißt du. Denn selbst wenn sie mich gehen lassen, ich kann doch nicht mehr nach Waiblingen zurückkehren. Dein Schwiegervater würde mich sofort hinauswerfen, und auch die Leute zerreißen sich bestimmt das Maul über mich. Jetzt, da alle wissen, wer ich in Wirklichkeit bin. Ach, Veith, es war doch alles nur ein dummer Traum.«

Er starrte sie an. »Wieso sagst du so etwas? Mich von meinem Versprechen entbinden, wie sollte ich das ertragen? Ich werde nie aufhören, dich zu lieben, Christina, Gleichgültig, was geschieht.«

Ihre Augen füllten sich erneut mit Tränen. »Aber ich weiß nicht, was geschehen wird. Ich habe solche Angst, Veith. Angst, dass sie uns alle miteinander aufhängen. Da ist solcher Hass. Manchmal stehen die Leute unter dem Tor und schreien schlimme Dinge herauf. Und selbst wenn nicht … Noch einmal Gefängnis, nein, das ertrage ich nicht. Lieber wäre ich tot.«

»Sag doch so etwas nicht, Christina«, schluchzte jetzt auch Veith. Entsetzen malte sich auf seinem so vertrauten Gesicht. »Sie dürfen dich einfach nicht verurteilen. Du hast doch nichts getan.«

»Das hat sie auch früher nicht gehindert.«

»Nein, ich … ich …« Jetzt weinte er hemmungslos. Schließlich kam Krippendorf herüber und legte ihm die Hand auf die Schulter. »Beruhige er sich. Noch ist die Hoffnung nicht ganz verloren.«

»Ich wünschte, es wäre so«, stöhnte Veith.

Der Vikar zog sich den Hocker heran und setzte sich zu ihnen. Glücklicherweise blieb die Klappe an der Tür zu. Keiner belauschte ihr Gespräch. »Ich kann mir nicht denken, dass den Weibern größeres Ungemach droht und Eurer Christina schon gar nicht. Seit Menschengedenken hat man in Württemberg kein Weib mehr aufgehängt. Das sagte mir jüngst der Vogt. Das Leben des Sonnenwirtle jedoch ist mit ziemlicher Sicherheit verwirkt. Aber selbst wegen ihm hat er um eine gnädigere Behandlung ersucht. Zumal der Schwahn ja in den Verhören sehr gut kooperiert hat. Der Herzog müsste ihm eigentlich dankbar sein. Ich denke, man wird das berücksichtigen.«

»Was soll das heißen?«, fragte Christina misstrauisch.

»Nun, das könnt Ihr nicht wissen«, meinte Krippendorf eifrig, »aber er hat dem Schreiber jeden Dieb und jeden Gauner, den er kannte oder von dem er gehört hat, jedes noch so kleine Hehlernest in die Feder diktiert. Die Soldaten des Herzogs jagen im ganzen Land nach dem Gesindel aufgrund der Aussagen des Gefangenen. Eine ganze Menge davon ist ihnen schon ins Netz gegangen. Endlich haben die Leute des Herzogs den Erfolg, den sie sich schon seit Jahren wünschen. Das müsste sich doch mildernd auswirken.«

Veith verzog das Gesicht. »So viel zur Räuberehre«, sagte er angewidert.

Der Vikar sah ihn irritiert an. »Nein, Ihr versteht das ganz falsch. Das ist vielmehr ein Ausdruck dafür, dass er seinen alten sündigen Wegen abgeschworen hat.«

»Der schwört mitnichten ab, glaubt mir, Vikar«, widersprach Veith. »Ich kenne ihn. Der hat den Teufel im Leib. Wenn Ihr wie ich gesehen hättet, wie er, von blanker Mordlust getrieben, auf den eigenen Vater losgegangen ist, dann wüsstet Ihr, mit wem Ihr es zu tun habt. Dieser Mann hat kein Gewissen.«

Das Gesicht des Vikars verschloss sich ein wenig. »Da irrt Ihr Euch. Ein Gewissen hat er sehr wohl, er vergisst es nur allzu oft. Aber die Gnade der Umkehr wird dem zuteil, der sie ergreift.«

»Bitte«, Christina hob die Hand, »ich will die wenige Zeit, die mir gestattet wurde, nicht mit Frieder oder dem Gedanken an ihn verbringen müssen.«

Der Vikar stand auf. »Natürlich.«

Sie wandte sich wieder Veith zu. »Ich weiß, es ist viel verlangt, aber wirst du zugegen sein, wenn sie das Urteil verkünden?«

Er schloss seine Arme um sie. »Gewiss, mein Engel. Ich lass dich nicht im Stich. Ich habe es versprochen.«

»Ja, das hast du.«

Er küsste sie sanft. »Habe keine Angst. Es wird sicher alles gut.«

Der Geistliche hüstelte. »Ich denke, es wird Zeit. Wir sollten den Vogt nicht in Schwierigkeiten bringen.«

»Nein, das sollten wir nicht.« Veith erhob sich und zog Christina mit starker Hand hoch. Dann legte er seinen Arm um ihre Hüfte. »Dürfen wir weiterhin auf Eure gnädige Hilfe zählen, Vikar Krippendorf?«

Dieser zögerte. »Nun, es kommt darauf an …«

»Es ist nichts Ungesetzliches, wenn Ihr das meint.«

»Oh, in diesem Fall.« Der Mann wirkte erleichtert.

»Es ist nur … könntet Ihr mir einen Boten schicken, wenn sich irgendetwas Neues ergibt? Ich werde Euch auch Geld dafür hierlassen.« Veiths Griff um Christinas Mitte verstärkte sich. »Bitte! Ich denke, Ihr versteht, wie wichtig das für uns ist.«

Für einen Augenblick herrschte Schweigen. Dann sagte Krippendorf: »Sicher, das werde ich tun.«

Veith nickte dankbar. »Und bitte sorgt dafür, dass es meiner Christina an nichts fehlt. Ihr habt es ja selbst gesagt, ihre Schuld ist, wenn überhaupt, nur gering. Es ist nicht recht, sie so darben zu lassen.«

»Gut, ich werde sehen, was ich tun kann.«

»Ich weiß, Vikar. Der Herrgott segne Euch dafür.«

Es sollte anders kommen. Als das herzogliche Urteil schließlich erging, überraschte es alle, und so war es Krippendorf nicht vergönnt, rechtzeitig einen Boten nach Waiblingen zu schicken, wie er es Veith versprochen hatte. Noch am frühen Abend des 21. Juli holte man Christina aus ihrer Zelle. Auch Katharina fand sich in Fesseln und zwischen zwei Bewaffneten eingeklemmt am Fuße des Stadttors ein. Dort hieß es barsch, sie würden nun zum Oberamt gebracht, wo sie die Urteilsverkündung, soeben aus Stuttgart eingetroffen, zu erwarten hätten.

»Und das Sonnenwirtle?«, wagte Christina zu fragen, weil sie sah, wie sich Katharinas Blick groß und fragend an dessen Zellenfenster hoch über ihnen festsaugte.

»Da musst du dir keine Gedanken machen. Den holen wir schon auch noch. Das bedarf aber ein bisschen mehr Vorbereitung. Soll uns schließlich nicht im letzten Moment noch entwischen, der Lump!«, erwiderte der Diensthabende zähnebleckend. Keine Frage, die Wächter waren mehr als froh, dass ihre lästige Pflicht nun endlich ein Ende haben würde. Die ständigen Wachdienste waren den Männern, je länger sie dauerten, sauer angekommen. Wer konnte es ihnen verübeln? Christina hingegen wusste nicht, ob sie erleichtert sein oder vor Angst vergehen sollte. So oder so, alles war besser, als weiter in dieser unerträglichen Ungewissheit zu leben.

Neugierige Blicke der Vaihinger Bürger folgten ihnen, als man sie durch die Gassen der Stadt zum mächtigen Verwaltungsgebäude führte, das unterhalb der nördlichen Stadtmauer gelegen war. Dort, so hatte Christina in der Zwischenzeit von Krippendorf erfahren, war den Vaihingern auch Frieder ins Netz gegangen. Eine Lappalie, ein gefälschter Passierschein, hatte sein Verderben herbeigeführt. Es war fast zum Lachen. Seine kopflose Flucht in letzter Minute war in einem Tumult geendet. Mehrere beherzte Bürger hatten sich schließlich auf den Fliehenden geworfen und ihn zu Fall gebracht, noch bevor die Soldaten des Herzogs auch nur ahnten, was geschehen war. Allerdings hatten auch die mutigen Häscher nicht geahnt, mit wem sie es zu tun hatten, ansonsten, so hatte Krippendorf vermutet, hätten sie es wohl nicht gewagt, sich dem Flüchtenden in den Weg zu stellen. Wer würde es schon mit einem Diener des Leibhaftigen aufnehmen wollen, so das unchristliche Geschwätz der Leute, wie Krippendorf mit leichter Verärgerung seinen Bericht geschlossen hatte.

Und nun sollte hier in Vaihingen ihrer aller Leben womöglich zu Ende gehen? Gleichgültig, was Krippendorf auch gesagt hatte, Christina befürchtete das Schlimmste. Sie bebte am ganzen Körper, als man sie die Treppen hinauf in das große Amtszimmer des Vogts führte, in dem er Recht zu sprechen pflegte.

Dort waren bereits weitere Wachen postiert worden, der Schwarzen wegen. Christina wagte es kaum, sie anzusehen, tat es aber doch. Der Anblick war erschreckend. Die Schettingerin war ein Schatten ihrer selbst. Abgemagert und apathisch hing sie in ihren Fesseln, von den Soldaten links und rechts von ihr mehr gestützt als bewacht. Zwei weitere Männer standen bei einer Tür, die zu einem anderen Zimmer oder Gang führte. Den einen davon kannte sie. Es war der Schreiber, der bei ihrem Verhör Protokoll geführt hatte. Der Mann musterte sie kurz mit unergründlicher Miene, wandte sich dann aber dem anderen zu, bei dem es sich offenbar um den Boten des Herzogs handelte. Auf dessen Brustlatz prangte gelb und schwarz das Wappen des Württembergers.

Da wurde die Tür aufgerissen und Krippendorf stürzte mit hochrotem Kopf herein. Er musste sehr gerannt sein.

»Bin ich zu spät?«, japste er.

Der Schreiber lächelte süffisant. »Nein, es hat noch Zeit, Vikar. Setzt Euch erst einmal, bevor Ihr uns noch umfallt.«

Der Geistliche wehrte ab. »Das Sonnenwirtle?«, fragte er stattdessen.

»Kommt noch. Sie stellen noch eine Eskorte zusammen.«

»Ah, gut. Dann bin ich nicht zu spät. Ich hatte es versprochen.« Jetzt erst entdeckte er Christina und hob hilflos die Schultern, als wolle er um Entschuldigung bitten. Christina wandte den Blick ab. Oh, sie hatte so sehr gehofft, in dieser Stunde nicht allein sein zu müssen. Hatte sich denn alles gegen sie verschworen? Der Boden schien unter ihr zu schwanken, so sehr zitterte sie jetzt. Gespannte Stille senkte sich über die Anwesenden im Raum. Lange konnte es nun nicht mehr dauern.

Dann war von außen der harte Tritt der Bewaffneten zu hören. Der Schreiber hob den Kopf. »Gebt dem Vogt Bescheid, dass der Gefangene angekommen ist«, befahl er dem Soldaten neben sich. Pflichtbewusst eilte der Mann davon. Durch das Fenster tönte jetzt ein scharfer Befehl, das Klirren von Waffen, dann trat man mit Frieder ein ins Oberamt.

Ganze acht Mann hatten ihn umzingelt, jeder von ihnen mit aufgepflanztem Bajonett, die Augen wachsam auf den Gefangenen gerichtet. Zusätzlich hatte man seine Hände in einem Schließeisen fixiert, das auch um seinen Hals gelegt worden war, selbst die Fußknöchel steckten im Eisen. Alles war mit Ösen und Ketten verbunden, die durch einen breiten Eisengurt um Frieders Mitte führten und sicherheitshalber um einen weiteren Soldaten geschlossen waren. Nein, es war ihm wirklich unmöglich gemacht worden zu fliehen. Einen Augenblick später öffnete sich die hintere Tür des Saales, und der Vogt trat ein. Wer saß, erhob sich. Auch die Gefangenen wurden in eine ehrerbietige Haltung gezwungen. Ohnehin hätte Christina es nicht gewagt, dem Vogt die Achtung zu verweigern. Zur Urteilsverkündung hatte dieser einen offiziellen Rock angezogen und blanke Schnallenschuhe, dazu trug er einen Dreispitz und einen schwarzen Umhang, unter dem die schwere goldene Amtskette leuchtete, als trüge sie ein eigenes Feuer in sich. An seiner Hand glänzte ein schwerer Siegelring. »Alle hier?«, fragte er seinen Schreiber. Der nickte beflissen.

»Nun gut, dann bringen wir diese leidige Angelegenheit hinter uns«, seufzte Abel und setzte sich auf seinen Amtsstuhl. Auch der Pfarrer und der Schreiber setzten sich. Den Gefangenen war es selbstverständlich nicht gestattet. Christina wagte einen Blick aus den Augenwinkeln zu Frieder hinüber. Erbärmlich sah er aus. Nie war ihr so sehr aufgefallen, wie klein er zwischen all den Soldaten wirkte. Auch er war abgemagert und zerlumpt, wenn auch das Wams, das er trug, einst von guter Qualität gewesen sein mochte. Es spielte keine Rolle mehr. Das Gefängnis machte jeden über kurz oder lang zu nichts weiter als einem kriechenden Wurm. Da schwand jeder Unterschied, ob Magd oder Herr, ob schuldig oder unschuldig. Fast tat er ihr leid, doch da traf sie sein Blick. Es war der blanke Hass. Christina wandte schnell den Kopf. Ihr Herz raste.

»Also lautet das Urteil des Herzogs von Gottes Gnaden Karl Herzog zu Württemberg und Teck, Graf zu Mömpelgard, Herr zu Heidenheim und Justingen, etcetera, etcetera …«, hob der Bote an. Die tumbe Katharina begann zu wimmern.

»Wir haben uns aus Deinem von Zeit zu Zeit erstatteten untertänigsten Bericht, und dem mit eingeschickten Protokoll auch die übrigen Akten referieren lassen, was wider den

bei Dir in Verhaft gekommenen Erzbösewicht Johann Friedrich Schwahnen von Ebersbach und dessen Mitverhafteten, zwei Concubinen, Christina Müllerin und Christine Schettingerin und dessen Magd Katharina Schenkin bei gepflogener und von Dir zu Unserem gnädigsten Wohlgefallen mit viel Fleiß geführten Inquisitionen eruiert und von solchen eingestanden worden ist.«

Christina hatte Mühe zu folgen. Die seltsam gewundene Sprache, gespickt mit Worten, die sie noch nie gehört hatte, überstieg ihren Horizont. Während der Bote mit gleichförmiger Stimme weiterlas, wagte sie einen Blick in die Runde. Ihren Mitgefangenen erging es nicht besser als ihr. Die Schwarze ließ ohnehin keinerlei Regung erkennen. Ob sie immer noch Medizin vom Arzt bekam oder war das der Wahnsinn in ihr? Inzwischen hatte der Herzögliche begonnen, Frieders Schandtaten aufzuzählen. Von zwei vorsätzlichen Morden war da die Rede. Nun, das stimmte nicht ganz, wenigstens der eine zu Jehlingen war doch eher den dramatischen Ereignissen geschuldet gewesen.

»Des Weiteren fünf bis sechs homicidia …«

Homicidia? Was verbarg sich hinter diesem seltsamen Begriff? Christina überlegte fieberhaft, dann fiel es ihr ein. Krippendorf hatte ihn jüngst verwendet, als noch einmal die Sprache auf Frieder gekommen war. Der Schreck fuhr ihr in die Glieder. Homicidia, damit bezeichneten die Gelehrten ein Tötungsdelikt. So hatte Frieder fünf weitere Menschen auf dem Gewissen, vielleicht sogar sechs? Entsetzt starrte sie ihn an. Mit wem hatte sie da das Bett geteilt? Ihr wurde schlecht. 15 weitere schwere Einbrüche mit Körperverletzungen zählte der Bote mit sonorer Stimme auf. Hessental!, fuhr es Christina durch den Sinn. Oh, sie wusste nur zu gut, was es damit auf sich hatte. Auch wenn sie nicht dabei gewesen war, sie hatte sich wieder und wieder ausgemalt, was der Wirt und seine Magd hatten erdulden müssen. Die weiteren Diebereien, die danach aufgezählt wurden, waren nicht einmal mehr genau beziffert worden, so zahlreich waren sie. Es folgte eine Aufzählung der moralischen Vergehen, die man Frieder zur Last legte. Von Blasphemie und Unzucht war da die Rede. Ebenso von der Gemeinschaft mit irgendwelchen Räuberbanden, was in der Zeit nach ihrer Trennung geschehen sein musste. Wenigstens das hatte man ihr geglaubt, dass Frieder selbst nie ein Bandenführer gewesen war. Dazu war er nicht geboren.

Der Beauftragte des Herzogs hielt erschöpft inne. Höflich reichte man ihm ein Glas Wasser.

»Weiter!«, befahl der Vogt. Sein Blick richtete sich auf Christina. Das Blut schien ihr aus dem Herzen zu weichen. War nun die Reihe an ihr? Der Bote räusperte sich. *»Den anderen Mitgefangenen wird vorgeworfen, dass sie dem Schwahnen bei solchen Exzessen nicht allein geholfen, sondern auch, den an ihnen von Zeit zu Zeit durchgeführten ernstlichen Korrektionen ungeachtet, viele und zum Teil sehr beträchtliche Diebstähle ausgeführt, andere Taten begangen und mit dem Schwahnen in beständiger Unzucht gelebt und mit anderen Jaunern eine beständige und jahrelange Bekanntschaft unterhalten haben.«*

»Aber das ist doch nicht wahr, ich habe nicht gestohlen!«, schrie Christina. Sie glaubte, ihren Ohren nicht zu trauen. Tatsächlich machte dieses Urteil sie unverbrüchlich mit der Schettingerin gemein, ungeachtet der Wahrheit. Überdies warf man ihr vor, im Gefängnis gewesen zu sein. Es war so ungerecht.

Jemand lachte. Panisch drehte Christina sich um. Das Herz schlug ihr bis zum Halse. Es war Frieder.

»Da siehst du es, *Courage*. Das hast du nun von deiner verfluchten Ehrlichkeit. *Einen Scheiß hast du*«, zischte er. »Ich gönn es dir von Herzen.«

Ein Wimmern kroch ihr aus der Brust.

»Schweigt!«, donnerte der Vogt. »Alle beide. Ich habe weiß Gott genug von eurer Sippschaft.«

Christina hätte ohnehin kein Wort mehr hervorgebracht. Auch Frieder blieb still.

»*Es wird folgende wohlverdiente Strafe verhängt*«, verkündete der Herzögliche jetzt spröde nach einem kurzen Moment der Sammlung. »*Erstens: Johann Friedrich Schwahn soll auf einer Schleife zum Richtplatz gebracht, von dem Zwicken mit glühenden Zangen abstrahieret, daselbst ohne Gnadenstoß von unten herauf gerädert, dessen Leichnahm dann auf ein Rad geflochten und sein Kopf auf einen Spieß gesteckt werden.*

Zweitens: Christina Müllerin soll, wenn sie vorher der Urteilsvollstreckung zugesehen hat, jedoch ohne vom Scharfrichter oder seinen Knechten berührt zu werden, für weitere vier Jahre in unser fürstliches Zuchthaus …«

Mehr hörte Christina nicht mehr. Es rauschte wild in ihren Ohren, der Saal begann sich zu drehen, dann stürzte sie in tiefe Schwärze.

KAPITEL 23

SIE SCHRAK HOCH, als jemand ihr einen Eimer kaltes Wasser ins Gesicht kippte. Für einen Moment schwankte alles, dann erkannte sie, dass man sie zurück in ihre Zelle im Tor gebracht hatte. Die Wächter mussten sie getragen haben.

»Na, wieder da, Müllerin?« Jemand lachte derb.

»Was? Was ist geschehen?«

»Ohnmächtig bist du geworden. Hast dir wohl den Kopf angeschlagen. Wolltest gar nicht mehr aufwachen. Na, würde ich an deiner Stelle auch nicht wollen.«

Mit bebenden Gliedern rappelte Christina sich auf. Noch immer drehte sich der Raum. Schwindlig kauerte sie sich an die Wand ihres Gefängnisses. Nirgendwo gab es Halt. Der Wächter hielt ihr einen Teller Suppe hin. Ein Stückchen Fleisch schwamm sogar darin. »Iss! Das wird dir guttun, Weib. Möchte nicht in deiner Haut stecken. Andererseits, bist noch gut weggekommen. Die anderen beiden knüpfen sie auf.«

Christinas Augen weiteten sich. *»Was?«*

»Hörst du schlecht? Ich sagte, die beiden anderen Weiber werden hängen. Ganz schön hart, aber sie haben es nicht besser verdient, wenn du mich fragst. Besonders die schwarze Hexe.«

Für einen Moment war sie wie gelähmt. Das konnte doch nicht sein! Hatte nicht Krippendorf gesagt, in Württemberg würde keine Frau gehängt? »Wann?«, würgte sie hervor.

»Ah ja, das hast du wohl auch nicht mehr mitbekommen. Am 30., heißt es. Der Vogt will die Sache wohl endlich vom Hals haben. Wir übrigens auch.«

»Am 30. Juli?«

»Ja, wann denn sonst, nächstes Jahr vielleicht? So weit kommt's noch!« Der Wächter stapfte zur Tür. »Dir kann's ja egal sein. Ob du nun hier verschimmelst oder zu Ludwigsburg, wen kümmert's?«

Die Tür schlug geräuschvoll hinter ihm ins Schloss. Von nebenan drang ein jämmerliches Weinen herüber. Katharina!

»Maul halten, da drüben!«, brüllte der Wachmann. »Das hält man ja im Kopf nicht aus.«

Christina starrte in die Dunkelheit. Der Suppennapf in ihren Händen wurde zu heiß, doch sie war unfähig, sich zu rühren. Schließlich stellte sie ihn doch weg. Sie konnte jetzt nichts essen. Katharina, die Schettingerin, Frieder, sie alle wurden hingerichtet, bestialisch geschlachtet sogar, zumindest was Frieder betraf … und sie würde zusehen müssen.

Plötzlich begann sie zu würgen. Ihr Magen stülpte sich ohne Vorwarnung von innen nach außen, und das wenige, was sie am Tag gegessen hatte, verteilte sich in einer säuerlich riechenden Pfütze am Boden. Mit zitternden Händen wischte sie sich den Mund ab. Gewiss, Frieder hatte den Tod allemal verdient, aber *das* …

Wie konnte man einem Menschen so etwas antun? »Von unten herauf ohne Gnadenstoß gerädert«, so hatte es geheißen. Die Worte allein ließen sie schaudern. Und dann Katharina! Man würde sie hängen. Weswegen? Jedem Narren musste doch klar sein, dass dieses armselige Geschöpf das Wenigste zum Geschehen beigetragen hatte.

Doch das Urteil war ergangen. Es gab nichts, was dagegen noch unternommen werden konnte. Panik tobte in ihr. Schwach kroch sie zurück zum Strohsack in der Ecke. Ihr war, als hätte die Hölle ihren Schlund aufgerissen, doch statt feuriger Glut gähnte ihr nur schwarze Verzweiflung entgegen. Sie schloss die Lider. Alle Hoffnung war jetzt vergebens.

Krippendorf sah sie nicht mehr. Der war vollauf mit Frieder und dessen so ungemein wertvollem Seelenheil beschäftigt. Stattdessen teilte man ihr auf Weisung des Vogts einen neuen Seelsorger zu, einen aus Bönnigheim. Der Mann war bemüht, aber distanziert. Pflichtschuldig nahm er ihr die Beichte ab und las ihr Psalmen und Gebete vor. Sie ließ es über sich ergehen, wie sie die Wachwechsel, das jämmerliche Essen und das gehässige Gejohle des Volks unter dem Tor über sich ergehen ließ. Eine Art innere Lähmung hatte sie erfasst. Sie erinnerte sich dunkel, schon einmal so gefühlt zu haben. Damals, als sie keinen Ausweg mehr gesehen hatte, als sie geglaubt hatte, Frieder nie mehr entrinnen zu können. Nun war sie ihm entronnen. Doch was hatte es ihr eingebracht? Vielleicht hatte er recht. Das hatte sie nun von ihrer Ehrlichkeit: Dem Herzog zu Württemberg hatte es beliebt, sie dennoch zu verurteilen!

Derweil nahmen die Dinge ihren vorgeschriebenen Lauf.

Man hatte den Verurteilten Gelegenheit gegeben, sich schriftlich an ihre Angehörigen zu wenden und die eigenen Angelegenheiten zu ordnen. Oh ja, man kam seiner christlichen Pflicht durchaus nach im Reich des Herzogs. Tatsächlich hatte sie, die Feder in der Hand, erwogen, an Veith zu schreiben, den begonnenen Brief dann aber zerrissen. Vier weitere Jahre Zuchthaus, und das nach der öffentlichen Schmach, die ihr bevorstand … Das würde auch er nicht verkraften können. Sie *musste* ihn gehen lassen, es war besser so. Er würde eine andere Frau finden, sich bescheiden und seinen Weg gehen müssen, als Schwiegersohn und Nachfolger eines Bäckers in Waiblingen. Es war der schlechteste Weg nicht.

Sie durfte ihm dabei nicht mehr im Wege stehen. Auch ein Brief an ihre Mutter verbot sich von selbst. Die Einzige, die ihr einfiel, war ihre Schwester Anna. Das teilte sie auch dem Schreiber des Vogts mit, der mit dieser Angelegenheit betraut worden war. Doch der schüttelte nur den Kopf. »Weiß sie nicht«, sagte er von oben herab, »dass ihre beiden Schwestern wegen Hehlerei zu Ludwigsburg gefangen sitzen? Eine schöne Sippschaft ist das.«

»Was? Aber das kann nicht sein.« Christina war außer sich.

Der Schreiber lächelte schmal. »Nun, etwas hat die Auskunftsfreudigkeit unseres berühmten Räubers wenigstens bewirkt: Württemberg wird auf Jahre erlöst sein von solchem Gesindel wie euch.«

Christina war wie vom Donner gerührt. »Das heißt, dieses Schwein hat meine Schwestern angezeigt?«

»Ich bin nicht befugt, darüber Auskunft zu erteilen«, sagte der Schreiber spitz. »Und nun entscheide sie sich. Wünscht sie, jemandem eine Nachricht zukommen zu lassen, oder nicht? Ich habe nicht den ganzen Tag Zeit.«

»Der Teufel soll Euch holen, Euch und Euer ganzes Richterpack!«, fauchte Christina wild.

»Dann eben nicht!« Damit ging er hinaus.

Die letzten Tage verbrachte sie in ihrer Schlafecke, stundenlang vor sich hinstarrend. Es gab nichts mehr zu tun, nichts mehr zu sagen, nichts mehr zu hoffen. Gleichgültig, was aus ihr wurde, ihr Leben war ohnehin zu Ende, auch wenn man sie nicht aufknüpfte. Vier Jahre im Zuchthaus! Das würde sie nicht überleben. Das Sterben würde nur langsamer vor sich gehen, als wenn man sie dem Henker überantwortete. Draußen grölten die Bürger der Stadt.

Eine seltsame Unruhe und Geschäftigkeit hatte Vaihingen erfasst, je mehr der Tag der Hinrichtung nahte. Unter dem

Tor war ein reges Kommen und Gehen, und die Schenken und Wirtschaften der Stadt, so schien es, füllten sich zusehends in Erwartung des kommenden Spektakels. Noch nie hatte es in Württemberg Ähnliches zu sehen gegeben, das war klar. Allein die Hinrichtung der Frauen und dann auch noch eine äußerst seltene Räderung – was für ein Fest! Das wollte sich keiner entgehen lassen. Zudem wurden immer mehr Bewaffnete vor Ort zusammengezogen. Christina hörte deren schweren gleichförmigen Tritt zu verschiedenen Stunden unter dem Tor. Verständlich, dass der Vogt entsprechende Truppen angefordert hatte, schließlich könnte allein ob der schieren Anzahl der Schaulustigen ein Tumult ausbrechen. Für ihn gewiss ein Albtraum.

Und dennoch ... Christina nahm dies alles wahr, als ginge es sie nichts an. Die lähmende Kälte in ihr hatte trotz der Sommerhitze, die inzwischen über der Stadt brütete, alle ihre Empfindungen ausgelöscht. So wehrte sie sich nicht und weinte auch nicht, als die Wächter am Morgen des 30. Juli, gerade als die Turmuhr der prächtigen Stadtkirche neun Mal schlug, ihre Zelle betraten, um sie zu holen.

»Es ist so weit, Müllerin«, sagte der eine. Sie kannte den Mann. Er hatte auch schon in den Wochen zuvor im Tor seinen Dienst verrichtet. Sie starrte ihn mit leeren Augen an. »Komm schon, du hast es bald hinter dir«, meinte er tröstend, »wenigstens lassen sie dir das Leben.« Er legte ihr die Fesseln an und bemühte sich, dabei nicht zu grob zu sein. Auf dem Gang hörte sie Krippendorf Gebete murmeln – und Frieders Stimme, die der des Vikars eifrig folgte. Warum nur fühlte sie nichts? Sie hätte ihre Nemesis, den Sohn des Sonnenwirts, gerne gehasst, so wie sie es zuvor getan hatte, aber in ihr regte sich gar nichts. Stattdessen Leere ...

Verständnislos richtete sie ihren Blick auf Katharina, die man jetzt aus ihrer Zelle zerrte. Die Tumbe war außer sich, weinte und schrie und riss mit den gefesselten Händen an ihren Haaren. Sie hatte die vergangenen neun Tage so verbracht. Vermutlich verstand sie gar nicht, was ihr bevorstand, nur dass ihr Schlimmes drohte. Christina wandte den Blick ab.

Dann führte man sie alle heraus. Unten hatte sich eine riesige Menschenmenge eingefunden. In dichten Trauben hatte man sich an der Hauptstraße aufgestellt, zurückgehalten von Soldaten. Jetzt ging angespanntes Stöhnen durch die Wartenden, als sie Frieders ansichtig wurden. Väter hoben ihre Kinder auf die Schultern, und Frauen reckten neugierig die Hälse, während der Gefangenenzug zum Marktplatz der Stadt geführt wurde. Dort, so hatte man ihr mitgeteilt, würde das Henkersmahl den Delinquenten gereicht werden. Erst nach einer Weile war ihr klar geworden, was dies bedeutete. Das Essen betraf sie nicht. Sie sollte, wie man es verfügt hatte, lediglich zuschauen, wie die zum Tode Verurteilten zum letzten Mal die Freuden des Lebens genossen.

In den unteren Saal des prächtig bemalten Vaihinger Rathauses hatte man diesen Teil des Geschehens verlegt. Zahlreiche Würdenträger waren anwesend, wie auch der Vogt und alle Seelsorger der Delinquenten. Christina fand sich ob der Menge geradezu zur Seite geschoben. Frieder sprach unausgesetzt mit Krippendorf, bis man die Schwarze hereinführte. Hatte Christina erwartet, dasselbe apathische Geschöpf vorzufinden wie bei der Urteilsverkündung, so sah sie sich jetzt eines Besseren belehrt. Die Frau schien wieder einigermaßen bei Sinnen zu sein, wenn auch außer sich vor Angst. Hatte der Schreck sie geheilt?

Jetzt trat der Schreiber des Vogts vor und verlas noch einmal das herzogliche Urteil, dann wurden die Speisen aufgetragen, dazu mehrere Krüge Wein.

»Esse er!«, sagte der Vogt zu Frieder. »Es ist das letzte Mal. Er soll es sich gut gehen lassen.«

Doch dieser lächelte nur. »Ich möchte nichts essen. Gewährt mir aber die Gnade, dass ich stattdessen meine Frau tröste.«

Christina wurde ganz steif vor Angst, bis sie bemerkte, dass er nicht sie gemeint hatte. Natürlich, *sie* hatte er ja auch verstoßen. Die Schwarze war seine neue Frau. So sah er es zumindest. Krippendorf war inzwischen zum Vogt geeilt und redete heftig gestikulierend auf ihn ein. Der nickte schließlich, und Frieder wurde zur Schwarzen geführt. Er raunte ihr irgendetwas zu. Christina verstand nur die Hälfte, aber es waren Worte voller Zärtlichkeit. Die Schwarze schien es jedoch nicht zur Kenntnis zu nehmen. Unablässig rollten ihr Tränen über die Wangen, und sie zitterte am ganzen Leib. Wer wollte es ihr verdenken?

»Sie will unser Kind noch einmal sehen. Gewährt Ihr uns die Gnade, Ihr Herren?«, wandte sich Frieder in der ihm eigenen, immer etwas großspurigen Art schließlich an die Umstehenden, was wiederum einiges an Diskussionen nach sich zog. Doch schließlich gewährte man den beiden auch dies. Was dann folgte, war in der Tat herzzerreißend. Nicht wenige der Anwesenden bekamen feuchte Augen dabei. Beim Anblick ihres Kindes, das man eiligst herbeigeholt hatte, schrie die Schwarze auf und streckte ihm die gefesselten Hände entgegen. Man legte es ihr in die Arme. Sie wiegte es hin und her und murmelte liebkosende Worte. Für Frieder hatte sie keinen Blick mehr. Doch der glaubte offenbar weiter, den Generösen spielen zu müssen. Es widerte Christina an, zu hören, wie er ein ums andere Mal salbungsvolle, fromme Worte an die Umstehenden richtete. War das wirklich sein Ernst? Sie konnte es kaum glauben. Sie kannte ihn doch, seine Unbeherrschtheit, seine Gnadenlosigkeit, ja, Grausamkeit, seinen unbändigen Hass auf alles und jeden. Und war da nicht auch der schmähliche Verrat an all seinen früheren Kumpanen und Weggefährten? Das alles schien wie weggewischt. Vor ihr stand ein scheinbar geläuterter, in sich ruhender, ja fast freudig erregter Mann und vollführte eine Art frommes Theater. Die Vorstellung gelang tadellos. Krippendorfs Gesicht glühte geradezu vor Stolz über dieses gerettete Schäfchen seiner Herde.

Oder war es nun doch die Angst vor dem göttlichen Gericht, die Frieder dazu brachte? Sie verstand es nicht.

Unterdessen verlangte Frieder nach Wein für sich und sein Weib. Vielleicht hoffte er, dass Trunkenheit das Geschehen für sie leichter machte. Jemand nahm der Schwarzen das Kind aus den Armen, da sackte diese plötzlich und ohne Vorwarnung in sich zusammen. Es entstand ein kleiner Tumult, doch schließlich erspähte Christina in der Traube der Bewaffneten den verfilzten Haarschopf der Schwarzen. Offenbar war sie wieder zu sich gekommen, nachdem man ihr reichlich vom Rebensaft eingeflößt hatte.

Der Vogt hob die Hand: »Es ist genug«, sagte er, »man möge nun mit der Prozedur beginnen.«

Christina schluckte. Nun war es so weit.

Katharina, die im Gegensatz zu Frieder und der Schwarzen ordentlich zugegriffen hatte, kreischte hysterisch, als die Knechte des Henkers sie packten. Auch die Schwarze begann nun wieder zu wimmern und zu klagen. Nur Frieder nicht. Mit einem triumphierenden Lächeln blickte er in die Runde. »Ich weiß, dass mein Erlöser lebt«, rief er, »noch heute werde ich bei Gott sein.«

Jemand packte Christina am Arm. »Folge sie!«

Die Hitze lag brütend über dem Platz, so sehr, dass die Luft flimmerte, die Sonne stand hoch am Himmel. Doch noch immer harrten die Menschen aus, gierig wartend auf das, was sich vor ihren Augen ereignen sollte. Die Gesichter verschwammen vor Christina, sie schwankte ein wenig. Hinter ihr das Klirren der Ketten, mit denen man Frieder an den Henkerskarren band, das Schluchzen Katharinas und das Wimmern der Schwarzen. Dann setzte sich der Zug in Bewegung. Aus der Menge erhob sich wie auf ein geheimes Kommando ein Zischen und Flüstern, das sich unversehens zur Raserei zu steigern schien. Heftige Erregung hatte die Menschen ergriffen. Da trat ihnen ein Mann entgegen. Erst auf den zweiten Blick erkannte Christina das alte Gesicht: Sartorius! Seine Wangen waren nass von Tränen. Er machte einen Schritt auf den Gefangenen zu. »Frieder, ach, Frieder«, stöhnte er, »wo geht es nur mit dir hin, mein Junge?«

»Geradewegs in den Himmel, ganz bestimmt«, tönte Frieder lauthals, sodass es auch jeder hören konnte. Hatte nun er den Verstand verloren? Doch nein, er schien wirklich zu glauben, was er da redete. Vielleicht genoss er aber auch nur seinen letzten großen Auftritt. Das hatte er ja schon immer geliebt.

»Aus dem Weg, Mann!«, brüllte der Anführer des Wachtrupps. Gehorsam trat Sartorius zur Seite. Wenigstens war er gekommen. Christina versuchte, den Kopf mit dem schütteren Haar und dem abgegriffenen Bortenhut in der Menge noch auszumachen, aber er war wie vom Erdboden verschluckt. Unbarmherzig trieb der Soldat neben ihr sie an. »Nicht einschlafen, Dirne! Weiter, weiter, komm!«

Ihre Beine wollten ihr kaum gehorchen, doch sie tat, was man von ihr verlangte. Langsam bewegte sich der Zug unter dem Tor, das so lange ihr Gefängnis gewesen war, hindurch und zur Stadt hinaus. Ach, all diese Menschen! Christina konnte es kaum mehr ertragen. Diese Blicke, die geifernden Münder, die ausgestreckten Finger, mit denen man auf sie und die anderen Verurteilten wies.

Schweiß rann ihr über das Gesicht, den Hals und über Brust und Rücken hinunter, als sie endlich den Richtplatz erreichten. Fast meinte sie, schon den süßlichen Leichengestank zu riechen. Grauen erfasste sie. Sie begann zu weinen.

»Was plärrst du? Dir tun sie doch nichts«, spottete der neben ihr, doch dann verstummte auch er. Der Henker hatte Katharina gepackt und winkte nun zwei seiner Burschen heran. Zu dritt schleiften sie sie zum Galgen, ein wie ein großes Dreieck angelegtes, mächtiges Balkenkonstrukt, das Platz für mehrere Delinquenten gleichzeitig bot. Auch vor Vaihingens Toren hatte der Henker schließlich genug zu tun. An einem der Holmen hingen noch die letzten Überreste eines anderen Gehängten. Zwei Seile hatte man schon vorbereitet, jedes von ihnen zu einer sorgsamen Schlinge geknüpft und über einen der Querbalken gelegt. Wenigstens nebeneinander sollten die beiden Frauen zu Tode gebracht werden. Der Henker legte Katharina den Strick um den Hals. Ihr hysterisches Weinen hatte abrupt aufgehört, als die Männer sie gepackt hatten. Dann hoben die beiden Henkersknechte auf Anweisung ihres Dienstherren die kleine Gestalt auf ihre Schultern. Der Henker spannte das Seil, und dann, ganz plötzlich, wichen die Knechte zur Seite. Ein Ächzen ging durch die Menge, das das gurgelnde Geräusch aus dem aufgerissenen Mund der Tumben mühelos übertönte. Frieder brüllte derweil irgendetwas von Himmel und Erlösung. Hatte er vergessen, wer die Schuld an Katharinas Unglück trug? Ein letztes Zucken ging durch den plumpen Körper, dann war es still.

Der Henker wandte sich um. »Die Nächste!«, sagte er.

Frieder, immer noch stark, drängte sich näher an das Geschehen. Seine Wachen ließen ihn gewähren. Währenddessen wurde die Schettingerin von den Knechten zum Galgen gezerrt. Sie wehrte sich nach Kräften, schrie, als wäre der Wahnsinn im Moment ihres Todes zurückgekehrt. Gerne hätte sich Christina die Ohren zugehalten. Es war ein schauerliches Spektakel.

Auch die Schettingerin bekam eine Kostprobe von Frieders neuer Frömmigkeit mit auf den Weg. »Halte fest am bluttriefenden Jesus!«, schrie der Wirtssohn mit sich überschlagender Stimme, während die Knechte auch die Schwarze wie zuvor die arme Katharina auf ihre Schultern hoben. Ein dritter musste zu Hilfe eilen, da diese sich nicht so einfach in ihr Schicksal ergeben wollte. Sie stieß wüste Verwünschungen aus und trat um sich. Doch die Henkersknechte waren gut ausgebildet. Einen Augenblick später schwang auch der Körper der Schwarzen am Seil. Ihr Todeskampf dauerte länger als der der Tumben. Eine so starke Seele brachte man wohl nicht leicht zum Tod. Frieder schrie und brüllte derweil ohne Unterlass Worte, die doch eher dem Seelsorger der Schwarzen vorbehalten gewesen wären. Der Geistliche, offenbar ein Mönch, stand dabei und wusste nicht recht, was er tun oder sagen sollte. Schließlich beschränkte er sich darauf, sich in stillem Gebet zu versenken. Dabei konnte er wenigstens die Augen vor den letzten Zuckungen der Gehängten verschließen. Gerne hätte Christina es im gleichgetan, doch das litten ihre Bewacher nicht. »Zusehen«, so lautete ihre Strafe, und zusehen musste sie auch. Doch schließlich war auch das vorbei. Der Körper der Schettingerin rührte sich nicht mehr, reglos hing er neben der schlaffen Leiche der Tumben. Christina vermied es, in die bläulich verfärbten Gesichter zu sehen.

War es vorher auf dem Richtplatz noch recht lärmend zugegangen, breitete sich nun plötzlich eine angespannte Stille aus. Das Spektakel, so wurde nun auch dem Letzten klar, eilte seinem Höhepunkt entgegen. Frieders Wächter traten gemessen zur Seite und die Henkersknechte an ihren Platz. Flink öffneten sie seine Schließeisen und führten ihn hinüber zu einem flachen Podest, das, weithin sichtbar, auf der Richtstätte errichtet worden war. Jeder sollte schließlich in den Genuss des Schauspiels kommen. Die Menge seufzte glücklich. Christina spürte, wie sich ihr Magen verkrampfte. »Immer schön dabeibleiben, Dirne«, zischte der Wächter neben ihr und versetzte ihr einen Stoß, obwohl es ihm nicht erlaubt war. »Noch sind wir nicht fertig.«

Auch die Menschenmenge geriet nun in Unruhe, während man Frieder die Kleider vom Leibe zog. Viel Gewalt war dabei nicht nötig. Es schien, als wolle er als Muster eines Delinquenten in die Geschichte eingehen. Jetzt hatte es gar den Anschein, als berate er mit den Henkersknechten, wie er ihnen das Kommende leichter machen könnte. Jäh fiel Christina ein, wie er einmal zu ihr davon gesprochen hatte, dass er die Furcht der Menschen vor ihm ihrer Anerkennung vorzöge. Offenbar galt dies nun nicht mehr. Fassungslos schüttelte sie den Kopf. Was ging hier vor sich? Ihr Blick schweifte in die Menge. Einige wirkten nun doch verunsichert, vereinzelt zogen sich sogar Zuschauer zurück. Das bevorstehende blutige Ende des Sonnenwirtle war wohl doch zu viel für manch zarteres Gemüt. Wieder andere trugen auch ihre greinenden Kinder weg. Bei den ihr Nächststehenden gab es plötzlich ein kleines Gedränge. Misstrauisch sahen ihre Wachen sich um. Auch Christinas Augen folgten für einen Moment ihrem Blick. Da, in der vordersten Reihe: eine hochgewachsene Gestalt, schwarze Locken. Veith!

Ein Schluchzen drängte sich ihre Kehle herauf. Sie sah, wie er seine Hände nach ihr ausstreckte, aber zwei wachsame Soldaten hielten ihn sofort zurück.

»Nein!« Sie begann zu wimmern. Warum war er gekommen? Warum musste er das mit ansehen? Sie konnte es nicht ertragen. »Da, sieh hin, Weib!«, fauchte der Wächter neben ihr.

Die Knechte hatten ihre Aufgabe vollendet. Frieder lag jetzt mit ausgebreiteten Gliedern angepflockt auf dem Richtgestell. Unablässig schrie er nach dem »bluttriefenden Jesus«. Endlich, kurz vor seinem Ende, zeigte er die Furcht, die dem Geschehen angemessen war. Der Henker trat vor, das schwere, eisenbeschlagene Rad in den behandschuhten Fäusten. Und dann – ein tiefes Stöhnen entrang sich der Menge – erfolgte der erste Schlag. Blut spritzte, zersplitterte Knochen ragten aus den zertrümmerten Fußknöcheln. Das Beten des Gefesselten ging in einen schrillen, lang gezogenen Schrei über. Der nächste mächtige Hieb hinterließ statt der Knie roten Matsch. Frieders schmerzerfüllte Schreie gellten in Christinas Ohren. Auch der Wächter neben ihr keuchte jetzt, rang würgend nach Luft.

»Bitte«, weinte Christina, »nicht …«

Jetzt geriet auch die Menschenmenge wieder in Bewegung, vereinzelt fielen die Ersten in Ohnmacht, ob wegen des zunehmenden Gedränges oder vor Schreck, war nicht auszumachen. Andere drängten derweil nach vorne, um besser zu sehen. Mit nahezu mechanischer Präzision war das Rad des Henkers erneut auf Frieders Beine hinuntergesaust. Diesmal hatten die Oberschenkelknochen daran glauben müssen. Blutrot färbte sich die Haut über der Muskulatur. Der Gefesselte bäumte sich auf, halb wahnsinnig vor Schmerz, doch das Rad des Henkers, das jetzt machtvoll seine Hüften zertrümmerte, ließ ihn wieder zusammensacken. Sein Schreien wich unversehens einem seltsam hohen Winseln. Es klang wie ein sterbendes Tier. Namenloses Entsetzen ergriff Christina. Nie, nie mehr würde sie den Klang dieses Winselns vergessen können, bis an das Ende ihrer Tage nicht.

»Genug!« Laut tönte die Stimme des Vogts über den Platz. »Gebt ihm dem Gnadenstoß, Scharfrichter.«

Der Mann drehte sich, das blutbespritzte Rad in der Hand, erstaunt zu Abel um. Frieders Unterleib unter ihm war nur noch eine rot triefende, amorphe Masse, der Mund aber schrie. »Aber Herr, hieß es nicht …?«

»Es ist mir gleich, was im Urteil steht. Das ist unmenschlich. Macht dem sofort ein Ende. Ich befehle es.«

»Wie Ihr wollt, Herr!«

Einer der kalkweiß gewordenen Knechte nahm seinem Dienstherrn das Rad ab, ein anderer reichte ihm ein Schwert. Das, was von Frieder übrig war, bekam es wohl nicht mit. Der Kopf schlug hin und her, der Oberkörper zuckte in wilden Krämpfen. Der Henker trat hinter ihn, holte weit aus mit dem Schwert. Christina kniff die Augen zu. Ein helles Sirren, dann das dumpfe Geräusch, als Frieders Kopf auf den Boden aufschlug und zur Seite rollte.

Die Menschenmenge tobte. Christinas Knie sackten weg. Die Wächter ließen sie gewähren, selbst wohl zu erschüttert vom Geschehen. Keiner zwang sie, den Rest des grausigen Schauspiels noch mitzuverfolgen. Wenigstens ist er tot!, hämmerte es unablässig in Christinas Kopf. Wenigstens das!

Eine Weile später wurde sie hochgezerrt.

»Komm, für dich steht der Wagen nach Ludwigsburg bereit.«

Sie war unfähig zu antworten. Das Grauen hatte sie vollständig in seinen Klauen. Sie wagte es nicht, noch einmal hinzusehen. Dort, direkt vor ihr, stak nun das Henkersrad auf einer festen Stange, und auf ihm lag, seltsam klein, geknebelt und festverschnürt, das, was von Frieders zerstörtem Körper noch übrig war. Ein Spieß mit seinem abgetrennten Kopf war daneben aufgerichtet worden, als Mahnmal und Schauspiel für jeden der Anwesenden. Der Henker hatte seine Arbeit gründlich getan.

Der Wächter, der ihr auch vorher schon einen groben Stoß versetzt hatte, packte sie ein weiteres Mal und stieß sie vor sich her. »Jetzt mach, Hure!«

Christina stolperte, kam wieder hoch. Die geifernde Menge vor ihr wich nur zögernd auseinander, einer spuckte sie an. Hatten sie noch nicht genug?

»Zur Seite, sonst passiert was!« Endlich wurde eine Gasse

frei. Blind vor Tränen taumelte sie vorwärts, stürzte einmal mehr. Da, ein Weiterer verstellte ihnen den Weg.

»Bitte lasst mich mit ihr sprechen, nur einen Augenblick, ja?« Diese Stimme, oh, sie kannte sie.

»Lasst ihn!« War das der Schreiber des Vogts, der den Wächtern da befahl?

Sie wischte sich mit den gebundenen Händen die Tränen aus dem Gesicht.

»Mein Engel, warum hast du mir nicht geschrieben?« Ja, es war Veith, der bei ihr kniete.

Weinend schüttelte sie den Kopf, doch dann brach es plötzlich aus ihr heraus. »Es hat keinen Sinn, Veith. Du musst mich vergessen. Sieh doch!« Hilflos zerrte sie an ihren Fesseln, wies auf das Entsetzliche hinter ihr. »Sieh, wie weit es gekommen ist. Es gibt nichts mehr für mich. Du musst mich vergessen, Veith.«

»Nein, das werde ich nicht tun. Ich habe dir versprochen …«

»Sei still!« Sie schrie es fast. »Vier Jahre, hast du gehört, Veith, vier weitere schreckliche Jahre muss ich ins Zuchthaus. Es ist vorbei, begreif das doch. Geh, lass mich, liebe eine andere, verflucht … Ich bin doch ohnehin schon so gut wie tot.«

»Nein!« Es klang so klar, so entschieden. »Steh auf, Christina, ich bitte dich!« Er erhob sich, streckte ihr seine Hand entgegen. Ungläubig hob sie den Blick. Sein Gesicht, das Gesicht, das sie so sehr liebte, leuchtete.

»Du wirst leben, Christina! Wenn nicht für dich, so für mich. Ich weiß es!«

Sie starrte ihn an. Und da, endlich, löste sich die Starre in ihr. »Ja Veith, ich werde leben!«, flüsterte sie.

Dann zerrten sie die Wächter davon.

NACHWORT

Unsere Geschichte soll damit beendet werden, denn es ist erzählt, was erzählt werden musste. Eine dürre Mitteilung in den Akten des Zuchthauses zu Ludwigsburg erwähnt noch die Entlassung der Christina Müllerin vier Jahre später. Danach verliert sich ihre Spur in der Geschichte. Nach Ebersbach ist sie jedenfalls nie zurückgekehrt.

Was wurde aber aus den Kindern des Sonnenwirtle? Der Sohn, den Christine Schettingerin in der Haft in Vaihingen zur Welt brachte, wurde, so wie es Herzog Carl Eugen im ergangenen Urteil verfügt hatte, bis zur Vollendung seines achten Lebensjahrs im Hause Abels aufgezogen. Eine Pflicht, die der Vogt selbst nicht hätte übernehmen müssen, es aber dennoch tat. Überhaupt scheinen ihn und seine Familie die dramatischen Ereignisse auch in späteren Jahren nicht mehr losgelassen zu haben. Doch davon später mehr. Danach wurde das Kind, wie bestimmt, ins Waisenhaus nach Ludwigsburg geschickt, wo es mit anderen Kindern erzogen wurde. Ein Schicksal, das übrigens einige Räuberkinder teilten, so auch der Sohn des ebenfalls berühmten Räubers Hannikel. Über das Schicksal des Jungen ist nichts weiter bekannt. Anna, Christinas erstes Kind, wuchs in der »Sonne« zu Ebersbach heran. Ihr Großvater, der alte Sonnenwirt, muss ihr, obwohl später krank und verbittert, recht zugetan gewesen sein. Immerhin vermachte er ihr bei seinem Tode 150 Gulden, eine nicht unbeträchtliche Summe, und ein Bett. Sie heiratete später einen Metzgergesellen aus Kirchheim und zog aus Ebersbach fort. Über die dritte Tochter ist wenig bekannt, nicht einmal ein Name. Jedoch bezeugte Christina bei ihrer

Vernehmung in Vaihingen, dass sie bei Frieders Schwester eine Bleibe habe.

Die Geschichte vom Sonnenwirtle hat wie keine andere ihre Spuren im kollektiven Gedächtnis Württembergs hinterlassen. Sein Ruf war legendär, ist es sogar heute noch. Er wurde von seinen Zeitgenossen aber, so zeigen die zahlreichen schriftlichen Zeugnisse, wohl weit mehr gefürchtet als bewundert, was ihm sicher recht gewesen sein wird. Seine Verurteilung gilt bis heute als der am besten dokumentierte Fall in der süddeutschen Rechtsgeschichte. Allein 806 handschriftliche Seiten umfassen die Vernehmungsakten aus Vaihingen an der Enz. Dazu kommen weitere Vernehmungen, Briefe und Akteneinträge aus Göppingen, Ebersbach und etlichen anderen Orten. Ein weiterer Zeitzeuge hat zur Verbreitung der Geschichte ebenfalls maßgeblich beigetragen. Vogt Abel hatte einen Sohn, der zur Zeit des Geschehens noch im Haushalt lebte. Dieser junge Mann muss die Ereignisse also hautnah miterlebt haben. Kein anderer als dieser wurde später Schillers Lehrer auf der Karlsschule und muss dem gegen eben diesen ungeliebten Herzog Carl Eugen Rebellierenden (vielleicht als mahnendes Beispiel) vom Sonnenwirtle erzählt haben. Daraus entstand, sicher in bester Absicht und versehen mit jugendlich flammender Empörung, das weithin bekannte Essay Schillers »Verbrecher aus verlorener Ehre«, was den Grundstein legte zu einem schleichenden Prozess der nachträglichen Verklärung des Verbrechers, der im 19. Jahrhundert seinen Höhepunkt erreichte. Die populäre Figur des galanten Räubers, der mehr aus edlen als aus eigennützigen Motiven kriminell wird, basiert weitgehend auf dieser Geschichtsklitterung. So wurde aus einem skrupellosen Gewaltverbrecher aus reichem Hause ein geächteter Rebell gegen feudale Ungerechtigkeit, dem das Leben übel mitspielte und der als ein Held starb. Ein Übriges tat dazu der

1847 erschienene gewichtige und wichtige Roman des Tübinger Literaten und Revolutionärs Hermann Kurz. Auch ihm diente die Figur, trotz gegenteiliger Beteuerung von historischer Genauigkeit, fast ausschließlich dazu, die bestehende Ordnung im Vorfeld der deutschen Revolution (1848) anzugreifen. Dass dabei die Wahrheit auf der Strecke blieb, war ihm wohl nicht bewusst. Weitere weniger bekannte literarische Bearbeitungen und Theaterumsetzungen folgten. Selbst Schillers überaus erfolgreiches Drama »Die Räuber« basiert noch in Grundzügen darauf. Zudem interessierte sich auch die Forschung für den bedeutenden Fall. So konnte ich für diesen Roman auf eine Flut von Veröffentlichungen, wissenschaftlichen Arbeiten und Originalakten zurückgreifen, was es manchmal aber nicht einfacher machte, die tatsächlichen Geschehnisse, entkleidet von den wuchernden Mythen und Märchen, wieder ans Licht zu holen. Einen sehr hilfreichen Beitrag dazu lieferte aber die Zusammenfassung der Ereignisse des Historikers Hermann Donner (erschienen 1929 im Eigenverlag).

Trotz all dieser Schwierigkeiten war es mir ungeheuer wichtig, ja, ein Herzensanliegen, dieses Buch zu schreiben. Warum?

Am Anfang stand ein Auftrag der Stadt Vaihingen an der Enz, die Geschichte um das berühmte Sonnenwirtle für ein touristisches Event zu bearbeiten. Von dem Räuber hatte ich, wie wohl fast jeder in Süddeutschland, im oben erwähnten Sinne gehört, kannte natürlich, als ehemalige Schülerin eines humanistischen Gymnasiums im Schwarzwald, auch Schillers Essay. Ich erwartete also, eine Art schwäbischen Robin Hood anzutreffen. Umso mehr war ich erstaunt, als ich im Zuge meiner Recherchen auf die wahren Ereignisse stieß, die vollkommen von der Mythenbildung abweichen. Wenn Schwahn eines nie gewesen ist, dann ein edler Rebell. Vielmehr handelte es sich um einen impulsiven Gewaltverbrecher, der gerne und oft zuschlug, unbesonnen handelte und sein im Gegensatz zu vielen seiner Zeitgenossen eigentlich aussichtsreiches Leben durch eigene Schuld zugrunde richtete. Besonders betroffen machte mich aber das Schicksal der Christina Müllerin, die – obwohl vollkommen schuldlos – immer wieder nicht nur Opfer der Brutalität Frieders, sondern auch der Justiz wurde. Mir wurde klar, dass es an der Zeit war, einiges richtigzustellen. Meine Suche nach ihren Spuren begann. Und tatsächlich gelang es mit Hilfe freundlicher Archivare und Museumsleiter – an dieser Stelle möchte ich mich besonders bei Uwe Geiger vom Stadtarchiv Ebersbach, bei Andrea Majer vom Stadtarchiv Vaihingen an der Enz, dem Landesarchiv Baden-Württemberg und Erich Viehöfer vom Strafvollzugsmuseum Ludwigsburg bedanken –, Fakten zu Tage zu fördern, die, bisher von der Wissenschaft noch unbeachtet, ein völlig anderes Licht auf die Beziehung zwischen Christina und Frieder warfen. Meine Schilderung seines Angriffs auf sie im Hause Dannemann, den sie beinahe nicht überlebt hätte, entspricht nahezu wörtlich dem, was sie kurz darauf gegenüber Amtmann Liomin zu Protokoll gab und mit zitternder Hand unterschrieb. Ist es ein Zufall, dass diese überaus wichtige Aktennotiz all die Jahre noch unentdeckt in den historischen Archiven Ebersbachs schlummerte? Ich denke, nicht. Vielmehr ist es Ausdruck einer patriarchalischen Justiz, die den Rechten der Frau keinerlei Augenmerk schenkte. Hätte diese Begebenheit die Richter nicht von Christinas Unschuld, ja der Unfähigkeit, sich Frieders brutalem Zugriff zu entziehen, überzeugen müssen? Es hat sie nie interessiert. Ein weiterer Beleg dafür ist der empörende Satz, den ich im Roman Liomin in den Mund lege, ihn aber bei Abel fand: »Es wird ihr wohl auch gefallen haben.« Diese Beurteilung von Frieders Messerattacke auf Christina, mit der er früh ihre Zustimmung zu einem Fortbestand ihres Verhältnisses erzwang, zieht sich wie ein roter Faden durch sämtliche, übrigens ausschließlich von Männern verfassten Schriften zum Geschehen. Selbst Donner übernimmt ihn ungeprüft wörtlich. So ist es ein Ziel des vorliegenden Romans, dieser geknechteten und unverstandenen jungen Frau endlich eine Stimme zu verleihen!

Dass ich dabei die Vorgänge zuweilen ein wenig raffen und mit Bedacht einem Romangeschehen anpassen musste, mögen mir die Leser verzeihen, sonst wäre wohl ein mehrbändiges Werk daraus entstanden. Hingewiesen sei vorsorglich darauf, dass Christinas Vater, Hans-Jerg Müller, wohl in Wirklichkeit einige Monate später verstarb – woran, ist nicht dokumentiert. Bewusst habe ich auch die Schilderung der geglückten Flucht Frieders vom Hohentwiel im Ungefähren gelassen. Ein Recherchebesuch vor Ort überzeugte mich davon, dass es nie so gewesen sein kann, wie allseits (nach bewährter Mythenbildung) kolportiert wurde: nämlich, dass er sich nach Art eines Grafen von Monte Christo mittels eines Nagels durch die Kerkerwand gegraben habe. Das kann nicht sein, denn der Gemeinschaftskerker der Festung für Schwerverbrecher lag weit unter der Erde, und das bei sehr felsigem Untergrund. Es hätte schweren Geräts bedurft und zahlloser Helfer, dies in die Tat umzusetzen. Zudem waren die Gefangenen angekettet. Unstrittig ist allerdings, dass ihm und zwei anderen die Flucht gelang. Wie, muss offen bleiben. Christina wurde in Wirklichkeit bei dem Vorfall im Dettinger Wirtshaus verhaftet, nach Göppingen gebracht und dort einige Wochen nur deshalb ins Gefängnis geworfen, weil man hoffte, mit ihr als Faustpfand des flüchtigen Sonnenwirtle habhaft werden zu können. Es sollte nicht gelingen. Nachdem Frieder zahllose, aber ebenso nutzlose Drohbriefe für ihre Freilassung geschrieben hatte, verschwand er vorübergehend aus der

Gegend. Schließlich ließ man Christina wieder frei, die sich daraufhin nach Kirchheim zurückzog, um nicht zu sagen dort versteckte. Ihr Entsetzen ist glaubhaft, wenn sie später schildert, dass sie dort vermutlich zufällig eines Tages wieder Frieder begegnete, der sie wiederum zwang, mit ihm zu gehen.

Schließlich sei noch erwähnt, dass die Figur des Veith vollständig meiner Fantasie entsprungen ist, allerdings ganz im Gegensatz zu seiner Umgebung. Tatsächlich diente Christina in Neckartenzlingen als Magd, bis Frieder sie dort aufspürte, und tatsächlich wurde sie in Waiblingen bei Bäckermeister Schönleber verhaftet und nach Vaihingen verschleppt. Mir erschien ihr Schicksal jedoch so grausam und bedrückend, dass ich meiner Heldin, die mir über das Schreiben des Romans sehr nahe gekommen ist, jemand gönnen wollte, der in ihr den Glauben an das Gute erhalten haben mag. Ich wünsche ihr jedenfalls von Herzen, dass es einen Veith in ihrem Leben gab.

Eva Württemberger

Nachweis der zitierten Liedtexte

Alle aufgeführten Liedtexte entstammen den Volksliedsammlungen:

Es wollt ein Bauer früh aufstehn – 222 Volkslieder; Hrsg., F. Thomas und E. Schmeckenbecher; 2. Aufl. Pläne-Verlag; Dortmund 1986

Das kleine dicke Liederbuch – Lieder und Tänze bis in unsere Zeit; Hrsg., H. Buhmann und H. Haeseler, 5. Aufl. Rockbuch-Verlag; Schlüchtern 1989

Weitere Krimis finden Sie auf den folgenden Seiten und im Internet:

WWW.GMEINER-SPANNUNG.DE

SUSANN ROSEMANN
Das Lied der Flötenspielerin

978-3-8392-1913-3 (Paperback)
978-3-8392-5083-9 (pdf)
978-3-8392-5082-2 (epub)

GEFÄHRLICHE REISE Ulm im Jahre 1524. Die Familie der Flötenspielerin Laila benötigt dringend Geld. Deshalb willigt Laila ein, die am Gemüt erkrankte Franca gegen gute Entlohnung auf einer Reise über die Alpen zu begleiten. In Florenz bei einem Medicus soll das Mädchen Heilung erfahren. Doch warum suchen im Verlauf der Reise immer mehr Menschen die Nähe zu Franca? Verbirgt sie ein dunkles Geheimnis? Als in Ulm Francas Verlobter tot aufgefunden wird, spitzt sich die Lage zu. Kann Laila herausfinden, was hinter all dem steckt?

SUSANNE GANTERT
Der Mädchenreigen

978-3-8392-1907-2 (Paperback)
978-3-8392-5071-6 (pdf)
978-3-8392-5070-9 (epub)

JUNGFER IN NÖTEN Braunschweig im Jahre 1580. Elise, die Tochter des reichen Kaufmanns Lorenz Kale soll von einem feuerspeienden Drachen entführt worden sein. Sie ist aber nicht die einzige Jungfer, die wie vom Erdboden verschluckt ist. Der Wolfenbüttler Jurist Konrad von Velten begibt sich im Auftrag des Herzogs auf die Suche. Auf seinem Weg begegnet er dem Mädchen Laura. Sie ist als Junge verkleidet und hat ihre Erinnerung verloren. Gemeinsam decken die beiden mit Lauras rückkehrenden Erinnerung einen teuflischen Plan auf.

GMEINER SPANNUNG

CORNELIA NAUMANN
Königlicher Verrat

978-3-8392-1912-6 (Paperback)
978-3-8392-5081-5 (pdf)
978-3-8392-5080-8 (epub)

FRIEDENSFÜRSTIN Paris, 23. November 1407. Ein Mord auf offener Straße verändert das Leben von drei Frauen entscheidend. Königin Isabel, als bayerische Prinzessin fremd in Frankreich, verliert ihren besten Freund. Margaud, Flüchtling vom Lande, wird unversehens zur Gegnerin der königlichen Politik. Christine de Pizan, als emanzipierter »Blaustrumpf« verspottet, verstrickt sich in eine aussichtslose Liebe.

Die Königin von Frankreich steht vor einer fundamentalen Entscheidung. Muss sie zur Verräterin an ihrem eigenen Land werden, um es retten zu können?

MAREN BOHM
Die Rückkehr der Pilgerin

978-3-8392-1909-6 (Paperback)
978-3-8392-5075-4 (pdf)
978-3-8392-5074-7 (epub)

WEGGEFÄHRTEN Passau, Weihnachtsabend 1099. Die verarmte Kaufmannstochter Alice erreicht nach der Eroberung Jerusalems verwundet und verarmt Passau. Gleichzeitig muss ihr verborgener Geliebter Graf Bernhard von Baerheim, der nach ihrem angeblichen Tod inzwischen eine andere geheiratet hat, im Streit zwischen Kaiser und Papst Partei ergreifen. Doch dann wird Graf Bernhard auf der Höhe seines Einflusses grausam ermordet. Wer hatte einen Grund, ihn aus dem Weg zu räumen und warum hat der Tote ein Lächeln im Gesicht?